Dr. Sophie Caratini wurde 1948 in Paris geboren. Von 1983 bis 1991 leitete sie die Abteilung Ethnologie des *Institut du monde arabe*. Zur Zeit ist sie mit Forschungen am *Laboratoire URBAMA* in Tours beschäftigt.

Sophie Caratini

Kinder
der Wolken

Vorwort von Jacques Berque

Aus dem Französischen
von Klaus Jöken

Dieses Buch wurde auf chlor- und säurefreiem Papier gedruckt.

Deutsche Erstausgabe Mai 1996
Copyright © 1996 für die deutschsprachige Ausgabe
Droemersche Verlagsanstalt Th. Knaur Nachf., München
Das Werk einschließlich aller seiner Teile ist urheberrechtlich
geschützt. Jede Verwertung außerhalb der engen Grenzen des
Urheberrechtsgesetzes ist ohne Zustimmung des Verlages
unzulässig und strafbar. Das gilt insbesondere für
Vervielfältigungen, Übersetzungen, Mikroverfilmungen
und die Einspeicherung und Verarbeitung in
elektronischen Systemen.
Titel der Originalausgabe: »Les enfants des nuages«
Copyright © 1993 by Editions du Seuil
Originalverlag: Editions du Seuil, Paris
Umschlaggestaltung: Andrea Schmidt, München
Satz: Ventura Publisher im Verlag
Druck und Bindung: Clausen & Bosse, Leck
Printed in Germany
ISBN 3-426-77126-8

5 4 3 2 1

Meinen Kindern Jibril und Morgane
und dem kleinen Volk der Sandwüste,
damit man es nie vergißt.

Inhalt

Dank

Ist es zu Beginn dieses Buches wirklich nötig, all jenen zu danken, die mich in Mauretanien aufgenommen haben? Müßte ich sie nicht vielmehr darum bitten, mir die Indiskretion zu verzeihen, die ich dadurch begehe, daß ich hier den Schleier des Schamgefühls lüfte? Sicherlich werden einige darüber schockiert sein, doch allein die Ausdrucksfreiheit verleiht meiner Erzählung den Wert eines Erlebnisberichts. Ich hoffe, sie werden das verstehen.

All denjenigen, die mich ermutigt haben, dieses Buch zu schreiben, und später, nachdem ich es einmal in Angriff genommen hatte, es auch zu beenden, all denjenigen, die meinen Text gelesen und kritisiert, die mir ihre Freundschaft und Unterstützung gewährt haben, gilt mein ganzer Dank: Claude Lévi-Strauss, Jacques Berque, Jean Duvignaud, Jean Malaurie, Michel Chodkiewicz, Giulia Boglio Bruna, Jean du Boucher, N'deye Fily Diallo, Pierre Sotto und Alice Rousseau.

Vorwort

Nichts autorisiert einen Arabisten, dessen Karriere sich in anderen Ländern abgespielt hat und der sich gewöhnlich für andere Probleme interessiert als diejenigen, die hier zur Sprache kommen, dafür, ein Vorwort zu Sophie Caratinis Buch zu schreiben. Mehrere Namen drängen sich mir auf, die es aufgrund ihrer Kompetenz weitaus eher verdient hätten, am Anfang dieses Werkes zu stehen.

Was hat mich also dazu bewogen, eine Arbeit zur Ethnologie der Sahara in der ungewöhnlichen Form einer Reiseerzählung im Lande der Rgaybat zu unterstützen? Sympathie? Das wäre ein Grund. Das Abenteuer einer jungen Frau, die sich für einige lange Monate in den wüstenähnlichen Westteil Afrikas – der eigentlich nur in den Augen derjenigen, die ihn nicht kennen, eine Wüste ist – begeben hat, um dort in glühender Hitze und unter schwierigen Umständen zu leben: dies alles mußte einen Mann, der vor langer Zeit in der Welt der Isabelle Eberhardt zur Welt kam, einfach interessieren. Dies hätte allerdings nicht ausgereicht, meine Unbescheidenheit zu rechtfertigen, wenn nicht gewisse Affinitäten die Einwände in mir zum Schweigen gebracht hätten.

Die Kinder der Wolken lautet der Titel des Buches, »Sohn des zeitweiligen Äsungsplatzes und der regentragenden Wolke«, *ahl al-kalâ'wa'l-muzna:* so nennt die arabische Tradition den Nomaden, den Umherziehenden oder Beduinen, wobei sie ihn noch je nach Art des Viehbestands (Kamele/Rinder oder Schafe) und der Entfernung der zurückgelegten Strecken in verschiedene Kategorien unterteilt. Sophie Caratini hat dem Stamm der Rgaybat bereits eine Doktorarbeit gewidmet, die allen Anforderungen des Faches – und darüber hinaus noch einigen anderen, in denen ich für mein Teil das Wesentliche erblicke – genügt. Das potentielle Wohngebiet dieser, früher als »Mauren« bezeichneten Population erstreckt sich in der westlichen Sahara in nord-südlicher Richtung von Marokko bis nach Mauretanien hinein und überlappt dabei die von den Kolonialherren geerbten Grenzen, von denen einige zur Zeit bekanntermaßen umstritten sind. Potentielles Wohngebiet? Ebensogut hätte ich von der Mobilität der Menschen, der territorialen Ausdehnung und der Labilität des Lebens sprechen können, sowie von langen, sich periodisch wiederholenden Zyklen und einem seltsamen Beharrungsvermögen der Geschichte.

Noch weiter südlich und sehr viel weiter nördlich als dieses Gebiet erstreckte sich im elften Jahrhundert der Einflußbereich der Almoraviden, die damals über Marokko und Andalusien herrschten. Später, in jener Epoche, die wir etwas vage als spätes Mittelalter und den Anfang der Neuzeit bezeichnen, schwärmten von der Saguiat al-Hamra, »dem roten Kanal«, in der heutigen marokkanischen Provinz Tarfaya zahllose islamische Katecheten über ganz Nordafrika bis nach Ägypten hin aus. Heute noch sieht man dort ihre Gräber und Mausoleen, weiße, in der Landschaft verstreute Kuppeln, die die koloniale Ethnographie unter dem Namen Marabuts bekannt gemacht hat. In diesem afrikanischen Wilden Westen, der bislang anscheinend nur auf eher archaische Weise erforscht wurde, behaupteten sich und behaupten sich weiterhin Kulturzentren der Gelehrten. Bildungsstätten bieten dort das Studium der alten arabischen Poesie und des Korans an. Mit *nasab* (Herkunftsbezeichnung) von Al-Shanguiti, al-Kuntî, al-Sibaʿî bezeichnet man bis in den Orient hinein berühmte, aus dieser Gegend stammende Philologen. Gerade im Moment liegt vor mir das Werk eines dieser Männer, eines genialen Kommentators der antiken Autoren, *Mu^callaqât.*

Gegen Ende des neunzehnten und zu Beginn des zwanzigsten Jahrhunderts zeugte eine sozio-religiös bedingte Unruhe, die von Ost nach West über die ganze Breite Afrikas hin zu spüren war – vom Aufstand des sudanischen Mahdi bis zur Erhebung des Scheichs *Ma'al-^cAynîn,* der die alawitische Dynastie zugunsten einer neuen Legitimität umstürzen wollte –, von einer kontinentalen Dynamik. In ihrem Widerstand gegen die ausländische Besitzergreifung schien sie den Zusammenbruch des mediterranen Islams abzulösen und der kulturellen Annexion peripherer Gebiete einen tiefverwurzelten Widerstand entgegenzusetzen.

Seitdem ist fast ein Jahrhundert verstrichen. Etwas von dieser Heftigkeit glüht noch nach in diesem Bereich, der durch die aus dem Norden eindringende Geschichte zermalmt wurde, der jedoch noch eine Art verschütteter Macht in sich birgt und, wie man sieht, immer noch in der Lage ist, kämpferische Energien freizusetzen. Aber das Buch Sophie Caratinis interessiert sich weder für die aktuellen Gewalttätigkeiten noch für eine Archäologie der vergangenen Größe, obwohl sie diese stillschweigend mit einbezieht und bezeugt. Sie hat die von der modernen Zeit bedrohte Beständigkeit erkannt, den Wandel, die Verzerrung, die sehr unterschiedlich verteilten Bindungen, durch die auch weiterhin gewisse Personen bevorzugt werden. Eine dieser Personen, die sie »den Vater« nennt, leitet und beschützt sie aus der Entfernung.

Die Werte des anderen in einem Maße zu teilen, daß man sich anerkanntermaßen auf sie beziehen kann, ist keine Kleinigkeit. Dies setzt einen als gerecht und ehrlich empfundenen Austausch voraus. Damit sind wir weit entfernt vom leidenschaftslosen Sammeln, von einer ferngelenkten Forschung und von der Museumswissenschaft. Weit entfernt auch vom billigen Mitgefühl, das unsere verspätet wiedergutmachende Epoche manchmal – wie man meinen sollte, im Tausch für vergangene Pracht – bewegt. Aber Vorsicht! Man darf sich nicht mit dem Gesprächspartner identifizieren, oder dies auch nur versuchen oder es vorgeben, wie einige das früher oder vor kurzem noch getan haben. Um es hier einmal ganz deutlich zu sagen: Jeder Dialog erfordert eine Dualität. Nur wäre hier die Dualität der Ausgangspunkt für eine echte Kommunikation. Warum echt? Weil sie Rücksicht nimmt auf die Ursprünglichkeit der Personen und Kulturen – damit wirkt sie der zerstörenden Wirkung einer planetarischen Uniformität entgegen.

Der Prozeß der Entkolonisierung, den wir kaum überwunden haben, falls er überhaupt schon hinter uns liegt, hatte als Motto eine Andersartigkeit vorangestellt, die durch die wütende oder revanchistische Umkehrung eines Minderwertigkeitskomplexes nur noch verstärkt wurde. In der Tat ist es noch ein weiter Weg, bis die wechselseitige Verschlechterung der Beziehungen auf beiden Seiten vielleicht einmal gebannt wird. Aber auf individueller Ebene kann sich das Heranreifen – man könnte sogar sagen: die Therapie – glücklicherweise sehr viel früher abspielen. Hier können Begegnung, Zusammenhalt zwischen Individuen, Freundschaft und sogar Liebe eine Rolle spielen. Selbst wenn es sich um eine wissenschaftliche Untersuchung – soziologische Forschung, ethnologische Untersuchung, psychologische Analyse und anderes – handelt, ist es keineswegs unpassend, etwas Derartiges anzustreben. Der Erfolg auf diesem Gebiet hängt von den Eigenschaften der betreffenden Personen ab, vom Rahmen, den sie der Debatte verleihen, von der Funktionalität, die man der Debatte zuerkennt (oder nicht), und schließlich vom Ton, den diese Debatte annimmt, von ihrer formalen Umsetzung, ihrem Stil und all den tausend Kleinigkeiten, die einen Dialog in ein langweiliges Verhör oder in eine Segnung des Alltags verwandeln.

Die »Alltäglichkeit« der Rgaybat teilen, dies hat Sophie Caratini lange Monate hindurch getan. Dies teilt dieser Text um den Preis einiger gemeisterter Risiken, zerstreuten Argwohns und überwundener Verbitterung mit, und er läßt neben seinem impliziten analytischen Wert gleichzeitig eine Landschaft und Schicksale lebendig werden.

Von der aus dem Okzident stammenden Fremden zu sagen, daß sie beobachtet und aufzeichnet, hieße, sie zu beleidigen. Sie lebt mit den anderen zusammen, nimmt Anteil. Zahlreiche »objektive« Züge, die sie vermittelt und die ihre Kollegen, wie ich annehme, sehr interessieren werden, resultieren aus der Überprüfung einer Subjektivität, die sich mit derjenigen des anderen auf einen Dialog eingelassen hat. Es ist ein Dialog, in dem jeder Partner, selbst wenn er seine eigene Person sorgfältig abgrenzt und seinen Beitrag ermißt, das zu schätzen weiß, was beide zusammenführt. Und was ist dies? Jenes bescheidene und eng umgrenzte Projekt, das eher empfunden als formuliert wird, diese wie eine Taube voranschreitende Finalität: die Vorwegnahme einer zukünftigen Welt.

Natürlich unterscheiden sie sich voneinander, diese Menschen, die sich über die Teekanne der Gastfreundschaft hinweg beobachten. Das wissen sie, selbst wenn sie im *Hassanije*-Dialekt höfliche Worte der Annäherung und Begrüßung austauschen. Einer wie der andere sind sie Träger ihrer jeweiligen Welt, deren Interferenzen seit einem Jahrhundert unsymmetrisch oder vielmehr konfliktgeladen,

17

manchmal sogar blutig waren. Das einzige, was in ihnen von Zeit zu Zeit einen Lichtblick bietet, sind jene Impulse, die die unterschiedlichen Geschicke der Menschen manchmal miteinander verquicken.

Der Aufenthalt einer Ethnologin bei den Rgaybat spielt sich also auf einem Territorium ab, das früher von Frankreich beherrscht wurde, auf den Ruinen eines Imperiums und der Entwicklung des darauffolgenden Regimes. Aber wir wollen die Stümperhaftigkeit der Politik als solche lieber nicht allzu sehr anprangern! Mit zunehmendem zeitlichen Abstand ist es allerdings erlaubt, zu glauben, daß trotz aller Verheerungen der kolonialen Expansion, trotz der widersprüchlichen Bilanz der Widerstandsbewegungen und trotz der Art, wie die Entkolonisierung im allgemeinen umgesetzt wurde, die vereinende Pluralität der Weltkulturen überdauert hat.

Zusammengefaßt ist dies der Eindruck, den mir Sophie Caratinis Buch vermittelt. Eine Arbeit, die unter dem Zeichen der Gastfreundschaft begonnen wurde und dieser Wahl treu geblieben ist, läßt für die Welt der Zukunft zunehmend Maßstäbe einer echten Gegenseitigkeit erhoffen. Aber dies werden wir, meiner Überzeugung nach, nicht mit Hilfe von Berechnungen oder Technik erreichen, sondern nur mit viel Geduld, gepaart mit sehr viel gutem Willen.

Jacques Berque
1. März 1993

18

Einleitung

»Wer sind die Rgaybat?«

Verblüfft schaut mich Ismaïl an. Ich liege bäuchlings auf der Matte, den Stift gezückt, ein weißes Blatt Papier dicht neben der Sturmlaterne, die Augen vor Erregung glänzend. Zum ersten Mal seit meiner Ankunft in Mauretanien bin ich endlich eine »Ethnologin bei der Feldforschung« und befrage die »Einheimischen«, die »Autochthonen«, die »Eingeborenen«, die »sogenannten Wilden«. Alles ist vorhanden: das Heft, der Kugelschreiber, die Frage, der Dolmetscher und vor allem der erste Rgaybi[1], den nach allen Regeln der Kunst zu interviewen mir hier vergönnt ist. Nur habe ich nicht die geringste Vorstellung davon, wie ich das Gespräch führen soll, vorausgesetzt, daß ich es überhaupt führen werde. Ebensowenig weiß ich genau, was ich eigentlich wissen möchte. Im Grunde weiß ich nichts. Deshalb ist meine Frage ungeheuerlich. Der Versuch, sie auch nur teilweise zu beantworten, soll mich noch zehn Jahre Arbeit und etwa tausend vollgeschriebene Seiten kosten.[2] Trotzdem stelle ich sie, ohne mit der Wimper zu zucken, erfüllt von einer ungeheuren Befriedigung und der Gewißheit, meine Rolle perfekt zu spielen.

Schließlich habe ich ein Universitätsdiplom, und ich habe erst letztes Jahr den Magister für Ethnologie an der damals anerkanntesten Fakultät bestanden![3] Obwohl ich die Vorlesungen nicht besonders fleißig besucht habe, da die Professoren selten von ihren Reisen erzählten, von den Leuten, die sie getroffen und kennengelernt haben, oder davon, wie sie den ersten Kontakt hergestellt und nach und nach die Kommunikation aufgebaut haben. Als wäre alles, was sie persönlich erlebt haben, unwürdig, erzählt zu werden, als besäße es kein Recht, innerhalb der Universität auch nur erwähnt zu werden. Die Bevölkerungsgruppen, deren Familienstrukturen, Riten, politischen Systeme und Gedanken sie analysierten, wurden in ihren Vorträgen zu Abstraktionen. Sich selbst zu einer steifen, feierlichen Pose zwingend, gossen sie über unsere Köpfe einen Wortschwall aus, bei dem man jedes menschliche Abenteuer vermißte.

Auf der anderen Seite des Campus, in einem Studentenheim, das gegenüber von den berüchtigten Slums von Nanterre mitten in ein schlammiges Gelände hineingesetzt worden war, stieß man währenddessen auf das Leben, die Suche und die wahren Fragen. Denn da waren sie, die anderen: die Afrikaner, Asiaten, Araber, Berber, Christen, Mohammedaner, Juden, Studenten, Jugendlichen aus den Slums, Mädchen, Jungen, alle saßen sie kunterbunt durcheinander und redeten, redeten, redeten. Ideen lagen in der Luft, Berichte zirkulierten, der Aufstand drohte. Mit ihnen habe ich gelernt, über das Anderssein nachzudenken, und mir kam es vor, als wären wir alle gleich. Mit ihnen wurde mir die Existenz eines internationalen Unterdrückungssystems und meine Zugehörigkeit zum Lager der Unterdrücker bewußt. Das war kurz nach dem Algerienkrieg, meine Freunde waren Araber, sie waren schön, und ich schämte mich. Belastet mit einer Geschichte, die ich als die meine entdeckte, solidarisch mit dem Elend, das meine Väter verursacht hatten, verantwortlich für die Lügen, die sie weiterhin verbreiteten, mußte ich einfach Partei ergreifen.

Deshalb beschloß ich, mich für den Maghreb zu interessieren. Da die koloniale Literatur angeblich die Kultur der Berber bevorzugt hatte, entschied ich mich dafür, eine arabische Bevölkerungsgruppe zu studieren. Da die Nomaden von allen Völkern der Erde am meisten verachtet werden, wollte ich die arabischen Nomaden kennenlernen. Und weil Frankreich die Sahara erobert hatte, wollte ich mich auf die Suche nach den arabischen Nomaden der Sahara begeben, denen gegenüber ich im Namen aller anderen das Gefühl hatte, eine ererbte Schuld zu besitzen. Allerdings hatte ich nicht vor, aus dem universitären System auszusteigen. Im Gegenteil, es lag mir viel daran, diese Forschungsarbeit im Rahmen meiner Universitätslaufbahn anerkennen zu lassen. Deshalb mußte ich eine Gegend finden, die dem Forschungseifer der Ethnologen bislang entgangen war; so lauteten nun einmal die Spielregeln. Zunächst einmal brauchte ich einen Professor, der berechtigt war, meine Arbeit zu leiten, und der mir gleichzeitig dabei helfen konnte, diese unbekannten arabischen Nomaden der Sahara aufzuspüren. Denn in dieser, von Menschen aus maghrebinischen Völkern umgebenen Universität hatte man im Unterricht die arabische Zivilisation aufs Abstellgleis geschoben. Dabei hörte man direkt daneben, zwischen den Sozialwohnungen, den Slums und den Studentenwohnheimen, vermischt mit Oum Kalthoums Klagegesängen, oft ein Lied, das in alle Fenster drang:

>»*Si vous voulez parler de ces pays lointains*
Où l'on meurt de misère et de faim,
Des enfants du Biafra et des petits indiens,
A deux pas de chez moi, allez voir mes voisins …«

»Wollt ihr von diesen fernen Ländern sprechen,
in denen man vor Elend und Hunger stirbt,
den Biafrakindern und den kleinen Indern,
dann seht euch nur nebenan meine Nachbarn an …«[4]

Nach zähen Nachforschungen entdeckte ich schließlich am Schwarzen Brett der ethnologischen Fakultät eine winzige, hastig hingekritzelte Notiz, als handele es sich um einen letzten Zusatz, den man bei der Erstellung des Vorlesungsverzeichnisses vergessen hatte:

> Alle Studenten, die über die arabische Welt promovieren wollen, möchten bitte mit Madame Dominique Champault, verantwortlich für die Abteilung Weißafrika des Musée de l'Homme, oder mit Monsieur Ahmed Baba Miské Kontakt aufnehmen.

Mit Haaren, die genauso schwarz sind wie die einer Saharabewohnerin, und mit Augen, die vor Wärme und Intelligenz sprühen, amüsiert sich Dominique Champault köstlich über meinen überstürzten Vorsatz, als ich ihr in entschiedenem Tonfall verkünde, ich verstünde zwar absolut nichts von der arabischen Zivilisation, beabsichtige aber trotzdem, über dieses Thema zu promovieren. Ich verlasse ihr Büro mit einer Liste von etwa dreißig Büchern, die ich erst einmal lesen soll. Als ich drei Monate später wieder bei ihr auftauche, findet sie sich bereit, die Steppen Afrikas und des Nahen Ostens, die sie durchstreift hat, in Gedanken mit mir durchzugehen. Dann erzählt sie mir von den Rgaybat, denen sie einmal in Tabelbala, wo sie sich mit Proviant versorgt hat, kurz begegnet ist.[5]

»Das ist der größte arabische Stamm der Westsahara. Ein Offizier des Amtes für Eingeborenenfragen hat ein Memorandum über die Réguibat Legouacem[6] verfaßt. Diese Arbeit sollten Sie sich einmal ansehen. Ein Manuskript, das aus den vierziger Jahren stammen müßte.«

Ahmed Baba Miské ist Mauretanier. Als ich ihn frage, ob er nicht zufällig »arabische Nomaden, die noch nicht untersucht wurden«, kennt, erzählt er mir ebenfalls von den Rgaybat. Da er den jungen Sahraouis nahesteht, die in der Spanischen Sahara zur Zeit gerade den Kampf aufnehmen, läßt er auf diese Weise einen Versuchsballon steigen; nur woher soll ich das wissen? Woher soll ich wissen, daß »nicht untersuchte arabische Nomaden« in Mauretanien Legion sind und daß dieses Thema, das mein Gesprächspartner wie zufällig anschneidet, in jener Gegend, in die sich noch nie ein Journalist verirrt hat, ein hochbrisantes, heißes Eisen ist? Von diesen Rgaybat sagt er mir nichts anderes als den Namen.

»Ich kann Ihnen nicht den geringsten Literaturhinweis liefern, weil ich mit Bibliographien eher auf dem Kriegsfuß stehe. Aber wenn Sie Mauretanier kennenlernen möchten, kann ich Ihnen die Telefonnummer einer Kusine geben, die Ihnen gerne einige Studenten oder Leute, die hier auf Besuch sind, vorstellt.«

Auf einen Zettel kritzelt er eine Telefonnummer: Dies ist der Ariadnefaden, den ich aufrollen werde und der mich bis in den hintersten Winkel Mauretaniens führen wird.

Da ich den Verdacht hege, diese Rgaybat könnten etwas mit meiner Suche zu tun haben, will ich mehr über sie erfahren und eile fieberhaft von Bibliothek zu Bibliothek. Schließlich entdeckte ich im VI. Arrondissement von Paris, in der Rue du Four 13, ein verblüffendes »Centre des hautes études administratives musulmanes« (Forschungszentrum zur Verwaltung der Mohammedaner), das man nach der Entkolonialisierung notgedrungen in »Centre des hautes études sur l'Afrique et l'Asie moderne« (Forschungszentrum über das moderne Afrika und Asien) umgetauft hat. In einem kleinen, nahezu ständig leeren Lesesaal bewahrt man dort sorgfältig Tausende von getippten Memoranden auf. Die meisten wurden von Offizieren der kolonialen Infanterie oder dem Amt für Eingeborenenfragen (Affaires indigènes) verfaßt.

Als Antimilitaristin erhalte ich also von Soldaten die ersten Informationen. Gezwungen zu nomadisieren, um die Nomaden zu bekämpfen und sie später zu kontrollieren oder zu administrieren, haben diese *officiers méharistes*[7] eine Unmenge an Notizen über Wirtschaft, Stammessysteme, mündliche Überlieferungen oder Gewohnheitsrecht der Nomaden zusammengetragen. Im Laufe meiner Lektüre erfahre ich, daß die Rgaybat einen »Stammesverband« von Kamelzüchtern bilden, der in den dreißiger Jahren auf dreißigtausend Menschen geschätzt wurde, und daß sie die letzten gewesen sind, die sich noch zwischen 1905 und 1934 gegen das Eindringen der Franzosen in den äußersten Norden Mauretaniens zur Wehr gesetzt haben. Also ein unbeugsames Volk, was mich sofort fasziniert. Darüber hinaus entdecke ich jedoch, daß die Rgaybat, die »Söhne der Wolken«[8], diese Symbolfiguren der Freiheit und Ungebundenheit, diese Vorkämpfer des mohammedanischen Widerstandes, auch entsetzliche Sklavenhalter waren, die an den Ufern des Senegal und des Niger die kleinen Kinder der Schwarzen entführten, um sie als geknechtete Gefangene in ihre glutheißen Wüsten zu verschleppen und dort ihre Herden von ihnen bewachen zu lassen. Ob die Geschichte von den Guten und den Bösen doch komplizierter ist, als sie auf den ersten Blick aussah?

Während man mir in der École des langues orientales (Schule für orientalische Sprachen) das klassische Arabisch beibringt, als handele es sich um eine tote Sprache, trinke ich in Belleville meinen ersten mauretanischen Tee. Dort entdecke ich Araber, die sich von denjenigen des Studentenwohnheims und selbst von denjenigen der Slums unterscheiden. Schlanker, das Haar sehr kurz geschnitten, obwohl zur Zeit alle jungen Männer mit einem dichten Haar-schopf und bis auf die Schultern herabhängenden Locken herumlaufen, eher deplaziert in ihrer europäischen Klei-dung, die sie sehr unbeholfen tragen, besitzen sie eine dunkle Hautfarbe und einen von jeglichem Hochmut freien Blick. Dort treffe ich auch »meinen« ersten Rgaybi.

Hamdi ist zweifellos der introvertierteste Mann, der mir je begegnet ist. Abgekapselt durch eine unüberwindliche Scheu, beantwortet er die unzähligen Fragen, mit denen ich ihn bestürme, lediglich mit »Ja« oder »Nein«. Dabei unter-werfe ich ihn beileibe keinem indiskreten Verhör: Ich spre-che ihn auf seine Arbeit und seine Gesundheit an, ich rede von der Farbe des Himmels oder der allgemeinen Lufttem-peratur. Darum bemüht, den Austausch einzuleiten, das erste Geschenk zu machen, schleppe ich ihn überallhin mit: sowohl zu meiner Familie als auch zu meinen Freunden. Alle nehmen diesen stumm lächelnden jungen Mann freundlich auf, wissen aber nicht, wie sie es anstellen sollen, auch nur die Andeutung eines Kontaktes mit ihm herzustel-len. Das alles wäre nur halb so schlimm, wenn seine zum Verzweifeln wortlose Gegenwart unbeschwert wäre. Dann könnte man sich daran gewöhnen. Aber seine Sprachlosig-keit ist mit einer undefinierbaren Verlegenheit behaftet, als empfinde er es selbst irgendwie als ungehörig, unter uns zu weilen.

Nach einigen Monaten schlägt Hamdi vor, mich in seine Familie einzuführen, um meine Forschungsarbeit dort fort-zusetzen. Also beschließe ich, am Ende des Sommers dassel-be Flugzeug zu nehmen wie er. Mir bleibt gerade genug Zeit, mein Arabischexamen abzulegen, die nötigen Finanzmittel aufzutreiben und mich etwas ausführlicher über das zu informieren, was man als »Untersuchungstechniken« be-zeichnet. Je näher das Datum der Abreise heranrückt, desto prosaischer werden meine Sorgen: Wie soll ich mich anziehen, welche Ausrüstung mitnehmen? Meine Freunde überhäufen mich mit widersprüchlichen Ratschlägen. Jedenfalls zielt die Garderobe, die man mir beflissen zusammenstellt, hauptsächlich darauf ab, das meiste der weiblichen Formen, mit denen die Natur mich gesegnet hat, zu verbergen, denn die Araber ... man weiß ja ... vor denen muß man sich in acht nehmen.

Wenige Tage vor der Abreise suche ich Dominique Champault auf, um ihr eine fundamentale Frage zu unterbreiten, die mich plötzlich quält: Was macht man, wenn man in einem Nomadenlager mitten unter Leuten plötzlich ein dringendes natürliches Bedürfnis verspürt? So reise ich nun mit jener wertvollen Information ab: Sollte man sich in einer derartigen Situation befinden, muß man einfach aufstehen und sich, ohne eine Erklärung abzugeben, entfernen, bis man allen Blicken entzogen ist. Die anderen werden schon verstehen.

Am Dienstag, den 19. November 1974 finde ich mich, bepackt mit den zugelassenen fünfundzwanzig Kilo Gepäck, am Flughafen Orly-Süd ein, wo ich Hamdi treffen soll. In einem großen khakifarbenen Seesack, den ich auf dem Flohmarkt erstanden habe, nehme ich eine halbwegs erträgliche Garderobe mit, dazu einige Medikamente und zwei Bücher: ein Lehrbuch für klassisches Arabisch und den Koran. Das Handgepäck kann ich kaum heben, so schwer ist es mit all den Papieren und Stiften, dem Fotoapparat, dem Tonbandgerät, den Kassetten und den Filmen. Auch mein Herz ist schwer: In Paris lasse ich den Mann zurück, den ich liebe.

1. Die Gastfreundschaft

Nouadhibou

Es ist neun Uhr dreißig, als die Passagiere für den Flug nach Dakar via Bordeaux und Nouadhibou die Sperre durchschreiten, die sie von denjenigen trennt, die bleiben. Mit rebellierendem Magen, vor Müdigkeit schmerzenden Gliedern, trauriger Stimmung und blutendem Herzen folge ich Hamdi in der Menge. Selbst das Flugzeug ist für mich ein Abenteuer, da ich sonst nie fliege. Als die Triebwerke aufbrüllen und die Maschine ihre stählernen Muskeln anzuspannen scheint, um sich in den Himmel zu erheben, murmelt mein Gefährte ein halblautes Gebet, das kein Ende nehmen will. Um meine Aufregung zu verbergen und weil ich meine Unruhe zerstreuen will, mache ich mich über seine Angst lustig:

»Hast du Angst?«

»Ich habe keine Angst.«

»Warum betest du dann?«

»Bei uns betet man immer, wenn man auf Reisen geht.«

»Wegen des Flugzeugs?«

»Nein, wegen der Reise.«

Noch oft sollte ich Gelegenheit haben, neben verschiedenen Reisegefährten zu sitzen und zum Zeitpunkt des Aufbruchs dieses Gebet der Reisenden zu hören. Schließlich ist das Leben der Nomaden ja ein ständiger Aufbruch mit der Ungewißheit einer Rückkehr.

Wir nähern uns Nouadhibou. Zwischen Wüste und Meer wirkt die Stadt wie ein verletzlicher, verlorener Punkt in der mineralischen Unermeßlichkeit. Schamlos bietet die Erde ihren nackten Körper meinen Blicken dar und kommt im-

mer näher, je weiter sich das Flugzeug herabsenkt, so daß
ich bald die Umrisse ihrer weichen, hellen Formen erkennen kann. Bis zuletzt habe ich den Eindruck, die Maschine
würde einfach auf dem Sand aufsetzen. Den Asphalt der
Landebahn kann ich erst erkennen, als die Tür der Passa-
gierkabine aufschwingt. Kaum habe ich den Fuß auf afrikanischen Boden gesetzt, hüllt mich ein lauer Wind vollständig ein, wie um mich willkommen zu heißen; allerdings
führt er eine Unmenge winziger Sandkörner mit, vor denen
ich das Gesicht schützen muß, während ich mich mit meinem schweren Gepäck mühsam auf das Flughafengebäude
zu bewege.

Von einer Schranke zurückgehalten, schaut eine Menschen-
menge zu, wie wir näherkommen. Die Männer sind alle mit
einem weiten – weißen oder blauen – »*boubou*«[1] bekleidet,
und die meisten tragen einen weißen, blauen oder schwarzen Turban. Der Wind verfängt sich in diesen Gewändern
und bläht sie wie Segel auf, während er die Zipfel der
Turbane wie Fähnchen flattern läßt. Im Innern des Gebäudes heitern die farbenfrohen Stoffe, in die sich die Frauen
hüllen, die Szenerie mit grellbunten Farbtupfern auf.[2]
Ihre Gesichter bleiben frei, da die Stoffbahn nur das
Haar verbirgt. Die Menschen warten, schauen, sprechen
sich gegenseitig an und empfangen Freunde, mit denen
sie endlose Begrüßungsformeln austauschen. Die allgemeine Stimmung ist eher heiter; es ist eine Zeit des Wie-
dersehens, bei dem man einander umarmt und sich anlächelt.

Hamdi verläßt mich in Nouadhibou, weil er nach Zouérate
weiterfliegen muß, um seine Eltern zu begrüßen. Ich hingegen muß zuerst nach Nouakchott, um einige unerläßliche
Behördengänge zu erledigen. Aus diesem Grunde hat er mir
einen Brief an einen Freund in der Hauptstadt mitgegeben,

der mir, wie er mir versichert, ganz bestimmt Gastfreundschaft gewähren wird. Da ich bis zum Abend auf den Anschlußflug warten muß, vertraut er mich einem Vetter an, den er hier getroffen hat, wobei er diesem genaue Anweisungen hinsichtlich der Fürsorge für mich und mein Gepäck erteilt. Dann schreitet er davon, mit strahlendem Gesicht und glücklich, endlich wieder in der Zivilisation zu sein.

Nun bin ich also von drei großen Burschen umringt, die mein Gepäck nehmen und mich quer durch die Menge bis zu ihrem Wagen führen, der hinter dem kleinen Flughafen parkt. Die Türen schlagen. Wir durchqueren eine Ortschaft, die aus einigen weitverstreuten Häusern besteht, dann führt die geteerte Straße durch eine völlig öde Landschaft. Einige Kilometer weit folgt sie dem Ufer des Meeres, dann ist sie wieder von allen Seiten von Sand umgeben. Endlich erreichen wir den Rand einer Ansiedlung. Längs des Asphalts, der hier am äußersten Ende der Halbinsel zwischen Betongebäuden endet, hat man einige Bäume gepflanzt.

Der Wagen hält vor der Tür zu einem niedrigen, rechteckigen Haus, das einen freundlichen Eindruck macht. Gleich darauf betrete ich einen geräumigen Wohnraum, der mit Teppichen ausgelegt ist. Entlang der Wände liegen Schaumstoffmatratzen in Überzügen aus geblümtem Baumwollstoff. Der Vetter ruft in Nouakchott an, um Hamdis Freund von meiner bevorstehenden Ankunft in Kenntnis zu setzen, während sich seine beiden Gefährten verabschieden. Dann fordert mein Gastgeber für diesen einen Tag mich auf, wieder ins Auto zu steigen, um die Stadt zu besichtigen. Bei Einbruch der Dunkelheit besuchen wir andere Vettern, um dort zu Abend zu essen. In einem Wohnzimmer, das mit dem vorigen praktisch identisch ist, sitzen drei Männer, eine

Frau und mehrere Kinder. Zuerst stellt man mich dem Großvater vor, dem alle Respekt und Zärtlichkeit entgegenbringen. Abseits von den anderen bereitet ein Schwarzer den Tee zu. Als ich, nachdem ich allen die Hand geschüttelt habe, auch auf ihn zugehe, um ihn zu begrüßen, stoppen mich ein Lachen und eine Bemerkung mitten in der Bewegung:

»Der da gehört nicht zur Familie. Das ist nur der Boy!«

In den Augen des Mannes, der meine Geste bemerkt hat, blitzt ein erstauntes Lächeln auf. Verwirrt senkt er den Kopf und beginnt mit geheuchelter Konzentration, den Tee aufzuschäumen. Die Unterhaltung beginnt, während die kleinen Gläser herumgereicht werden. Dann nähert sich der Dienstbote der kleinen Runde mit einem Kupferkessel und einem dazugehörigen, seltsamen Behälter, der aussieht wie eine tiefe Schüssel mit zwei Henkeln und einem Deckel, der von kleinen, rautenförmigen Löchern durchbrochen ist. Dieses Becken stellt er vor jeden Anwesenden auf den Boden und gießt in einem feinen ununterbrochenen Strahl Wasser aus dem Kessel darüber aus, das im Auffangbecken verschwindet. In der Mitte dieses Geräts ist eine Nische für die Seife ausgespart. So muß niemand aufstehen, um sich die Hände zu waschen, ehe das Essen aufgetragen wird. Was für ein Luxus! Wären da nicht die nackten Füße und die zerlumpte Kleidung des ebenholzfarbenen Herkules, der sich vor mir bückt, damit ich meine Hände vom Staub der Reise säubern kann, könnte ich glauben, mich in einem dieser Kostümfilme aus Hollywood zu befinden. Vor den Tischgästen wird eine viereckige Plastikplane auf dem Boden ausgebreitet, um den Teppich vor Essensresten zu schützen. Dann wird in einer emaillierten Schüssel chinesischen Fabrikats Kuskus aufgetragen, und man fordert mich auf, meine erste mauretanische Mahlzeit einzunehmen.

Der maurische Kuskus unterscheidet sich sehr von den Gerichten, die man bei uns in maghrebinischen Restaurants vorgesetzt bekommt. Die erste Besonderheit besteht darin, daß jedes Gemüse fehlt. Dem traditionell über Dampf zubereiteten Grieß wird nur kleingeschnittenes gekochtes Kamelfleisch zugesetzt und mit flüssiger Ziegenbutter übergossen. Alle anwesenden Personen, mit Ausnahme des Boys, versammeln sich um die Schüssel. Ich schaue zur Hausherrin hinüber, die mir aufmunternd zunickt. Sie nimmt eine halbe Handvoll Grieß, dreht ihn mit ruckartigen Bewegungen in der hohlen Handfläche und formt daraus, offensichtlich ohne die geringste Mühe, eine perfekte Kugel von der Dicke einer großen Murmel, die sie an den Mund führt, ohne daß ein Körnchen danebenfällt. So gut es geht, bemühe ich mich, es allen gleichzutun, und tauche meine Finger in den heißen Grieß.

Ein Telefonanruf setzt uns vom unmittelbar bevorstehenden Start des Flugzeugs Richtung Nouakchott in Kenntnis. Also bringt mich der Vetter zum Flughafen zurück, wobei er mir kaum Zeit läßt, mich zu verabschieden. Ohne Widerspruch zu dulden, gibt er mir etwas Geld in der örtlichen Währung[3] und unterrichtet den Steward – einen anderen Vetter – von meiner Anwesenheit, damit er mir in der Hauptstadt eventuell als Führer dient, falls mich am Flughafen niemand erwarten sollte. Nachdem ich mich herzlich bei ihm bedankt habe, steige ich ins Flugzeug ein. Alle anderen Passagiere sind Männer, aber nur die Europäer mustern mich unverfroren.

Abeidis Haus

Nouakchott. Das Flugzeug bleibt am Ende der Piste stehen. Die fernen Lichter des Flughafengebäudes leuchten in der Finsternis, um uns die Richtung anzuzeigen. Als ich unten an der Gangway ankomme, drückt mir mein Seesack auf die Schulter, und ich komme mir ziemlich hilflos vor zwischen all diesen unangenehm glotzenden Männern, vor allem, da ich nicht weiß, was in den nächsten Minuten geschehen soll. Langsam bewege ich mich in der Reihe der Passagiere vorwärts. Keiner kommt auf die Idee, mir seine Hilfe anzubieten, so daß mich die Gruppe allmählich abhängt. Die Nacht ist lau, und der Wind hat sich gelegt. Einen Moment lang bin ich allein. Plötzlich erblicke ich eine kleine Gruppe von Mauretaniern, die sich gegen den Strom der Reisenden bewegt und mir entgegenkommt. Drei weiße Gestalten, deren Gewänder sich im gemächlichen Rhythmus der Schritte bewegen, treten aus der Dunkelheit hervor. Ich kann die Gesichtszüge erkennen, dunkle Augen richten sich auf mich, zuerst voller Neugier, dann ganz ungezwungen.
»Sind Sie vielleicht Madame Cartina?«
»Caratini. Sind Sie Abeidi, Hamdis Freund?«
»Derselbe! Seien Sie willkommen in Nouakchott.«
Sogleich befreit man mich von meiner Bürde, man kümmert sich um die Formalitäten, man holt mein Reisegepäck ab, und schon werde ich wieder in einen Wagen verfrachtet und befinde mich unter dem Schutz turbantragender, strahlend lächelnder junger Männer auf dem Weg zur Hauptstadt. Sie sind zusammen mit einer Frau, Azebo, und einem vierten Jungen gekommen, um mich abzuholen. Auf dem

Rücksitz des Wagens, eingeklemmt zwischen diesen fröhlichen Burschen und versunken in all den makellos weißen Stoffen, fühle ich mich ein wenig benommen, aber zugleich entzückt.

»Zuerst stellen wir dein Gepäck bei mir ab, danach trinken wir bei Azebo einen Tee.«

Abeidi ist ein gutaussehender Mann, groß, schlank, mit feinen Gesichtszügen und schalkhaftem Blick. Viel unbekümmerter als sein Freund Hamdi macht er auf mich gleich vom ersten Abend an einen offeneren und herzlicheren Eindruck. Bei Azebo treffen wir eine kleine Gesellschaft junger Leute an. Ich bin ein wenig erstaunt, zu sehen, wie frei Männer und Frauen miteinander reden und lachen. Alle sind neugierig und wollen erfahren, wer ich bin und was mich hierherführt. Also muß ich mich vorstellen, den Grund für meine Reise und mein Vorhaben erklären. Als wir endlich zu Abeidis Haus zurückkehren und man mich für die Nacht allein läßt, bin ich erschöpft. An ein und demselben Tag habe ich den Mann verlassen, den ich liebe, bin zweimal im Flugzeug geflogen, habe eine Unmenge von Mauretaniern kennengelernt, dreimal an der Teezeremonie teilgenommen, eine Stadt besichtigt und Kamelfleisch gegessen.

Ich strecke mich auf meinem Bett – einer auf den Boden gelegten Matratze – aus und rolle mich in die brandneue Acryldecke ein, die man mir gegeben hat. Während meine Hand in einer letzten Anstrengung nach dem Lichtschalter tastet, entdecke ich mit Entsetzen an der Wand, nur wenige Zentimeter von meinem Kopf entfernt, ein gigantisches Insekt: schwarz, eklig, etwa sieben bis acht Zentimeter lang. In einer Sekunde macht es alle guten Eindrücke zunichte und erinnert mich daran, daß ich mich hier in Afrika befinde, der Heimat der Riesenspinnen, Skorpione und Schlangen jeder Art und Größe. Für einen Moment will Panik in mir aufsteigen. Dann beruhige ich mich. Die Ratschläge meiner Großmutter fallen mir wieder ein: Wenn ich als kleines Kind Angst vor einer umherfliegenden Wespe hatte, sagte sie, ich dürfe mich nur nicht bewegen, dann würde sie mich auch nicht stechen. Das Vieh dort ist ziemlich dick, aber wenn ich ihm nichts tue, warum sollte es mich dann angreifen? Eigentlich sieht es ja auch nicht aus wie die Vogelspinnen in Abenteuerfilmen, sondern eher wie ein Riesenkäfer. Jedenfalls kann ich nicht riskieren, mich gleich am ersten Abend lächerlich zu machen, in dem ich um Hilfe schreie. Also lösche ich das Licht und wickle mich von Kopf bis Fuß fest in die Decke in der Hoffnung, daß das Tier nicht gerade dort hereinkriechen will. Von dieser letzten Aufregung endgültig erschöpft, falle ich gleich darauf in tiefen Schlaf.

Ich wache unausgeschlafen auf, das rechte Auge ist entzündet wie bei kleinen Kindern, deren Lider am Morgen verklebt sind. Dies ist eine Unannehmlichkeit, an die ich nicht gedacht hatte, die in solchen Ländern voller Wüstensand aber eher an der Tagesordnung ist. Eine Dusche wird mir helfen, wieder munter zu werden. Also wandere ich, ein Handtuch unter dem Arm und den Kulturbeutel in der Hand, zum Badezimmer hinüber. Ein beißender Geruch schlägt mir entgegen, sobald ich die Tür einen Spalt öffne. Da wäre dann bereits das zweite Problem, mit dem ich nicht gerechnet hatte: Wie soll ich an einem Waschbecken, das vor Dreck nur so starrt, meine Morgentoilette erledigen? Nicht mal die Zahnpastatube kann ich darauf ablegen. Ich muß eine seltsame Choreographie entwickeln, um, so gut es geht, an den Wasserstrahl zu gelangen, ohne dabei die Sanitäranlagen oder die gekachelten Wände zu berühren, was durch die Enge des Raumes nicht gerade erleichtert wird. Außerdem muß ich gleichzeitig das Handtuch und sämtliche Utensilien, mit denen ich mich leichtsinnigerweise ausgerüstet habe, unter die Achseln klemmen. Ich werfe einen Blick in die Dusche: Um die zu benutzen, muß ich mir eine noch ausgefeiltere Technik einfallen lassen. Der Abort ist noch schlimmer: Dort bedeckt eine tiefe, übelriechende Pfütze den Boden. Eine leere Konservendose in einer Ecke dient zur abschließenden Waschung, falls man daran gedacht hat, sie vor dem Hineingehen zu füllen.

Ich traue mich nicht, das Haus zu besichtigen, von dem ich bisher nur das Wohnzimmer und den angrenzenden kleinen Raum, in dem ich geschlafen habe, zu Gesicht bekommen habe. Das Mobiliar meines Zimmers besteht aus einem wackligen Tisch, der fast vollständig mit Büchern und Papieren bedeckt ist, und einigen halbleeren, staubigen Regalen. Offensichtlich handelt es sich hierbei um die Privaträume des Hausherrn. Das Wohnzimmer öffnet sich auf einen eher sandigen als blumengeschmückten Hof, den eine Mauer umgibt, die gerade so hoch ist, um die Blicke der Passanten abzuhalten. In der Weiterführung des Wohnzimmers errate ich die Existenz eines dritten Raumes. Auf der gegenüberliegenden Seite des Hofes bemerke ich neben der Tür, die auf die Straße hinausführt, einen kleinen Verschlag.

Ein Schwarzer serviert das Frühstück. Er bringt mir Nescafé, eine Dose Gloria-Büchsenmilch, ein Glas Ananasmarmelade, frisches Brot und eine Packung leicht ranziger Butter aus der Normandie. Abeidi und sein Freund Mohammed bieten mir an, mich zum Kultusministerium zu begleiten, weil ich die Behörden von meiner Ankunft in Kenntnis setzen und dort meinen Antrag auf eine Forschungsgenehmigung erneuern muß. Offiziell hat mich das *Musée de l'Homme* in Paris geschickt, um ethnologische Studien in Nordmauretanien, also im Lande der Rgaybat, durchzuführen.

Das Kultusministerium ist ein großes, modernes Gebäude, das von der chinesischen Entwicklungshilfe errichtet wurde und in dem außer den Büros auch ein Museum, ein wissenschaftliches Forschungsinstitut und eine kleine Bibliothek untergebracht sind. Meine Freunde führen mich zuerst durch das Museum, in dessen Abteilung »Volkskunst und Traditionen« Gegenstände des Alltagslebens ausgestellt sind. Abeidi zeigt mir Gerätschaften ähnlich denen, die seine Großmutter benutzt hat, als er noch klein war, und andere, die auch heute noch in jedem Haushalt vorhanden sind. Ich versuche mir vorzustellen, welchen Eindruck in Frankreich eine Ausstellung über das Küchengeschirr unserer Großeltern machen würde.

Der Direktor der mauretanischen Kultusbehörden, den wir anschließend aufsuchen, weigert sich, meinen Zulassungsantrag entgegenzunehmen, solange er ihm nicht auf diplomatischem Wege zugestellt wird. Dies scheint mir eine etwas komplizierte Prozedur für eine simple Formalität zu sein, aber es gibt hier für mich so viel zu entdecken, daß ich es nicht eilig habe. Also kehren wir zum Haus zurück, um die Mittagsmahlzeit einzunehmen.

Kaum haben wir auf der geblümten Matratze des Wohnzimmers Platz genommen, bringt uns eine rundliche junge Frau mit glattem Gesicht, aus dem vor Güte und Intelligenz strahlende Augen leuchten – es handelt sich um Tfarrah, Abeidis Schwester – auch schon den *zrig*. *Zrig* ist ein Gemisch aus Wasser und gezuckerter Ziegenmilch, das in einer feinen Kalebasse aus dunklem Holz gereicht wird und von dem jeder einmal nippt. Ich als Ehrengast werde zuerst bedient. Das Getränk ist frisch und löscht den Durst. Auch hier wird zwischen den Anwesenden eine Plastikplane auf dem Teppich ausgebreitet, und der Boy wandert zur Handwaschung von einem zum anderen. Dann stellt er eine

Schüssel Reis mit Fisch zwischen die Tischgäste. Es ist leichter, Reis mit der Hand zu essen als Kuskus, aber die Geschwindigkeit, mit der der Fisch zerstückelt wird, und das chaotische Aussehen, das das Essen in der gemeinsamen Schüssel bekommt, je weiter der Schmaus voranschreitet, stoßen mich ein wenig ab. Die Mahlzeit ist schnell beendet: man ißt und fertig. Der Dienstbote geht wieder mit dem Wasser und dem Becken herum. Abgesehen von den Händen spülen sich einige auch noch den Mund aus und spucken das Wasser dann geräuschvoll in das Becken zurück. Danach strecken sich die jungen Leute vor Wohlbehagen seufzend aus und warten auf den Tee.

Am Nachmittag hört sich der Repräsentant Frankreichs mit mißbilligender Miene mein Gesuch an. Zu den Rgaybat gehen! Eine junge Frau und ganz allein! Wie leichtsinnig! Allerdings hindert ihn die Anwesenheit meiner Gefährten daran, seine Meinung deutlicher zu äußern. Widerwillig erklärt er sich bereit, meinen Antrag dem Direktor der mauretanischen Kultusbehörden, mit dem ich bereits an diesem Morgen gesprochen habe, zu übermitteln, weist mich jedoch darauf hin, daß es wohl einige Tage dauern wird, bis ich eine Antwort erhalte.

Im Laufe dieses ersten Tages entdecke ich auch, daß das Insekt, das mich so erschreckt hat, nur eine Zikade ist. Ebenso wie die Schaben im Badezimmer ist sie bedeutend größer als ihre europäischen Artgenossen, auch ist sie lauter. Das Konzert, mit dem sie in der heißesten Tageszeit mein Zimmer erfüllt, ist ohrenbetäubend. Zum Glück hört sie bei Sonnenuntergang auf zu singen. An diesem Abend sehe ich sie nicht, wahrscheinlich nützt sie die Kühle der Nacht aus, um anderswo mit einem Weibchen zu flirten. Meine zweite Nacht verstreicht also ohne Zwischenfall. Ich wache gutgelaunt auf und bewege mich in den sanitären Einrichtungen mit etwas mehr Geschick.

Nach der durch meine Ankunft hervorgerufenen Unterbrechung kehren meine Gastgeber, bei denen es sich um Studenten handelt, zu ihren Vorlesungen zurück. Diese Stunden der Freiheit nutze ich aus, um mich mit einem Heft, in das ich die ersten Eindrücke eintrage, auf der Türschwelle in die Sonne zu setzen. Ich bemühe mich, die jeweilige soziale Stellung der Passanten zu erraten. Wie Abeidi mir erzählt hat, kann man diese nämlich durch genaue Beobachtung der Kleidung schon am Äußeren einer Person erkennen. Der Stoff der *boubous* ist von unterschiedlicher Qualität und wird mehr oder weniger kunstvoll bestickt. Diese Unterschiede waren mir zuerst nicht aufgefallen, aber in Zukunft werden sie meinem kundigen Auge nicht mehr entgehen. Inmitten des Kommens und Gehens der hin und her eilenden Frauen, lasse ich mich von der augenfälligen Heiterkeit aller Wesen und Dinge anstecken.

Gegen elf Uhr suche ich vor der brennenden Sonne bei Abeidis Mutter in dem kleinen, neben dem Tor zur Straße gelegenen Gebäude Zuflucht. Das einzige Zimmer ist nicht so bequem wie das Wohnzimmer des Hauses; die Matratzen sind flach, und der Boden ist mit einer einfachen Matte aus geflochtenem Alfagras bedeckt. Tfarrah spielt mit ihrer Mutter ein Gesellschaftsspiel. Auf einem Baumwolltuch haben sie einen länglichen Sandhügel aufgehäuft, in den sie mit den Fingern kleine Vertiefungen in vier Reihen eingedrückt haben. Diese stellen die Kästchen dar, in denen der Spieler mit seinen Figuren (Murmeln) vorrückt, nachdem er die Würfel (Schilfstengel) geworfen hat. Vom Prinzip her ähnelt das Spiel ein bißchen unserem Mensch-ärgere-dich-nicht. Lange bleibe ich so sitzen, beobachte die graziöse Bewegung der Hände, die die Stäbchen werfen und die

Kästchen entlangeilen, und lasse mich vom Klang des Ge-plappers, dessen Bedeutung mir entgeht, einlullen.

Es bedurfte einiger Erklärungen, bis es mir gelang, die Hausbewohner zu identifizieren und von all denjenigen zu unterscheiden, die hereinkommen, sich hinlegen, sich un-terhalten, die schlafen, wenn sie keine Lust haben zu reden oder müde sind, die essen, wenn ihnen eine Mahlzeit vor-gesetzt wird, die aber nicht dort wohnen. Abeidi lebt mit seiner Mutter, seiner Schwester, seinen Neffen, seinem Freund Mohammed und zwei Schwarzen zusammen. Die Mutter, die offenbar sehr alt ist, ist Witwe oder geschieden, ich habe mich nicht getraut, nachzufragen. Tfarrah war schon dreimal verheiratet und ist jedesmal verstoßen wor-den, was von der maurischen Gesellschaft anscheinend ganz selbstverständlich akzeptiert wird. Ihre Kinder wohnen bei ihr, ebenso aber auch der Sohn ihres ersten Mannes, Mou-laye, ein diskreter Junge mit aufmerksamen Augen, der immer aussieht, als sei er in seine Hefte und Schulbücher vertieft, während er in Wirklichkeit mit gespitzten Ohren den Gesprächen der anderen zuhört.

Die Dienstboten sind keine Sklaven mehr wie früher, zumin-dest nicht offiziell. Mittlerweile »gehören sie zum Haus« und sind in diesem Sinne »Teil der Familie«, wie mir Abeidi, den ich über die beiden Boys ausfrage, augenzwinkernd versi-chert. Sie essen nicht mit dem Hausherrn und seinen Freun-den zusammen, aber nach jeder Runde haben sie Anspruch auf das letzte Glas Tee.

Am Nachmittag beschließe ich, auszugehen und mir, ohne länger zu warten, den Strand anzusehen. Nun wird mir klar, warum mir im Stadtzentrum von Nouakchott bisher keine Bettler oder Anzeichen von Elend aufgefallen waren. Die armen Leute wurden alle aus der Stadt verbannt, zum Meer hin. Die Stadt wurde nämlich nicht unmittelbar an der Küste erbaut. Sie ist durch einen mehrere Kilometer breiten Geländestreifen vom Meer getrennt, einem Überschwemmungsgebiet mit salzverkrustetem Boden, das zur Bebauung ungeeignet ist. Dort wachsen salzbeständige Pflanzen, die von einigen milchgebenden Kamelen aus der Stadt abgeweidet werden. Außerdem ist der Boden übersät mit tausenden kleiner, kegelförmiger Muscheln, die beim Bau oder bei der Asphaltierung der Straßen als Ersatz für den nicht vorhandenen Kies Verwendung finden. Der Ozean ist derselbe wie in Frankreich, nur begegnet man hier am Strand keinen Menschen. Auf dem von der Flut geglätteten Sand erkennt man lediglich die Spuren von Hunderten von kleinen Krabben, die gelb und leicht durchscheinend aussehen und in Gruppen blitzschnell hin und her rennen, um sich beim ersten Anzeichen von Gefahr einzugraben. Von ihren beiden Scheren ist eine größer als die andere, weshalb sie den hübschen Namen Violinspielerkrabben erhalten haben. Den Strand, der sich erstreckt, so weit das Auge reicht, säumt ein Band schmaler Dünen, die in nord-südlicher Richtung verlaufen und die einzige erkennbare Erhebung in der Landschaft darstellen. Zwischen Himmel, Erde und den Wogen verbringe ich einige Stunden in diesem verlassenen Paradies, in dem man die Unendlichkeit der Zeit in gleichem Maße spürt wie die Tiefe des Raumes.

Das Gefühl der Fremdheit kommt erst abends, als meine Freunde beschließen, ins Kino zu gehen. Diese Nacht ähnelt unseren Sommerabenden, mild und geschmückt mit einem herrlichen Sternenhimmel, wie man ihn durch die verschmutzte Atmosphäre unserer Städte nie mehr zu Gesicht bekommt. Wir sind also draußen, schlendern langsam durch die sandigen, friedlichen Straßen der Hauptstadt. Im dunklen Kinosaal vergesse ich nach und nach, daß ich mich in Mauretanien befinde. Es ist ein amerikanischer Film, einer von diesen Streifen, die man überall zu sehen bekommt. Als das Licht wieder aufflammt, habe ich noch einige Sekunden lang die physische Empfindung, wie gewöhnlich im Quartier Latin zu sein. Plötzlich entdecke ich die Realität des Ortes. Von der Flut der *boubous* getrieben, finde ich den silbernen Mond wieder, in dessen Licht all diese weißen Segel, die eine nächtliche Brise leicht aufbauscht, zu tanzen scheinen. Der scharfe Kontrast weckt einen stechenden Schmerz in mir. Für einen Moment suche ich in der Masse der Gesichter nach einem Blick, der diese erstaunliche Empfindung mit mir teilt. Schließlich werde ich mir meiner Einsamkeit bewußt.

Am dritten Tag mache ich mit meinem ersten Sandsturm Bekanntschaft. Obwohl ich mir aufgrund der Lektüre diverser Romane eine im Sandsturm verlorene Karawane vorstellen kann, wäre ich niemals auf den Gedanken verfallen, daß so etwas auch die Stadt treffen könnte. Naivität des Seßhaften, der glaubt, die Stadt könne ihn sogar vor den Elementen schützen! In den Straßen und Gärten, selbst bis ins Innere der Häuser hinein, ist die Luft von Staub geschwängert, der Wind ist heiß und die Atmosphäre zum Ersticken. Ich tausche Geld um und eröffne ein Konto bei der Bank. Das Wochenende fängt schlecht an.

Die beliebteste Freizeitbeschäftigung der müßigen Mauren besteht darin, sich jeweils nach Altersgruppen getrennt in kleinen, improvisierten Versammlungen bei dem einen oder anderen zu treffen. Man trinkt und plaudert, das ist alles. Ich würde sogar sagen, man tratscht; dies entnehme ich zumindest der Mimik und dem Lachen, da ich nicht verstehe, was gesprochen wird. Diese Zusammenkünfte sind fast immer gemischt. Von einer Frau oder einem schwarzen Dienstboten wird der Tee zubereitet, dann unterhalten sich alle, während sie ihre rituellen drei Gläser Tee schlürfen. Im

Schlepptau meiner Gefährten wandere ich zwei Tage lang von Haus zu Haus.

Die Mahlzeiten sind immer gleich: morgens mit Fisch[4] oder etwas getrocknetem Fleisch garnierter Reis und am Abend Kuskus. Gemüse oder Obst essen die Mauren fast nie. Seltsamerweise hat diese Ernährung auf beide Geschlechter eine völlig unterschiedliche Wirkung. Während die jungen Mädchen eine sehr harmonisch modellierte Figur besitzen und die reiferen Frauen eine Üppigkeit erreichen, die sie oft sogar fast bewegungsunfähig macht, sind die Männer ausgesprochen mager, wobei ganz offensichtlich eine chronische Fehlernährung an der mangelhaften Entwicklung ihres Körperbaus schuld ist. Man hat mir gesagt, daß alle jungen Leute einen ausgesprochenen Widerwillen gegen jede sportliche Aktivität hegen und daß ein muskulöser Mann, der in Europa für schön gilt, hier sehr schlecht angesehen wird. In der maurischen Gesellschaft assoziiert man Muskeln mit Arbeit, und Arbeit ist etwas für Gefangene. Diese Auffassung hegen vielleicht nur die heutigen Städter. Ist es möglich, daß Ausdauer und Kraft keine Tugenden mehr sind für einen Wüstenbewohner, dessen Körper auf den Kissen der Wohnzimmer abschlafft?

Als das Wochenende vorbei ist, habe ich diese vielen Besuche, bei denen ich lediglich stumme Beobachterin bin, gründlich satt. Der Sandsturm hat heftig geblasen, es ist heiß gewesen, von all dem Neuen brummt mir der Schädel, und ich sehne mich nach ein wenig Einsamkeit. Aber das ist unmöglich: Man läßt mich lediglich allein, wenn ich schlafen will. Meine Freunde können sich einfach nicht vorstellen, daß ich Alleinsein als angenehm empfinde. Für sie ist es gleichbedeutend mit Langeweile, und es wäre ungehörig, einen Gast einer solchen Öde zu überlassen.

Am nächsten Abend gehen die Männer zum ersten Mal

allein aus und überlassen mich den bisher schweigenden Hausbewohnern, die mich mit ihrer Fürsorge umgeben. Tfarrah setzt sich mit ihrer Mutter und dem kleinen Moulaye zu mir. Der Junge, der mich, seit ich unter seinem Dach weile, eindringlich beobachtet hat, ist zu dem Schluß gelangt, daß ich mich würdig gezeigt habe, einige wesentliche Informationen zu erhalten. Da die älteren Jungen nicht da sind und die Frauen meine Sprache nicht verstehen, kann er sich frei äußern.

»Weißt du, daß, wenn es regnet, jeder Wassertropfen von einem anderen Engel geschleudert wird?«

»Nein, das wußte ich nicht.«

Ermutigt durch das Interesse, das er auf diese Neuigkeit hin in meinen Augen liest, fährt er fort:

»Wenn ein Mann oder eine Frau oder sogar nur ein Kind sterben, muß die Seele des Verstorbenen alle sieben Himmel durchqueren.«

»Ach ja?«

»Ja.«

»Kennst du den Guineawurm?«

»Nein, was ist das?«

»Das ist eine schlimme Krankheit, die du bekommen kannst, wenn du im Busch bist und das Brunnenwasser nicht filterst. Vor dem mußt du dich in acht nehmen, weil das ein sehr gefährlicher Parasit ist. Wenn man nichts gegen ihn unternimmt, verursacht er eine fortschreitende Lähmung aller Glieder. In der Heimat meines Vaters, in Néma, forderte er viele Opfer. Das weiß ich, weil ich ihn vor ein paar Jahren einmal erwischt habe. Damals haben mich chinesische Ärzte geheilt. Die chinesischen Ärzte sind sehr geschickt. Sie haben den Wurm nach und nach in kleinen Stücken herausgeholt. Aber die beste Art, ihm zu entgehen, ist ein *grigri*[5].«

»Ein *grigri*!«

»Ja. Als ich klein war, bin ich jedes Jahr krank geworden. Deshalb bin ich eines Tages zu einem Marabut[6] gegangen, der mir einen *grigri* gegeben hat. Drei Jahre lang hat mir der Parasit nichts anhaben können, aber dann habe ich ihn verloren, und so hat mich die Krankheit in der nächsten Regenzeit wieder erwischt. Ehe du gehst, mußt du dir unbedingt einen *grigri* besorgen und sehr gut aufpassen, ihn nicht zu verlieren. Das ist der einzige wirklich wirksame Schutz.«

Während das Kind mich vor den Gefahren, die auf mich lauern, warnt, macht sich Tfarrah daran, meine linke Hand und beide Füße mit Henna zu bestreichen. Um sie nicht zu verletzen, lasse ich sie gewähren, aber ich habe den Eindruck, in Schlamm herumzuwaten, und ich bin mir nicht sicher, ob ich von dem Ergebnis begeistert sein werde. Das Verfahren besteht darin, zerstoßene Blätter des Hennastrauches anzufeuchten, bis dieses Gemisch eine Art glatte Paste ergibt, mit der man eine regelrechte Kompresse anlegt. Da dieses Präparat mehrere Stunden lang mit der Haut in Berührung bleiben muß, um eine dauerhafte Färbung zu erzielen, wickelt man die mit dieser Mixtur bestrichenen Körperteile in Plastiktüten ein, die von einigen als Bänder benutzten Stoffetzen gehalten werden. Brav bleibe ich unbeweglich sitzen, Hände und Füße in diese behelfsmäßigen Tüten gewickelt, bis ich wieder von ihnen befreit werde.

Da ich noch nichts von der prophylaktischen Wirkung des Hennas weiß, halte ich diese Kosmetik nur für eine kokette Gefälligkeit. Nachdem diese Prüfung überstanden ist, betrachte ich ohne rechte Begeisterung meine Handflächen und die Fingernägel, die nun orangefarben sind, ein Farbton, der sich etwas mit meiner weißen Haut beißt. Tfarrah hingegen scheint mit ihrem Werk hochzufrieden zu sein und bringt mir noch zwei silberne Armreifen, was mich verlegen macht. Ich habe schon ein schlechtes Gewissen, weil ich meinen Gastgebern zur Last falle, ohne zu wissen, auf welche Weise ich mich eventuell an den Ausgaben der Familie beteiligen kann. Und jetzt will diese junge Frau, die geschieden ist und ganz bestimmt kein Einkommen hat, auch noch ihren Schmuck hergeben, um ihn mir zu schenken. Soll ich ablehnen, auf die Gefahr hin, sie zu beleidigen? Soll ich mich bitten lassen, um letztlich nachzugeben? Durch ihre Beharrlichkeit entwaffnet, nehme ich das Geschenk schließlich an, renne aber gleich los, um aus meinem Gepäck eine der modernen Halsketten hervorzukramen, die ich eigens dafür gekauft habe, um in bestimmten Situationen auch etwas schenken zu können.

Ich weiß nicht, wie ich auf die Idee gekommen bin, Modeschmuck mitzunehmen. Habe ich intuitiv gespürt, daß es für mich einfacher sein würde, den Austausch von Geschenken auf Angehörige meines Geschlechts zu beschränken? Allerdings weist Abeidis Schwester meine Kette zurück. Ohne den Sinn dieser Weigerung zu begreifen, traue ich mich nicht, allzusehr zu insistieren. Mehrere Tage lang quält mich dann aber folgende Frage: Hätte ich ihr Geschenk mit derselben Entschiedenheit ablehnen sollen? Schließlich raffe ich mich dazu auf, meine Verwirrung ihrem Bruder anzuvertrauen:

»Mach dir da keine Sorgen, das ist alles ganz einfach. Tfarrah hat dir die Armreife geschenkt, weil sie Lust dazu hatte. Es war ungeschickt von dir, ihr etwas als Gegenleistung geben zu wollen.«

»Habe ich sie beleidigt?«

»Aber nein, das ist nicht weiter schlimm.«

In meiner Einfältigkeit habe ich das Geschenk in ein

Tauschgeschäft verwandelt. Was ist nur in mich gefahren, die Sache so zu verkomplizieren? Habe ich mich in solchem Maße blenden lassen, daß ich dort Unterschiede sehen wollte, wo keine sind? Und doch muß es irgendwo Unterschiede geben, nur wo?

»Was muß ich tun, wenn mir jemand ein Geschenk machen will?«

»Es ist unnötig, sich zu zieren, um es anzunehmen.«

»Und wenn ich selbst etwas schenken möchte, muß ich dann weiter insistieren, wenn die Person ablehnt?«

»Natürlich, weil das Widerstreben reine Formsache ist. Es wäre sogar unhöflich, etwas anzunehmen, ohne es vorher energisch zurückgewiesen zu haben.«

Das ist eine wertvolle Information. Ich gehöre zu den Leuten, die rasch ungeduldig werden, wenn andere unnachgiebig oder unentschlossen sind. Die Auserwählte würde ziemlich verärgert sein, wenn ich sie sofort beim Wort nehmen und gleich wieder alles wegpacken würde. Bei solchen Gelegenheiten muß ich also eine Rolle spielen, die das absolute Gegenteil von meiner Art ist. Sollten dieser Unterschiede mich dazu zwingen können, mich zu verstellen?

Am Scheideweg
der Kulturen

Eine Woche verstreicht, bis ich ein Telegramm von Hamdi erhalte, in dem dieser mir ankündigt, daß ich noch vierzehn Tage auf ihn warten muß. Daraufhin läßt die Zuvorkommenheit meiner Gastgeber allmählich nach, während es sich der kleine Moulaye zur Gewohnheit macht, mir Gesellschaft zu leisten.

»Du mußt lernen, Dämonen und Teufel zu erkennen. Das ist ganz einfach, weil sie alle irgendeine Mißbildung haben: eine Hand mit sechs Fingern, ein fehlendes Bein oder nur ein einziges Auge. In Néma gibt es viele Dämonen. Eines Tages ist Tfarrah in Ohnmacht gefallen. Dann ist sie schwer krank geworden, so krank, daß sie fortgehen wollte. Abeidi ist gekommen, um sie zu holen, aber da mein Vater seine Eltern und sein Geschäft nicht im Stich lassen konnte, war sie gezwungen, sich scheiden zu lassen.«

»Warst du deswegen traurig?«

»Die Erde wird von allen möglichen Gefahren heimgesucht, aber für jedes Übel gibt es ein Heilmittel. Um dem Übel zu entgehen, muß man ein guter Mohammedaner sein und den Koran gut kennen. Wenn man sie richtig und zur rechten Zeit ausspricht, besitzen bestimmte Sätze des Buches die Macht, das Böse zu vertreiben. Wenn es dazu schon zu spät ist, muß man sich an einen Marabut wenden. Das sind weise Männer, die ihr Wissen von ihren Großvätern geerbt haben. Sie können die Teufel bekämpfen und mit ihnen verhandeln. Sie kennen alles.«

»Lassen sie sich dafür bezahlen?«

»Natürlich. Aber das Geld ist nicht für sie selbst, sondern für die Dämonen bestimmt. Solange du sie nicht bezahlst, lassen sie dich nicht in Ruhe. Der Marabut muß die ganze Nacht hindurch mit den Teufeln verhandeln. Manchmal kämpfen sie sogar miteinander, wenn der Marabut – der einen Teil des Geldes für sich behalten muß – dem Dämon nicht genug abgeben will.«

»Kann ich diese Dämonen sehen?«

»In Nouakchott wirst du keine sehen.«

»Warum nicht?«

»Weil das eine moderne Stadt ist, und die modernen Apparate vertreiben die Dämonen: Autos, Flugzeuge, Kühlschränke, Radios und all diese Dinge. Übrigens wird eines der ersten Anzeichen für das Ende der Welt der völlige Stillstand aller Maschinen der Christen sein. Die Motoren der Flugzeuge werden stehenbleiben, die Radios werden plötzlich verstummen, die Autos können nicht weiterfahren, und es wird keine Elektrizität mehr geben, um die Kühlschränke und Lampen funktionieren zu lassen.«

»Glaubst du, daß ich im Busch[7] welchen begegnen werde?«

»Dir kann nichts passieren.«

»Warum? Ich bin keine Mohammedanerin und weiß nicht, wie ich mich schützen soll.«

»Dir kann nichts passieren, weil du keine Angst hast. Du glaubst nicht an sie. Gegen jemanden, der nicht an sie glaubt, können die Teufel nichts ausrichten.«

»Woher weißt du das?«

»Eines Tages stand ich auf einmal vor einer Hexe, ohne das schützende Wort zu kennen. Da habe ich durch eine Willensanstrengung meine Angst bezwungen. Ich habe ihr starr in die Augen geblickt und geschrien: ›Geh weg, Hexe!‹ Da hat sie es mit der Angst zu tun bekommen.«

»Wenn du damit den Beweis dafür hast, daß man einfach

nicht an die Dämonen glauben muß, um ihnen zu entgehen, dann brauchst du die Koransprüche und die Marabuts doch gar nicht!«

»Das stimmt, aber … Man kann nie wissen …«

Ich bin perplex. Eine seltsame Dialektik, dieser Kampf zwischen Gut und Böse! Zweifelt mein kleiner Freund etwa an seinen Fähigkeiten?

»Außerdem entscheidet Gott sowieso alles. Egal, was wir während unseres Daseins auch tun, Gott selbst hat es schon vor unsere Geburt niedergeschrieben.«

»Dann sind wir also nicht frei?«

»Doch, wir sind frei.«

»Frei wozu, wenn alles schon geschrieben steht?«

Moulaye ist verwirrt. Er weiß nicht, wie er diesen Widerspruch zwischen der individuellen Freiheit und der Vorherbestimmung lösen soll. Er beschließt, diese Frage dem großen Weisen zu unterbreiten, der ihn in der Religion unterrichtet, aber jeden Abend kehrt er aus der Schule zurück, ohne eine Antwort erhalten zu haben. Drei Tage lang diskutieren seine Lehrer miteinander. Vergeblich. Schließlich tragen sie ihm auf, mir folgende Botschaft zu übermitteln: Man muß den Koran befolgen, ohne alles verstehen zu wollen.

Mein kritischer Verstand, der durch die Bewunderung all der neuartigen Dinge zunächst etwas betäubt worden war, erwacht nach und nach wieder. Langsam begreife ich, daß der Charakter der Gastfreundschaft, die mir das Herz wärmt, nicht die Bedeutung besitzt, die ich ihr beimesse. Sie ist nicht Ausdruck der erlesenen Großzügigkeit eines Individuums oder einer Gruppe, sondern stellt einfach die gesellschaftlich verbindliche Lebensweise für jeden einzelnen dar. Deshalb darf sie den europäischen Gast, der ich ja bin, nicht in eine vergötternde Dankbarkeit versetzen. Mittler-

weile muß ich auch dem kleinen Moulaye manchmal bei-
pflichten, wenn er Abeidi und seine Freunde von der ENA
mißbilligend anblickt und sie zum Spott die »großen Bosse«
nennt. Er hält sie für faule, ungebildete Schürzenjäger, die
sich eher fürs Nichtstun als für ihr Studium interessieren. Es
stimmt, daß es diesen wohlhabenden jungen Männern, die
einer traditionell dominierenden sozialen Klasse und der
zukünftigen Führungsschicht angehören, in hohem Maße
an intellektueller Neugier und einem politischen Bewußtsein fehlt. Keiner von ihnen stellt die soziale Ordnung in
Frage. Bereitwillig erzählen sie mir von ihrer natürlichen
Vorliebe für Faulheit, Bummelei, Muße, Tee und gutes
Essen. Das Nationalgefühl ist lediglich ein Lippenbekennt-
nis; wichtig ist nur, per Geburt der derzeitigen und zukünftigen Elite anzugehören.

So viel Leichtfertigkeit verblüfft mich. Man braucht sich nur
umzuschauen, um sich klarzumachen, daß hier Unterent-
wicklung herrscht, daß die Slums riesig, die sozialen Unterschiede grausam und die Preise für alle Grundnahrungsmit-
tel ausgesprochen hoch sind. Meiner Ansicht nach müßte
man sich mehr als dringend mit der Zukunft dieses Landes
und seinem Platz in der Welt befassen. Nichts von alldem
interessiert sie. Meinen Sorgen schenken sie lediglich ein
nachsichtiges Lächeln, und sie behaupten steif und fest,
alles sei zum Besten bestellt für die »weißen« und ara-
bischsprachigen Mauretanier, die es als einzige verdienen,
daß man sich um sie kümmert.

Als ich nach drei Wochen Wartezeit endlich die Genehmigung erhalte, meine Forschungsarbeit fortzusetzen, kündigt
Hamdi sein unmittelbar bevorstehendes Eintreffen an. Ich
kann es jetzt kaum noch erwarten, meinen Reiseplan und
den Zeitpunkt für meine Abfahrt zu erfahren, weil mich
allmählich die Langeweile packt. Abeidi und Mohammed

sind von einem Extrem ins andere verfallen und fordern mich nie mehr auf, sie zu begleiten, wie sie es noch zu Beginn meines Aufenthalts getan haben. Wenn sie nach den Vorlesungen nach Hause kommen, trinken sie rasch einen Tee, duschen sich, ziehen sich um, parfümieren sich und verschwinden sofort wieder. Von Zeit zu Zeit plaudern wir miteinander, allerdings nur selten. Sie erklären mir, wo ich finden kann, was ich suche, und versprechen mir alles mögliche, aber immer nur für den nächsten Tag.

Jeden Abend winden sie sich nach Art der Tuareg einen Turban um den Kopf, der ihre Gesichtszüge komplett verbirgt, vervollständigen dieses Tarnmanöver noch durch eine Sonnenbrille und verlassen das Haus mit dem Gehabe von Verschwörern. Durch den kleinen Moulaye erfahre ich, daß Abeidis Verlobte eine Schwarze ist, was Tfarrah ärgert; aber da man hier unter einer »Verlobten« eher eine »momentane Freundin« versteht, ist ein echtes Familiendrama wohl nicht zu befürchten.

Trotz aller Gegensätze und Konflikte existieren in Mauretanien enge Verbindungen zwischen dem schwarzen und dem weißen Bevölkerungsteil. Das geschlechtliche Verlangen existiert und findet zumindest in der Stadt Gelegenheit, ausgelebt und befriedigt zu werden. Für den maurischen Mann ist die schwarze Frau Objekt einer sexuellen Wunschvorstellung, die durch das Verbot noch gesteigert wird. Dasselbe gilt für den schwarzen Mann hinsichtlich der weißen Frau, die »Maurin«, wie sie hier genannt wird. Der maurische Mann, der von der Überlegenheit seiner Volksgruppe überzeugt ist, assoziiert die Schwarze mit den unterwürfigen Frauen seines Hauses (den Sklaven von gestern); auf diese Weise bekommt das gebrochene soziale Tabu auch noch eine unmerklich inzestuöse Note. Für den Schwarzen vermischt sich die Revanche, die der Besitz einer Maurin bedeutet, mit dem Vergnügen einer Verbotsübertretung. Außerdem beschneiden gewisse schwarze Bevölkerungsgruppen ihre Töchter nicht, was der männlichen Neugier einen zusätzlichen Anreiz bietet. So geht es den Menschen überall auf der Welt, ständig hin und her gerissen zwischen der widersprüchlichen Suche nach dem eigenen Spiegelbild und seinem Gegenteil.

Da ich nur noch wenige Tage in Nouakchott bleiben werde, sage ich mir, daß es höchste Zeit ist, meinen Bekanntenkreis zu erweitern und die Empfehlungsschreiben zu benutzen, die ich mir vor der Abreise aus Paris besorgt habe.[8] Damit nehme ich auf einem anderen Weg als nur über Hamdi oder Abeidi Kontakt mit der mauretanischen Bevölkerung auf.

Zunächst klopfe ich an die Tür eines gemischtrassischen Ehepaares. Bei dem Mann handelt es sich um einen europäisch erzogenen Mauren, der von seinem elften bis zum neunundzwanzigsten Lebensjahr in Frankreich gelebt hat; seine Frau ist Französin. Gleich mit den ersten Worten will er mich warnen.

»Ganz bestimmt werden Sie in den Zeltlagern auf Liebenswürdigkeit und Freundschaft stoßen, aber lassen Sie sich nicht vom äußeren Anschein täuschen: Die Mauren werden Sie nie akzeptieren. Diese Menschen sind unglaublich rassistisch. Es stimmt, daß ein Fremder in Frankreich sehr schlecht behandelt wird, aber ist die Integration einmal vollzogen, gibt es keine Vorbehalte mehr. Die Franzosen sind sehr viel offener als die Afrikaner. Hier empfängt man Sie auf überwältigende Weise, aber man wird Sie nie völlig akzeptieren. Außerdem muß in Mauretanien ein Drittel der Bevölkerung – dem ich übrigens angehöre – die beiden anderen Drittel ernähren. In Frankreich war ich glücklich. Dort hatte ich keine Sorgen. Am meisten mochte ich das Angeln von Forellen in euren herrlichen Bergen.«

Dann steht noch der Name eines zweiten Mauretaniers auf meiner Liste. Es handelt sich um einen *Hal Pular*[9], der ebenfalls mit einer Französin verheiratet ist. In einer ausgesprochen luxuriösen Villa, die um einen Innenhof herum angelegt und mit Grünpflanzen, einer Stereoanlage und aus Paris importierten Möbeln ausgestattet ist, lerne ich zuerst Lise, die Frau des Hauses, kennen. Hier ist das Eis gleich gebrochen. Diese junge Frau hat in Mauretanien so große Anpassungsschwierigkeiten, daß sie sich unbedingt einmal mit jemandem aussprechen muß.

»Ich gehe hier ein. Hier kann man nichts unternehmen, weder Sport noch kulturelle Aktivitäten, einfach nichts.«

»Aber die Mauretanier müssen doch irgendwelche Vergnügungen haben?«

»Nein. Sie verbringen ihre Zeit damit, eine Unmenge von Leuten zu besuchen. Das ist auch schon alles. Sie hängen viel zu sehr am Familienleben. Auf die Dauer ist das nicht zum Aushalten. Die Verwandten, Freunde, Abhängigen, einfach alle kommen sie vorbei. Das hört nicht auf. Die genieren sich nicht einmal, einen mitten in der Nacht zu wecken. Und jedesmal muß man aufstehen, ihnen Essen vorsetzen und sich mit ihnen unterhalten. Das ist die Hölle, man hat kein bißchen Privatleben mehr. Übrigens ertrage ich das nicht länger, ich habe ihm gesagt, daß ich sie einfach nicht mehr empfangen kann. Wir haben uns furchtbar gestritten, aber ich habe nicht nachgegeben. Für ihn hieß es: sie oder ich.«

»Und er war einverstanden?«

»Das mußte er wohl, aber zufrieden ist er nicht. Jetzt ist die Haustür abgeschlossen und niemand kommt mehr, ohne vorher eingeladen zu sein.«

Zwischen den Wänden ihres Heims hat Lise einen Bereich

geschaffen, der im Widerspruch zur Realität steht. Ihr europäisches Mobiliar, die luxuriöse Einrichtung, das alles wirkt auf mich wie ein Floß, das sie inmitten eines Sturms nur mit Mühe über Wasser halten konnte. Um zu überleben, mußte sie alle fremden Hände, die sich daran klammern wollten, zurückstoßen, und jetzt sitzt sie allein in ihrem vergoldeten Käfig. Allein mit ihren Mischlingskindern und diesem Mann, der kommt und geht und mit dem sie nur noch einen kleinen Teil des Lebens teilt.

Als der Mann kommt, erhalte ich für einen flüchtigen Moment Einblick in den Werdegang dieser banalen Geschichte. Der Mann sieht beeindruckend aus: ein athletischer Körperbau, feingeschnittene Züge, große Augen mit langen Kinderwimpern, ein intelligenter Blick und ein heiterer, sanfter Gesichtsausdruck. Darüber hinaus spricht er perfekt Französisch, er besitzt die Liebenswürdigkeit eines Gentlemans und eine tadellose Eleganz. Von 1968 bis 1970 haben sich an den französischen Universitäten viele solcher gemischten Pärchen gebildet. Solche Menschen repräsentierten sowohl eine Verbotsüberschreitung (Sex, der schwarze Mann) als auch die Rückkehr zum Status der umhegten Frau, die Rückkehr in eine Zeit, in der uns Kavaliere beflissen den Vortritt ließen, im Restaurant diskret bezahlten und uns mit einer Unmenge entzückender Phrasen verwöhnten.

Der Afrikaner, gleichgültig wie okzidentalisiert er auch sein mag, wurde von den Frauen seiner Gesellschaft nie in Frage gestellt. Seine Macht als Mann wurde nie bestritten. Die Emanzipationsschreie der weißen Frau haben ihn nicht erreicht. Wenn er sich nun zusätzlich zu seiner maskulinen Unversehrtheit noch die (augenscheinliche) Denkweise des westlichen Bürgertums aneignen konnte, hat er in den Augen der in ihre Phantasmen und Widersprüche verstrickten Europäerin eine unwiderstehliche Anziehungskraft gewonnen.

Aber nun ist er wieder zu Hause, dieser Mann mit dem Gazellenblick und der ebenholzfarbenen Haut. Was hat er getan? Er hat eine Frau mit nach Hause gebracht, die noch weißer ist als die Frauen der Mauren, und sein Haus ist schöner und moderner als ihre Häuser. Seine Kinder haben eine helle Hautfarbe und genießen die internationale Erziehung der Elite. Und doch verdunkelt ein Schatten seinen Wirklichkeit gewordenen Traum: Das junge, liebevolle Mädchen, das ihm mit ihren feurigen Umarmungen das Leben in Paris versüßt hat, kann ihm vielleicht nicht in jeder Hinsicht folgen. Es hatte ihn mit so viel Stolz erfüllt, zu sehen, wie sie einer nach dem anderen durch sein fürstliches Haus gewandert sind, im Zittern eines Blicks den Neid, die Bewunderung, die Anerkennung seines Erfolgs zu erkennen. Und nun mußte er wegen ihr sein Haus verschließen. Sein Haus verschließen! Um nicht in Schande zu versinken, bemüht er sich, diese Beleidigung durch noch häufigere Besuche, noch großzügigere Geschenke und durch sehr viel Zeit wiedergutzumachen. Unmerklich schlingt damit seine Herkunft ihre Fangarme um das Wunderkind.

Und dann die Frauen … Fühlt er nicht manchmal das Verlangen nach weihrauchduftenden Stoffen, nach Haarperlen, nach einer dunkleren Hauttönung, nach den mütterlichen Düften und der vertrauten Sprache in sich aufsteigen?

Wir setzen uns zu Tisch. Auf einer weißen, mit Silberbesteck und Porzellan überladenen Damasttischdecke serviert uns ein eleganter Boy in weißer Jacke und schwarzer Hose mit messerscharfer Bügelfalte ein üppiges Mahl. Das Gespräch dreht sich sofort um die Lage der schwarzafrikanischen

Bevölkerungsgruppe: Offensichtlich bin ich nicht ausreichend informiert. Mitfühlend höre ich mir die lange Liste der Ungerechtigkeiten an, die die Mauren an den Mitgliedern der anderen Kulturen begehen, wobei ich aber den Gedanken nicht unterdrücken kann, daß sich der luxuriöse Rahmen, der uns umgibt, nur schlecht mit einer Schilderung des Elends der armen Schwarzen vereinbaren läßt.

Der Gatte scheint die Konsequenzen seiner Ehe genauso schlecht zu ertragen wie seine Frau. Deshalb schiebt er die Verantwortung für seine Schwierigkeiten auf die maurische Bevölkerungsgruppe, die seine Kinder ebensowenig akzeptieren wird, wie es die Gruppe der Schwarzen oder die französische Gemeinde tun wird. In seiner Verbitterung und in seinen proschwarzen und antimaurischen Äußerungen würfelt er alle Hindernisse, auf die sein enttäuschter Ehrgeiz stößt, bunt durcheinander.

»Es gibt viel mehr Schwarze als Mauren, müssen Sie wissen. Und außerdem beschneiden sie ihre Töchter nicht.«[10]

»Das wußte ich nicht.«

»Darüber hinaus sind die Schwarzen viel bessere Mohammedaner. Vor allem vom Standpunkt der Moral aus gesehen.«

»Sie finden, daß die Mauren unmoralisch sind?«

»Ja, sehen Sie das denn nicht? Diese Leute sind echte Wüstlinge!«

Ich verlasse dieses Haus mit der Überzeugung, daß eine Mischehe schwierig zu führen ist. Ob eine Intellektuelle, die selbst über ihr Schicksal entscheidet, die tausenderlei Zwänge des Alltagslebens innerhalb der erweiterten Familie nicht hinnehmen kann, ohne daß sie ihr zur Last werden? Ist die historische Entwicklung, die das Individuum vom Stamm getrennt hat, so mächtig, daß es sich nicht mehr anpassen kann?

Eine zwiespältige
Gastfreundschaft

Hamdi hatte mir auch einen Brief für seinen Vetter Ely mitgegeben, aber ich wußte nicht, wo ich ihn finden konnte, und meine Freunde haben sich kaum darum gekümmert. Geschah das absichtlich, oder haben sie sich einfach damit begnügt, mich in ihren eigenen Freundes- und Verwandtenkreis einzuführen? Keine Ahnung. Jemand, der erst kürzlich aus Zouérate kam und dem Hamdi aufgetragen hatte, seinen Vetter mit mir in Kontakt zu bringen, hat Ely von meiner Anwesenheit unterrichtet, weshalb dieser eines Nachmittags bei Abeidi auftaucht. Ich weiß nicht, was sein Vetter ihm geschrieben hat, aber anscheinend ist er anstandshalber dazu verpflichtet, mich unverzüglich in seine Familie einzuführen. Einer seiner Freunde fährt uns mit einem Wagen zum *Ksar*[11], der einige Kilometer vom Stadtzentrum entfernt ist. Zum ersten Mal werde ich Rgaybat in ihrem Heim kennenlernen.

Aufgeregt überschreite ich die Schwelle des Hauses. Zuerst überrascht es mich, wie gut die Räumlichkeiten gepflegt sind. Deutlich spüre ich die hier herrschende, würdevolle Atmosphäre. Hier geht es bei weitem nicht so lässig zu wie bei Abeidi. Allerdings muß man sagen, daß es hier Alte[12] gibt. Nehme ich hier deswegen weniger Schlamperei wahr? Oder besteht ein so großer Unterschied zwischen den Leuten aus dem Norden und denjenigen aus dem Süden, zwischen Nomaden und Städtern? Es ist nämlich offensichtlich, daß ich hier bei Nomaden bin. Wenn ich recht verstanden habe, befindet sich der Vater auch nur vorübergehend hier und wohnt normalerweise in seinem Zeltlager. Ein junges

Mädchen bereitet den Tee zu. Als die Unterhaltung der Männer nach dem dritten Glas lebhafter wird, bedeutet Ely mir durch Zeichen, dem Mädchen aus dem Haus hinaus zu folgen. In der schwärzesten Finsternis führt sie mich über ein großes, verlassenes Grundstück bis zur Straße, die an der großen Moschee vorbei vom *Ksar,* zum Stadtzentrum, führt. Der Dialog, den wir mühsam beginnen, ist nicht besonders geistreich, aber schließlich gelingt es mir, ihr einige Fragen zu stellen und verschiedene Antworten zu verstehen. Das junge Mädchen ist in den Zeltlagern aufgewachsen, und da sie anschließend schon zu alt war, um noch zur Schule zu gehen, hat sie nicht die geringste Schulbildung genossen, weder auf arabisch noch auf französisch. Nach einem mühsamen Austausch von Gesten und Worten grüßt sie mich sehr höflich und geht.

Ein wenig verwirrt finde ich mich so mehrere Kilometer von meiner Unterkunft entfernt wieder und beschließe, zu Fuß heimzukehren, da ich mich nicht traue, ein Sammeltaxi[13] heranzuwinken. Plötzlich höre ich hinter mir die hastigen Schritte eines Mannes. Zum Glück ist das nur Ely, der völlig außer Atem angerannt kommt.

»Wo gehst du denn hin? Warum hast du nicht auf mich gewartet? Hat dir das Mädchen nicht gesagt, daß du auf mich warten sollst? Ich wollte nur, daß du etwas früher gehst als ich, aber dummerweise bin ich noch von einem Freund aufgehalten worden.«

»Das hatte ich nicht verstanden.«

Natürlich konnte ich nicht ahnen, daß Ely mich einige Zeit vor ihm hinausführen läßt, obwohl er sehr wohl vorhatte, mich zu begleiten; und er seinerseits hatte nicht erwartet, daß ich daraufhin einfach gehe.[14] Um mich noch einzuholen, hat er sich sehr beeilen müssen. Innerlich muß ich lachen: Einen Mauren zum Rennen zu bringen, ist nach Ansicht des kleinen Moulaye eine echte Leistung!

Mein Gefährte hält ein Taxi an und lädt mich zum Essen in ein libanesisches Restaurant ein. Die ganze Mahlzeit über wiederholt er, wie sehr er sich schämt, daß er in seiner Eigenschaft als Repräsentant von Hamdis Familie in der Hauptstadt seine Pflicht mir gegenüber nicht erfüllen konnte. Dann begleitet er mich zu Abeidi zurück und verschwindet rasch wieder.

Allmählich lastet die Zeit auf mir. Abgesehen von diesen wenigen Besuchen, verbringe ich die Tage in einer Untätigkeit, die mir keine Ausgeglichenheit mehr verschafft. Selbst die Spaziergänge am Strand mit dem kleinen Moulaye lenken mich nicht mehr von der Warterei ab. Wenn meine Freunde allzu indiskret werden, reagiere ich jetzt manchmal launisch. Oft sind sie nämlich schrecklich indiskret. Unaufhörlich fragen sie mich über alles aus: Was ich unternehme, wen ich getroffen habe und was gesagt wurde. Jedes Blatt Papier, jedes Heft oder Buch, das ich auf dem Tisch liegenlasse, an den ich mich zum Schreiben setze, wird umgedreht, durchgeblättert, gelesen. Manchmal betreten sie sogar ohne anzuklopfen mein Zimmer. Ich unterdrücke meinen Ärger, fluche aber im stillen über die Oberflächlichkeit dieser jungen Leute, die ihre Zeit damit vertun, auf Teppichen rumzulümmeln, Tee zu trinken oder Karten zu spielen, und die dabei nicht über ihre Nasenspitze hinaussehen wollen. Ich werfe ihnen ihre Ungeniertheit vor, ohne zu begreifen, daß diese sich aus der Veränderung meiner Stellung ergibt.

Anfangs war ich noch ein Gast, dem man eine gewisse Aufmerksamkeit schuldet; ich war eine Fremde, die man kontrollieren und deren Absichten man herausfinden muß, die sämtliche Freunde und Verwandte kennen- und schätzen lernen müssen. Nachdem nun einige Zeit verstrichen ist und ich immer noch da bin, bin ich Teil der Hausgemeinschaft geworden, und da man mich als harmlos eingestuft hat, hat die Fürsorge, die man mir anfangs zukommen ließ, nachgelassen. Jetzt muß man nur noch wissen, was ich tue, sich darüber informieren, welchen Umgang ich habe, mir eventuell einen kleinen Rat erteilen oder mich vor einem Fehltritt bewahren, aber warum sollte man länger auf alle Annehmlichkeiten des Lebens verzichten, nur um auf mich aufzupassen?

Gewiß, ich bin eine junge Frau, die unter anderen Umständen vielleicht verführerisch wirken könnte: Freunde von Abeidi und Mohammed äußern dies offen (am liebsten in ihrer Abwesenheit). Aber für die Männer des Hauses kann ich auf keinen Fall ein Sexualobjekt sein. Einer Fremden, die man beherbergt, den Hof zu machen, wäre genauso ungehörig, wie sie auszuplündern. Die Ungeniertheit, die ich aus ihrem Benehmen herauslese, ist lediglich der unbewußte Ausdruck dieser Veränderung: Für sie bin ich jetzt eine kleine Schwester. Aber ich habe keine Ahnung von dieser Lebens- und Denkweise und empfinde die nachlassende Aufmerksamkeit meiner Gastgeber als unhöflich, ihr brüderliches Benehmen als Mangel an Achtung und ihr neugieriges Interesse als Indiskretion.

Endlich bringt Ely dann eines Abends seinen Vetter Hamdi mit. Obwohl ich mich freue, ihn zu sehen, und es kaum erwarten kann, zu erfahren, was er durch seine Fürsprache bei den Rgaybat erreicht hat, vermeide ich es, ihn mit Fragen zu bestürmen, und zeige ihm zunächst einmal die Papiere, die ich erhalten habe. Hamdi sitzt auf einem Diwan im Wohnzimmer, schweigsam wie gewöhnlich, vielleicht noch schweigsamer als sonst. Er begutachtet meine Dokumente aufmerksam, stellt fest, daß sie in Ordnung sind, schneuzt sich, murmelt einige Worte der Entschuldigung, steht auf und geht wieder.

Fünf Minuten, er ist nicht einmal fünf Minuten geblieben! Und er läßt mich einfach so sitzen, mit all den Fragen, die ich auf dem Herzen habe, und dem etwas unangenehmen Eindruck, daß sich der Tonfall seit Paris geändert hat.

Ich ziehe mich in mein Zimmer zurück, um zu schreiben. Einige Stunden später höre ich Schritte, dann ein zaghaftes Klopfen an der Tür. Da stehen sie alle: Abeidi, Mohammed, Hamdi-und noch ein anderer Vetter. Die Unterhaltung kommt schwerfällig in Gang mit einem konventionellen Wortwechsel über unwichtige Themen. Dann ringt sich Hamdi endlich dazu durch, mir zu erklären, was er unternommen hat. Es ist kurz, ohne Einzelheiten und läßt sich in wenigen Worten zusammenfassen:

»Ich habe mich um dein Problem gekümmert. Die Zeltlager der Lgwasim (die Rgaybat des Nordens) befinden sich bei Aïn Ben Tili. Ich habe meinen Vater benachrichtigt, bei ihm kannst du in Zouérate wohnen. Außerdem habe ich jemanden in die Zeltlager geschickt, um den Leuten deinen Besuch anzukündigen und mich nach ihrem jeweiligen Aufenthaltsort zu erkundigen. Sie halten ihn auf dem laufenden und suchen einen Weg, damit man dich bis zu ihnen begleitet, oder sie verabreden sich mit dir in Bir Moghrein oder in Aïn Ben Tili, damit dich jemand aus den Zeltlagern dort abholt. Du kannst aufbrechen, wann du willst.«

Das ist alles. Es ist nicht mehr die Rede davon, mich bis zu den Zeltlagern zu begleiten, wie er mir in Paris versprochen hat, und nichts und niemand ist vorgesehen, um mir dabei zu helfen, nach Zouérate zu gelangen. Dieses »du kannst aufbrechen, wann du willst« hört sich ganz nach einem »sieh zu, wie du zurechtkommst« an.

»Wie kommt man denn nach Zouérate?«

»Es gibt Buschtaxis, die nach Atar fahren. Von Atar aus fahren andere nach Choum, und anschließend kannst du den Erzzug nach Zouérate nehmen.«

Er tut so, als wüßte er nicht, daß ich in Atar niemanden kenne und daß ich außerstande bin, mein gesamtes Gepäck zu tragen.[15] Außerdem fügt er mit einer gewissen Ironie hinzu:

»Weißt du, die Zeltlager sind manchmal hundert Kilometer vom nächsten Brunnen entfernt, und es kommt vor, daß die Nomaden zum Trinken nichts anderes als Kamelmilch haben. Da gibt es weder Pisten noch eine Stadt in der Nähe, und in den Weidegebieten kommen nie Autos vorbei. Da gibt es nicht einmal den Schatten eines Baumes, um sich vor der Sonne zu schützen. Länger als vierzehn Tage hältst du es dort nicht aus.«

Die anderen lachen und hauen in dieselbe Kerbe:

»Selbst wir würden uns niemals so weit vorwagen. Dort könnten wir es einfach nicht aushalten. Das würde den sicheren Tod bedeuten!«

So etwas nenne ich jemanden absichtlich entmutigen.

Wieder allein, finde ich keinen Schlaf. Die Worte meiner Freunde klingen mir noch lange in den Ohren, und die Wut, die mich packt, enthält auch Wehmut. Aber ihr Benehmen und ihre Sprüche haben mich so provoziert, daß ich gar nicht daran denke, aufzugeben. Es wundert mich, daß diese jungen Leute, die ja in den Zeltlagern zur Welt gekommen sind, in ihrem eigenen Milieu so völlig desorientiert sind. Wenn man sie so reden hört, muß man befürchten, daß die Stadt sie jeder Fähigkeit beraubt hat, sich außerhalb von ihr zu bewegen, und daß die Kenntnis von der Wüste endgültig verlorengegangen ist. Hat der Nomade etwa auch das Gefühl für sein Territorium verloren?

Am frühen Morgen hat sich meine Wut gelegt. Die Erkennt-

nis meiner Probleme hat schließlich den Plan für eine neue
Offensive heranreifen lassen. Ich stehe mit dem festen Entschluß auf, selbst einen Weg zu finden, um direkt nach
Zouérate zu gelangen. Ich nehme mir vor, einen einflußrei-
chen Rgaybi zu besuchen, dessen Namen und Adresse ich
von Lise erhalten habe. Wenn Hamdi mich keinem einzigen
der Rgaybat von Nouakchott vorstellen will, werde ich sie
eben allein aufsuchen. Allerdings spüre ich, daß eine gewisse Taktlosigkeit darin liegt, ihn so zu umgehen. Ich hätte
ihn nach seiner Meinung fragen sollen, ihn darum bitten,
mich bei dieser Persönlichkeit einzuführen, nicht durchblicken lassen, daß er diese Kontaktaufnahme eventuell
nicht billigen könnte oder daß er sich einfach nicht so um
mich kümmert, wie es in seiner Macht stünde. Zudem weiß
ich überhaupt nicht, in welchem Verhältnis ihre jeweiligen
Familien zueinander stehen. Schließlich ist es durchaus
möglich, daß ich auf diese Weise einen Fehler mache, der
jede weitere Chance auf Gelingen zunichte macht. In gewis-
ser Hinsicht gehe ich damit ein Risiko ein, aber ich nehme
es bewußt auf mich. Meine Verbitterung, die sich noch nicht
ganz gelegt hat, sowie mein vorschnelles Urteil über Hamdis
mangelnde Kooperationsbereitschaft veranlassen mich,
mich über alles hinwegzusetzen. Mittlerweile fühle ich mich
unter den Mauretaniern sicher genug, um in aller Ruhe ein
unbekanntes Haus zu betreten, den rituellen Satz *Salam
aleykum* (Der Friede sei mit euch) auszusprechen und mich
ins Wohnzimmer zu setzen, bis man mir den Tee bringt.
Zuerst frage ich den Mann um Rat, der das Forellenangeln
in den Wildbächen unserer Berge in so guter Erinnerung
behalten hat und der die ASECNA leitet, die Organisation
zur Gewährleistung der Sicherheit im Luftverkehr. Großzügig bietet er mir einen Platz in einem Privatflugzeug an, das
er am nächsten Freitag chartern will, um einen seiner Tech-

niker nach Zouérate zu schicken. Während ich noch dieses erste Problem löse, kündigt Lise Lahsen ould Dlimi meinen bevorstehenden Besuch an.

Lahsen empfängt mich in seinem Büro in der Zentralbank, wo er anscheinend einen wichtigen Posten bekleidet, nur weiß ich nicht, welchen. Er ist um die Vierzig, mit einer eindrucksvollen grauen Mähne, was zunächst einmal überrascht (die meisten Mauretanier, mit denen ich zu tun hatte, tragen das Haar sehr kurz geschnitten). Abeidi, der auf alles fixiert ist, was Röcke trägt, hat mir gesagt: »Das ist der größte Frauenheld von Nouakchott.« Tatsächlich sieht er hinreißend aus: ein schöner Kopf, ein intelligenter Blick, ein imponierendes Auftreten. Er bekundet eine Mischung aus Interesse für mein Vorhaben und Mißtrauen meiner Person gegenüber.

»Ich habe selbst angefangen, ein bißchen über die Geschichte meines Stammes zu arbeiten, und habe eine Bibliographie zusammengestellt. Aber leider haben die Zeit und die Lebensumstände ergeben, daß ich diese Arbeit nicht weiterführen konnte.«

Am Ende unserer Unterredung lädt er mich für den nächsten Tag zum Mittagessen ins Haus eines anderen Rgaybi ein.

Ich komme spät nach Hause. In der Dunkelheit des Wohnzimmers sitzt Abeidi, der noch nicht schläft. Ich setze mich zu ihm, und da ich guter Laune bin und die Leichtfertigkeit, die ich ihm mitunter vorzuwerfen hatte, nur noch übertroffen wird vom Charme, den er ausstrahlt, bekomme ich Lust, Frieden zu schließen, ihm wieder die Rolle des großen Bruders, die mich in mancherlei Hinsicht irritiert hatte, einzuräumen und mich ihm anzuvertrauen. Die letzte Entwicklung unserer Beziehung hat ihn ernsthafter gemacht, so daß er jetzt nicht mehr diese herablassende, halb liebevolle, halb amüsierte Miene zeigt. Heute abend scheint er in Stimmung zu sein, mir aufmerksam zuzuhören. Ich erzähle ihm, was ich unternommen und erreicht habe und lenke dann das Gespräch auf Hamdi. Ich schildere ihm mein Erstaunen über sein Verhalten, dazu auch meine Verbitterung und mein Unverständnis. Ich frage ihn nach seiner Meinung, da er ja ebenfalls zugegen war, als sein Freund mir von seiner Reise nach Zouérate berichtet hat.

»Mir geht es ebenso wie dir, auch ich bin sehr überrascht über Hamdis Betragen und verstehe nicht richtig, was los ist. Ich habe zwar gespürt, daß er sich unwohl fühlt, aber ich weiß nicht, warum. Vor allem überrascht es mich, daß er uns nie besucht, weder dich, die du doch immerhin sein Gast bist, noch mich, der ich sein Freund bin. Das ist nicht normal. Das sieht ihm gar nicht ähnlich. Und außerdem gehört sich das nicht.«

Also ist hier wirklich etwas faul, nur was?

Ein wohlhabendes Viertel. Ein geräumiges Haus. Ein umschlossener Garten, der durch eine Mauer den Blicken der Passanten entzogen ist. Ein geräumiges Zelt aus dünnen, weißen Baumwollbändern, die man in Ballen aus Mali importiert und die von den Frauen auf dieselbe Weise zusammengefügt werden, wie sie früher die langen Gewebe aus schwarzer Wolle aneinandergenäht haben. Bequeme Teppiche, mit bedrucktem Kattun bezogene Diwane aus Schaumstoff, einige kunstvoll verzierte Lederkissen, eine elektrische Beleuchtung: Ich befinde mich bei Dauod ould Taleb. Rechts eine Reihe von Honoratioren, reife Männer, gekleidet in prächtige, schneeweiße *boubous*, die aus teurem, damastartigem Tuch geschnitten und mit feinen Stickereien verziert sind. Links junge Krieger, Sahraouis, bekleidet mit den warmen Dschellabas des Nordens, noch staubbedeckt von den Pisten der Wüsten. Sie sind als Delegation nach Nouakchott gekommen, um bei den ausländischen Botschaften ihre Sache zu vertreten und Hilfe zu suchen.

Lahsen ergreift das Wort, um mir zu erklären, was in Europa noch niemand – oder fast niemand – weiß: Die Bevölkerung von Río de Oro hat sich gegen die spanischen Besatzer erhoben. Eine Befreiungsbewegung ist entstanden. Schon seit eineinhalb Jahren sprechen die Waffen, und eine gewaltsame Unterdrückung wütet in den Städten El-Aaiun, Villa Cisneros und La Guerra.

»Die Rgaybat haben genug davon, kolonisiert zu sein, müssen Sie wissen. Selbst wenn die internationale Lage es ihnen nicht mehr gestattet, ihr ganzes Land zu befreien, das immerhin fünf Staaten unter sich aufgeteilt haben[16], so trachten sie wenigstens danach, ihr angestammtes Recht auf das letzte Stückchen ihres Territoriums, das zur Zeit noch von einer fremden Macht besetzt gehalten wird, geltend zu machen: auf die Spanische Sahara.«

Einige Minuten später leert sich das Zelt, und ich bleibe allein mit den jungen Männern zurück, die sich nicht an der Unterhaltung beteiligt haben. Vor den Älteren haben sie mit gesenktem Blick respektvoll geschwiegen und sogar das Rauchen unterlassen. Jetzt wird die Atmosphäre lockerer, Pfeifen und Tabak werden aus den Taschen hervorgekramt. Nun sind sie an der Reihe, mir in einem spanisch gefärbten Französisch die Fakten darzulegen:

»Hör nicht auf das, was er dir sagt. Es dreht sich nicht mehr um die Rgaybat, die Zeit der Stämme ist vorbei. Wir sind Revolutionäre. Über die territoriale Unabhängigkeit hinaus möchten wir die Trennung in Klane, Sippen, Familien und Kasten abschaffen. Wir sind alle Sahraouis, nichts anderes. Wir sind ein kämpfendes Volk. Wenn wir vor den Feudalherren schweigen, dann nur, weil wir sie brauchen. Später, wenn das Bündnis stark ist, werden wir es ihnen erklären.

Aber dafür ist es jetzt zu früh. Zunächst einmal müssen wir unser gesamtes Volk für unsere Sache gewinnen.«

Die Sahraouis ziehen sich zurück, da Lahsen in Begleitung des Hausherrn, der gerade eingetroffen ist, wieder hereinkommt. Der Blick, mit dem Daoud mich während der Begrüßung mustert, läßt deutlich erkennen, daß er weiß, wer ich bin. Mich vorzustellen, ist überflüssig. Übrigens habe ich, seit ich in Mauretanien bin, nie ein Bekanntmachen im eigentlichen Sinne erlebt. Hier zeigt man Überraschung nicht. Man ist über die Identität eines Fremden informiert, ehe man ihn sieht. Was hat man über mich erzählt? Das werde ich wohl nie erfahren. Er gehört derselben Generation an wie Lahsen, ist vom Typ her aber völlig anders. Er erinnert mich an einen amerikanischen Onkel, füllig, mit Augen, die hinter ihren Brillengläsern eigenständig lachen. Trotz seines *boubous* kann ich ihn mir ohne weiteres vorstellen, wie er den ganzen Tag über Kaugummi kaut. Übrigens ist er bedeutend zugänglicher als sein Vetter, und ich spüre, daß meine Schüchternheit sofort verflogen ist. Sie nehmen mich beiseite, und ich erzähle in allen Einzelheiten, was ich bisher unternommen habe und was ich noch vorhabe. Ohne Umschweife erkläre ich auch meine Stellung an der Universität, zähle die Professoren auf, mit denen ich gearbeitet habe, und lege meine finanzielle Lage offen. Wenn ich es recht überlege, so glaube ich heute, daß diese beiden Personen mein Verhalten möglicherweise als so etwas wie einen Huldigungsakt ihnen gegenüber gedeutet haben. Ein bißchen so, als hätte ich vor ihrem Zelt einem Kamel die Kniekehlen durchgeschnitten. So geht man in Mauretanien vor, wenn man den Schutz einer hohen Persönlichkeit erfleht. Meine Haltung, die Art, wie ich mich ihnen rückhaltlos anvertraut habe, ohne etwas von meinem persönlichen Lebenslauf, meinen Schwierigkeiten, meiner Finanzlage oder meinen Ambitionen zu verschweigen, scheint darauf hinzudeuten. Diese Handlungsweise habe ich mir weder überlegt, noch analysiert. Die Aufnahme, die ich erfahre, und das zustimmende Kopfnicken beweisen mir, daß diese Art den Gepflogenheiten entspricht. Zweifellos erhalte ich gerade dadurch, wenn auch unbewußt, einen ersten Pluspunkt.

Die Reaktion meiner beiden Gesprächspartner bestätigt mich darin, daß das öffentliche Lossagen von Hamdi, das ich gleichzeitig vollziehe, richtig gewesen ist. Niemand hier scheint darüber verwundert oder schockiert zu sein. Ich liege in der Norm. Sicherlich wissen meine Gastgeber, daß er nicht die Mittel besitzt, mir weiterzuhelfen, und geben deshalb keinen Kommentar zu diesem Teil meines Berichts ab. Obwohl ich mit ungeheuchelter Dankbarkeit unterstreiche, wie tatkräftig Hamdi mich in Paris und schließlich auch durch seine Familie, die mir in Zouérate Unterkunft gewähren will, unterstützt hat, verstehen sie, ohne daß ich dies näher ausführen muß, daß die Grenzen seiner Möglichkeiten, sowohl in materieller Hinsicht als auch im Hinblick auf seine Beziehungen, erreicht sind. Offenbar wissen sie es ebenfalls zu schätzen, daß ich gewartet habe, bis wir allein sind, um mich frei zu äußern, denn dadurch habe ich den privaten Charakter meiner Beichte noch unterstrichen. Auch hiermit habe ich, wiederum intuitiv, einen zweiten Pluspunkt erhalten.

Dieser Test ist von Erfolg gekrönt: Einmütig beschließen sie, mir zu helfen. Sie möchten auch, daß ich mit den Leuten von der Polisario-Front[17] Kontakt aufnehme, und nehmen sich darum vor, dem Präfekten von Bir Moghrein – einem Rgaybi, der mit ihnen befreundet ist – in diesem Sinne zu schreiben, damit er eine solche Begegnung in die Wege leitet. Als Gegenleistung bitten sie mich darum, ihnen das

Dokument, das ich zu schreiben beabsichtige, persönlich zuzuschicken, damit sie es studieren und im Kreise der Rgaybat herumreichen können, ehe die mauretanische Regierung Kenntnis davon erhält. Dann begleitet mich Lahsen zu Abeidi zurück und verabredet sich mit mir für den folgenden Tag zum Mittagessen. Trotz aller Müdigkeit frohlocke ich: Ich habe gewonnen.

Wie blind ich doch bin! Was für ein lächerlicher Sieg! Ich erkenne nicht einmal, daß der Erfolg meiner Unternehmung keineswegs auf die spezifischen Eigenschaften meiner unbedeutenden Person zurückzuführen ist, sondern daß lediglich die politische Situation in bezug auf das Problem der Sahraouis meine Anwesenheit in dieser Gegend plötzlich interessant erscheinen läßt: Vielleicht würde ich ja von ihrer Existenz und ihren Kämpfen berichten? Ich bin überzeugt davon, daß man mich akzeptiert hat, und stolz darauf, endlich das Vertrauen der Rgaybat gewonnen zu haben, aber was bedeute ich in Wirklichkeit? Eine günstige Gelegenheit. Eine Gelegenheit, auf sich aufmerksam zu machen. Eine Gelegenheit, die ihnen womöglich sogar Ahmed Baba Miské, ein revolutionärer Marabut[18], verschafft hat.

Ich lege mich mit leichtem Fieber schlafen, weil ich bei Lise eine heiße Dusche genommen und mich dabei erkältet habe (was der Sache die Krone aufsetzt). Am nächsten Tag esse ich bei Daoud zu Mittag, aber ich bin dermaßen erschöpft, daß ich nach dem dritten Glas Tee und sobald die Männer gegangen sind, auf dem Teppich einschlummere. Ich verschlafe einen guten Teil des Nachmittags in dem Zelt. Gegen fünf Uhr treffen drei Sahraouis ein. Ich erkenne denjenigen, der gestern mit mir gesprochen hat. Er gibt mir weitere Informationen über die Ereignisse in der Provinz Río de Oro: über die Bombardierung der Zeltlager durch die Spanier, die die Krieger der Befreiungsfront verfolgten;

über die offensiven Aktionen der Guerilleros, die die Transportrampe für das Phosphat der Gruben von Bu Craa[19] teilweise in die Luft gesprengt haben; über die vergeblichen Bemühungen der Spanier, das Mineral per Lastwagen zu transportieren; über den Streik der Lastwagenfahrer und die Stillegung des Abbaus. Er erzählt mir auch von der gewalttätigen Unterdrückung, der Folter und vor allem von der Nachrichtensperre, die es ihnen unmöglich macht, die internationale Öffentlichkeit zu alarmieren. Marokko will nämlich nicht, daß die Westsahara unabhängig wird, Mauretanien hält ebenfalls nichts davon, und Algerien will allen Scherereien mit den Spaniern aus dem Wege gehen. Er bittet mich um die Adressen der französischen Zeitungen, die ihm der hiesige Repräsentant der Agentur France-Press rundheraus verweigert hat.

»Wir dürfen uns keinen Illusionen über die internationalen Organisationen, selbst die panarabischen oder panafrikanischen, hingeben. Wie alle nationalen Befreiungsbewegungen befinden wir uns in einer Situation, in der die Verwicklung der verschiedenen Interessen derart komplex ist, daß wir nur auf uns selbst zählen können. Zur Zeit unterstützen lediglich die marokkanischen Studenten die Front.«

Beeinflußt durch die Studenten, mit denen ich in Abeidis Haus zusammentreffe, kann ich das Verlangen nicht unterdrücken, sie nach ihrer Stammesherkunft zu fragen, was allgemeine Fassungslosigkeit auslöst.

»Hast du denn nicht begriffen, daß die Zeit der Stämme vorbei ist? Kein Sahraoui wird auf eine solche Frage antworten. Du darfst nicht vergessen, daß die Männer, die du hier siehst, Feudalherren sind, daß es sich bei ihren Geschichten um Lügen handelt. Und all diejenigen, die das Stammessystem aufrechterhalten, indem sie sich ständig auf ihre Ahnen berufen, sind auch nicht besser.«

Demnach wäre ihr erster Akt einer Auflehnung gegen das soziale System das Schweigen. Kann man sich auf diese Weise von den Auswirkungen der Geschichte befreien? Ich verstehe jetzt, warum mir der kleine Moulaye den Namen seines ursprünglichen Stammes nicht nennen wollte, ganz im Gegensatz zu allen anderen Mauren, die ich kennengelernt habe. Also wollen nicht nur die jungen Leute aus Río de Oro das abschaffen, was sie das »Stammessystem« nennen …

»Wir werden uns den Feudalherren widersetzen, die nur darauf warten, daß wir das Land befreit haben, um dann die Macht zu ergreifen, und ganz besonders denjenigen, die auf die spanische Karte gesetzt haben.«

Ich bin beeindruckt von der Willenskraft, die diese jungen Männer beseelt, und wundere mich gleichzeitig darüber, wie sehr sie dem Diskurs der internationalen Linken vertrauen. Als gäbe es eine universelle soziale Struktur, die auf einheitliche Art und Weise allen Forderungen nach individueller Freiheit und Gleichheit entspricht. Diese Vorstellung scheint mir der hiesigen Gesellschaft fremd zu sein, so daß ich ziemlich verlegen bin, als sie mich mit großer Besorgnis um meine Meinung fragen, als müsse mir allein die Tatsache, daß ich einer europäischen Kultur angehöre, den Zugang zur *Wahrheit*, zum *Wissen*, erleichtern. Dabei fühle ich mich hier gerade durch meine Unwissenheit sehr behindert.

Am nächsten Tag esse ich mittags bei Lise, die vorschlägt, sie könnte einige Briefe an Freunde übermitteln, die »einen guten Posten beim *Nouvel Observateur*[20] haben«.

Nach Hause zurückgekehrt, um zu packen, treffe ich Hamdi an, der im Wohnzimmer auf mich wartet. Ich weiß, daß ich ihm nichts von meinen Bemühungen erzählen muß, weil Abeidi ihn sicherlich bereits informiert hat. Er gibt mir

Briefe für seine Mutter, seine Frau und seinen Vater mit und versucht unbeholfen, sich für seine Abwesenheit zu entschuldigen:

»Es tut mir furchtbar leid, daß ich mich die ganze Zeit über nicht um dich gekümmert habe, aber ich hatte einige komplizierte Probleme zu erledigen.«

Tfarrah vertraut mir eine hölzerne Kalebasse und ein bemaltes Stück Leder an und bittet mich, sie in ihrem Namen Hamdis Mutter zu schenken. Außerdem sagt sie, ich bräuchte mir keine Sorgen zu machen, daß ich verschlafen könnte, weil ihre Mutter schon bei Sonnenaufgang aufsteht, um zu beten. Sie wird mich zeitig wecken, so daß ich in aller Ruhe frühstücken und mich fertig machen kann.

Trotzdem schlafe ich noch tief und fest, als man an meiner Tür klopft, um mir mitzuteilen, daß der Techniker der ASECNA in seinem Wagen auf mich wartet. Deshalb muß ich überstürzt, erst halb wach, kaum gewaschen und immer noch erkältet, aufbrechen.

Weiße
und Schwarze

Nouakchott, ein Hohn, ein Wunder. Vom Flugzeug aus gesehen, das sich brummend in den frühen Morgen hinaufschwingt, wirkt die Stadt verletzlich in dieser sandigen Unermeßlichkeit: Einige in Reih und Glied ausgerichtete Betonwürfel auf der einen Seite, eine Zusammenballung von Zelten auf der anderen; dort hinten eine winzige grüne Insel, das Viertel mit den Botschaften. Fast nichts.

Dieser erzwungene Aufenthalt in der Hauptstadt war jedenfalls nicht umsonst. Abgesehen von verschiedenen Worten *Hassanije*[21] – der arabischen Sprache der Mauren –, die ich gelernt habe, weiß ich jetzt in etwa, wie ich mich in einem mauretanischen Haus zu verhalten habe: wie man essen, trinken, mit der sanitären Einrichtung umgehen oder schlafen muß. Ich weiß nun, daß es möglich ist, sich einem Gespräch zu entziehen, indem man einfach unter dem Schleier die Augen schließt, um Müdigkeit vorzutäuschen; daß man jedes beliebige Haus betreten kann, ohne gezwungen zu sein, seine Identität preiszugeben oder seine Absicht verlauten zu lassen. Ich habe entdeckt, daß es keineswegs unhöflich ist, sich nach dem Stamm seines Gesprächspartners zu erkundigen, sondern daß dies für jeden der erste Beziehungspunkt ist. Haben Abeidi und seine Freunde mir nicht immer die jeweilige Stammesherkunft jedes einzelnen genannt, sozusagen als wichtigstes Element einer Information, die sowohl qualifiziert als auch identifiziert? Definiert man auf diese Weise nicht *a priori* die Art der Beziehung, die sich zwischen zwei Individuen aufbaut? Ich weiß nun auch, daß die Weigerung, seine Stammesherkunft zu enthüllen, ein politischer Akt ist.

Außerdem mache ich mir langsam ein noch komplexeres Wissen zu eigen: nämlich wodurch man einen Schwarzen von einem Weißen unterscheiden kann. Ich habe Weiße kennengelernt, von denen mir gesagt wurde, sie seien schwarz, und Schwarze, von denen man mir sagte, sie seien weiß. Ganz zu schweigen davon, daß die Schwarzen alle nur vorstellbaren Farbschattierungen besitzen können und daß die Weißen sämtliche Abstufungen der Rassenmischung aufweisen, die sowohl in der Pigmentierung der Haut als auch in der Haarkrause oder den Gesichtszügen zutage tritt. Die Zugehörigkeit zu einer Hautfarbe hängt von einer ersten soziokulturellen Unterteilung der Bevölkerung in arabischsprachige Nomaden und seßhafte Schwarzafrikaner ab; die Stammeszugehörigkeit wiederum beruht auf der alten hierarchischen Gliederung der Nomadengesellschaft (in Krieger, Marabuts und Tributpflichtige).

Jemand, der schwarz ist (selbst wenn er »hell« aussieht) und dessen Muttersprache *Pular*, *Soninke* oder *Bambara* ist, ist einem Dorf seßhafter Bauern im Süden Mauretaniens am Fluß Senegal zuzuordnen. Die Schwarzen nennt man auf *hassanije Couar*. Diesen Ausdruck muß man unbedingt kennen, will man bei den Mauren verkehren. Viele von denjenigen, die ich kennengelernt habe, sprachen – abgesehen von ihrer Muttersprache – auch fließend Französisch. Allerdings muß man sagen, daß ich mich, wenn auch gegen meinen Willen, nur in den wohlhabenden Kreisen der Hauptstadt bewegt habe, und daß die französische Schule, die zur Zeit der Kolonialherrschaft eingeführt wurde, unsere Sprache bei den Seßhaften weiter verbreitet hat als unter den Nomaden. Man darf nicht vergessen, daß Mauretanien erst seit vierzehn Jahren unabhängig ist. Darüber hinaus ist allgemein bekannt, daß die Verwaltungsbeamten im französischen Westafrika, die größere Erfahrung mit der Welt der Schwarzen besaßen (Faidherbe hatte den Senegal bereits 1890 erobert), bevorzugte Beziehungen zu den Schwarzen der seßhaften Gebiete Mauretaniens, die sich kaum von der Bevölkerung auf dem linken Flußufer unterschieden, geknüpft haben. Im allgemeinen haben die *Couar* also mehr vom französischen Schulwesen profitiert als die Mauren. Die französische Schule, die man zuerst im Senegal eingeführt hat, wurde zu Beginn »Schule der Geißeln« genannt. Ihr Ziel war es, die Söhne der Oberschicht als Geißeln zu nehmen und gleichzeitig eine französischsprachige Elite zu bilden, die dazu bestimmt war, eine Reihe kleinerer Verwaltungsaufgaben zu übernehmen. Die Mauren, die über ihr eigenes System der Übermittlung von Wissen verfügten, schickten ihre Kinder nur widerwillig zur Schule. Irgendwie spürten sie, daß diese Erziehung eine kulturelle Entfremdung zur Folge haben würde. Aus diesem Grunde lieferten die Nomaden sehr oft statt des »Sohnes« nur einen kleinen Sklaven ab, den sie für ihr Kind ausgaben.

Entsprechend zu *Couar* ist *Bidane* der Ausdruck, der die weißen Mauren bezeichnet, selbst wenn sie eine schwarze Hautfarbe besitzen. *Bidane* ist ein arabischer Begriff für die Weißen (im Sinne von hellhäutig). Die Weißen aus Übersee werden *Nasara* genannt. Dieser arabische Ausdruck, der Plural von *Nasrani* und *Nasraniya*, bedeutet wortwörtlich Nazarener. So bezeichnet man die Ungläubigen: die Christen. In Mauretanien bin ich also eine *Nasraniya*.

Bis hierher war alles einfach. Drei Sprachgemeinschaften stehen einander gegenüber: die *Bidane*, die Arabisch sprechen, die *Couar*, die eine schwarzafrikanische Sprache benutzen, und die *Nsara*, die Französisch, eventuell auch Englisch oder Russisch sprechen … Dabei berücksichtige ich allerdings nicht die Chinesen, die man *Sinois* nennt und die das Gespött des einfachen Volkes von Nouakchott sind. Warum? Weil sie zuviel arbeiten, weil sie keine Frauen haben und weil der Botschafter höchstpersönlich (so erzählt man sich jedenfalls) die Angewohnheit hat, seine Fäkalien sorgfältig mit einer Schaufel einzusammeln, um sie in den hintersten Winkel seines Gartens zu tragen, wo die menschlichen Ausscheidungen des Botschaftspersonals dazu bestimmt sind, sich in einen fruchtbaren Kompost zu verwandeln. »Die spinnen, die *Sinois*!« Und alle biegen sich vor Lachen.

Innerhalb der Gemeinschaft der *Bidane* muß man, wie ich erfahren habe, noch eine Schwarz-Weiß-Unterscheidung beachten, weil es Schwarze gibt, die nur *Hassanije* sprechen. Diese Schwarzen können ebenfalls eine sehr helle Hautfarbe besitzen. Für die *Couar* sind das *Bidane*, für die *Bidane* handelt es sich dabei um die ehemaligen Sklaven der maurischen Gemeinde. Man nennt sie *Abid*. Auf deutsch würde man noch am ehesten von Gefangenen sprechen. Diese Worte sind offiziell geächtet und die Sklaverei abgeschafft. Deshalb versucht man sich anzugewöhnen, diese Menschen *Haratine*, Freigelassene, zu nennen. Sie werden von allen verachtet und sind aus beiden freien Gemeinschaften ausgeschlossen. Früher haben sie die Herden der Nomaden gehütet, die Palmenhaine bewirtschaftet und waren mit der Gummiernte betraut, als das Land noch das »Gummi arabicum« nach Europa exportierte, aus dem unsere erste Texilindustrie die Stärke für Hüte und verschiedene Stoffe hergestellt hat. Sklaven und Freigelassene sind in die Städte geströmt, um eine wenig sichere Anstellung als »Boy« beim Stammesverband, der ihre jeweilige Bezugsgruppe darstellt, zu suchen, bei ihren ehemaligen Besitzern, die nach dem Gewohnheitsrecht weiterhin für ihre Handlungen, wenn nicht sogar für ihr Leben verantwortlich bleiben. Der Ausdruck *Bidane* bezeichnet also, je nachdem, wer ihn benutzt (Schwarzer oder Weißer), die arabischsprachige linguistische Gemeinschaft in ihrer Gesamtheit oder aber lediglich die – historisch gesehen – freien Gruppen und Individuen dieser Gemeinschaft. Demnach ist es ausgesprochen schwierig, einen *Bidani*, einen weißen Mauren nach deutscher Terminologie, von einem *Hartani*, einem schwarzen Mauren, zu unterscheiden, vor allem wenn der *Bidani* eine dunkle Hautfarbe und der *Hartani* eine helle besitzt! Sie sprechen dieselbe Sprache und teilen dieselbe Kultur. Der erstere ist im allgemeinen besser gekleidet und sauberer (Sauberkeit ist ein Zeichen von Eitelkeit oder Wohlstand), und der letztere wirkt oft ärmlich, verfügt jedoch über jene höfliche Zurückhaltung, die seine maurische Erziehung ihm vermittelt hat. Gewiß, manchmal ist sein Blick drückender, gar unverschämt, ausweichend oder geradezu aggressiv, aber gegenüber dem Ausländer, dem weiblichen Gast, der ich bin, ist sogar die Gastfreundschaft im Blick obligatorisch.

So habe ich zumindest gelernt, daß ich warten muß, bis die Leute mich ansprechen oder untereinander reden, um zu versuchen, weiße Mauren von Schwarzafrikanern und schwarzen Mauren – *Bidane, Couar* und *Haratine* – zu unterscheiden. Nach einigen Fehlern habe ich gelernt, daß hier mit der Herkunft nicht gespaßt wird. Und da Gespräche unter vier Augen sehr selten sind, ist der Fehler fast immer öffentlich und wird somit zu einer Beleidigung. Der unglückliche Mensch wird dann zur Zielscheibe diverser Anzüglichkeiten, die offen oder, was noch schlimmer ist, hinter dem Schleier oder dem Turban ausgesprochen werden …

2. Die Adoption

Zouérate

Roger, der Stellvertreter der ASECNA in Zouérate, ist ein junger Nazarener mit grünen Augen, der von La Réunion stammt.[1] Als ich aus dem Flugzeug steige, begrüßt er mich, als träfe ich zu einem kleinen Erholungsurlaub in Val-d'Isère in den Alpen ein:

»Sie werden sehen, in Zouérate amüsiert man sich auch. Es gibt Diskotheken, in denen getanzt wird, und die Weihnachtsfeier wird sicher super!«

Im ersten Moment bin ich benommen, sowohl vom Lärm des kleinen Flugzeugs, der noch schmerzhaft in meinen vergrippten Ohren nachbrummt, als auch von diesen unpassenden Worten. Nachdem ich zwei Stunden lang die Wüste überflogen habe, strömen eine Vielzahl von Eindrücken auf mich ein. Endlich werde ich etwas näher zur eigentlichen Hauptsache vordringen, denke ich. Die Fortsetzung der an mich gerichteten Willkommensansprache höre ich schon gar nicht mehr. Genußvoll schnuppere ich die klare Luft, während mein Blick die dunkle, bläuliche Höhenlinie des Felsengebirges entlanggleitet, die sich in der Ferne vor dem Hintergrund eines glasklaren Himmels abhebt.

Begeistert über diesen Glücksfall, der ihm eine junge, unbekannte Frau beschert hat, beeilt sich Roger, mein Gepäck abzuholen, um es vorläufig bei sich unterzustellen. Ohne in seiner schwatzhaften Begeisterung nachzulassen, zeigt er mir zuerst die Stadt.

Um das märchenhafte Erzvorkommen auszubeuten, hat die MIFERMA[2] hier eine Schlafstadt errichtet, in der die Angestellten und Arbeiter untergebracht sind. Seit den sechziger

Jahren strömten dann Händler und Handwerker zu dieser neuen Kundschaft. In den letzten Jahren gesellten sich noch die von der Dürre ruinierten Nomaden der Umgebung hinzu. So ist die Stadt entstanden, zusammengeduckt am Fuße der *kédia*, dem schwarzen Berg mit dem eisernen Herzen. Um dieses freizulegen, haben die Bergleute die tiefen, das ganze Jahr über gefüllten Wasserlöcher, die das Regenwasser im Felsen ausgehöhlt hatte, gesprengt und vernichtet. Früher fanden sich die Rgaybat dort ein, um ihre Herden zu tränken. Sie schlugen ihre Zeltlager um den Berg herum auf, und abends erklangen Rhythmen und Gesänge. Stolz auf ihren Kamelen thronend, wanderten junge Männer auf der Suche nach Freunden, Zerstreuung und galanter Gesellschaft von Versammlung zu Versammlung. Die jungen Leute kamen abseits von den Zeltlagern in der Mulde einer Düne zusammen, nur beleuchtet vom Mond, jener Sonne der Nacht, die Gott den Nomaden geschenkt hat. Dort rezitierte man Verse oder man erfand Gedichte. Man amüsierte sich, glücklich, dort zu sein, unter den wachsamen Augen einer Matrone, die sich jederzeit bereithielt, die Alten zu alarmieren, falls sich ein Pärchen im Schutze einer Wolke verdrücken sollte. Für einen kurzen Moment herrschten Leben und Freude in dieser ausgedörrten Gegend, die Gott in seiner Barmherzigkeit mit dem kostbarsten Gut ausgestattet hatte: Wasser. Süßes, frisches und klares Wasser.

Im Schatten der großen schwarzen Felsen hatten sich Mufflons und Gazellen um diese natürlichen Tränken herum angesiedelt. Denkwürdige Jagden fanden in der jungfräulichen *kédia* statt. Behende folgte der Jäger stundenlang der Fährte des Tieres, hetzte es zu Fuß, maß sich mit ihm. Erinnert sich das Echo daran, daß es die Schreie von Felswand zu Felswand, von Grotte zu Grotte und durch alle

Schluchten hallen ließ? Ist es der Wind überdrüssig geworden, die Taten der Jäger, die er in nie versiegendem Flüstern von Feuer zu Feuer, von Zeltlager zu Zeltlager, von Frau zu Frau verbreitet hat, weiterzuerzählen?

Heute ist der Berg unfruchtbar, die Gazellen sind fort, und der Sohn des Dichters hat alles vergessen. Ich bin ihm begegnet, als er von der Mine zurückkehrte, in einem fleckigen blauen Arbeitsoverall, das Gesicht vom roten Staub verschmiert, völlig ermattet und mit erloschenem Blick. Für ein paar Stunden kann er wieder er selbst sein, sich duschen, seinen *boubou* überziehen, den Turban umbinden und einen letzten Tee in einem Haus trinken, das von einer weiblichen Stimme erfüllt ist, ehe er sich hundemüde auf eine Matratze fallen läßt, die auf dem nackten Boden liegt und das spärliche Mobiliar seines zu engen und schlecht gegen Hitze und Kälte isolierten Hauses darstellt.

Die »Stadt« ist nicht wirklich eine Stadt. Sie ist das Ergebnis einer Aneinanderreihung von Vierteln, die die interne Betriebshierarchie der MIFERMA auch auf dem Boden festschreiben.[3] Im Zentrum gruppieren sich die Kantine der Firma, ihr Économat (eine Art Supermarkt), ihr Freilichtkino, ihr »Club« (Bar und Schwimmbad ausschließlich Mitgliedern des Personals und ihren Familien vorbehalten), die Bank und zwei oder drei private Läden, die Marokkanern aus dem Oued Noun[4] gehören. Von der Firma angebotene und kontrollierte Einkaufs- und Freizeitmöglichkeiten, darin besteht die einzige Funktion dieses zwitterhaften Stadtzentrums, in dem jede mauretanische Behörde fehlt: die Präfektur, das Büro des Gouverneurs, die Moschee, kurz gesagt, alle Attribute staatlicher Gewalt befinden sich anderswo.

Einige sandige Straßen, gesäumt von blumengeschmückten Villen, die für die leitenden Angestellten bestimmt sind, führen auf den Club zu; dahinter liegt das bescheidenere Viertel der Meister. Auf der anderen Seite des »Asphalts« (so nennt man hier die Straße, die den Flugplatz mit der Mine verbindet und dabei am Stadtzentrum vorbeiführt) reihen sich die Siedlungen für die mauretanischen Arbeiter aneinander.[5] Jenseits davon erstreckt sich die andere Stadt, wo diejenigen, die nicht in der Siedlung wohnen, aus ungebrannten, von Hand geformten und in der Sonne getrockneten Lehmziegeln – ein Material, das man hier »*banco*«[6] nennt – ganze Wohnviertel errichtet haben. Auf diese Weise haben Arbeiter, Handwerker, Kaufleute und ehemalige Nomaden hier nach und nach eine Lehmstadt gebaut, die von weitem genauso groß wirkt wie die Betonstadt.

Die beiden Stadtkerne sind voneinander getrennt durch eine Art flaches *no man's land*, das auf den ersten Blick aussieht, als sei es einfach ein Ergebnis der anarchischen Stadtentwicklung. In Wirklichkeit schafft es eine Distanz, die die Kontrolle des Verkehrs zwischen beiden Zentren bedeutend erleichtert: Es ist unmöglich, von der Minenstadt zur Lehmstadt zu wechseln, ohne daß die Silhouette, die sich auf dem *Reg*[7] abzeichnet, identifiziert wird. Dieser leere Raum ist sowohl ein Zeichen für Vorsicht als auch für Ablehnung.

Um das zu verstehen, muß man die Bedeutung des Blickfeldes in der Raumauffassung der Nomaden kennen. Früher, als die Verteilung der Weidegebiete unter die Hirten noch ein ständiger Streitpunkt war, war jeder einzelne für die Verteidigung des Territoriums mitverantwortlich. Die Sicherheit der Zelte und Herden hing von einer funktionierenden Überwachung und der Geschwindigkeit der Nachrichtenübermittlung ab. Wenn sich junge Krieger auf der Suche nach Abenteuern oder Beute den Kamelstuten oder Zeltlagern näherten, war es unerläßlich, sie sofort einzuordnen und ihre Absichten herauszufinden. Man war ständig auf der Hut. Alle – jeder Mann, jede Frau und jedes Kind – waren gleichzeitig Späher, die aufmerksam Ausschau halten und sich jederzeit bereithalten mußten, um loszurennen und den »Großen« zu berichten, was sie Ungewöhnliches gesehen hatten. Die »Großen«, das waren die Älteren, diejenigen, die bei den Versammlungen den Vorsitz führten, die sowohl über den Herdentrieb als auch über Krieg und Frieden entschieden und die die größten Zelte besaßen. Das Blickfeld aller war demnach die Summe der von jedem einzelnen beobachteten Raum-Zeit-Einheit. Das Überleben der Gruppen hing von dieser Allgegenwart der Blicke ab. Alle mußten wissen, was jeder gesehen hatte. Alle, das heißt, alle Mitglieder desselben Stammes, derselben *gabila*[8].

Die Leere zwischen der Lehmstadt und der Betonstadt ist nur Schein, in Wirklichkeit ist diese Leere angefüllt. Angefüllt mit mauretanischen Blicken.

Am Rande dieser Fläche stehen verstreut und diskret (ich sollte sie erst sehr viel später entdecken) die Moschee, die Präfektur, das Lazarett, das Haus des Gouverneurs und der Sitz der Armee. Schweigend belauern sie alles, was sich zwischen den beiden Stadtzentren und entlang der Straße hin und her bewegt. Sie nehmen eindeutig eine vermittelnde Position ein, denn weder der Gouverneur, noch der Präfekt oder die Armee haben in Zouérate das Sagen, sondern der Direktor der Mine. Die Repräsentanten des Staates sind lediglich Vermittler, die im Dienste des französischen Chefs stehen. Ein Chef, der sich gründlich von den Offizieren unterscheidet, die die Bevölkerung vor der Unabhängigkeit kontrolliert haben. Die kannten wenigstens das Land und bemühten sich, *Hassanije* zu sprechen. Einige nomadisierten sogar mit ihren Kamelen und hatten gelernt, die Nomaden zu respektieren. Der Chef hingegen versucht nicht einmal, so zu tun, als würde er sich für Mauretanien interessieren. Bei ihm handelt es sich lediglich um einen hochnäsigen Marodeur, einen vulgären, gesetzlosen Strauchdieb. Deshalb hält sich die mauretanische Regierung auch aus allem heraus. Leerer Raum, freies Feld: Der Staat hat beschlossen, sich lieber zurückzuhalten, als dort einzugreifen, wo er nicht die erste Rolle spielt. Er macht sich klein, ist vorsichtig und schüchtern, aber er ist da und beobachtet. Der leere Raum schafft Distanz und gestattet es dem Gouverneur und dem Präfekten, sich ostentativ von der ganzen Schande abzugrenzen, sich von dem, was auf der anderen Seite des Asphalts passiert, fernzuhalten, und sowohl die Ausplünderung der nationalen Reichtümer als auch die Ausbeutung ihrer Landsleute und die Verachtung, die ihrer Kultur entgegengebracht wird, zu mißbilligen. Der Staat zieht es vor, lieber seine Schwäche zu zeigen, als das Gesicht zu verlieren.

Deshalb üben die Regierungsgebäude aber noch keine Anziehungskraft auf die mauretanische Bevölkerung aus. Die sonst chaotische, hier aber eher schüchterne Urbanisierung drängt sich nicht an sie heran. Selbst wenn man die Lehmhäuser auf der richtigen Seite des Asphalts baut – schließlich befindet man sich ja im selben Lager –, so wahrt man doch Abstand von diesen machtlosen Repräsentanten, man kehrt ihnen den Rücken zu, man wünscht ihren Schutz nicht. Auch hier verdeutlicht man durch Distanz seine Vorsicht und Mißbilligung. Eingezwängt zwischen zwei leeren Flächen scheinen die mauretanischen Regierungsinstanzen in ständiger Gefahr zu schweben, gedemütigt zu werden.

Die Lehmstadt besitzt keine engen Gassen wie die meisten größeren arabischen Städte. Ihre spontane Entwicklung hat im Gegenteil Raum für breite Verkehrsadern gelassen. Deshalb kann mein Begleiter, wenn ich auf der Suche nach

Auskünften allein ein Haus betrete, seinen Wagen ängstlich ein gutes Dutzend Meter von der Haustür entfernt parken. Die Leute haben hier keine exakten Adressen. Jeder kennt jeden. Nach und nach erreichen wir schließlich unser Ziel in einer sandigen Gasse am äußersten Rand der Stadt. Jenseits von diesem letzten Viertel sind die Häuser erst halb fertig. Nur zur Hälfte hochgezogene Mauern kennzeichnen die Aneignung des Raumes. Diesen Teil der Stadt nennt man Jdida, ein arabischer Ausdruck, der »neu« bedeutet. Meine zukünftige Behausung besteht aus einem Rechteck aus ungebrannten Ziegeln, in dem sich dicht über dem Boden zwei Öffnungen befinden: kleine, mit blauen Läden verschlossene Fenster. Die Tür befindet sich links vom Gebäude und führt wahrscheinlich auf den Hof, aber sie ist verschlossen, und niemand antwortet auf mein Klopfen, das immerhin energisch genug ist, um gehört zu werden. Kinder kommen um die Straßenecke herumgerannt und umringen uns neugierig. Einige Worte *Hassanije* genügen, ihnen die Situation verständlich zu machen, worauf sie ins Nachbarhaus rennen, um die Bewohner zu alarmieren. Frauen kommen heraus und gehen auf mich zu. Gesten und Worte klären mich darüber auf, daß der Vater nicht da ist und wir es am späten Nachmittag noch einmal versuchen sollen.

Sechs Uhr abends. Es wird schon dunkel, als wir in die Jdida zurückkehren. Diesmal steht die Tür offen. Gedrängt von den Frauen der Familie ist mein Begleiter gezwungen, aus dem Wagen auszusteigen und mit ins Haus zu kommen. Von einem Schwarm kichernder, bunter Schleier umringt, sitzt er in der Falle.

In einem kleinen Zimmer werden wir aufgefordert, uns auf eine einfache Matte zu setzen. Innen sind die Wände bis in einer Höhe von etwa eineinhalb Metern blau gestrichen;

darüber sind sie weiß. Unter den aufmerksamen Augen der Frauen und Kinder, die nach und nach verstummen, um uns zu beobachten, muß mein Helfer notgedrungen sitzenbleiben und warten. Ich vermute, daß man den Vater holen läßt.

Endlich kommt Ismaïl. Imponierend durch sein Alter und das Rauschen seines weiten, weißen *boubous* begrüßt er uns herzlich auf *hassanije*, da er kein Französisch spricht. Er ist etwa sechzig Jahre alt, korpulent, doch ungefähr mittelgroß, mit sehr heller Hautfarbe und fast europäischen Gesichtszügen. Als Herr des Hauses erteilt er Befehle, woraufhin man uns in ein geräumigeres Wohnzimmer auf der anderen Seite des Hofes führt.

Eine Sturmlaterne wird auf die Matte gestellt. Eine größere Gesellschaft hat sich versammelt, so daß der Schein der Flamme auf einer Vielzahl neugieriger Gesichter tanzt, die uns freundlich mustern. Der Vater wartet gelassen. Da er schnell begriffen hat, daß meine Kenntnisse des Arabischen kaum über die üblichen Begrüßungsformeln hinausgehen, hat er gleich ein Kind losgeschickt, um einen Nachbarn holen zu lassen, der uns als Dolmetscher dienen soll. Während das Wasser im Kessel heiß wird, ermahnt er die Anwesenden zu etwas mehr Diskretion, so daß Stille eintritt, lediglich unterbrochen vom Rascheln der Stoffe, unterdrücktem Kichern und dem anheimelnden Zischen des Dampfes, den ein einzelner Wassertropfen verursacht, der in die Glut gefallen ist.

Als der rettende Nachbar erscheint, mache ich mich daran, mich dem Vater vorzustellen:

»Ich heiße Sophie Caratini, in Mauretanien sagen die Leute Saviya. Ich komme aus Frankreich, wo ich bei Ahmed Baba Miské studiere, um die Geschichte und Sitten der Rgaybat zu erforschen. Ihr Sohn Hamdi, den ich in Paris kennengelernt habe, hat mir gesagt, Sie wären bereit, mir zu helfen. Er hat mir diesen Brief für Sie mitgegeben.«

Die Schirmherrschaft von Ahmed Baba Miské macht, wie mir scheint, einen guten Eindruck, aber als der Vater nach einiger Zeit den Brief seines Sohnes wieder aus der Hand legt, sagt er zu meiner großen Verblüffung:

»Ich wußte nicht, daß Sie kommen würden.«

Seine Überraschung wirkt aufrichtig. Ich bin wie niedergeschmettert. Hamdi hat doch gerade erst drei Wochen in Zouérate verbracht. Hat er mir nicht beteuert, sein Vater würde mich erwarten, und hat er nicht angeblich höchstpersönlich Kundschafter in den Norden geschickt, um Auskünfte über die Lage der Zeltlager einzuholen? Das erleichtert meine Aufgabe keineswegs. Aber der Vater ist gastfreundlich. Er faßt sich schnell und fügt hinzu:

»Das ist ohne Bedeutung, ich bin bereit, Ihnen alles über die Rgaybat zu erklären, was Sie wissen wollen.«

Ich danke ihm herzlich.

Ist damit das Gespräch für heute abend beendet?

Plötzlich wird mir klar, daß er meine Absicht, mich bei ihm einzuquartieren, nicht begriffen hat. Was hat Hamdi ihm bloß geschrieben? Er hatte mir doch versichert, sein Vater würde mir Unterkunft gewähren. Wenn er ihm nichts davon erzählt hat, muß er es ihm doch wenigstens geschrieben haben. Warum lädt mich der Vater dann nicht ein, zu bleiben?

Wie schwer diese Worte über die Lippen kommen:

»Ich kenne in Zouérate niemanden, Hamdi hat mir gesagt, ich könnte hier wohnen …«

Meine Beklommenheit wächst, während mein Gesuch übersetzt wird, ohne daß ich kontrollieren kann, in welchem Sinne es formuliert wird.

»Der geringste Wunsch, den ich im Auge meines Sohnes

Hamdi lese, ist mir heilig. Ich heiße dich willkommen unter meinem Dach, du sollst hier sein wie eine meiner Töchter.« Uff!

»Ich danke dir für deine Gastfreundschaft.«

»Möchtest du, daß wir dir ein eigenes Zimmer zuweisen, wie es bei den Nazarenern üblich ist, oder möchtest du lieber bei meinen Töchtern schlafen, wie es bei uns Sitte ist?«

»Ich werde bei den Töchtern schlafen. Ich möchte die Gewohnheiten der Familie nicht stören.«

Von der Gruppe der Frauen, die ein wenig abseits sitzt, steigt ein vergnügtes Tuscheln auf, und ich sehe, wie im Schatten der Schleier, die bis zu den Augen hochgezogen sind, die Blicke vor kaum verhohlener Erregung funkeln.

Erneute Begegnung
mit den Sahraouis

Nachdem Roger gegangen ist, gesellt sich ein Bruder der Frau des Vaters zur Familie. Endlich ein Mann, der sich mühelos auf französisch ausdrücken kann. Er erzählt mir gleich von der Befreiungsfront der Sahara, und weil uns bis zum Abendessen noch ein wenig Zeit bleibt, will er mich auf der Stelle mitnehmen, um mich einigen Sahraouis, die heimlich in der Lehmstadt wohnen, vorzustellen. Einen Moment zögere ich. Wäre es nicht ein Zeichen von Leichtfertigkeit, dem ersten besten Mann in die finstere Nacht hinaus zu folgen, selbst wenn er zur Familie gehört? Wäre es nicht unhöflich, kaum angekommen, gleich wieder zu gehen, obwohl der Herr des Hauses nun da ist? Ich kann doch nicht »seine Tochter« sein und dann ohne seine Erlaubnis durch die Gegend streunen? Um mich zu vergewissern, daß mein Aufbruch den guten Sitten entspricht, und um dem Vater zu zeigen, daß ich seine Erklärung wörtlich genommen habe, nehme ich die Einladung nur unter der Bedingung an, daß er mir die Genehmigung dazu erteilt.

»Bei Gott ja, natürlich!« antwortet der Patriarch, dem man meine Bitte übersetzt; dabei wirft er mir einen halb überraschten, halb beifälligen Blick zu.

Wir entfernen uns in der völligen Finsternis einer mondlosen Nacht. Mein Begleiter besteht darauf, erst noch in einem kleinen Lebensmittelladen vorbeizugehen, wo er mir etwas zu trinken und zu rauchen anbieten will. Ich wage nicht, abzulehnen, weil ich nicht weiß, ob die Regeln der hiesigen Gastfreundschaft diesen Umweg vorschreiben.

Beim fraglichen Lebensmittelladen handelt es sich um eine außen an einer Hausecke lehnende, winzige Holzbaracke, die eher einem Zeitungskiosk als einem Geschäft ähnelt. Hinter einer nur von einer Sturmlaterne beleuchteten Ladentheke döst ein Mann vor sich hin. Seine Bude enthält kaum mehr als ein paar Dosen Kondensmilch, Zucker, Tee, Bonbons, Zigaretten, kleine Gasflaschen, Seife und einige Getränke. Vielleicht um seinen Beitrag zum Empfang der Familie zu leisten, kauft mir der Onkel mütterlicherseits, ohne dabei Widerspruch zu dulden, einen Fruchtsaft, ein Päckchen Zigaretten und ein kleines Fläschchen Parfüm, mit dem er mich großzügig bespritzt ... Nur mit allergrößter Mühe kann ich den zweiten Fruchtsaft, das Sandwich und die Kekse ablehnen, die er mir unbedingt aufdrängen will. Zwischen zwei Bedeutungswelten gefangen, empfinde ich dieses Übermaß an Aufmerksamkeit eher wie eine europäische Frau, die sich von der aufdringlichen Huldigung eines Verehrers belästigt fühlt. Den Symbolcharakter des Geschenks erfasse ich erst in zweiter Linie, aber in diesem zweideutigen Fall will ich keine voreiligen Schlüsse ziehen. Aufgrund meiner Zweifel enthalte ich mich also jeder Reaktion, lehne ab, indem ich annehme, und nehme alles an, während ich diese Flut an Freigebigkeit abwehre.

Durch ein Gewirr sandiger Straßen führt mich der Onkel bis zu einem Lehmhaus. Wir durchschreiten die Tür, die in eine Wandöffnung eingelassen wurde, und überqueren den Hof, nur geleitet vom schwachen Lichtschimmer, der aus einem halb offenen Raum dringt. Auf der Schwelle stapeln sich eine Unmenge von Schuhen, die auf eine größere männliche Gesellschaft schließen lassen, nach Größe und Anzahl der Sandalen zu urteilen. Ich fühle, wie man mich ins helle Licht vor eine Versammlung von Männern schiebt, die vor lauter Überraschung plötzlich verstummen und mich so eingehend mustern, daß ich fast meine Fassung verliere.

»Friede sei mit euch.«

»Friede sei mit dir.«

Etwa dreißig Männer sitzen auf den Matratzen, die die zentrale Matte umgeben. Sie tragen *boubous* und Turbane: Dschellabas oder Drillichanzüge wären sicher zu kompromittierend gewesen. Die Gesichter sind sehr jung und die Blicke scharf. Hat der Kampf oder die Wüste den Augen diese Tiefe, diesen großartigen Glanz verliehen?

Der Begleiter an meiner Seite zeigt sich stolz über seinen Fang, während jeder einzelne aufsteht, um uns die Hand zu schütteln. Dann setzen sich alle wieder, und die langen Begrüßungsformeln verebben in einem letzten Murmeln. Die Stille verdichtet sich zu einem Gemisch aus Erregung und Würde. Ein junger Mann steht auf und ergreift in einem sehr guten Französisch das Wort.

»Ihre Anwesenheit hier ist für uns von größter Bedeutung. Deshalb heiße ich Sie im Namen aller willkommen. Wir sind sehr glücklich, zu sehen, daß sich endlich einmal jemand für das Schicksal unseres Volkes interessiert. Bisher hat uns niemand je besucht. Darum ist Ihr Kommen ein wichtiges Ereignis für uns.«

Ich nehme an, daß er, wenn er »niemand« sagt, auf das Ausland oder ganz einfach nur Frankreich anspielt. Was für eine Bedeutung kann die Ankunft einer kleinen Studentin für den Kampf gegen die spanischen Besatzer haben? Und dazu auch noch wichtig! Hält er mich vielleicht für eine Journalistin? Jedenfalls scheint das keine Höflichkeitsfloskel gewesen zu sein. Daran kann man die Isolation ermessen, die diese jungen Leute umgibt. In einer Stadt, in der es von Ausländern wimmelt, hört sich das unglaublich an. Was sind das heutzutage für Franzosen, die in Afrika wohnen und dabei die Bewohner des Landes, in dem sie leben, so vollkommen ignorieren? Die schlichte Art, mit der dieser Einsamkeit Ausdruck verliehen wird, sowie die offen gezeigte Ratlosigkeit verraten eine abgrundtiefe Not, angesichts der ich nur stottern kann.

»Wie heißt du?«

»Saviya.«

»Woher kommst du, was hast du in Zouérate vor?«

Wieder erzähle ich meinen Lebenslauf. Meine Gesprächspartner scheinen meine Offenheit zu schätzen, aber sie senken verwirrt den Kopf. Sind sie enttäuscht wegen der begrenzten Möglichkeiten, über die ich verfüge? Das ist nicht ausgeschlossen. Ihr Sprecher (ist er der Anführer, der Älteste oder ganz einfach der beste Übersetzer?) nimmt es dennoch auf sich, mir die Lage der Westsahara zu erläutern: »Unser Land wurde von den französischen Kolonialtruppen aus Mauretanien, Algerien und Marokko nach und nach eingekreist. Als die Spanier um 1900 oder 1905 an der Küste der Sahara auftauchten, haben sie mit den Nomaden zuerst eine Art Pachtvertrag ausgehandelt, der einige Orte an der Küste betraf. Daraufhin haben sie sich im Tausch für eine Pacht, die von den Menschen der Wüste als Tribut aufgefaßt wurde, am Meeresufer niedergelassen. Sie haben Märkte gegründet und den Handel gefördert, vor allem den Waffenhandel.

Als sich die Stämme der großen Sahara[9] dann zusammengeschlossen haben, um den französischen Vorstoß, der erst den Süden, später auch den Norden bedrohte, aufzuhalten, haben sich die Spanier zum Schein erst wie wahre Verbündete benommen. Bis 1934 verboten sie dem französischen Militär und seinen Truppen, die Grenze zu überschreiten, so daß unser Gebiet zum Zufluchtsort für alle Widerstandskämpfer wurde. Dort erhielten sie Gewehre, Waren, Lebensmittel, und dort konnten sie sich neu gruppieren.[10] Aber nachdem die Franzosen die gesamte algerische Sahara, ganz Marokko und ganz Mauretanien besetzt hatten, machte sich Spanien seinerseits daran, das Binnenland der Sahara zu erobern, und der Bevölkerung wurde klar, daß man sie getäuscht hatte. Die Regierung entwickelte eine paternalistische Politik. Anfangs konnte man es kaum spüren, aber später haben wir gemerkt, daß sie dabei waren, das ganze Land zu kolonisieren. Sie haben viel Geld verteilt, um unsere hohen Persönlichkeiten zu kaufen, bis die Nomaden schließlich zu Empfängern von Almosen wurden. Auf diese Weise haben die Nomaden nach und nach ihr Territorium und die Kontrolle über ihre Wirtschaft verloren.

Damit hatte man die Leute ausgeschaltet, aber sie waren nicht unterworfen. Der Beweis dafür ist, daß sie 1956, als Marokko seine Unabhängigkeit zurückerhalten hat, planten, ein Bündnis mit den entschlossensten Teilen der marokkanischen Befreiungsarmee, die die Christen aus Spanien und Mauretanien vertreiben wollten, einzugehen. Aber es klappte nicht gut zwischen ihnen, weil die Marokkaner immer kommandieren wollten. Und dann haben sich die anderen untereinander abgesprochen, um die Nomaden zu erwischen: die Franzosen, die Spanier und sogar der Sultan von Marokko. Im Februar 1958 haben sie eine militärische Kampagne gestartet, um den Widerstand der Bevölkerung blutig niederzuschlagen. Diese Operation wurde ›Kanonenwischer‹ genannt.

Später sind alle Länder des Maghreb und Westafrikas unabhängig geworden: Marokko, Tunesien, Mauretanien, Senegal, Mali, Algerien, einfach alle. Nur die Spanische Sahara nicht. Man muß dazu sagen, daß die Spanier alles unternommen haben, um keine Aufmerksamkeit zu erregen, weil sie in der Zwischenzeit das Phosphat von Saguiat el-Hamra entdeckt hatten.

Um sich die Sahraouis gefügig zu machen, hat Spanien dann sogar noch mehr Geld ausgegeben: Die hohen Persönlichkeiten wurden geradezu gehätschelt, man hat ihnen scheinbar eine Beteiligung an der Regierung eingeräumt, und man hat sie großzügig bezahlt. Ihre Söhne wurden nach Madrid auf die Universität geschickt, und die anderen haben an den arabischen Universitäten der maghrebinischen Länder studiert: in Rabat, Algier und Tunis. Fast alle sind mit der Absicht zurückgekehrt, für die Unabhängigkeit zu kämpfen. Aber Verhandeln war unmöglich. Die Spanier wollten nichts davon wissen, und außerdem durften die jungen Männer in den Versammlungen der Honoratioren nicht das Wort ergreifen. Deshalb haben sie die Polisario-Front gegründet, die am 20. Mai 1973 den bewaffneten Kampf erklärt hat.

Wir möchten eine gerechte und egalitäre Gesellschaft aufbauen. Unsere Überlieferungen beweisen, daß wir dazu in der Lage sind. Die Menschen der Wüste haben schon von jeher Solidarität, gegenseitige Hilfe und Ehrgefühl praktiziert. Bei uns gibt es weder eine Ausbeuterklasse, noch einen König oder Emir. Wir wollen die Bereitschaft zum Teilen der alten Nomadengesellschaft wiederbeleben. Wir sind ein freies und stolzes Volk, das in sich alles besitzt, um eine moderne Gesellschaft aufzubauen, die viel demokratischer ist als eure.

König Hassan II. will uns nicht unterstützen. Er besitzt die Dreistigkeit zu behaupten, daß sowohl die Westsahara als auch ganz Mauretanien ihm gehören und daß sich das historische Marokko vom Mittelmeer bis zu den Ufern des Flusses Senegal erstreckt. Dabei weiß jeder, daß das nicht stimmt.

Jetzt ist das gesamte Volk der Sahraouis mit den spanischen Behörden aneinandergeraten. Anfangs handelte es sich nur um friedliche Demonstrationen, die soziale Gerechtigkeit forderten. Aber die Soldaten haben in die Menge geschossen. Deswegen ist die Bewegung zum bewaffneten Kampf übergegangen.

Heute mißtrauen wir vor allem der Rolle, die der Internationale Gerichtshof in Den Haag spielen soll, weil einfach alle gegen uns sind. Deshalb suchen wir Informationen über die Geschichte der Gegend. Wir müssen uns alle Bücher, Dokumente oder auch nur einfache Auskünfte verschaffen, die uns dabei helfen können, die gesamte Problematik ernsthaft zu untersuchen. In dieser Hinsicht interessiert uns dein Forschungsprojekt über die Geschichte und Traditionen der Rgaybat sehr. Aber die Rgaybat stellen nur einen Teil der Bevölkerung der Sahara dar, mußt du wissen. Du solltest dich nicht auf das Studium nur dieses einen Stammes beschränken, der nicht wichtiger oder unwichtiger ist als jeder andere.«

Der junge Mann hat lange in der andächtigen Stille gesprochen. Seine Gefährten haben mit großer Konzentration zugehört und die Ansprache mit Blicken oder Kopfnicken in meine Richtung unterstrichen, als wollten sie mir das Ausmaß ihrer Zustimmung auch physisch vermitteln. Es hat sich tatsächlich um eine Ansprache gehandelt. Um eine offizielle Rede, trotz aller Begleitumstände einer Zusammenkunft im Untergrund. In ihren Augen bin ich ein Repräsentant des gesamten Okzidents. Die letzten Sätze wurden mit Nachdruck gesprochen, und ich spüre den Appell, der in ihnen liegt. Man richtet eine Bitte an mich, deren Inhalt oder Tragweite ich nicht recht ermessen kann. Gemessen an all dem Pathos ist meine Antwort ziemlich fade: »Irgendwo muß ich doch anfangen. Wenn ich mich nicht auf eine Gruppe beschränke, werde ich mich bald verzetteln. Außerdem scheint mir, zumindest nach allem, was ich bisher erfahren habe, daß sich die Lebensweise der Rgaybat nicht wesentlich von derjenigen aller anderen unterscheidet. Ihr Studium kann als Muster dienen, es ist eine erste Annäherung.«

Die jungen Leute stimmen höflich mit einem Kopfnicken zu, aber ich spüre, daß sie nicht einverstanden sind. Ich merke nicht, daß sich hinter ihrer Enttäuschung eine Sorge verbirgt: Könnte ich nicht Dokumente ans Tageslicht fördern, die ihrem Kampf schaden, oder durch die Heraufbeschwörung der Vergangenheit jene alten Risse aufdecken, die noch heute die Nachfahren der ehemaligen Stämme entzweien? Und dies in einer Zeit, in der das Bündnis mit allen Mitteln gefestigt werden muß. Warum gerade die Rgaybat, warum diese Apologie der letzten Herren der Wüste? Die Revolutionäre haben beschlossen, jede Stammeszugehörigkeit zu vergessen, und die jungen Rgaybat wollen nicht mehr, daß man sagt, sie seien früher die stärksten gewesen und heute am zahlreichsten. Um die langsam entstehende Solidarität zu festigen, müssen sie den Prozeß der Festschreibung sozialer Ungleichheiten durchbrechen, der im Lande der Mauren mit der Unterteilung aller Individuen in Gruppen von unterschiedlichem Status beginnt. Trotzdem haken sie nicht nach. Über all diese Probleme, von denen ich keine Ahnung habe, erzählen sie mir nichts. Unter vier Augen hätte mir einer von ihnen vielleicht erklären können, was sie an meiner Vorgehensweise fürchten, aber öffentlich ist so etwas unmöglich. Später vielleicht, sehr viel später, wenn das Volk der Sahraouis etwas größer, etwas älter, etwas stärker ist, kann man darüber reden, um darüber zu lachen oder um den zurückgelegten Weg aufzuzeigen. Zur Zeit haben sich die Söhne der Stämme noch nicht ausreichend von ihrer eigenen Geschichte freigemacht, als daß sie in der Lage wären, den nötigen Abstand für eine echte kritische Analyse zu gewinnen. Die Zeit drängt, es dreht sich nicht mehr darum, sich in einer intellektuellen Debatte zu gefallen. Jetzt hat die Aktion Vorrang, und die Selbstzensur der Revolution wirkt bereits.

Es ist schon spät, fast halb elf. Ich denke an den Vater, der uns sicherlich zum Essen erwartet. Meine Sorge ist egoistisch: Mir ist mehr daran gelegen, meine Integration in der Familie, die ich mir ausgesucht habe, erfolgreich zu vollziehen, als mich mit dieser brennenden Aktualität zu beschäftigen, die meine Kenntnisse ein bißchen überfordert. Ich stehe auf, um zu zeigen, daß ich aufbrechen möchte, und schüttle all die braunen, feingliedrigen Hände, die sich mir entgegenstrecken. Tief in den lächelnden Augen, die mich zum Abschied grüßen, erkenne ich weder Bitterkeit noch Mißtrauen.

»Möge Gott über euch wachen.«

»Möge er über dich wachen.«

Die erste Nacht
bei den Rgaybat

Als ich in die Jdida zurückkehre, sind Nachbarn und Freunde schon gegangen. Im Haus herrscht beim Herannahen der Schlafenszeit eine feierliche Stimmung. In einer großen weißen Blechschüssel mit blauem Rand trägt die Hausfrau den abendlichen Kuskus auf. Die Gespräche verstummen. Ein junges Mädchen geht mit dem Kupferbecken herum und gießt einen dünnen Wasserstrahl über die Hände der Tischgäste. Man rückt an das Familienmahl heran, jeder spricht das rituelle *bismi'llah* (im Namen Gottes), das jeder Handlung vorausgeht, und Stille erfüllt die Nacht, während geschickte Finger aus dem braunen Grieß kleine Kugeln formen, die flink verschluckt werden.

Der Vater hat die einzige von seinen Töchtern holen lassen, die mir im täglichen Leben als Dolmetscherin dienen kann. Lalla ist etwa zwanzig Jahre alt. In der Schule hat sie einige Grundbegriffe der französischen Sprache gelernt, jedenfalls genug, um sich mit mir verständigen zu können. Ich weiß nicht, warum sie nicht mit ihren Schwestern zusammenwohnt, frage aber nicht danach. Vielleicht ist sie verheiratet?

Nach dem Essen schleppt man mich in den Hof, um mir eine kleine Seitentreppe zu zeigen, deren ungleichmäßige Stufen aus festgestampfter Erde aufs Dach hinaufführen. Dieses besteht in einer Plattform aus Lehm, die von einem etwa einen Meter hohen Mäuerchen umgeben ist. An dieser Stelle der Terrasse, die man normalerweise über eine andere Treppe erreicht, steht eine kleine Toilette. Über einem Raum ohne jede sonstige Öffnung befindet sich der Abort:

ein einfaches Loch in der Decke einer zu ebener Erde errichteten Abtrittgrube. Rechts und links von diesem Loch sind zwei Platten angebracht, damit der Benutzer ein wenig höher steht, wenn er sich so unter den Sternen erleichtert und dabei die fernen Lichter der Betonstadt bewundert. Um anzuzeigen, daß die Örtlichkeit besetzt ist, ist jeder Riegel überflüssig, da sowohl die Hausbewohner als auch alle Passanten das sehen können. Das Mäuerchen verbirgt nämlich lediglich die untere Hälfte des Körpers. Darüber hinaus erfordert die hiesige Technik, daß man erst einen Wasserkessel füllen muß, der zur abschließenden Waschung bestimmt ist, ehe man die Treppe hinaufgeht. Die Absicht einer Person, die auf diese Weise mit ihrer kostbaren Fracht hinaufspaziert, entgeht daher kaum jemandem. Nachdem sich erst einmal der ungewöhnliche Eindruck, den der halb öffentliche Charakter der Situation hervorruft, gelegt hat, finde ich mich ganz gut mit dieser Anlage ab.

Nachdem die abendlichen Vorbereitungen vollzogen sind, führt man mich in das gemeinsame Zimmer der Fräulein, die ihre Aufregung, die sie vor dieser neuen Intimität befällt, nur schlecht hinter den bis zu den Augen hochgezogenen Zipfeln ihrer Schleier verbergen. Der Schleier ist nicht aus Gründen des Anstands vorgeschrieben; er bezweckt eher, einen allzu beredten Gesichtsausdruck im wahrsten Sinne des Wortes zu »verschleiern«. Wenn eine Frau ihre Freude oder ihre Verlegenheit verbergen will, fährt sie mit der Hand unter den Stoff und hält diesen in Höhe der Nase fest, wie es eine kokette Andalusierin mit ihrem Fächer machen würde.

Ich versuche, die Namen der Mädchen zu wiederholen, was kein leichte Angelegenheit ist, da in ihnen die am schwierigsten auszusprechenden Kehllaute der arabischen Sprache nach Herzenslust zusammentreffen. Durch diesen Austausch der Namen wird der erste unmittelbare Kontakt hergestellt. Wegen meiner ungeschickten Bemühungen, ihre Namen auszusprechen, brechen wir bald alle in ein unbändiges Gelächter aus. Sehr schnell fühle ich mich wohl: Das Lachen beruhigt die überreizten Nerven, löst alle Spannung im Körper, befreit von Ängsten und zerstreut rasch jede Verlegenheit. Seinem Wesen nach ist es Kameradschaft, Kommunikation und Konfusion. Das Lachen schafft stärkere Bande als eine Flut von Worten.

Von den Matratzen, die das Zimmer einfassen, hat man mir eine zugeteilt. Also mache ich mich auf ganz animalische Weise gleich daran, mir dieses bescheidene Areal persönlich anzueignen und setze mein Gepäck am Fußende des Bettes ab, um einige Sachen herauszunehmen.

»Lalla, ich möchte mir die Zähne putzen. Dafür brauche ich etwas Wasser.«

»Qouloul, steh auf und bring Saviya den Kessel und das Becken.«

Als ich die Zahnpasta auf der Zahnbürste verteile, beobachten mich die jungen Mädchen und ihre Mutter mit unverhohlenem Interesse. Während dieser ersten Nacht ist die Mutter bei uns, anscheinend um mich durch ihre Anwesenheit zu ehren und über mein Wohlergehen zu wachen. Vielleicht will sie auch sichergehen, daß sich ihre Töchter in ihrer Aufregung nicht dazu hinreißen lassen, die Regeln der Schicklichkeit zu überschreiten.

»Lalla, erkläre ihnen, daß dies eine spezielle Seife für die Zähne ist. Die Nazarener benutzen keinen *mesouaq*. Um weiße und gesunde Zähne zu haben, putzen sie sie sich morgens und abends mit dieser Paste, die man Zahnpasta nennt.«

Die Übersetzung meiner Worte bringt wieder Ordnung in die neugierigen Köpfe. Mehr steckt also nicht dahinter! Das ist nur der *mesouaq* der Nazarener! Gar nicht übel. Aber ein *mesouaq* ist viel praktischer. Ein *mesouaq* ist ein Stöckchen aus faserigem Holz. Hat man einmal darauf herumgekaut, ähnelt sein Ende einer kleinen Bürste, mit der man sich zu jeder beliebigen Tageszeit energisch das Gebiß massiert und anschließend die kleinen Fasern, die sich von ihr lösen, geräuschvoll in hohem Bogen ausspuckt. Da sich diese Übung nicht nur auf die drei Minuten am Morgen und am Abend beschränkt, in denen wir unsere Kauwerkzeuge einer hastigen Pflege unterwerfen, besitzen die Mauren im allgemeinen ein sehr viel strahlenderes Lächeln als wir. Zumindest wenn die Zähne nicht definitiv durch Karies geschädigt wurden, die der hohe Konsum von stark gezuckertem Tee beim Fehlen jeglicher zahnärztlichen Behandlung hervorruft.

Einer sehr okzidentalen Sitte folgend und vor sechs völlig verdutzten Augenpaaren, lege ich daraufhin meine Tageskleidung ab – jedoch ohne mich dabei nackt zu zeigen –, um einen Pyjama überzustreifen, ehe ich in meinen Schlafsack schlüpfe. Eine so offensichtliche und allgemeine Verblüffung schreit nach einer Erklärung:

»Die Nazarener ziehen sich nachts anders an als tagsüber. Um zu schlafen, tragen sie einen Pyjama. Das ist also mein Pyjama. Das da ist ein Schlafsack, eine Art Decke, die von allen Seiten warm hält.«

Jede amüsiert sich damit, dieses unbekannte Wort zu wiederholen, »Pyjama, *Bijama*«, was bei jedem neuen Versuch allgemeine Heiterkeit auslöst. Es freut mich, den Menschen, von denen ich lerne, endlich auch etwas zeigen zu können. Als die Glieder vor Müdigkeit schlaff werden und das Lachen erstirbt, bläst die Mutter die Flamme der Sturmlaterne aus. Nachdem ich eine Weile der nächtlichen Stille in der Jdida gelauscht habe, spüre ich in der Dunkelheit nur noch die Sanftheit eines endlich gefundenen, schützenden Heims.

Sieben Uhr morgens. Die Zentaurenstimme der Hausherrin, die ihre Töchter zurechtweist, reißt mich brutal aus allen Träumen:

»*Goumi salli!*« (Aufstehen, es ist Zeit zum Gebet!) Mit größter Anstrengung öffne ich die Augen. Ich bin nicht mehr daran gewöhnt, so früh aufzustehen. Bei Abeidi verließen die Herrschaften das Haus, ohne Lärm zu machen. Die Töchter scheinen genausowenig begeistert zu sein wie ich. Sie setzen sich halb auf, reiben sich verschlafen die Augen und bringen die im Schlaf zerdrückten Schleier wieder in Ordnung. Eine, die in der Hoffnung, noch ein paar Minuten zu gewinnen, den Kopf unter der Decke behält, wird hart angefahren.

»Steh auf und bete!«

Während ich noch nach meinem Büstenhalter taste, kommt der jüngste Sohn des Hauses, Hamid, der etwa zehn Jahre alt ist, ins Zimmer. Er starrt mich mit seinen großen Augen an und reißt sie dann vor Erstaunen noch weiter auf.

»Was macht die Nazarenerin denn da?«

Mit Kennermiene antwortet man ihm – ich errate es mehr, als daß ich es verstehe –, daß sie sich natürlich anzieht, weil die Nazarener nachts andere Kleider tragen als tagsüber.

Entsetzt beim Gedanken daran, der Vater könnte mich überraschen, ehe ich anständig bekleidet bin, stürzt Hamid aus dem Zimmer und schreit: »Ismaïl! Ismaïl! Die Nazarenerin zieht sich aus!« Durch den offengelassenen Türspalt sehe ich daraufhin, wie der Vater, der erst mit großen Schritten auf uns zu stolziert kam, auf dem Absatz kehrtmacht und sich schleunigst zurückzieht. Nur mit Mühe kann ich mir das Lachen verkneifen, so schlecht paßt diese übereilte Flucht zum würdevollen Ausdruck, den sein Gesicht zuvor ausgestrahlt hat, als er sich aufmachte, seinem ausländischen Gast den Morgengruß zu entbieten. Die Töchter warten, bis ich wieder angezogen bin, dann geht die jüngste hinaus, um den Vater von der Wiederherstellung des Normalzustands in Kenntnis zu setzen. Gleich darauf kommt er breit lächelnd herein und beehrt mich während des Frühstücks mit seiner Gegenwart.

Offensichtlich stehen die Nazarener im Ruf, morgens Kaffee zu trinken, denn der kleine Hamid wird zum Krämer an der Ecke geschickt, um Nescafé, Kondensmilch und Brot zu kaufen, ohne daß ich um meine Meinung gefragt werde. In einer Teekanne gießt Mnaytanna, Ismaïls Frau, kochendes Wasser über einen Löffel Nescafé, fügt etwas von der Gloria-Milch hinzu und dann noch ein Stück Zucker von einem Zuckerhut, den sie mit einem mit Ornamenten aus Kupfer und Silber verzierten Metallhammer zertrümmert hat. Dann stellt sie diese Zubereitung zum Aufkochen neben den Tee der Familie auf das Kohlenbecken. Als das Ganze überkocht, behandelt sie den Kaffee genauso wie den Tee. Mit einer graziösen Geste gießt sie das Gebräu in einem langen, dünnen Strahl in ein Teeglas, schüttet es in die Teekanne zurück und wiederholt die Prozedur, bis der durch diese Behandlung erzeugte Schaum von zufriedenstellender Quantität und Qualität ist. Das Brot wird gebrochen. Der aufgeschäumte Tee und der Kaffee werden serviert. Sie reicht mir nacheinander zwei kleine Gläser Kaffee, dann ein Glas Tee und schließlich noch einen letzten Kaffee. Obwohl außer mir niemand Kaffee trinkt, können wir auf diese Weise die erste Mahlzeit des Tages gemeinsam einnehmen.

Die Frauen
der Familie

Nachdem der Vater gegangen ist, steht Lalla auf und bedeutet mir, ihr zu folgen. Ziel dieses Morgenspaziergangs ist es, gemeinsam mit mir alle Frauen der Familie zu begrüßen.

In der Morgensonne zeigen die Lehmmauern eine sehr schöne, orangefarbene Tönung. Ich gehe neben dem jungen Mädchen her, verfolgt von den neugierigen Blicken der Passanten, die erstaunt sind, in diesem Teil der Stadt eine Nazarenerin in Begleitung einer Mauretanierin zu erblicken. Trotz der relativ geometrischen Anlage dieser Stadt, kann ich mir den Weg schon bald nicht mehr merken. Lalla führt mich zuerst zur Mutter: al-Khayr. So erfahre ich, daß Mnaytanna nur Ismaïls zweite Frau und Hamdi nicht ihr Sohn ist. (Also ist Lalla nicht verheiratet, wie ich zuerst gedacht hatte. Zweifelsohne lebt sie bei ihrer Mutter.) Das Haus, das wir betreten, ist kleiner als das des Vaters und nicht so gut gepflegt, obwohl ich hier den Nachkommen eines Sklaven bemerke (hier spricht man nicht von einem Boy, sondern von einem Sklaven), während es bei Ismaïl keine Dienstboten gibt. Trotz ihres hohen Alters ist die Mutter eine sehr schöne Frau. Ihr strenger Blick offenbart eine Persönlichkeit, an deren Unbeugsamkeit vielleicht die Prüfungen des Lebens schuld sind.

Zwei Großtanten sind gekommen, um ihr bei dieser Gelegenheit zur Hand zu gehen. Alle drei sind mit Schleiern aus nagelneuem *nilé* bekleidet. *Nilé* ist ein schwarzer Baumwollstoff, der glänzt wie Kohlepapier und durch den die Haut einen dunkelblauen Glanz erhält. Dieser Stoff ist ebenfalls bei den Tuaregs in Gebrauch, die in Touristenprospekten deshalb auch die »blauen Männer« genannt werden. Tatsächlich nehmen die im Alter weiß gewordenen Bart- und Haupthaare eines Greises durch die Berührung mit einem Turban aus *nilé* eine sehr hübsche, bläuliche Färbung an. Auf der Haut ist dieser Schimmer dunkel, aber je heller die Hautfarbe ist, desto blauer wirkt das Blau. Ist sie dunkel, verschwimmen die Farben, und das Blau tritt nicht deutlich hervor. Der in den moirierten Falten eines Schleiers aus *nilé* erhaschte Anblick des bläulich getönten Gesichts oder der Arme einer Frau übt sowohl auf den Verliebten als auch auf den Dichter einen ausgesprochen verführerischen Reiz aus. Mein ästhetisches Empfinden ist von dieser Tönung nicht gerade begeistert. Ich finde, sie verwischt den Teint mehr, als daß sie ihn hervorhebt. Darüber hinaus verbreitet dieser Farbstoff aus Indigo einen starken, sehr eigentümlichen Geruch, von dem ich alles andere als hingerissen bin. Das Tragen dieses Stoffes, den man für schlecht gefärbt halten könnte, schützt die Epidermis vor Austrocknung, weil das Blau, mit dem er die Haut einschmiert, aus einer fettigen Substanz besteht, die die grausamen Attacken der Sommerluft abhält. Die Mutter und die Tanten sind also bläulich schattiert, wie es sich gehört, um mich zu empfangen.

Die steife Haltung der Hausherrin steht in krassem Gegensatz zur spöttischen Art ihrer Kusinen. Deren zahnlose, vergnügt lächelnde Münder, ihre mit schelmischen Hintergedanken befrachteten Blicke, die die Mutter geflissentlich übersieht und die ich registriere, ohne sie zu verstehen, belustigen mich. Sie mustern mich von Kopf bis Fuß mit Ausrufen, die ihrem Tonfall nach zu bedeuten scheinen:

»Aha! Das ist also diese *Nasraniya*! He, he. Hast du das gesehen?«

Ich bringe die Tanten ganz schön zum Lachen, wobei die Wirkung wechselseitig ist. Erst mehrere Monate später sollte ich, dank der vertraulichen Mitteilung einer anderen alten Kusine, verstehen, weswegen sie eine so unverhohlene Heiterkeit zeigten.

Der Sklave bringt in einer Kalebasse aus schwarzem Holz den traditionellen *zrig*, den die Mutter zuerst mir reicht. Anschließend stellt er neben Lalla ein mit Glut gefülltes Kohlenbecken auf den Boden. Der Wasserkessel wird auf das Feuer gesetzt. Diesmal lehne ich den Tee ab, selbst wenn das gegen die Schicklichkeit verstößt. Ich kann nicht den ganzen Tag über Tee trinken wie die Mauren, und dieser Tag beginnt noch vielversprechender als andere. Nach den üblichen Fragen schläft der Dialog ein. Nach und nach scheinen die Frauen meine Anwesenheit zu vergessen und stürzen sich mit dröhnenden Stimmen in endlose Diskussionen. Endlos jedenfalls für mich, da ich nichts davon verstehe. Vor uns trinken staubbedeckte Kinder ein Restchen Wasser aus einem ziemlich schmuddeligen Behälter. Lautstark schlürfen die Tanten ihre Gläser Tee und machen es sich dann mit sichtlichem Wohlbehagen bequem. Sie lassen ihre Schleier fallen und fangen an, sich auf der Suche nach lästigen Parasiten gegenseitig die Kopfhaut zu erforschen.

So kann ich sehen, in welcher Weise die traditionelle Haartracht und der Mangel an Pflege dem Haarwuchs schadet. Bei den Maurinnen ist es Sitte, das ganze Haar oben auf dem Scheitel zusammenzufassen und zu straffen Zöpfen zu flechten, die senkrecht über der Stirn zu einem sehr hoch angesetzten Knoten zusammengerollt werden. Diese Konstruktion wird mit bunten Perlen oder Silberschmuck verziert. Bedeckt nun der Schleier diese Frisur, wirkt das Gesicht durch dieses Gebilde überhöht, was der Sihouette eine stolze, ausgesprochen schöne Wirkung verleiht, das Haar zugleich aber auf eine harte Probe stellt. Mit der Zeit leiden die Frauen schließlich an einer seltsamen, nur auf den Haaransatz beschränkten Kahlheit. Um diese zu vertuschen und das gewünschte Volumen zu behalten, benutzen sie Perücken.

Die Großtanten, die mit offenem Haar und zur Hälfte kahl um die Wette tratschen und von Zeit zu Zeit schallend auflachen, scheinen ein paar ordentliche Klatschweiber zu sein. Vielleicht sind sie sogar echte Lästermäuler. Die Mutter ist da ganz anders. Ihre würdevolle Ausstrahlung wird noch durch den zartgliedrigen Körperbau und ihre stolze Haltung unterstrichen. Die Tanten hingegen flegeln ihren blauverschmierten Körper mit einer beeindruckenden Ungeniertheit hin. Darüber hinaus wabbelt die alternde Haut ihrer Arme, die zweifellos einmal dicker gewesen sind, sehr unschön im Rhythmus der emphatischen Gesten. Wie ich gehört habe, sollen die Rgaybat ihre jungen Töchter angeblich nicht fettfüttern, wie es die Mauren des Südens früher getan haben. Doch die Körper dieser Frauen müssen irgendwann einmal einen beachtlichen Umfang erreicht haben, da das Fett der Arme schließlich die Form von dicken, halbleer herabbaumelnden Beuteln angenommen hat. Übrigens sind die Großtanten immer noch sehr imposant.

Als sie aufstehen, um sich zu verabschieden, sehe ich, wie müde diese alten Körper sind. Das Aufstehen fällt schwer, der Gang ist langsam und stockend. Für einen Moment muß ich an die alten Damen meiner Familie denken, die ich mir schlecht zu ebener Erde sitzend vorstellen kann. Ich entdecke, wie tiefe Spuren die Kultur im Laufe der Geschichte im Körper einer Frau hinterläßt: diese Arme, die, um schön zu sein, verunstaltet wurden; diese Bäuche, die so oft Leben geschenkt haben; diese Brüste, die man schließlich herabbaumeln ließ, nachdem man ihnen soviel genommen hatte; diese Hüften, die in die Breite gegangen sind, weil sie zu lange nur auf Matten gesessen haben. Mit leichter Rührung schaue ich zu, wie sich die Großtanten entfernen. Mir scheint jetzt, als hätte das Leben ihren armen Körpern übel mitgespielt. Kurz zuvor haben sie mich noch amüsiert und sind mir stark erschienen mit ihrem Lachen und ihrem Geschwätz. Jetzt sehe ich, wie sie, ihre schlaffen und plumpen Körper in dunkle Gewänder gehüllt, schwerfällig davonwatscheln.

Jetzt schleppt mich Lalla zu ihrer älteren Schwester, der Mutter der kleinen Sultana, der ersten Enkelin der Familie, von der mir Hamdi, der doch sonst so schweigsam ist, vor Zärtlichkeit und Freude nahezu überschäumend erzählt hat. Die Verhältnisse sind hier ganz anders. Hamdis Schwester hat von ihrer Mutter die Schönheit der Gesichtszüge, aber nicht die Strenge des Ausdrucks geerbt. Sie empfängt mich voller Zuneigung, als hätte sie mich immer schon gekannt. Sultana ist sechs Jahre alt. Sie ist genauso hübsch, wie Hamdi sie mir beschrieben hat, scheint aber recht kokett zu sein. Sie ähnelt unseren kleinen Mädchen, bei deren Anblick alle Welt in Entzücken gerät und die sich schließlich etwas darauf einbilden.

Lange können wir nicht bleiben: Wir müssen noch jemanden begrüßen, und die Zeit des Mittagessens rückt schon näher. Damit brechen wir also zum letzten Besuch des Vormittags auf. Diesmal handelt es sich um Hamdis Frau. Insgeheim merke ich mir die Hierarchie dieser Besuche: zuerst die Mutter, dann die verheiratete Schwester, Mutter der reizenden kleinen Nichte, und schließlich die Ehefrau. Im Leben Hamdis, das Jahr für Jahr zu verfolgen ich später noch Gelegenheit haben würde, sollte diese hierarchische Ordnung nie umgekehrt werden.

Khadija ist nicht die hübsche Frau, die ich mir vorgestellt habe. Mit neunzehn Jahren fettsüchtig – aber das war in der alten maurischen Gesellschaft ja ein Schönheitskriterium –, wendet sie mir ein grobgeschnittenes Gesicht zu, dessen Teint durch das Gewand aus zerknittertem *nilé*, in das sie gehüllt ist, leicht geschwärzt wurde. Der arme Hamdi! Böse Gedanken schießen mir durch den Kopf. Ich glaube, ich habe es noch nicht gesagt, aber er ist ein gutaussehender Junge, groß, schlank, mit regelmäßigen Zügen, intelligenten Augen und einem liebenswürdigen Lächeln. Was für ein ungerechter Gegensatz! Wenn wenigstens ihr Blick Wohlwollen ausstrahlen würde … Aber sie mustert mich ohne Freundschaft, reicht mir zur Begrüßung kaum die Fingerspitzen und wendet die Augen ab. Um sie zu besänftigen, händige ich ihr den Brief ihres Gatten aus. Aber das hilft auch nichts.

Auf einer schmierigen Matte sitzend, empfängt sie mich in einem verstaubten Zimmer, in dem es von Fliegen wimmelt. Sie empfängt mich nicht – sie erduldet mich wie eine Beleidigung. Kann ich es einer Frau, die von der Natur so vernachlässigt wurde, vorwerfen, daß sie vor Wut schäumt, wenn die Familienehre sie zwingt, ihre Matte mit einer jungen Ausländerin zu teilen, die ihr Mann aus Frankreich mitgebracht hat, und das Ganze auch noch vor all den spöttisch lächelnden Nachbarn und Kameradinnen? Ich versuche, sie mit einem Blick zu beruhigen, aber sie versteift sich ostentativ und beginnt, sich lebhaft mit ihren Freundinnen zu unterhalten. Alle sprechen gleichzeitig und erheben die Stimme; die eine schreit lauter als die andere. Im Vergleich dazu erscheinen mir die Großtanten ein Muster an Diskretion. Die Ehefrau übertönt noch die anderen und wirft mir von Zeit zu Zeit einen flüchtigen, rasiermesserscharfen Blick zu. Unermüdlich wehrt sie mit einer Bewegung ihrer vollen Arme einen Fliegenschwarm ab, der sie anscheinend als Zielscheibe auserkoren hat. Ich weiß nicht, was der Grund für ihre Unhöflichkeit ist, aber ich spüre nur allzu deutlich die Wut der Hausherrin. Entwaffnet angesichts dieses weiblichen Furors, bin ich außerstande, die richtigen Argumente zu finden, um sie zu besänftigen und akzeptiert zu werden.

Während ich für einige Rgaybat eine willkommene Abwechslung und für andere eine Enttäuschung bin, muß ich hier entdecken, daß ich für diese Frau eine Beleidigung darstelle. Ich kann nichts dagegen tun. Ich kann nichts dafür. Meine Gesprächspartner projizieren Absichten in mich hinein, die mir fremd sind, teilen mir Rollen zu, die vom einen zum anderen variieren, versuchen mich in Schemata zu pressen, die ihnen vertraut sind, reagieren auf meine Anwesenheit. So gut es geht, versuche ich jedesmal, einen guten Eindruck zu machen und dahinterzukommen, was man von mir erwartet.

Lalla, die von Natur aus sanft und liebenswert ist, sagt kein Wort, aber ich spüre ihr Unbehagen. Um abzulenken, stellt sie mir Hamdis Sohn vor. Dieser ist ein kleiner Junge von zwei oder drei Jahren mit einem reizenden Gesicht, allerdings ziemlich schmutzig, wie die meisten Kinder, die hier herumlaufen. Er trägt einen neuen Pulli, der aus einem eleganten Pariser Geschäft stammt, ein noch sichtbarer Hinweis auf den kürzlichen Besuch seines Vaters in Zouérate. Sofort reißt mir die Frau das Kind aus den Armen und dreht mir endgültig den Rücken zu, um inmitten des lauten Geschreis ihren Tee aus einem klebrigen Glas zu schlürfen.

In Paris hat mir Hamdi mit größerer Zuneigung von seiner Nichte Sultana als von seinem eigenen Sohn, dem kleinen Cheikh, erzählt. Tat er das, weil es sich um einen Jungen handelt? Oder weil das Mädchen das Kind seiner sanften und anmutigen Schwester ist, während es sich bei dem Knaben um den Sprößling dieser Fuchtel handelt? Ich erahne zwischen Bruder und Schwester eine sehr starke Zuneigung, mit der das Band der Ehe nicht zu vergleichen ist. Das war mir schon in Nouakchott aufgefallen an der zwar diskreten, aber doch sehr realen Beziehung, die Abeidi zu seiner Schwester und seinen Neffen unterhielt. Hatte Tfarrah nicht ihren Bruder zu Hilfe gerufen, um dem Einfluß der Geister zu entgehen? Ist er nicht gekommen, um sie von ihrem Ehemann fortzuholen, um sie zu retten?

Wieder einmal gestehe ich mir reumütig ein, Hamdi ungerecht beurteilt zu haben. Mir wird klar, welche Bedeutung die Briefe hatten, die er mir für jedes einzelne Mitglied seiner Familie mitgegeben hat. Er ist ein großes Risiko eingegangen, da die Konsequenzen jetzt schon sichtbar sind. Der Zorn der Ehefrau, das höhnische Grinsen der Nachbarn ... Und dann ist da auch noch der Vater. Wie wäre es um seine Ehre bestellt, wenn ich nun die Geliebte seines Sohnes sein sollte? Pfeifen das nicht schon die Spatzen von den Dächern? Wäre meine Ankunft angekündigt gewesen, hätte der Tumult, der mir vorausgeeilt wäre, mein Vorhaben letzten Endes vielleicht gefährdet. Deshalb hat Hamdi seine Familie einfach vor vollendete Tatsachen gestellt, was die einzige Möglichkeit war, sie zu zwingen, mich zu empfangen. Oder hat er vielleicht immer gehofft, daß ich es nie bis zu ihnen schaffe?

Als wir wieder nach Hause kommen, speist der Vater bereits mit einigen anderen Männern im hinteren Zimmer. Ich werde ins erste Zimmer geführt, dasselbe, in dem ich geschlafen habe, und esse dort in aller Ruhe mit Mnaytanna und den Töchtern zu Mittag. Zuerst wird gegrilltes Fleisch aufgetragen, dann ein Reisgericht mit einigen gekochten

Stücken Fleisch. In meiner grenzenlosen Unwissenheit merke ich nicht einmal, daß man mir zu Ehren ein Schaf geschlachtet hat.

Diesmal genieße ich den stärkenden Tee, den Lalla für alle zubereitet, die nacheinander ins Zimmer kommen, um mich zu sehen und willkommen zu heißen. Erschöpft von all der Aufregung, schlafe ich mitten unter den Anwesenden ein, während eine Decke über mir ausgebreitet wird.

Hochzeit

Meine Armbanduhr zeigt vier Uhr an, als ich die Augen öffne. Freunde und Verwandte sind gegangen, nur die Töchter wachen schweigend über meinen Schlaf. Da kommen junge Leute herein, die recht gut Französisch sprechen, und schon ist eine Unterhaltung im Gange. Angesichts dieser jugendlichen Gesichter, deren ernster Blick und dünner Flaum am Kinn das Mannesalter ankündigen, muß ich an die vergrämte Ehefrau denken, die ich an diesem Morgen besucht habe. Wird dies auch ihr Los sein? Ich kann einfach nicht glauben, daß Hamdi sich selbst so eine Verlobte ausgesucht hat. Also wird hier die Heirat den Jungen genauso aufgezwungen wie den Mädchen.

Wenn man von Ethnologen ausgebildet wurde, weiß man, daß sie sich sehr intensiv mit Sex befassen. Das witzigste an der Sache ist, daß dies im Unterricht nie offen diskutiert wird. Sie sprechen von Verbindungstheorien, Ehestrategien oder Vorzugsheirat. Lediglich die Dreiecke und Kreise, die sie in ihren Diagrammen verwenden, symbolisieren plastisch den Bereich des Sexuellen, der Gegenstand ihrer Untersuchungen ist. In der Realität nimmt das eine ganz andere Form an. Die Dreiecke und Kreise bestehen hier aus Fleisch und Blut. Hier ist jede Abstraktion unmöglich. Ich habe es mit sehr lebendigen Personen zu tun und bin verwirrt über die Mannigfaltigkeit an Personen, Gesichtern und Blicken.

Wie stellen diese Jungen sich ihr Schicksal vor, wie sehen sie diese sozialisierte Form der Sexualität, die man Ehe nennt? Sehr schnell reden sie von Geld. Was sie beunruhigt, ist nicht der Sex, sondern das Geld. Zahlen werden genannt: Der Preis für eine Verlobte beträgt mindestens 20 000 UM (1000 DM), aber nur selten findet man eine Frau für diesen Betrag, erklären sie. Im allgemeinen muß man zwischen 100 000 UM (5000 DM) und 250 000 UM (12 500 DM) bezahlen. Woher sollen sie solche Summen nehmen? Da Scheidung und Wiederverheiratung vor allem in der Stadt sehr häufig vorkommen, muß man dann jeweils noch mal das nötige Geld auftreiben, um neu heiraten zu können. Unter diesen Umständen ist es nicht verwunderlich, daß sie denken und behaupten, eine Frau sei »ein Ding, das man kauft«. Vielleicht liegt auch ein wenig Okzidentalisierung in dieser Beteuerung, denn derjenige, der sich in meiner Sprache mit mir unterhält, versucht Ausdrücke zu finden, die zum Kontext der Konzepte oder Werte gehören, die er für die meinen hält. Er bemüht sich, einen Sachverhalt seiner Kultur in meine Kultur zu übersetzen. Das macht die ganze Angelegenheit noch komplizierter.

Jedenfalls möchte ich nicht auf die Dienste eines professionellen Übersetzers, den ich überallhin mitnehmen und entlohnen müßte, zurückgreifen, und zwar aus Angst vor den möglichen Auswirkungen des zweifachen Status, der durch eine solche Anordnung geschaffen würde. Einerseits wäre da mein eigener Status, nämlich derjenige eines wohlhabenden und dazu noch ausländischen Arbeitgebers; andererseits wäre da die Stellung des Dolmetschers, der damit zum »lokalen« Angestellten wird, wie die Leute der Firma das nennen. Darüber hinaus möchte ich nicht, daß irgend jemand in meiner Beziehung zu den anderen vermittelt, das heißt unter der Gefahr, meine Wahrnehmung zu verändern, in sie eingreift. Gewiß, die Mauer des Nichtverstehens ist dick, wenn man nicht dieselbe Sprache spricht und nicht dieselbe Bildung genossen hat; aber diejenige, die durch die

Interpretation eines Dolmetschers errichtet wird, könnte sich als noch schädlicher erweisen.

Deshalb erfahre ich heute nicht, ob Frauen »Dinge sind, die man kauft«, weil an die Stelle einer Mitgift in Vieh heute Geld getreten ist oder weil der junge Mann, der mir das alles erzählt hat, kein anderes französisches Wort als das Verb »kaufen« kannte, um diese spezielle Form einer Transaktion zu bezeichnen.

Die Nacht bricht an. In der Lehmstadt wird heute abend eine Hochzeit gefeiert. Die Mädchen gehen hin und laden mich ein, sie zu begleiten.

Es ist schwierig, die richtigen Worte zu finden, um das Schlurfen der mit Sandalen bekleideten Füße über den Sand, die Bewegung der mit einer energischen Geste über die linke Schulter geworfenen Schleier, die Wärme der Augen oder das Glucksen eines unterdrückten Lachens zu beschreiben. Wir nähern uns unserem Ziel. Die kleine Gruppe wird langsamer und schweigt schließlich. Die Schleier werden sorgfältig in Ordnung gebracht, während die Gesichter wie auf ein Kommando den würdevollen und zurückhaltenden Ausdruck annehmen, den der Anstand erfordert.

Wir betreten einen weiten, mit Teppichen bedeckten Hof, der genauso eingerichtet ist wie das Innere eines Hauses: Die Gäste sind ringsum aufgereiht, die Frauen links und die Männer rechts. Die leere Mitte ist mit Blicken ausgefüllt, die sich verstohlen kreuzen. Über uns beleuchtet ein majestätischer Sternenhimmel die Szene. Auf dem Boden verteilt stehen einige Sturmlaternen. Wir befinden uns also in einem Zwielicht, in dem eifrig geplaudert wird, allerdings sind die Stimmen gedämpfter als sonst, zumindest auf der Seite der Frauen. Über die bis zu den Augen hochgezogenen Schleier hinweg beobachtet jede die anderen Anwesenden, begutachtet ihre Nachbarin. Ist der Stoff neu? Was für ein Geschenk hat sie wohl mitgebracht? Aha, ein einvernehmliches Aufblitzen zwischen diesen Augenpaaren; und die beiden da, haben sie sich wieder versöhnt? Das alles errate ich, erfasse es bei der flüchtigen Andeutung eines Zwinkerns. Allerdings muß man zugeben, daß so etwas nicht schwierig ist. Diese Verhaltensweise ist mir nicht fremd. Vielleicht ist dieser nicht zu unterdrückende, allen Individuen und Gruppen innewohnende Drang, sich auf eine solche Weise zu messen, wenn sie versammelt sind, sogar ein universeller Charakterzug der Menschheit. Heute abend wird dieses Phänomen noch durch die Größe der Menge, die prunkvolle Dekoration und das Zeremoniell verstärkt. Dies ist kein Mahl wie jedes andere: Man sollte meinen, die Gäste seien nur gekommen, um sich gegenseitig zu betrachten. Es handelt sich hier um eine Vorstellung, in der alle gleichzeitig Schauspieler und Publikum sind. Die versammelten Leute spielen für sich selbst ein grandioses Stück, von dem alle begeistert sind.

Junge Mädchen reichen uns Kalebassen mit *zrig*, von dem wir nacheinander nippen, dann hintereinander drei Gläser Tee. Schließlich gehen Sklaven mit Wasser und Kupferbecken durch die Reihen. Alle waschen sich die Hände, um das Schafsragout mit Kartoffeln und Möhren zu genießen, das zusammen mit Brotkörben zwischen die einzelnen Gruppen gestellt wird. Die Mahlzeit ist schnell beendet, und das Becken wird wieder herumgereicht, gefolgt von jungen Mädchen, die über unsere Köpfe silberne Wedel schwenken, die uns mit Parfüm besprengen. Nach der Nahrung, dem Wasser und der Waschung kommt das Geschenk der Luft, einer parfümierten, gereinigten Luft, der höchsten Form der Körperpflege, die eine großzügige Gastfreundschaft bieten kann. Für einen Moment muß ich an die

Erzählungen der *Odyssee* denken. Ist es nicht eine uralte mediterrane Sitte, seinen Gast zu waschen und zu parfümieren? Seltsamerweise verwandelt sich diese Reise im Raum in eine Zeitreise. Ob ich in dieser Zivilisation, die von meiner eigenen so verschieden ist, Hinweisen auf einen gemeinsamen Ursprung begegne, den meine Kultur in den hintersten Winkel ihrer Erinnerung verbannt hat?

Eine ganze Weile bleiben die Tischgäste sitzen und diskutieren. Plötzlich erregt eine Bewegung unter den Anwesenden, deren Sinn ich nicht verstehe, meine Aufmerksamkeit. Ich erkenne nur, daß es nicht mich betrifft, weil die Mädchen, die mich umringen, ihre Unterhaltung fortsetzen, ohne sich zu rühren. Irgendwo in der Nacht werden einige Schüsse abgefeuert. Eine Trommel erklingt und aus einem batteriebetriebenen Tonband dringt maurische Musik. Es handelt sich um eine seltsame Musik, so ganz anders als die ägyptischen Melodien, an die ich gewöhnt bin, und erst allmählich finde ich an ihren eigentümlichen Nuancen Gefallen. In Paris hat diese Musik mich nicht berührt. Hier nehme ich sie ganz anders wahr. Sie harmoniert mit dem Sand, der Luft, der Sprache und der Lebensweise der Wüstenbewohner. Ich verstehe jetzt besser die Ergriffenheit, die von ihr ausgeht, ihre Lebenslust und ihre Erhabenheit. In Nouakchott war sie mir schon nicht mehr so ungewöhnlich erschienen, und hier während dieser Feier der Saharabewohner, auf diesen roten Wollteppichen, schwach beleuchtet von den Sternen und den kleinen Flammen der Lampen, begreife ich auf einmal ihre Botschaft.

Die maurische Musik ist in erster Linie ein Schrei, eine Herausforderung an die Elemente, eine vitale Begeisterung, eine Hymne auf das Nomadentum. Kunstvoll verkündet sie den Sieg des Geistes über die Materie, des Menschen über die Natur; kriegerisch facht sie alte Zwietracht an, festigt die

Bande zwischen den Kriegern und fegt alle Ängste hinweg; quälend langsam entfaltet sie sich im gemächlichen Rhythmus eines wandernden Dromedars, der verlorenen Linie des Horizonts, auf die eine neue Horizontlinie folgt; schmerzhaft weint sie über den Spuren der Dahingegangenen, bejammert das Schicksal der Nomaden, die dazu verdammt sind, von einem Aufbruch zum anderen zu leben; sie besingt die Schwierigkeit des Daseins; sinnlich vermittelt sie mit ewig wiederholten Seufzern das lange Gedicht der Liebe; flehend verherrlicht sie den Herrn des Universums, den Barmherzigen, der ganz Barmherzigkeit ist.

Ein Junge setzt sich neben mich. Er erklärt mir, daß wir die Braut nicht zu Gesicht bekommen werden, weil sie in einem Haus eingesperrt ist. Ihr zukünftiger Mann muß sie dort abholen, um sie in ein Zimmer zu führen, wo beide dann allein bleiben. Das Kind hat Probleme, auf meine Fragen zu antworten, weil es selbst nicht genau weiß, was vorgeht. Es erzählt mir von einem Kampf, der angeblich zwischen Jungen und Mädchen stattfindet, und weist mich darauf hin, daß die Feier nur für junge Leute bestimmt ist: die Alten haben sich etwas weiter entfernt in einem anderen Haus versammelt.

Gegen zehn Uhr begleiten mich Ismaïls Töchter nach draußen und zusammen mit ihnen steige ich in einen Landrover, der von einem jungen Mann gesteuert wird. Eine beeindruckende Anzahl von Jungen und Mädchen kommt ebenfalls mit. Die einen auf dem Dach, die anderen an den Seiten festgeklammert. Als das Fahrzeug anfährt, um die einen oder anderen in den verschiedensten Stadtteile abzusetzen, scheint es fast zusammenzubrechen unter dieser Menschenmasse, die umgeben ist von einer luftigen Aureole aus schillernden Stoffen, die fröhlich in der nächtlichen Brise flattern.

Wir kehren in die Geborgenheit der Hausgemeinschaft zurück. Keine Gäste heute abend. Die Familie nimmt wieder ihren Alltagsrhythmus auf. Draußen füllen die jüngeren Schwestern den Kuskus, den sie in der engen Küche auf einem kleinen Gaskocher zubereitet haben, in die gemeinsame Schüssel. Im größten Zimmer murmeln der Vater und sein Sohn zärtlich miteinander. Ich werde aufgefordert, mich dem Kreis der Familie anzuschließen. Eltern und Kinder essen aus ein und derselben Schüssel. Das Zwielicht, die Stille, die Langsamkeit der Gesten und die Liebkosung der Blicke, das alles atmet Anmut. Diese innere Harmonie, die man bereit ist, mit mir zu teilen, ist ein kostbares Geschenk, das mir ins Gedächtnis gegraben ist wie eine Schuld, in der ich immer stehen werde.

Es bedurfte nur einer Nacht und eines Tages, damit alles wieder seinen gewohnten Gang geht: Mnaytanna ist wieder zusammen mit dem kleinen Hamid bei ihrem Mann auf der anderen Seite des Hofes, während ich zu der Matratze gehe, die von jetzt an meine ist. Die Töchter bringen mir wie aus Gewohnheit den Kessel mit frischem Wasser und das Becken, damit ich mir die Zähne putzen kann, und die Zeremonie mit Pyjama und Schlafsack versetzt niemanden mehr in Erstaunen.

Der Vater

Als ich den Vater darum bitte, mir die Geschichte der Rgaybat zu erzählen, drückt er mit einem »*Wallahi!*« (Bei Gott, ja!) sein Wohlwollen aus. Aber dafür brauchen wir einen Dolmetscher, der sachkundiger ist als Lalla, und vielleicht zieht er auch einen Mann als Mittelsperson vor. Er macht sich auf die Suche nach einem dritten Gesprächspartner. Für diese Rolle sind Eigenschaften erforderlich, die weit über eine gute Kenntnis der französischen Sprache hinausgehen, deshalb wäre es ungeschickt, ihm jemanden vorzuschlagen. Besser ist es, er sucht sich selbst denjenigen aus, der Zeuge unserer Gespräche werden soll. In diesem Land, in dem jeder jedem erzählt, was öffentlich gesagt und getan wird – und der Bereich des Öffentlichen ist hier sehr weit gefaßt –, möchte ich nicht das Risiko eingehen, einen Fremden ins Haus einzuführen. Darüber mag mancher lächeln: »einen Fremden« sagt die Fremde! Sie ist kaum ein paar Tage da, und schon betrachtet sie all diejenigen, die nicht in »ihrem« Haus schlafen, als Fremde! Und dennoch ist es so. Selbst wenn ich es noch nicht unter Beweis stellen konnte, selbst wenn noch nichts den Rgaybat ermöglicht, mich als solche zu betrachten, so möchte ich doch ihre Verbündete sein, »ihre Schwester«, wie sie es nennen. Zu dieser prinzipiellen Einstellung kommt noch ein Bedürfnis. Das Bedürfnis, akzeptiert zu werden, echte Bande zu knüpfen.

Hat man mir nicht beigebracht, daß der Ethnologe immer den Status eines Ethnologen beibehalten soll? Aber um welchen Status handelt es sich dabei? Angeblich soll man sich davor hüten, »alles zu vermischen«, »sie« müssen einen als Fremden, als Wissenschaftler betrachten; man muß den Abstand wahren.

Wissen Sie, was die beste Art und Weise ist, um Abstand zu wahren? Geld. Ja wirklich, man muß seine »Informanten« bezahlen. Seine Informanten! Ein schreckliches Wort! Muß der Kontakt zwischen verschiedenen Kulturen denn unbedingt durch einen Verrat hergestellt werden? Müssen wir uns wirklich einen Denunzianten suchen und uns dann mit ihm abgeben? Die Informationen bezahlen. Vielen Dank und auf Wiedersehen, wir sind quitt. Darauf bedacht (oder dazu gezwungen), die geistigen und kulturellen Schätze nicht einfach wie früher denjenigen, die sie geschaffen haben, zu rauben, respektiert der heutige Anthropologe das Eigentum des anderen: Er kauft es. Später wundert er sich dann, wenn er keinen Schritt mehr tun kann, ohne daß man von ihm Geld verlangt, und er ist untröstlich darüber, wie tief doch der ehemalige »Wilde« gesunken ist. Er klagt die Politik der Industrieländer, die Weltwirtschaft, die Einführung der Lohnabhängigkeit, die Verelendung der Dritten Welt, den Tourismus oder das Fernsehen an. Er verdammt das Unterdrückungsverhältnis, von dem er sich selbst gerne ausschließen möchte, und distanziert sich von seiner eigenen Zivilisation. Zum Glück sind die Mauretanier noch nicht »verdorben«. Sie sind nicht so wie die Indianer Amerikas, die, so erzählt man sich jedenfalls, mittlerweile das geringste Sprichwort, das kleinste Liedchen und generell jeden Gegenstand aus der Vergangenheit teuer verkaufen. Was für eine Beziehung kann man denn anknüpfen, wenn sie von einem solchen Krämergeist erfüllt ist?

Kann die Anthropologie nicht zu zweit praktiziert werden? Kann sich diese Wissenschaft – die sich doch um den Menschen drehen soll – nicht von den neokolonialen Verhältnissen freimachen? Man sagt, der Ethnologe müsse sich einen distanzierten Blick auf den Gegenstand seiner Forschung bewahren. Im Gegensatz dazu will ich mich eher mit allen Mitteln darum bemühen, die Kluft zu überwinden; in alle Beziehungen und Situationen will ich mich selbst einbringen und um eine Adoption betteln. Handelt es sich dabei um eine einseitige Suche oder um eine Begegnung? Um eine Beobachtung oder einen Austausch? Manchmal spricht man von »partizipierender Beobachtung«, alles in allem ein Kompromiß. Warum habe ich niemanden, der mich anleiten kann? Wie der Held im Märchen wurde ich ins Unbekannte hinausgeschickt und muß mir selbst die richtigen Antworten suchen, dank derer ich alle Hindernisse überwinden und als Sieger heimkehren kann. Es gibt keine Fee und keinen Flaschengeist, der mir auf meiner Irrfahrt helfen könnte. Der Weg des Ethnologen ist eine Weihe, ein Initiationsritus, eine einsame Prüfung auf einem Pfad, den keines Menschen Fuß je betreten hat.

Die verblassende Wissenschaft macht dem »Ich« der subjektiven Intuition Platz.

Der Vater läßt auf sich warten. Mißtrauen oder Lebensstil? Ich habe erfahren, daß er seine Suche nach einem Dolmetscher mit einem Besuch beim Präfekten begonnen hat. Hat er wirklich den Präfekten aufgesucht, nur um einen Dolmetscher zu finden? Über eine Woche lang warte ich darauf, daß er mir seine Absicht mitteilt und das Gespräch beginnt. Ich sehe ihn gehen, kommen, lächeln, mit uns essen und wieder gehen. Immer wieder hoffe ich, daß er bleiben und daß unsere Unterredung stattfinden wird, aber er grüßt alle Anwesenden und geht wieder, gemessen. Ich traue mich auch nicht, Lalla allzu viele Fragen zu stellen. Aus Angst, sie zu verschrecken, zügle ich meine Ungeduld; ich frage indirekt, nach Art eines Möchtegerndiebes, der mit den Händen in den Taschen immer wieder vor dem begehrten Gegenstand auf und ab spaziert, heimlich danach schielt und dabei gespielt ungezwungen in die Luft starrt:

»Ist Ismaïl nicht da?«

»Der ist in der Stadt.«

»Kommt er bald zurück?«

»Ja, ja.«

Oder aber:

»Kommt Ismaïl heute abend?«

»Nein, seine Mutter ist krank, er bleibt an ihrem Krankenlager.«

»Weißt du, wann er zurückkommt?«

»Bald.«

Was tun? Wem meine Verwirrung anvertrauen? Wie soll ich diese verstreichende Zeit deuten? Schon spüre ich, welche Tragweite das Schweigen in dieser Gesellschaft besitzt. In Nouakchott bin ich kaum damit konfrontiert worden. Hier ist es viel belastender. Ich ahne nicht im entferntesten, welche verschiedenen Bedeutungen das Schweigen haben kann. Später, nachdem ich Dutzende von Malen auf diesen speziellen Mechanismus der saharischen Kommunikation gestoßen bin, weiß ich schließlich, daß man hier nie etwas weiß, daß selbst die Worte eine Vielzahl an möglichen Bedeutungen besitzen. Man hat Ihnen mit »Ja« geantwortet, sind Sie nun zufrieden? Freuen Sie sich von ganzem Herzen, ehe Sie den Mut wieder sinken lassen, weil nur die Zeit erweisen wird, ob »ja« auch »ja« bedeutet. Das einzige, was Sie tun können, ist, ihre Absichten zu äußern und eine Bitte zu formulieren. Die Antwort liegt weniger in den Sätzen, die man ihnen daraufhin entgegnet, als im Verhalten. Da hier allem Anschein nach nie etwas eilig ist, verzehren Sie sich vor Ungeduld und erfahren erst sehr viel später das Ergebnis Ihrer Bemühungen und was dieses *Wallahi* bedeuten sollte.

Die Gesellschaft der Sahara ist eine harte Schule für die Geduld eines europäischen Städters.

Um meine innere Unruhe zu verbergen, vertiefe ich mich in mein Arabischbuch oder führe Tagebuch. Die Sprache schafft Isolation. In einer Gesellschaft, in der ein Bedürfnis nach Alleinsein unvorstellbar ist, kann das manchmal von Vorteil sein. Alles Geschriebene wird hier außerordentlich respektiert. Die Tatsache, daß ich einige Worte Arabisch schreibe und daß meine Buchstaben fast genauso aussehen wie die in den Büchern, aus denen ich das Alphabet gelernt habe, weckt Bewunderung. Wenn ich etwas auf französisch in meine Hefte schreibe, machen die Geschwindigkeit des Füllhalters und das bizarre Aussehen der Zeichen, die ich zu Papier bringe, noch größeren Eindruck. Das genügt, damit man mich in Ruhe läßt, wenn ich das Bedürfnis danach verspüre. Ich verschanze mich also hinter meiner Sprache: Was ich lese und schreibe, ist unverständlich für die Menschen, die mich umgeben, während ich nicht viel von dem verstehe, was sie erzählen. Es genügt, sich in Gedanken vom Geräusch der Unterhaltung abzukapseln. Wenn man seine Kindheit in einer kinderreichen und lärmenden Familie verbracht hat, fällt einem so etwas nicht schwer.

Wenn ich nicht schreibe und der Vater gerade nicht da ist, nutzt man das aus, um mich mit Fragen über mein Privatleben zu bestürmen. Was soll ich darauf antworten? Instinktiv versuche ich, allen etwaigen Anträgen vorzubeugen, und wappne mich vorsichtshalber mit dem Status der verheirateten Frau: »Aber Monsieur, schließlich habe ich einen Mann!« Innerlich muß ich lächeln, aber wie soll man eine freie Partnerschaft erklären? In Nouakchott habe ich noch versucht, mich aus der Affäre zu ziehen, indem ich erklärte, ich hätte einen Verlobten, was noch altmodischer klingt, aber der kleine Moulaye hat mir gesagt, daß man in der französischsprachigen maurischen Gemeinde mit diesem Ausdruck nur einen Freund, einen momentanen Flirt oder einen Geliebten bezeichnet. Das geht also nicht, ich muß etwas … moralisch Verbindliches finden.

Vor allem wegen des Vaters. Ich will mich wegen des Vaters hinter dem Schleier des Anstands verbergen. Wenn er nach Hause zurückkehrt, drücke ich hastig meine Zigarette aus und korrigiere meine Körperhaltung. »Halte dich gerade!« Das hat man mir schließlich oft genug gesagt, als ich noch klein war. Nun, vor dem Vater halte ich mich gerade. Unwillkürlich erliege ich dieser besonderen Aura, die die Gegenwart eines älteren Mannes in seinem Heim schafft. Ich reagiere auf das Patriarchat. Ismaïl weiß den Respekt, den ich ihm damit erweise, sicherlich zu schätzen, aber es liegt nicht an ihm. Ich vermisse einen Status und eine Familie, und vielleicht vermisse ich auch einen Vater. Ich schlüpfe in die Rolle seiner Tochter, ohne daß er sie mir zugewiesen hätte. Dabei gewinne ich ein Gefühl der Sicherheit und schließlich auch einen genau definierten Platz. Definiert in meiner Vorstellung, denn was ist in Mauretanien eigentlich ein Vater? Davon habe ich noch keine Ahnung. Und doch sorgt Ismaïls Anwesenheit für Ordnung in der Familie, eine beruhigende Ordnung. Deshalb projiziere ich in diesen fremden Mann alle okzidentalen Bilder von einer verantwortungsbewußten Vaterfigur. Ohne ihn zu kennen und ohne ihn um seine Meinung gefragt zu haben, allein wegen der Harmonie, die in seinem Haushalt herrscht, habe ich Ismaïl als Vater adoptiert.

Damit er mich seinerseits auch adoptiert, muß ich eine perfekte Tochter sein und darf ihn vor allem nicht enttäuschen. Natürlich weiß ich, daß er mich nie nach meinem Status in der Gesellschaft, aus der ich stamme, fragen wird. Lediglich Frauen jeden Alters und junge Leute können dieses Thema frei ansprechen, aber Mnaytanna wird ihn bei Gelegenheit darüber informieren. Was soll ich also sagen? Daß ich einen Mann liebe und ihn nie heiraten werde? Daß mir die Heirat nichts bedeutet? Und daß dieser Mann eines Tages sowieso allein in sein Land zurückkehren wird, weil er Ausländer ist und die Meinung vertritt, daß unsere Beziehung in seiner Heimat Marokko noch schmerzhafter auseinanderfallen wird als in der Pariser Anonymität? Soll ich die Stärke dieser Beziehung beschreiben und die Melancholie, die mit ihr verbunden ist? Bin ich unter anderem nicht auch hier, um ein Stückchen von dem zu suchen, was mir an diesem Mann entgeht? Was soll ich sagen? Also lüge ich unaufhörlich, zeige eine Fotografie herum, erkläre, daß ich bald heiraten werde, und finde im Status der Versprochenen einen Kompromiß. Das gefällt allen, man stelle sich vor: ein Mohammedaner! Der Schein ist gewahrt, und mein Herz hat einen Riß. Wer hat da von Moral gesprochen?

Schließlich kommt der Vater eines Abends wie gewöhnlich nach Hause, setzt sich, trinkt das erste Glas Tee, das Lalla ihm zubereitet, und kündigt mir an, daß wir gleich arbeiten werden. Ein junger Vetter ist eigens dafür hierherbestellt worden. Die Mädchen müssen nicht erst zur Ordnung gerufen werden, um ihr Geplapper einzustellen. Wie am ersten Tag bleiben sie zusammen mit Mnaytanna etwas abseits sitzen und lassen, die Augen über den hochgezogenen Schleiern mit schwarzglänzendem *khôl* umrandet, einen Blick voll erwartungsvoller Neugier auf uns ruhen. Bäuchlings auf der Matte liegend, ziehe ich mein Heft näher an die Sturmlaterne heran, schreibe mit schülerhafter Sorgfalt das Datum auf die leere Seite und bemühe mich, die gewaltige Aufregung zu unterdrücken, die mich knallrot anlaufen läßt, als ich meine erste Frage stelle:

»Wer sind die Rgaybat?«

»Wer die Rgaybat sind?!«

Für einen Moment ist der Vater sprachlos. Es ist weniger die Ungeheuerlichkeit der Frage, die ihn verblüfft, als meine Unwissenheit.

»Wie? Das weißt du nicht? Aber das sind doch *Scherifen*! Ihr Großvater war ein *Scherif*[11]! Er nannte sich Sid Ahmed ar-Rgaybi. Das war ein sehr heiliger Mann. Er stammte vom Propheten Mohammed (Friede und Heil seien mit ihm) ab und besaß die *baraka*, den göttlichen Segen. Er wirkte Wunder: Er konnte unheilbar Kranke gesund, unfruchtbare Frauen fruchtbar machen und Wahnsinn heilen. Er konnte sogar Sand in Gold verwandeln.«

»Sand in Gold!«

»Ja, so hat er nämlich das Land der Rgaybat gekauft. Laß dir diese Geschichte erzählen. Sid Ahmed kam aus dem Norden, aus Marokko. Er war ein armer, sehr frommer Mann und ließ sich im Wadi Chebika bei den Banu Havian[12] nieder. Dort lebte er zehn Jahre lang als Eremit in einer Höhle. Er betete den ganzen Tag und lebte von Almosen. Wenn er herauskam, gingen die Banu Havian zu ihm, um seine Schüler zu werden. Da kam eines Tages der schwarze Sultan[13] in diese Gegend. Sid Ahmed ar-Rgaybi besuchte ihn, um ihn darum zu bitten, ihm alles Land vom Wadi Draa bis Nouadhibou und vom Erg Chech bis zur siebten Woge des Ozeans zu verkaufen. Der Sultan sah wohl, daß Sid Ahmed arm war, deshalb verlangte er als Bezahlung eine große Menge Gold, um sich über ihn lustig zu machen. Sid Ahmed ging auf den Handel ein und sagte dem Sultan, er werde seine Bezahlung am nächsten Tag erhalten. Noch am selben Abend schickte er seine Schüler mit zehn Kamelen in die Dünen hinaus und trug ihnen auf, große Ledersäcke mit Sand zu füllen und sie ihm zu bringen. Am folgenden Tag, als die Gesandten des Sultans in sein Zeltlager ka-

131

men, ließ er die Säcke vor ihren Füßen ausschütten – heraus kam nicht Sand, sondern Gold. So hat unser Großvater unser Land gekauft. Zum Andenken an diesen Tag verzichten die Rgaybat darauf, Gold zu tragen. Du wirst nie Schmuck oder irgendwelche Gegenstände aus Gold bei ihnen finden. Sollte sich ein Rgaybi oder eine Rgaybiya aus Versehen auch nur mit einem ganz winzigen Stückchen Gold auf ein Kamel setzen, würde das Kamel zusammenbrechen.«

»Was hat er getan, nachdem er das Land gekauft hatte?«

»Sid Ahmed suchte sich bei den Sellam eine Frau und bekam drei Söhne: Qacem, Ali und Omar. Der erste ist der Großvater der Rgaybat-Lgwasim, die den Norden des Landes der Rgaybat bewohnen: die Saguiat el-Hamra, den Zemmour und den Erg Iguidi. Ali und Omar sind die Großväter der Rgaybat Sahel; sie haben sich weiter im Südwesten niedergelassen, und man findet sie von Tiris bis zur Maqteir, die an den Adar grenzt, außerdem bis zum Erg Chech und zu der Steilklippe des Hank. Sid Ahmed selbst hat entschieden, daß die Zeltlager Qacems und seiner Nachfahren im Norden bleiben sollten, während Ali und Omar ihre Lager zum Meer, zur *sahel* hin aufschlagen mußten, weil sie immer Streit miteinander hatten. Noch heute schlagen die Rgaybat-Lgwasim ihre Zelte im Osten und die Rgaybat-Sahel ihre Zelte im Westen auf, wenn sie auf demselben Weideplatz zusammentreffen.«

»Gab es in diesem Gebiet andere Menschen?«

»Natürlich.«

»Haben die Rgaybat von ihnen verlangt, einen Tribut zu zahlen?«

»Niemals! *Scherifen* lassen sich keinen Tribut zahlen! Das machen nur die maurischen Krieger, die *hassane*[14], aber nicht die Rgaybat. Die haben noch nie etwas von jemandem verlangt. Niemals. Übrigens waren sie friedlich.«

»Sind sie Marabuts gewesen?«

»Ja, zu Anfang waren sie Marabuts. Bei den Lgwasim gibt es noch sehr gelehrte Leute. Später waren sie gezwungen, zu den Waffen zu greifen, weil sie von den anderen Stämmen angegriffen wurden.«

»Warum hat man sie angegriffen, wenn sie friedlich waren?«

»Um ihnen ihre Kamele und ihre Habseligkeiten wegzunehmen! Unter den *hassane* gibt es viele Räuber. Aber die Rgaybat haben das nicht mit sich machen lassen, sondern sie haben alle nacheinander besiegt: die Oulad Salem und die Oulad el-Moulate, die früher den Zemmour bewohnten, die Oulad Delim, die sich bei Tiris befanden, die Tajakant von Tinduf, die Oulad Ghaylan vom Adrar und die Oulad Bou Sba. So sind die Rgaybat große Krieger geworden. Später haben sie gegen die Franzosen Krieg geführt, und jetzt kämpfen sie gegen die Spanier. Die Rgaybat sind sehr tapfer und sehr stark.«

»Warum sind sie so stark, sind sie zahlreicher als die anderen?«

»Sie sind sehr zahlreich.«

»Wie viele sind es?«

Der Vater nimmt eine Handvoll Sand und läßt ihn durch die Finger rinnen.

»So zahlreich wie diese Sandkörner.«

Den Turban aus der Stirn geschoben, das Gesicht von der Flamme beleuchtet wie auf einem Gemälde von Georges de La Tour, läßt Ismaïl für uns die alten Legenden wiederaufleben, die Schlachten, die ewige Suche nach Weideland und die Zeit, in der der Regen so reichlich fiel, das Gras so grün und so hoch und die großen Tümpel so riesig waren, daß man von einem Zeltlager zum anderen

Zeltlager zu Fuß von Zouérate bis zur Saguiat el-Hamra gehen konnte.

Zu Beginn des Gesprächs verleiht er seinem Gesicht einen gravitätischen Anschein, der Klang seiner Stimme ist gemessen, gedämpft. Aber je länger er redet, desto ungestümer drängen die Bilder aus den tiefsten Schichten seiner Erinnerung hervor, beleben seinen Blick, röten seine Stirn und elektrisieren die Zuhörer. Meine Fragen werden präziser: Die Lektüre der Aufzeichnungen der Militärs war nicht vergeblich gewesen. Der Vater spürt das große Interesse, das mich erfüllt, und begreift, daß die angebliche Unwissenheit meiner ersten Frage nur vorgetäuscht war.

»In den Archiven habe ich gelesen, daß bei den Rgaybat in alten Zeiten eine Institution des Leihens üblich war, die *mniha* genannt wurde. Dank ihr konnten die reichsten Viehzüchter das Risiko vermindern, im Falle eines Angriffs ihr gesamtes Vermögen zu verlieren. Stimmst du dem zu?«

»Nie im Leben! Das ist purer Unsinn. Wenn ich meine Herde teilen möchte, muß ich meine Tiere ganz einfach nur mehreren Hirten anvertrauen.«

»Anderen Interpretationen zufolge ist die *mniha* vielleicht auch nur ein Mittel gewesen, um seine Herde umsonst hüten zu lassen.«

»Auf keinen Fall. Die *mniha* ist ein Akt der Wohltätigkeit. Wenn du jemandem deine Kamelstuten leihst, dann nur, weil er nichts mehr zum Leben hat, entweder weil ihm ein *rezzou*[15] seine Herde geraubt hat oder weil er durch eine Dürre ruiniert wurde. Bei den Rgaybat gibt es keine armen Leute. Wenn einer nichts mehr besitzt, überläßt ihm jeder ein oder mehrere Tiere, damit er wieder eine Lebensgrundlage hat; eine andere Lösung gibt es nicht.«

»Es gäbe immer noch die Möglichkeit, sich bei einem anderen als Hirte zu verdingen.«

»Das käme überhaupt nicht in Frage, das wäre eine Schande für alle! Früher hatte jede Familie ihre Herde, ob sie nun der Besitzer davon war oder nicht. Sie hätten nie zugelassen, daß einer von ihnen Arbeit suchen muß.«

»Dann waren eure Hirten also keine Rgaybat?«

»Niemals!«

»Woher kamen sie?«

»Zunächst einmal gab es viele Rgaybat, die sich selbst mit ihren Söhnen und ihren Sklaven, wenn sie welche besaßen, um ihr eigenes Vieh kümmerten. Hatten sie weder einen Sohn, der alt genug war, die Kamelstuten zu hüten, noch einen Sklaven, taten sie sich zu mehreren zusammen, um einen Hirten in Dienst zu nehmen, aber dieser Hirte kam dann immer aus einem anderen Stamm. Im allgemeinen war das ein *znagi*[16], kein Rgaybi. Um eben dies zu verhindern, gaben sie denjenigen, die kein Vieh besaßen, welches als *mniha*.«

»Was passierte, wenn der Besitzer die Tiere, die er verliehen hatte, zurückhaben wollte?«

»Er hätte sie nie zurückverlangen können, ohne sich mit Schande zu bedecken. Jemand, der eine Kamelstute in *mniha* hat, kümmert sich um sie, als wäre sie seine eigene. Er trinkt ihre Milch, benutzt ihre Wolle, sorgt dafür, daß sie zugedeckt wird, und wacht über sie, wenn sie ein Junges wirft. Der Besitzer kann höchstens die Fohlen zurückverlangen, aber das tut er nur, wenn er selbst echte Not leidet. So macht man das noch heutzutage. Die Rgaybat sind sozialistischer als ihr, mußt du wissen!«

Nachdem wir uns über zwei Stunden lang auf diese Art unterhalten haben, stellt mir der Vater die Vertrauensfrage:

»Saviya, wer schickt dich zu uns?«

»Niemand. Um meinen Universitätsabschluß zu bekommen, muß ich eine Volksgruppe studieren. Ahmed Baba

Miské hat mir von den Rgaybat erzählt, darum wollte ich meine Promotionsarbeit über ihre Geschichte und ihre Sitten verfassen, ein Buch über sie schreiben.«

»Aber wer bezahlt dich? Eine Privatgesellschaft? Der Staat?«

»Niemand. Ich habe gearbeitet, und außerdem habe ich mein Auto verkauft, um das Flugticket bezahlen und einige Monate hier leben zu können.«

»Das ist gut.«

Nachdem er einen Moment geschwiegen hat, beschließt der Vater ernst:

»Saviya, der ganze Stamm der Rgaybat heißt dich willkommen. Jetzt bin ich dein Vater, und du kannst alles von mir verlangen, was du brauchst. Ich werde auf alle Fragen antworten, die du mir über die Rgaybat stellst, und ich werde dich sehr gelehrten alten Männern vorstellen, die dir sagen werden, was ich nicht weiß.«

So hat Ismaïl mich adoptiert.

Seßhafte
Nomaden

Die Rgaybat von Zouérate sind erst seit kurzer Zeit Städter. Die letzten schlimmen Jahre, die verstrichen sind, ohne den geringsten Niederschlag zu bringen, haben ihre Herden vernichtet. Auch diesen Herbst haben die Weiden nicht geblüht. Die Söhne der Wolken verzweifeln. Sie haben alles verloren. Wenn man ihnen, wie der Vater sagt, wenigstens ihr Territorium nicht fortgenommen hätte, dann bliebe ihnen jetzt noch das Eisen der *kédia* und das Phosphat der Saguiat el-Hamra. Auf dieser Seite der Grenze besitzen sie absolut nichts mehr. Auf der anderen Seite bleibt ihnen die Hoffnung auf einen Sieg.

Dabei sind einige von ihnen einmal sehr reich gewesen, wie zum Beispiel Ismaïls Vater, der ein ungeheures Vermögen besessen hat.[17] Man erzählt sich, daß er eines Tages an einen Brunnen kam, um seinen Wasservorrat zu ergänzen. Dort traf er drei Hirten an, die dabei waren, eine herrliche Herde zu tränken.

»Friede sei mit euch.«

»Friede sei mit dir.«

»Geht es euch gut?«

»Gott sei Dank, uns geht es gut. Und du, lebst du in Frieden?«

»Gott sei gelobt, ich lebe in Frieden.«

»Macht dir irgend etwas Kummer?«

»Das verhüte Gott.«

»Welche Neuigkeiten gibt es hier?«

»Gott sei gelobt, alles ist in Ordnung.«

»Dank sei Gott.«

»Gott sei gesegnet.«

»Aber sagt mir, Hirten, wem gehören diese Kamelstuten?«

»Sie gehören dir, Badi ould Lahsan.«

»Bei Gott, ist es möglich, daß ich weder meine Hirten, noch meine Kamelstuten wiedererkannt habe?«

Badi war dermaßen reich, seine Herden und seine Hirten waren so zahlreich, daß sein Gedächtnis weder das Gesicht jedes einzelnen Mannes noch das Aussehen eines jeden Tieres behalten konnte.

Auf diese Weise erzählte Ismaïl mehrere Tage lang. Eines Morgens beschloß er, es sei an der Zeit, mich seinem Vater vorzustellen. Natürlich hat er mir nichts davon gesagt. Es gibt hier so vieles, was man nicht sagt, so viele Dinge, die man lernen muß zu erraten. Auch Lalla erklärt mir nichts spontan. Nach dem Frühstück begleitet sie mich nach draußen, und wir wandern durch die Stadt. Um das Ziel dieses Morgenspaziergangs kümmere ich mich nicht. Ich weiß, daß sie mich wie gewöhnlich mitnimmt, um hier oder da einen Tee zu trinken.

In Zouérate gibt es noch weniger Vergnügungsmöglichkeiten als in Nouakchott, weil die Stadt kleiner ist. Die seßhaft gewordenen Nomaden sind völlig ohne Beschäftigung, und der Tag wird mit endlosen Besuchen verbracht. Den lieben langen Tag über bilden sich je nach Laune oder Notwendigkeit kleinere oder größere Versammlungen und lösen sich wieder auf. Die Frauen arbeiten nicht außerhalb des Hauses, die Kinder gehen nicht alle zur Schule und die Männer haben keine Arbeit. Also trifft man sich nach Altersgruppen getrennt, um sich zu unterhalten, einander den Hof zu machen, über Politik zu reden, ein Problem zu besprechen, ein Geschäft abzuwickeln, eine Neuigkeit zu verbreiten oder Auskünfte einzuholen.

Heute führt mich Lalla zu einem stattlichen Anwesen. Zweifellos handelt es sich dabei um das größte Lehmhaus, das ich bisher in Zouérate gesehen habe. Eine lange, blinde Mauer, nur in der Mitte durchbrochen von einem einzigen Tor aus grob zusammengenagelten Brettern, umgibt mehrere, über ein weites Areal verstreute Gebäudekomplexe. In einem kleinen, kahlen Raum, auf einer einfachen Matte aus Alfagras liegend, befindet sich der Alte. Badi ist fünfundneunzig Jahre alt, ein magerer Greis, der mir sehr groß zu sein scheint, obwohl er mich liegend empfängt. Seine Gesichtszüge sind feiner geschnitten als die von Ismaïl. Trotz der Last der Jahre ist sein Blick lebhaft und fröhlich.

»Friede sei mit dir.«

»Friede sei mit euch.«

»Geht es dir gut?«

»Gott sei gelobt, es geht mir gut.«

»Fehlt es dir an nichts?«

»Dank Gott, nein.«

»Und wie geht es deinem Zelt?«[18]

»Gott sei Dank, es geht allen gut.«

»Gott sei gelobt.«

»Dank sei Gott dafür.«

»Du bist also Saviya?«

»Das bin ich.«

Badi mustert mich mit Augen, die trotz des grauen Stars, der sie teilweise trübt, immer noch durchdringend sind.

»Sag mir, hat dein Vater Kamele?«

»Nein, er hat keine Kamele.«

»Aha!«

»Sag mir, hat dein Vater ein Gewehr?«

»Nein, er hat keines.«

»Ach!«

»Sag mir, ist dein Vater stärker als ich?«

Lachend richtet sich Badi halb von seinem Lager auf und

schüttelt rüstig seine geballte Faust. Lalla und ich lachen mit ihm.

»Aber was macht er dann?«

»Er schreibt Bücher.«

»Oha! Also ist er ein Marabut?«

»Eher ein Gelehrter als ein Marabut, aber man könnte das so nennen.«

»Und sag mir, hat es bei euch geregnet?«

»Bei uns regnet es immer.«

»Gott ist groß!«

»Und gibt es bei euch frisches Gras?«

»Das gibt es dort überall. Eine Wüste wie hier gibt es bei uns nicht. Das ganze Land ist grün.«

»Gott ist groß!«

»Dann habt ihr also viele Kamele?«

»Nein, dafür regnet es zuviel, aber wir haben Kühe und Schafe.«

»Kühe!«

Badi seufzt. Ich frage mich, ob er sich etwa über mich lustig macht. Sicherlich redet er nicht zum ersten Mal mit einem Franzosen, da es in seiner Jugend hier viele *méharistes*[19] gab, und außerdem müßte er wissen, daß es in Frankreich anders aussieht als in Mauretanien. Aber vielleicht hat er das nie gewußt, oder er hat es vergessen.

Er erzählt mir von den Rgaybat ganz anders als Ismaïl, weil er sich nicht darum kümmert, sie mir in einem günstigen Licht zu schildern. So zögert er nicht, von der Zeit zu berichten, als er mit seinen Freunden auszog, um die Sklaven des einen oder die Kamele des anderen zu rauben. Allerdings spüre ich auch, daß es ihm große Freude bereitet, uns durch seine gewollt provozierenden Äußerungen in Erstaunen zu versetzen. Leider ist er sehr alt, und in seinem Kopf sind die Erinnerungen etwas durcheinandergeraten.

Von seinem früheren Leben ist ihm trotzdem ein Hauch von Humor und Freiheit geblieben, und sein Blick trägt noch den Stempel einer schalkhaften Intelligenz. Wie hat er es geschafft, eines der größten Vermögen des Landes zu erwerben? Obwohl er es mittlerweile fast vollständig verloren hat, hat man den Eindruck, als würde er sich darüber eher lustig machen.

Auf dem Rückweg geht Lalla für einen Moment in ein Haus, in dem gerade ein Kamel geschlachtet wurde. Das Tier ist zerlegt worden, und die Stücke Fleisch trocknen in einem Raum, in dem es von Fliegen wimmelt. Trotzdem muß ich mich auf die fleckige Matte setzen und mit drei uralten Frauen Tee trinken, die alle abgenutzte Schleier aus *nilé* tragen, und mir, wie ich zugeben muß, fürchterlich verdreckt vorkommen.

Die Gerätschaften des Nomadenlebens sind noch in allen Häusern der Rgaybat von Zouérate anzutreffen. In einer Hütte aus Kanistern, Brettern und Wellblech läßt Lalla mich den *mchaqab* bewundern, die Sänfte aus geschnitztem Holz, die man auf einem Packkamel festschnallt und in die sich die Frau mit den kleinen Kindern setzt, sobald die Wüste – so Gott es will – wieder blühen wird. Mit einem Baumwollstoff bedeckt, ähnelte der *mchaqab* früher einem kleinen Zelt, einer umherziehenden Schattenblase, in der eine Frau vor der Sonne und den Blicken der Männer Schutz suchte, wenn sie mit ihrer Familie auf Reisen ging, von Weideplatz zu Brunnen, von Brunnen zu Weideplatz.

In den Höfen reparieren und weben die Frauen noch auf altertümlichen Webstühlen die *flij*, diese acht bis fünfzehn Meter langen und etwa fünfzig Zentimeter breiten, schwarzen Wollstreifen, aus denen man die Zelte herstellt. Man zeigt mir Milcheimer, die ausschließlich dem Melken von Kamelstuten vorbehalten sind. Sie haben einen halbkugelförmigen Boden, sind aus massivem, sehr hartem und glattem Holz geschnitzt und werden von einer geflochtenen Lederschnur gehalten, die an zwei Metallhenkel geknotet ist. Jemand schenkt mir das Holzgerät, das man in den Eimer taucht und das sowohl als Kelle als auch als Trinkgefäß dient. Auf dem Weg zurück nach Hause erlebe ich verblüfft, wie die Passanten stehenbleiben und voller Rührung den Gegenstand, den ich wie eine Trophäe trage, mit sehnsüchtigen Seufzern und Ausrufen der Bewunderung liebkosen.

Bei den seßhaften Nomaden scheint sich das Leben in der Schwebe zu befinden. Ich kann es kaum erwarten, die Zeltlager aufzusuchen. Man versichert mir, daß es um Aïn ben Tili herum noch einige gibt, und schon denke ich an Aufbruch.

Es gibt für mich noch drei unüberwindliche Hindernisse: die Sprache, die Ernährung und der Mangel an Hygiene. Das erstere ist nur eine Frage der Zeit, obwohl es noch ein weiter Weg ist. Die beiden anderen sind gewiß weitaus schwieriger zu überwinden. Daß die kulinarischen Künste der Nomaden sehr beschränkt sind, daß das Essen immer gleich schmeckt und die Geschmäcker verschieden sind, würde mich noch nicht allzusehr stören, wenn die Behältnisse sauber wären und wenn sich nicht ständig schmutzige Finger (vor allem diejenigen der Kinder) in den Bereich der gemeinsamen Schüssel, der mir zusteht, verirren würden. Manchmal fühle ich in mir eine Anwandlung aufsteigen, das alles zu erklären, aber die Furcht, taktlos oder ungeschickt zu sein, hält mich dann jedesmal wieder davon ab.

Als ich eines Morgens die kleine at-Tfayla so vor Schmutz starrend, voller Läuse, das Haar unentwirrbar verfilzt und die Augenlider von Dreck verklebt vor mir sah, bekam ich auf einmal Lust, sie zu nehmen und sie von oben bis unten abzuschrubben, die Kleider zu waschen und ihr die Augen zu desinfizieren. Aber dann gab ich es sofort wieder auf. Wozu wäre das gut, wenn ihr so etwas in ihrer ganzen Kindheit nur einmal zustößt? Das könnte falsch verstanden werden. Deshalb habe ich sie schließlich so gelassen, gerührt über ihr liebes Lächeln in dem schwarzverschmierten Gesicht mit den nur halb geöffneten Augen und betrübt über meine Ohnmacht.

In einem Buch zu lesen, wie die Menschen leben und essen, ist nichts, verglichen mit der Erfahrung. Auf das Erlebnis des Neuartigen folgt die Gewöhnung. Ich gewöhne mich daran, morgens den faden weißen Reis und abends den Kuskus hinunterzuwürgen. Nach der Gewöhnung dann, als die Lust auf Essen und mit ihr die Enttäuschung verschwindet, stoße ich auf die ursprüngliche Funktion des Essens: Ich ernähre mich, um zu leben. Das ist eine neue, sehr starke Empfindung. Indem ich ohne Vergnügen esse, nähere ich mich dem Essentiellen. Indem ich schweigend esse, spüre ich die Erhabenheit dieses Moments: Die Körper stärken sich in einem Zustand innerer Sammlung, denn was sie miteinander teilen, gehört zum Bereich des Sakralen. Das Ritual des über die Hände gegossenen Wassers ist eine Reinigung. Niemand berührt die Speise, ohne den Allmächtigen angerufen zu haben – *Bismi'Llah* (Im Namen Gottes) –, oder zieht sich zurück, ohne ihm für seine Wohltaten gedankt zu haben – *Hamdu li'Llah* (Dank sei Gott). Die Nahrung ist ein Geschenk Gottes, weil durch sie das Leben erneuert wird. Man dankt Gott nicht so sehr für die irdische Nahrung, die er uns heute geschenkt hat, als vielmehr für das Leben, das er durch sie neu geschaffen hat. Vielleicht sind die kulinarischen Künste bei den Nomaden deswegen nur auf das absolut Notwendige beschränkt: nämlich auf das Garkochen. Nicht die geringste Würze, weder Duft noch

Aroma schmeicheln dem Gaumen. Die Mahlzeit ist wie ein Gebet, ein gemeinsam verbrachter Moment der Annäherung an Gott. Selbst wenn ich meinen Gefährten auf diesem Gebiet der Spiritualität nicht folgen kann, so spüre ich doch sehr intensiv, was Essen bedeutet. Ich habe den Geschmack verloren, habe dafür aber den Sinn entdeckt.

Allein der Tee kann ein Element der Geselligkeit sein. Denn Tee zu trinken ist in erster Linie ein Vergnügen, das einem geschenkt wird. Nicht der Tee hält den Körper am Leben: Er spielt nur eine sehr untergeordnete Rolle im großen Kreislauf der Natur und der Fortpflanzung. Sofern er an diesem Kreislauf teilnimmt, zum Beispiel wenn er den Hauptbestandteil des kargen Mahls eines Reisenden darstellt, wird er schweigend und mit Inbrunst getrunken. Verallgemeinernd kann man sagen, daß der Tee eher eine soziale als eine ernährungsspezifische Funktion hat, weil er in der Ernährung ganz offensichtlich eine völlig irrelevante Rolle spielt. Zumindest war das damals so, als er eingeführt wurde.[20] Das Essen miteinander teilen heißt gemeinsam mit dem Jenseits in Kontakt zu treten. Tee anzubieten und trinken heißt sich gegenseitig anzuschauen, miteinander reden, sich unterhalten, zusammensein. Der Tee wird mit offenkundigem Raffinement zubereitet, das im krassen Gegensatz zur Kargheit der Küche steht. Allerdings hat sich bei denjenigen, die seit längerem in einer Stadt seßhaft geworden sind, bei den reichen Städtern von Nouakchott zum Beispiel, bereits einiges geändert. Der Einfluß der modernen Welt ist dort deutlich zu spüren: Die Speisen sind raffinierter, abwechslungsreicher … und die Mahlzeiten verlaufen lebhafter. In den Häusern der Rgaybat von Zouérate sind die Seßhaften noch Nomaden.

Ismaïl, der nicht weiß, was für Sorgen mich quälen, erzählt mir eines Abends voller Stolz:

»Den Rgaybat ist es gelungen, ihre Kinder nicht zur Schule zu schicken, denn zur Zeit der Franzosen bedeutete die Schule Unterwerfung. Deshalb gibt es unter den Rgaybat ganz besonders viele Analphabeten; sie sind die urtümlichsten und die ungebildetsten von allen. Das beweist, daß sie die am wenigsten kolonisierten Menschen von ganz Mauretanien sind.«

Die am wenigsten kolonisierten Menschen sind damit auch diejenigen, die sich am wenigsten an die Veränderungen anpassen können. Was nützt die Kenntnis der Wüste einem Städter, der zur Untätigkeit verdammt ist? Was kann er tun, außer auf bessere Zeiten zu warten?

Von einem Fest
zum anderen

Weihnachten rückt näher. Dieses Jahr fällt das christliche Fest mit dem mohammedanischen Feiertag zusammen. Am 24. Dezember wird man sich über die Geburt des Propheten freuen, ehe man nur wenige Stunden später diejenige des Heilands feiert. Ich nehme die Gelegenheit wahr, um etwas zu den Ausgaben der Familie beizusteuern. Ich schenke den Mädchen einige Schmuckstücke und trage Lalla auf, einen hübschen, bestickten *boubou* abzuholen, den wir für den Sohn des Hauses beim Schneider bestellt haben.

Seit dem frühen Morgen befindet sich die ganze Hausgemeinschaft in Aufruhr. Ein Sklave – den ich nie zuvor gesehen habe – zerlegt im Hof eine Ziege. Neben ihm bereitet Lehbeyla die Sahne zu, die zu den Datteln gereicht werden soll. Sie hat die frisch gemolkene Ziegenmilch in einen angefeuchteten Lederschlauch gefüllt, den sie anschließend wie einen Ballon aufgeblasen und mit geflochtenen Lederschnüren zugebunden hat. Im Schneidersitz hokkend, schüttelt sie ihn in einer ruckartigen, rhythmischen Bewegung vor und zurück. Von Zeit zu Zeit öffnet sie ihn, probiert die Sahne, die langsam fest wird, bläst ihn wieder auf und setzt das Schütteln fort.

Da Lalla weggegangen ist, habe ich keine Gefährtin, die mich aufklären könnte. Dayna hat die Matratzen aus unserem Zimmer nach draußen geschafft und klopft sie aus, um sie vom Staub zu befreien, während Qouloul mit einem Handfeger aus zusammengebundenem Stroh die Matte abbürstet. Unter den Schlägen eines kleinen Metallstößels, der dumpf gegen die Wandung des Mörsers hämmert, zerstampft die kleine at-Taytou Hennablätter zu Pulver. In der Küche bereitet Mnaytanna die Festtagsspeise zu: den *ksour*. Auf ihrem Gaskocher, der einfach auf dem Boden steht, hat sie eine mit Öl bestrichene Pfanne erhitzt, in die sie einen dicken Teig aus Mehl, Wasser und etwas Butter gießt. Auf diese Weise bäckt sie mehrere dicke Fladen, die warmgehalten werden. Daneben bereitet sie ein Schafsragout zu. Zu gegebener Zeit wird sie die Fladen am Rand der Schüssel um das Fleisch herum arrangieren.

Das ganze Haus summt heiter. Beschäftigungslos höre ich der häuslichen Musik zu und genieße den Frieden des Augenblicks. Als ich noch ein Kind war, verbrachte ich die Sommerferien in einem großen Steinhaus in der Mitte eines kleinen, einsam gelegenen Dorfes unten am Kap Hague, an der äußersten Spitze der Halbinsel Cotentin. Die mörderische Industrie hatte dort noch nicht ihre Wiederaufbereitungsanlage für Atommüll gebaut. Auf der Heide von Jobourg hoppelten Kaninchen zwischen dem malvenfarbenen Heidekraut und dem gelbblühenden Stechginster herum. Es war ein Haus, in dem nur Frauen und Kinder lebten. Wir mußten das Wasser an einer Pumpe holen, und im Waschhaus schlugen unsere Mütter mit Schlegeln die Wäsche, wobei sie in hölzernen Kiepen knieten, die mit Stroh ausgepolstert waren. Mit Schaufeln und Eimern bewaffnet, gingen wir an den Strand. Wir mußten uns mit den Elementen messen, gegen den Wind und die Wogen der steigenden Flut ankämpfen, das Meer aufhalten. Im Garten rannten wir hinter Schmetterlingen her. Wir lauerten den grünen Grashüpfern auf, um sie mit einer flinken Geste zu erhaschen, wenn sie auf die weißen Laken sprangen, die die Frauen nach der Wäsche auf der Wiese ausgebreitet hatten und die herrlich nach Seife rochen. An diesem Ort am Ende der Welt konnten wir frei herumrennen, wohin wir wollten.

Zur Essenszeit erklang eine große Glocke in der Ferne, um uns zu rufen. An diese Zeit denke ich immer wie an ein tiefes Glück zurück. Meine Großmutter, die überschäumte vor Phantasie und Ideen, hatte dort zusammen mit meiner Mutter, deren Sanftmut grenzenlos war, und einer meiner Tanten für alle elf Kinder, die wir waren, ein Universum der Geborgenheit geschaffen. Hier erlebe ich dieselbe Fülle: das verbindende Element sind die Frauen. Heute treten sie in dieser geschäftigen Unruhe zum Vorschein. So wie das Kind in meiner Erinnerung kümmere ich mich nicht um die Gestaltung des materiellen Lebens, übrigens würde man das auch überhaupt nicht zulassen. Wie damals unterwerfe ich mich darum sorglos. Dieses Gefühl der Nichtverantwortlichkeit zusammen mit der vielfachen mütterlichen Präsenz vermittelt mir die flüchtige Illusion einer wiedergefundenen Vergangenheit.

Um mich herum haben die Mädchen ihre Hausarbeit beendet und machen sich daran, ihre schönste Kleidung anzulegen: nagelneue Schleier aus *nilé*. Zu einem prächtigen, weißen *boubou*, der schöner bestickt ist als die anderen, trägt der Vater auch einen Turban aus glänzendem *nilé*. In den Falten des Stoffes nimmt sein kurzer Bart bereits eine bläuliche Färbung an. Plötzlich muß ich an das hübsche Kleid denken, das ich mitgenommen habe, und da es nun einmal angezeigt ist, sich herauszuputzen, fordere ich meine jungen Freundinnen auf, mitzukommen, um es zu bewundern. Begeistert folgen sie mir ins dritte Zimmer des Hauses. Der Raum ist dunkel und dient als Abstellkammer für das Gepäck. Dort, unter den verschiedenartigsten Gegenständen, ist mein großer Seesack untergebracht. Wir lachen alle in der Vorfreude auf die Entdeckung meiner Kleider. Ich ziehe den Reißverschluß auf und krame mit rascher und sicherer Hand in meinem Reisesack herum. Sicher? Ich zögere, krame weiter, suche, nehme alle Kleidungsstücke und Gegenstände, die drinnen sind, einzeln heraus: Nichts. Jetzt bin ich beunruhigt, inspiziere noch einmal alles genauer, falte die Textilien auseinander, aber immer noch nichts. Um mich herum erstirbt das Lachen. Ich spüre, wie die Spannung steigt. Ich finde den Gürtel des Kleides und weise ihn töricht vor als Beweis für die Existenz dessen, was ich suche. Natürlich beschuldige ich niemanden, aber hier gehen so viele Leute ein und aus … Immerhin wundert es mich, daß außer diesem Kleid nichts verschwunden ist. Ob ich es in Nouakchott vergessen habe? Oder aber … wer? Die Mädchen nehmen sich diesen Verlust, der sich rasch herumspricht, mehr zu Herzen als ich. Die Atmosphäre ist spannungsgeladen.

In diesem Moment trifft Lalla mit Hamid ein, der überglücklich den *boubou* trägt, den ich für ihn habe anfertigen lassen. Aber es gelingt mir nicht, mich darüber zu freuen. Ich finde, daß dieser *boubou* hingepfuscht ist, schlecht genäht und plump bestickt. Dabei hatte ich für den kleinen Jungen einen *boubou* gewollt, der genauso gut ist wie der des Vaters. Ich hatte mir ein Kleidungsstück gewünscht, das wirklich kostspielig aussieht, weil es das Zeichen einer abgetragenen Schuld sein sollte. Diese Enttäuschung kommt noch zu meinem Ärger hinzu.

Alles geht schief. Ich beschließe, mich in meine Schreiberei zu flüchten, und versuche, den Wandschrank zu öffnen, in dem Hefte, Stifte und Geräte untergebracht sind; aber es gelingt mir nicht, den Schlüssel umzudrehen, bis dieser schließlich im Schloß abbricht. Die Mädchen, die mich seit dem Verlust des Kleides mit zerknirschten Gesichtern beobachten, stürzen herbei, um zu versuchen, diese neue Bescherung wiedergutzumachen. Einer von ihnen gelingt es, den Schlüsselbart herauszufummeln und die Tür zu öffnen. Mit

149

den Nerven fertig, vertiefe ich mich in meine Studien, während sich meine Gefährtinnen unter dem Vorwand, dort sei es kühler, ins Nebenzimmer zurückziehen. Auf diese Weise lassen sie mir etwas Zeit und Raum, um mich wieder zu beruhigen.

Die Einsamkeit tut mir gut. Ich gehe die letzten Ereignisse in Gedanken noch einmal durch und muß mir eingestehen, daß ich zwischen Momenten höchster Glückseligkeit und anderen, in denen mich der geringste Verdruß irritiert, hin und her pendele; mal vergesse ich die verstreichende Zeit, mal warte ich nur. Denn es ist diese Warterei, die mich zur Verzweiflung treibt. Ich warte auf so vieles: auf die Kenntnis dieser Sprache, die ich immer noch nicht beherrsche, auf den Aufbruch zu den Zeltlagern und vor allem, heute morgen, auf die Post. Seit meiner Ankunft in Mauretanien habe ich nicht eine Zeile erhalten. Ich habe den Eindruck, seit einem Jahrhundert keine Nachricht empfangen zu haben, weil die Zeit durch die Entfernung noch vergrößert, vervielfacht wird. Dabei weiß ich, daß meine Abwesenheit noch niemanden bedrückt und daß Paris meine Abreise nicht einmal bemerkt hat, aber ich habe bereits eine ganze Welt erforscht und bereite mich nun darauf vor, zu einer anderen, noch weiter entfernten, aufzubrechen. Wie soll ich da meine Gedanken davon abhalten, ständig zwischen dem Hier und dem Anderswo hin und her zu schweifen?

Ich werde Roger aufsuchen, der hinten auf der anderen Seite des Asphalts wohnt. Seit meiner Ankunft beim Vater habe ich ihn nicht wiedergesehen, aber ich nehme mir vor, einer vorübergehenden Schwäche nachzugeben: der Lust, mich noch einmal zu duschen, ehe ich die urbane Zivilisation verlasse. Vielleicht verspüre ich an diesem Morgen auch das Bedürfnis, jemanden in meiner Muttersprache reden zu hören, selbst wenn ich weiß, daß jede Verständigung mit diesem Individuum noch unmöglicher ist als mit den Kindern um mich herum. Plötzlich habe ich den Eindruck, gegen die Mauer einer Sackgasse gerannt und seitdem bewußtlos zu sein, die wichtigsten Bezugspunkte verloren zu haben. Die Bande, die ich gelöst habe, konnten sich noch nicht dauerhaft anderswo wieder anknüpfen. Ich muß einfach für einige Stunden umkehren, mich durch Worte und Körperpflege wieder in meiner Kultur verankern, an die Oberfläche steigen, Luft schöpfen, ehe ich wieder hinabtauchen kann.

Wie üblich kommt Lalla mit und hilft mir, in der Bergarbeiterstadt meinen Weg zu finden. Ich finde mich in Zouérate nämlich immer noch nicht zurecht, weil ich mir angewöhnt habe, meiner Gefährtin zu folgen, ohne mir die Örtlichkeiten einzuprägen. Da man mich nie mir selbst überläßt, habe ich auch kaum je Gelegenheit, auf eigene Faust loszuziehen. Ich kann nicht aufstehen, ohne daß mich augenblicklich jemand fragt: »Wo gehst du hin?« Und gleichgültig, was mein Ziel sein mag, sofort macht man sich daran, mir zu folgen.

Bei Roger angekommen, stehen wir vor verschlossener Tür. Lalla setzt sich im Schneidersitz in den Sand, den Schleier herabgelassen, in Wartehaltung. Ich mache es ihr nach. Eine Viertelstunde verstreicht. Da verläßt ein kleiner Mann das Nachbarhaus, untersetzt, mit grauem Bart, bekleidet mit einer Pluderhose, die von einem Gürtel aus geflochtenem Leder gehalten wird, einem europäischen Polohemd und einem Turban, den er sich nach mauretanischer Sitte um den Hals geschlungen hat.

Ich erkenne ihn sofort wieder, weil ich ihn am Tag meiner Ankunft am Flughafen gesehen habe. Seine seltsame Erscheinung war mir aufgefallen. Plötzlich erinnere ich mich an einige Gesprächsfetzen, die ich damals aufgeschnappt habe:

»... der Flughafendirektor, ein Original. Man stelle sich vor, angeblich spricht er sogar Arabisch!«

Er wirft uns einen überraschten Blick zu.

»Was wollen Sie hier?«

»Wir warten auf Roger, Ihren Nachbarn. Ist er nicht da?«

»Wenn er nicht antwortet, dann ist er wohl nicht da.«

»Kommt er bald zurück?«

»Keine Ahnung, versuchen Sie es gleich noch einmal.«

Seine Stimme ist heiser und rauh, der Ton barsch, unfreundlich.

»Wissen Sie, wann er nach Hause kommt?«

»Woher soll ich das wissen? Kommen Sie später wieder, dann werden Sie's ja sehen.«

Langsam geht er mir auf die Nerven:

»Glauben Sie etwa, das wäre so einfach? Wir wohnen am anderen Ende der Stadt. Ich wollte mich nur duschen. Da hinten fehlt es uns an Wasser.«

Einen Augenblick lang ist er sprachlos.

»Wir?«

Sein Blick bleibt an Lalla haften, die sitzengeblieben ist und ihn unbekümmert mustert. Dann reißt er die Augen vor Überraschung weit auf:

»Sie wohnen dort hinten! Ja, was haben Sie denn da zu suchen?«

»Ich bin Anthropologin und lebe bei den Rgaybat.«

Er murmelt etwas Unverständliches vor sich hin.

»Wenn Sie wollen, können Sie bei mir duschen.«

Lalla ist eingeschüchtert. Sie will nicht beim Direktor eintreten. Wir sind an der Schwelle angelangt, die unsere beiden Welten voneinander trennt, und ihre Rolle als Gastgeberin hört hier auf. Sie kehrt allein zur Lehmstadt zurück, während ich meine Ungeduld in einer Ekstase aus Seifenblasen und rauschendem Wasser ertränke.

Weihnachten. Der 25. Dezember ist hier ein Tag wie jeder andere. Der Direktor hat mich zum Mittagessen eingeladen. Er hat für mich einen Fasan mit Rosenkohl gekocht, der mit einer guten Flasche Cidre hinuntergespült wird. Butter auf eine Scheibe frisches Brot streichen, es mit Landleberwurst oder Salami belegen, auf einem Stuhl sitzend essen, das Aroma des Gemüses genießen, in eine Frucht beißen und die Mahlzeit mit einem kleinen Kaffee abschließen ... all das ist ein unbeschreiblicher Genuß für die zwitterhafte Bewohnerin der Lehmstadt, in die ich mich verwandelt habe.

Der Direktor lebt seit 1947 in Mauretanien. Er ist mit der Luftwaffe gekommen und wollte später nicht wieder gehen.

»Ich bin viel in den arabischen Ländern herumgereist. Also ich kann Ihnen sagen, keines von denen ist armseliger und zurückgebliebener als dieses. Genau deswegen lebe ich gerne hier. Nur hier kann ich ganz ich selber sein. Die Freiheit beginnt dort, wo die asphaltierte Straße aufhört.«

»Was wissen Sie über die Rgaybat?«

»Das sind schlaue Burschen. Sie wechseln vom einen Land ins andere, sobald es ihnen in den Kram paßt. Sie scheißen was auf Grenzen. Das waren verdammt harte Krieger: Sie sind erst 1934 geschlagen worden. Anschließend haben sich einige als *goumier*[21] anwerben lassen, mal bei den Franzosen, mal bei den Spaniern, und haben dabei die Seiten gewechselt, wie sie gerade lustig waren. 1958 haben sie dasselbe mit den Marokkanern versucht. Diesmal hat die Fremdenlegion sie aber bei Choum erwischt, als sie gerade versuchten, sich über die Grenze zu verdrücken. Ein echtes Gemetzel: Zivilbevölkerung und Herden sind auf barbarische Weise bombardiert worden.«

Das Essen meiner Mutterkultur hat mir Leib und Seele gestärkt. Diese Mahlzeit hat mich über alle Fehlschläge hinweggetröstet und versöhnt mich wieder mit meiner Adoptivfamilie, deren Mythos der Direktor wiederaufleben läßt. Die Bedeutung, die er meiner Forschung beizumessen scheint, erfüllt mich mit einem stolzen Gefühl, das meinen erschütterten Optimismus wiederaufleben läßt. Die Mauer der Sackgasse schwindet aus meinem Gedächtnis.

Als ich von ihm fortgehe, ist ein leichter Sandsturm aufgekommen. Es ist etwa vier Uhr nachmittags, und trotzdem ist der Himmel dunkel. Es ist kalt. In einer Straße der Lehmstadt begegne ich Kindern der Familie, die mich beim Namen rufen. Wir kauern uns in eine Mauernische, um Schutz zu suchen, und ich singe ihnen Weihnachtslieder vor. Ich kenne eine ganze Menge, weil meine musikliebende Großmutter – obwohl sie von sich sagte, sie sei »ungläubig« – mit ihren Enkelkindern alljährlich ein – schon zur Tradition gewordenes – Konzert organisiert hat. Am Feiertag mußten die Eltern diese Vertrautheit zwischen den Kindern und der Stammutter, die in ein-, zwei-, drei-, manchmal sogar vierstimmigen Chören zum Ausdruck kam und von der sie ausgeschlossen waren, dann gebührend beklatschen.

Ich singe im Sandsturm mit den staunenden Kindern, während sich die wenigen Passanten beeilen, schnell nach Hause zu kommen, die Schleier und Turbane bis zu den Augen hochgezogen, die Gewänder an einer Seite eng am Körper anliegend und auf der anderen aufgebläht wie Luftballons. Auf meine Weise drücke ich so endlich das Anderswo aus und finde durch die Musik einen Weg, diesen kleinen Kindern, die sich hier an mich schmiegen, ein Stückchen von meiner Zerrissenheit mitzuteilen.

Nach einer ganzen Weile ziehen sie mich in ein Haus, um

mit einer alten Dame Tee zu trinken. Ein Tonband wird hervorgeholt.

»Sing, Saviya!«

Von neuem stimme ich die zeremoniellen Lieder an, die von den kleinen Anthropologen entzückt aufgenommen werden, unter den wohlwollenden Blicken der Großmutter, die mit dem Kopf nickt, den Zuckerhut zerbricht und den Tee einschenkt.

Die Gesetze
des Schamgefühls

Noch über zwei Tage bis zur nächsten Post. Ich kümmere mich um meine Abreise. Zuerst habe ich meine Entscheidung dem Vater mitgeteilt. Anschließend habe ich mir auf Anraten der Frauen hin einen Metallkoffer besorgt, in dem mein gesamtes Gepäck Platz findet, was viel praktischer sein soll, wenn man mit dem Auto unterwegs ist: Ich fahre nämlich erst einmal mit den örtlichen Verkehrsmitteln bis Bir Moghrein. Am Rande des Übergangsbereichs, der die Lehmstadt von der Bergarbeiterstadt trennt, liegt der Busbahnhof, wo die Sammeltaxis anhalten. Meistens handelt es sich dabei um Landrover, die Privatleuten gehören. Unermüdlich fahren sie die Nord-Süd-Achse, die der kaiserlichen Piste Nummer eins folgt, auf und ab. In der Kolonialzeit von der französischen Armee abgesteckt, war diese Piste zugleich einer der großen transsaharischen Handelswege, der die letzten Karawanenstädte des mauretanischen Adrar mit dem Maghreb verband. Hinter Bir Moghrein gabelt sie sich in zwei verschiedene Richtungen. Die erste verläuft in nordwestlicher Richtung nach Smara, im Herzen der Saguiat el-Hamra (auf spanischem Gebiet) und erreicht schließlich Goulimine (in Marokko); die andere führt weiter östlich nach Tinduf in Algerien.

Ich habe noch einige Einkäufe zu erledigen, aber heute morgen sagen die Mädchen, daß ich zu Hause bleiben soll. Genauso wie am Feiertag erteilt Mnaytanna Befehle, und alle klopfen, stapeln, bürsten den ganzen Morgen über. Als dann alles in Ordnung ist, setzt man mich auf die neuen Baumwollhüllen, mit denen die Matratzen des Wohnzimmers überzogen wurden. Unser kleines Zimmer ist zum Empfangsraum des Tages geworden. Ich warte. Ich weiß nicht, worauf ich warte, aber ich warte. Darauf, daß irgend etwas geschieht, daß man mir etwas erklärt. Schließlich begreife ich soviel, daß wir wichtigen Besuch erwarten.

Lalla trifft um die Mittagszeit mit einem taubstummen Vetter ein. Dieser spießt die Welt mit einem ebenso erstaunten wie durchdringenden Blick auf und drückt sich durch Zeichen aus, die er mit kleinen, spitzen und unartikulierten Schreien begleitet. Alle können sich ohne offensichtliche Schwierigkeiten mit ihm verständigen. Wenn er von den Rgaybat spricht, senkt er den Kopf und legt die Hand in den Nacken, denn *rgayb* bedeutet »Hals« oder »Kragen« in Anspielung auf einen Ort dieses Namens. In Mauretanien scheint die gesamte Erde nach dem Bild des Körpers konzeptualisiert zu sein. Man begegnet dort dem kleinen Finger, dem Kiefer, dem Zahn, dem Hintern, dem Arm, dem Bauch, dem Rücken, dem Hals, dem Kopf, dem Mund, dem Herzen, dem Auge usw. Die Bedeutung dieser Beziehung zwischen Körper und geographischem Raum erkenne ich, als ich diesen Stummen sprechen sehe.

Wir warten auf die Gäste. Die Zeit verstreicht, niemand wird ungeduldig.

Endlich betreten zwei Männer den Raum. Ein *zrig*, der delikater und süßer ist als gewöhnlich, wird gebracht, und die Unterhaltung entspinnt sich auf beiden Seiten mit äußerster Zurückhaltung. Ich nehme an, daß der Vater jeden Moment hereinkommen wird, da er sich im Haus aufhält.

Ismaïls Zimmer ist wie jeden Morgen zum Wohnzimmer geworden, aber die Mädchen haben es weder gründlicher als üblich geputzt, noch die Matratzen sauber überzogen oder die Teppiche ausgebreitet. Schließlich träume ich doch nicht, die Zeremonie, die man seit dem frühen Morgen mit so viel Wirbel vorbereitet hat, soll sich also tatsächlich auf unserer Seite abspielen. Aber warum kommt der Vater dann nicht, um mit uns den *ksour* zu essen? Ob er irgendwelche dringenden Angelegenheiten erledigen muß? Spielt sich hier ein Drama ab? Lalla scheint nicht beunruhigt zu sein. Sie ist selten beunruhigt. Der Taubstumme fühlt sich wohl, und die Tischgäste lecken sich zufrieden die Finger. Man wartet. Ich weiß immer noch nicht, worauf, aber als die Männer um fünfzehn Uhr aufstehen, um zu gehen, frage ich mich, ob es nicht dieser Moment des Aufbruchs war, auf den wir die ganze Mahlzeit über gewartet haben. Sie gehen, ohne den Vater begrüßt zu haben. Jetzt verstehe ich überhaupt nichts mehr.

Ich höre das dumpfe Geräusch des Türflügels, der auf die Lehmmauer zurückschwingt: Die Gäste sind gegangen. Ich drehe mich nach Lalla um.

»Um Himmels willen, erklärst du mir endlich mal, was hier vorgeht?«

»Hier geht nichts vor.«

»Diese Männer, die ihr da so fürstlich empfangen habt, warum ist Ismaïl nicht gekommen, um sie zu begrüßen?«

»Sie dürfen sich nicht begegnen, weil der größere der beiden Männer, die du gesehen hast, jünger ist als Ismaïl, und er ist der Mann seiner Kusine ersten Grades.«

»Ja und?«

»Es ist wegen des Schamgefühls, der *sahwa*. Es gibt da Regeln. Ein Mann darf dem Mann seiner jüngeren Schwester oder dem seiner jüngeren Kusine ersten Grades nicht begegnen. Das ist verboten.«

»Und warum lädt er ihn dann ein, wenn er ihn nicht sehen darf?«

»Weil sie Beziehungen zueinander unterhalten müssen.

Ismaïl ist gezwungen, sie regelmäßig zu empfangen. Wenn er ihnen etwas mitteilen möchte, läßt er das über jemand anderen ausrichten, und sie tun dasselbe.«

»Das ist doch unglaublich! Aber warum?«

»Das wäre schandhaft.«

»Wie machen sie das in den Zeltlagern? Dort kann man doch nicht einfach in ein anderes Zimmer gehen!«

»In den Zeltlagern ist das noch einfacher. Derjenige, der den anderen einlädt, verbringt den Tag anderswo, bei Verwandten oder Freunden.«

Ich traue meinen Ohren nicht. Ich wußte ja, daß zwischen einem Schwiegervater und seinem Schwiegersohn eine gewisse Reserviertheit die Regel ist, weil letzterer mit der Tochter des ersteren schläft, aber was ich heute entdecken muß, übersteigt jede Vorstellung. Die Distanz geht bis an die Grenze des Gesichtsfeldes. Der Anblick ist verboten. Es ist weder die Beziehung, noch der Austausch von Informationen oder Geschenken, sondern der Blickkontakt, der untersagt ist. Nun werden aber die Ehemänner aller jüngeren Schwestern und jüngeren Kusinen ersten Grades mit Schwiegersöhnen gleichgesetzt. Sobald ein Mann seine Tochter, seine jüngere Schwester oder seine Kusine einem anderen Mann gibt, muß dieser aus seinem Blickfeld verschwinden. Geschieht das wirklich nur aus »Schamgefühl«, um die »Schande« zu vermeiden? Was sind das für Regeln, die derart starke Gefühle hervorrufen, daß sie sogar die öffentliche Ordnung stören können?

Ich wollte nicht über Verwandtschaftsverhältnisse arbeiten. Anthropologen, die von Verwandtschaften sprechen, langweilen mich. Die Art und Weise, wie sie Bevölkerungsgruppen erforschen, indem sie deren Ehe- oder Abstammungssysteme analysieren, wirkt auf mich gefährlich einengend. Darüber hinaus ist eine Beziehung, die ein westlicher Intellektueller zu denjenigen aufbaut, die er studiert, wenn er während der Feldarbeit nur Fragebögen erstellt, Modelle konstruiert oder seine Theorien in wissenschaftlichen Zeitschriften darlegt, in meinen Augen suspekt. Was für ein Bild vom anderen zeichnet er mit diesen Diagrammen? Er zeigt uns Männer und Frauen, die bis in ihr Intimleben hinein den restriktiven Regeln eines Schemas unterworfen sind; Leute ohne Namen, ohne Geschichte, die man durch Buchstaben oder Zahlen darstellen kann, weil sie keine Selbständigkeit, keine Persönlichkeit, keine Existenz besitzen. Wo sind ihre Sehnsüchte, ihre Kämpfe, ihre Freuden und ihre Leiden? Wir haben nichts mit diesen Menschen gemein, wir können nicht mit ihnen reden. Die abstrakten Bilder, die die Anthropologen der Verwandtschaftsverhältnisse aus fernen Ländern mitbringen, tragen dazu bei, die Überlegenheit unserer Zivilisation zu beweisen, die Herrschaft zu legitimieren.

Ich bin nicht in diese Wüstengegend gekommen, um die einzelnen Menschen in vorgefertigte Schablonen zu pressen. Nicht einen Moment kommt mir der Gedanke, daß die Realität, die ich erforsche, auf eine Formel reduziert werden könnte. Übrigens halte ich mich für außerstande, sie auf diese Art in Gedanken zu fassen.[22] Ich hatte beschlossen, auf dem Gebiet der Verwandtschaftsbeziehungen oder über Familienangelegenheiten keine Beobachtungen anzustellen. Mit einem etwas größeren zeitlichen Abstand frage ich mich heute, ob bei dieser Abgrenzung nicht meine eigene Geschichte eine Rolle gespielt haben könnte. Das familiäre Glück, das mich in meiner frühen Kindheit umfing, ist in meiner Jugend urplötzlich in die Brüche gegangen. Einige Jahre später hat ein zweiter Bruch die letzten Werte vernichtet, die ich noch daran geknüpft habe. Nach Verrat und Trennung, nach Brüchen und Schweigen ist die Kommunikation abgebrochen. Sicherlich war ich seit dieser Zeit von der Notwendigkeit überzeugt, diese Kommunikation wiederherzustellen. Später, als mein politisches Bewußtsein erwachte und ich in den Vorstadtschulen, in denen ich unterrichtete, dasselbe Gefühl von Ungerechtigkeit in den empörten Augen der maghrebinischen Kinder wiederfand, wurde diese Notwendigkeit noch dringender. Aus all diesen Gründen erschienen mir die Abstammungs- und Ehediagramme wie purer Betrug.

Doppelt
wachsam

Der Vater wacht über mich, ohne etwas zu sagen. Auch er bereitet meine Reise vor. Zunächst einmal erkundigt er sich nach den Transportmöglichkeiten, weil er mich nur einem nahen Verwandten anvertrauen will. Am Abfahrtstag führt er mich schon in aller Frühe zum Präfekten, damit die Behörden in Bir Moghrein von meiner bevorstehenden Ankunft unterrichtet werden und Nachforschungen anstellen, falls ich nicht glücklich eintreffen sollte. Unterwegs erteilt er mir alle möglichen Verhaltensmaßregeln:

»Du mußt dem Präfekten erzählen, wie ich dich empfangen habe und wie meine ganze Familie dich aufgenommen hat.« Zum ersten Mal bittet der Vater mich um etwas. Darin erblicke ich das so lange erwartete Zeichen meiner Anerkennung. Von Dankbarkeit erfüllt, versichere ich ihm sofort, daß ich ihm gerne den Gefallen tun will. Andererseits versetzt mich diese Verpflichtung auch in Verlegenheit, und die Art, wie Ismaïl mich benutzt, um sein Ansehen aufzupolieren, verwirrt mich ein wenig.

Lalla weigert sich, den Rest der Ansprache ihres Vaters zu übersetzen, woraufhin zwischen beiden ein heftiger Wortwechsel entsteht. Ich erkenne nur, daß der Vater nicht nachgibt, und daß sich seine Tochter mit niedergeschlagenen Augen weigert, gehorsam zu sein. Da kommt ein Vetter vorbei, der Französisch spricht: ein Geschenk des Himmels. Der Vater ruft ihn heran und kann mir seine Botschaft ausrichten lassen.

»Wenn du dem Präfekten gezeigt hast, daß wir dich sehr gut empfangen haben, frage ihn dann, ob er Lalla nicht einen

Platz als Verkäuferin im Supermarkt der Firma besorgen kann.«

Erstaunt wende ich mich zu meiner Begleiterin um:

»Willst du arbeiten?«

»Ja, ich hätte gerne ein Gehalt, um meiner Tante Zeinabou, die nicht viel zum Leben hat, etwas Geld geben zu können. Aber ich wollte nicht, daß Ismaïl dich darum bittet, weil ich weiß, daß dir das peinlich ist.«

»Will er, daß du Geld verdienst?«

»Nein, ich. Ich möchte gern Arbeit finden.«

Zeinabou ist Ismaïls ältere Schwester, bei der Lalla seit ihrem dritten Lebensjahr lebt. Als sie mich einmal mitnahm, um zwei Tage bei ihrer Tante zu verbringen und deren ganze Nachbarschaft zu besuchen, hat Lalla mir erklärt, daß der Vater sie ihrer Tante »geschenkt« hat, als sie noch ganz klein war. Zeinabou ist eine stolze Frau, aber bei ihrem Stolz handelt es sich um den der Nomaden, der mehr mit Freiheit als mit Arroganz zusammenhängt.

Ich betrete allein das Büro des Präfekten, wo ich einen jungen, schüchternen Mann antreffe. Ehrlich gesagt habe ich ihm nicht viel zu erzählen, da ich ja noch am selben Morgen abreise. Ich stelle mich vor, erkläre ihm den Zweck meiner Reise und zeige ihm meine offiziellen Papiere.

»Sie hätten gleich nach Ihrer Ankunft zu mir kommen müssen.«

Ich entschuldige mich tausendmal. Wie hätte ich auch auf den Gedanken kommen sollen, daß ich auf jeder Etappe meiner Reise erst dem Präfekten einen Besuch abstatten muß? Naiverweise bin ich davon ausgegangen, daß ich mich mit meiner ordnungsgemäß ausgestellten Forschungsgenehmigung frei im Landesinneren bewegen kann. Ausweiskontrollen an Staatsgrenzen kannte ich ja, aber Kontrollen in den Städten des Landesinneren waren mir fremd. Der junge Mann erzählt mir etwas von der Sicherheit der Reisenden und von seiner Verantwortung. Sicherheit des Fremden, Kontrolle des Fremden… der Unterschied zwischen diesen beiden Motiven für die Aufmerksamkeit, die der Repräsentant der Staatsgewalt demjenigen entgegenbringt, der sich auf seinem Territorium bewegt, ist winzig. Aber der Präfekt ist nicht besonders streng, und als ich ihm am Ende der Unterhaltung das Anliegen des Vaters unterbreite und ihm meine Verlegenheit gestehe, äußert er weder Überraschung noch Verstimmung. Er verspricht mir, dem Direktor der Minengesellschaft eine Notiz zu schicken, um ihm Lalla zu empfehlen. Ich gehe hinaus, um dem Vater Bericht zu erstatten, der befriedigt nach Hause zurückkehrt.

Mein Koffer steht bereit, aber die Zeit verstreicht. Lalla hat mir gesagt, ich müsse mit einem Buschtaxi fahren, dessen Fahrer, ein Rgaybi und Verwandter Ismaïls, für seine gute Kenntnis der Wüste berühmt ist. Ich stimme zu, ohne ein Wort zu sagen. Wenn der Vater denkt, daß es so am besten für mich ist, komme ich keinen Moment auf den Gedanken, daß es anders sein könnte. Das einzige, was mich beunruhigt, ist die verstreichende Zeit. Schon drei Uhr nachmittags und der Wagen ist immer noch nicht da. Zuerst hat Lalla mir gesagt, er werde heute morgen abfahren, dann sagte sie, er käme mich später abholen, und jetzt weiß sie nicht mehr, wann er eintrifft, versichert mir aber mit der ihr eigenen Unerschütterlichkeit, daß er nicht mehr lange auf sich warten lassen wird. Bisher habe ich niemanden gesehen, weder Fahrer noch Wagen; und wer den Fahrpreis für mich ausgehandelt hat, weiß ich ebensowenig wie das Wann, das Wie oder das Wieviel. Ich weiß nicht einmal, was das für ein Fahrzeug ist, das mich mitnehmen soll. Zeitweise befürchte ich sogar, es könne ohne mich fahren, aber Lalla beruhigt mich: auf keinen Fall werde ich die Abfahrt verpassen.

Siebzehn Uhr. Ich glaube schon nicht mehr daran und höre auf, Ausschau zu halten oder nachzufragen. Ich trinke mit den Mädchen Tee. Immerhin hatte ich bereits meine Reisekleidung angezogen: Jeans, Dufflecoat und Schuhe, die ich bis jetzt tief unten im Seesack vergraben hatte. Weitaus lieber trage ich lange Röcke und Sandalen, weil eine Hose äußerst unbequem ist, wenn man nur auf dem Boden lebt. Was Schuhe mit Schnürsenkeln angeht, so habe ich schnell begriffen, daß sie ziemlich ungeeignet sind für eine Lebensweise, die von jedem einzelnen verlangt, jedesmal, wenn er ein Zimmer betritt, die Schuhe auszuziehen, und sie jedesmal wieder anzuziehen, sobald er es verläßt. Wenn ich sie auf dieser Reise anziehe, dann vielleicht nur, um ihnen einen Sinn zu geben.

Plötzlich geraten alle in Aufruhr: Männer kommen, greifen sich meinen Koffer und nehmen ihn mit. Ohne eine Sekunde zu verlieren, muß ich mit Mnaytanna und den Mädchen bis ans Ende der Gasse rennen. Am Ende der Gasse fängt die Wüste an; eine Wüste, die um diese Tageszeit bereits eine rötliche Färbung annimmt. Da steht der Landrover, beladen mit einer beeindruckenden Anzahl von Männern, Gepäck und Ziegen. Aber ich sehe den Vater nicht, so daß ich mich nicht von ihm verabschieden und ihm danken kann. Ich habe alles getan, damit er mich adoptiert, und jetzt sind die Mädchen es, die bei mir sind, liebevoll und um mich besorgt. Nach all der Warterei, die den ganzen Tag gedauert hat, ist der Abschied zu kurz. Angetrieben vom Fahrer, der es eilig hat, die Stadt zu verlassen, umarme ich nacheinander die still weinenden Frauen, die reglos und ohne eine Geste zuschauen, wie sich der Wagen entfernt.

Die Mauer
der Scham

Zwischen den französischen Vierteln und den Vierteln der Mauren, den ärmsten der Stadt, steht eine kurze Mauer, die keinen erkennbaren Zweck erfüllt. Man nennt sie die »Mauer der Scham«. Von den *Nsara* errichtet, hindert sie die beiden Gemeinschaften daran, sich gegenseitig ins Gesicht zu sehen.

In Nouakchott konnte ich problemlos von der einen Welt in die andere wechseln, dort gab es keine Feindschaft. Hier mußte ich ganz in den maurischen Bereich eintauchen, physisch und psychisch. Um mich zurechtzufinden, mußte ich zuerst seine Zeichen entziffern, und um mich in ihm einzurichten, mußte ich meinen Körper dazu zwingen, seine Gewohnheiten zu ändern. Das Kennenlernen des anderen erfolgt durch die Aneignung seines Raumes. Eine psychologische Aneignung, keine Enteignung, obwohl man dem anderen auf diese Weise vielleicht auch etwas wegnimmt. Man muß ständig bestrebt sein, das Stück Territorium, das der andere mit einem teilen will, immer weiter zu vergrößern. Das höchste Ziel wäre es, sich überall zu Hause zu fühlen.

Vertrautheit stellt man durch ständiges Wiederholen der Gesten her, also einerseits durch Zeit und andererseits durch die Ergiebigkeit des Austauschs. Auch hier kann man von Raum sprechen oder zumindest von Distanz, denn je näher man sich steht, im buchstäblichen wie im übertragenen Sinne des Wortes, desto intensiver ist die Kommunikation. Ich muß mich also den Rgaybat nähern, zunächst einmal physisch, dann psychisch, sofern mir das überhaupt möglich sein wird. Wird es mir gelingen, Schönheit genauso zu empfinden wie sie? Über dieselben Worte gerührt zu sein? Ungerührt zu bleiben bei dem, was ihnen gleichgültig ist?

Diese Annäherung und Lehrzeit interferiert mit meinen eigenen Vorstellungen. Diese Architektur erscheint mir vertraut: Habe ich sie nicht schon auf Bildern gesehen oder sie mir einfach so vorgestellt, geträumt? Assoziiere ich sie mit einer erlebten Erfahrung? Das Gefühl, etwas bereits zu kennen, verändert meine Wahrnehmung. Eine Empfindung des Wiedererkennens befällt mich, dank der ich in Harmonie zu diesem Ort stehe und problemlos »zu Hause« bin. Harmonie geht aus dem Identifikationsmechanismus hervor. Die Gerüche, Lichter, Klänge, Materialien und Farben, die auf mich einstürmen, beanspruchen deshalb ständig mein Gedächtnis. Je nach Zusammenhang integriere ich mich voller Wohlbehagen in meine Umgebung, oder ich pralle mit ihr zusammen. Zum Glück treibt mich mein Wissensdurst dazu, diese sensorischen Erkundungen immer weiter voranzutreiben. Und außerdem tragen die anderen durch den Platz, den sie mir in ihrer Mitte einräumen, maßgeblich dazu bei, mich in ihrem Territorium zu verwurzeln. Die anderen, das ist zuerst »meine« Familie, diejenigen, die mir ihr Haus geöffnet haben, »mein« Haus, meinen wichtigsten Orientierungspunkt. Ich pfropfe mich dieser Gemeinschaft auf, dränge mich in ihre Bereiche. In diesem Vorgang spielen noch die Vorgehensweise der Ethnologin und die vitalen Triebkräfte des entwurzelten, desorientierten Individuums eine Rolle.

In einer Familie, in einem Haus zu leben, bedeutet in erster Linie, mit denjenigen, die dort wohnen, das zu teilen, was sie in ihrer Beziehung hauptsächlich miteinander teilen: die physische Geselligkeit. Geselligkeit und nicht einfach ein

Nebeneinanderherleben. Das Individuum besitzt nämlich keinen Privatbereich. Niemand hat »sein« Zimmer. Niemand hat »sein« Bett, die Schaumstoffmatratzen sind lediglich Bestandteil der Bequemlichkeit. Wenn sie entlang der Wände aufgereiht sind, dann nur, weil der Mensch dazu neigt, sich an etwas Festes anzulehnen, und das Zentrum, das als Bedrohung empfunden wird, weil sich in diesem Punkt alle Blicke kreuzen, leer zu lassen. Diese kreisförmige Anordnung weist ebenfalls auf eine kollektive Aneignung, auf eine Gemeinschaft hin.

Meine Ambivalenz war gleich vom ersten Tag an offensichtlich: Obwohl ich mit Freuden damit einverstanden war, bei den Mädchen zu schlafen, habe ich von einer Ecke des Zimmers Besitz ergriffen. Dadurch, daß ich meinen Seesack ans Fußende einer Matratze gestellt habe, habe ich diese als »mein« Territorium gekennzeichnet, und danach habe ich den Sack nicht mehr verrückt. Jeden Abend legte ich mich auf derselben Matratze schlafen, und wenn ich tagsüber das Bedürfnis verspürte, mich zurückzuziehen, habe ich dort Zuflucht gesucht, um zu lesen oder zu schreiben. Die Tatsache, mich dort eingerichtet zu haben, ermöglichte es mir, mich dort leichter als anderswo allen Gesprächen entziehen zu können. Bei meiner Rückkehr nach Zouérate – einige Monate später – werde ich »meinen« Platz wieder einnehmen, und selbst als ich vier Jahre später noch einmal in die Jdida komme, schlafe ich ebenfalls an derselben Stelle. Demgegenüber eignet sich von der ganzen Hausgemeinschaft niemand definitiv einen Winkel an, um dort zu schlafen oder sich dort aufzuhalten. Im allgemeinen schläft man dort, wo man sich gerade befindet, wenn einen die Müdigkeit überfällt. Zwar schlafen die Mädchen nicht im selben Zimmer wie das Elternpaar, und der Vater entscheidet als erster, an welchem Ort er sein

Nachtlager aufschlagen will, aber seine Wahl hat nichts Endgültiges.

Den Raum kann man sich zwar nicht individuell aneignen, aber bei gewissen Dingen ist das möglich: Dokumente, Bücher, Geld, Schmuck, einige seltene Produkte, ein Foto oder ein Andenken. Diese Dinge werden dann in Taschen aufbewahrt oder in Schränke eingeschlossen, zu denen nur der Besitzer den Schlüssel hat. Nicht um den Inhalt der Papiere geheimzuhalten oder seinen Schmuck vor Diebstahl oder Raub zu schützen, verwehrt man den anderen Familienmitgliedern den freien Zugang dazu. In den Schränken oder Taschen befinden sich keine Geheimnisse. Persönliche Gegenstände werden fremden Blicken und der Berührung durch andere nur entzogen, um dadurch zu zeigen, daß man sie tatsächlich allein besitzt. Dieses Verbergen ist nichts anderes als das äußere Anzeichen für die private Aneignung. Alles Sichtbare gehört der Gemeinschaft, und alle Plätze sind austauschbar. Außer meinem: Meine physische Integration in diesem Hause vollzieht sich unter dem Vorzeichen eines Kompromisses.

Diese kollektive Aneignung auch noch des letzten Fleckchens hat zur Folge, daß kein Zimmer des Hauses eine feste Funktion besitzt, mit Ausnahme von drei Räumen: erstens dem Abtritt hoch oben auf der Terrasse; zweitens der »Dusche«, einem kleinen Raum gleich neben der Abtrittsgrube, in den man sich mit einem Eimer Wasser einschließt, wenn man sich von Kopf bis Fuß waschen will; und drittens der Küche, in der die Speisen zubereitet, gekocht oder gebraten werden. Letztere ist ausschließlich den Frauen vorbehalten oder den Sklaven, soweit man diesen Aufgaben zugewiesen hat, die dort zu erledigen sind. Die übrige Wohnung steht allen offen, ohne irgendeine von vornherein definierte Funktion. Derselbe Raum kann ebenso Wohnzimmer sein

wie Eßzimmer, Schlafzimmer, Versammlungsraum der
Männer, wenn die Frauen nicht da sind, Frisiersalon für die
Frauen, wenn die Männer anderswo sind, Spielzimmer für
die Kinder, falls die Eltern fort sind, und so weiter. Je nach
Jahreszeit, Umständen oder Laune läßt sich der seßhafte
Rgaybi in dem einen oder anderen Zimmer nieder und
führt überallhin sein Allzweckgepäck mit. Er nomadisiert in
seinem eigenen Hause.

Ebensowenig wie das Zelt, das in Erwartung besserer Zeiten
zusammengefaltet in einer Ecke liegt, ist das Haus ein ge-
schlossener Bereich. Die Tür, die auf die Straße hinausführt,
wird nur nachts zugesperrt oder wenn alle Bewohner ausgegangen sind. Den ganzen Tag über geöffnet, ist nicht sie es,
die wirklich die Schwelle markiert, die den Privatbereich
vom öffentlichen Bereich trennt. Um diese Schwelle zu
überschreiten, muß man nur laut und vernehmlich »*Salam
aleykum!*« (Friede sei mit euch) sagen, ob man nun durch
die Tür geht oder nicht. Auf diese Weise kündigt der Besucher eher sein unmittelbar bevorstehendes Eintreffen
an, als daß er die Genehmigung dazu einholt. Damit läßt er
den Bewohnern Zeit, wenn nötig ihre Haltung zu ändern.
Der Eintritt in den Kreis der Hausgemeinschaft ergibt sich
eher aus dieser Veränderung als aus der Gestaltung des
Raumes. Die materielle Grenze wird nicht als solche empfunden, es ist die Stimme des Besuchers, gleichgültig, ob
vertraut oder unbekannt, die hier wichtig ist: Der Privatbereich des Hauses kann jederzeit zu einem öffentlichen Bereich werden.

Nichts ist auf dem Erdboden markiert, da kein Bereich von
einem bestimmten Individuum oder einer bestimmten Tätigkeit beansprucht wird. Die Abgrenzung eines Ortes, der
Fläche, auf der sich das tägliche Leben abspielt, geschieht
durch den Rand der Matte oder des Teppichs, der seine

Fortsetzung noch in der rechteckigen Form der in Reih und Glied liegenden Matratzen findet. Die Wand entspricht hier dem Zelttuch: Sie schützt die Menschen vor den Unbilden des Wetters und vor Blicken. Sie schützt mehr, als daß sie begrenzt. Denn ebensogut umreißt eine im Hof, auf der Terrasse oder selbst außerhalb des Hauses liegende Matte den momentanen Lebensbereich. Alles spielt sich auf der Matte oder dem Teppich ab. Auch hierin befinden wir uns an der Nahtstelle zwischen der Welt der seßhaften Menschen und der Welt der Beduinen.

Sich am Rand des Teppichs oder der Matte die Schuhe auszuziehen, ist obligatorisch: Man darf das Stück Raum, auf dem der ganze Körper ruht, nicht besudeln. Der Schmutz stammt vom Kontakt der Schuhe mit dem Boden des öffentlichen Bereichs. Die Matte wird also im Gegensatz zum »Draußen«, zum Öffentlichen, definiert. Sie ist ein vor Verunreinigung geschütztes »Drinnen«, ein reiner, jungfräulicher Bereich, eine Bühne, auf der man die sozialen Beziehungen unbegrenzt immer wieder neu durchspielen kann, wie auf einer magischen Schiefertafel, da sie nach jedem Aufenthalt wieder ausgewischt wird.

Die Verteilung der Individuen in einem Zimmer ist deshalb aber noch längst nicht völlig bedeutungslos. Sie ist im Gegenteil streng reglementiert. Sich ein Stück dieses sozialen Bereichs anzueignen, ist sehr schwierig, denn um das zu schaffen, muß man erst lernen, ihn zu entziffern, und er besitzt unzählige Gesichter. Tag für Tag beobachte ich, wie sich Versammlungen bilden und wieder auflösen, wie sich die Figuren auf dem Schachbrett bewegen, und ich versuche, die Spielregeln zu erraten. Sehr viele Kriterien können da zur Geltung kommen: Geschlecht, Alter, Verwandtschaftsgrad, Grad der Zuneigung, Reihenfolge der Ankunft, Schamgefühl, Zufall, Laune … Eine anarchische Promiskuität entspricht im allgemeinen einer Versammlung, deren Mitglieder in keiner unmittelbar wichtigen, hierarchischen Beziehung zueinander stehen: Kinder, Frauen (nicht immer), Angehörige derselben Altersgruppe, insbesondere junge Leute. Eine geschlechtliche Raumaufteilung tritt nur selten deutlich zutage. Sie wird sichtbar, wenn der Familienvater einen Besucher empfängt. Dann ist sie um so schärfer umrissen, je wichtiger, älter oder fremder der Gast der Familie ist. Die obligatorische Strenge der Haltung und die Anordnung der Individuen sind demnach Anzeichen für die gefühlsmäßige Distanz, den Respekt oder die Unterwerfung.

Es gibt sogar Extremsituationen, in denen zwei Individuen nicht auf ein und demselben Teppich sitzen oder auf derselben Matte Platz nehmen können. Ein Beispiel dafür habe ich erlebt, als der Vater den Mann einer jüngeren Kusine bei sich zu Hause empfing. Die soziale Beziehung der beiden Männer zueinander war damals die eines Schwiegervaters zu seinem Schwiegersohn und damit zugleich mit einem Verbot belegt. Aus einem anderen Grunde ist ein Gefangener aus dem gemeinschaftlichen Bereich ausgeschlossen. Der Sklave hat nicht das Recht, sich den Bereich der Matte anzueignen. Den Fuß darauf zu setzen und somit einen physischen Kontakt mit den freien Männern und Frauen herzustellen, ist verboten. Diese Einschränkung veranschaulicht seine Gefangenschaft und den Umstand, daß er an den Rand der Gesellschaft gedrängt wird.

Im Verlauf seiner Erziehung lernt ein Kind, seinen Platz auf der Matte zu erkennen: Er spiegelt seinen Status innerhalb der Familie und in der Gesellschaft wider. Dieser ist variabel und ändert sich nicht nur je nach Ort und Zeit, sondern wandelt sich auch das ganze Leben über. Die Beherrschung der subtilen Regeln des Anstands, oder vielmehr des Sichhinsetzens, ist also ein Zeichen für eine gute Erziehung. Ich muß eine Menge Fehler begangen haben, als ich mich oft einfach hierhin oder dorthin gesetzt habe. Indem sich meine eigenen Vorstellungen mit denen meiner Gastgeber verwirrten, habe ich vielleicht sogar, ohne dies immer zu merken, zeitweilig meinen eigenen Status bestimmt: als Ausländerin, Tochter, Schwester, unmündiges Kind …

Die Matte ist nicht nur die Bühne für soziale Beziehungen. Sie schafft auch eine physische Verbindung zwischen den Personen. Selbst wenn sie sich nicht berühren, stellt die Matte einen Kontakt zwischen ihnen her, einen Kontakt, der durch Distanz abgeschwächt oder durch Nähe verstärkt werden kann. Dem Hautkontakt, der unaufhörlich die Bande zwischen den Individuen sowie zwischen dem Individuum und dem Jenseits bekräftigt, messen die Mauren große Bedeutung zu. Über die Matte berührt der Körper unmittelbar die Erde und indirekt die anderen Körper. Ebenfalls indirekt sind die Familienmitglieder durch die Tatsache, daß sie sich abwechselnd an denselben Orten aufhalten, physisch miteinander verbunden: Heute schlafe ich dort, wo gestern noch, oder sogar erst vorhin, ein Verwandter gelegen hat. In gleicher Weise tritt man dadurch, daß man mit der bloßen Hand ißt, über die Nahrung – einem Produkt der Erde und ebenso wie sie mit dem göttlichen Segen behaftet – mit den anderen in Kontakt. Selbst für jemanden, der für den metaphysischen Aspekt dieser Frage nicht empfänglich ist, bedeutet die Tatsache, daß man die Finger in eine gemeinsame Schüssel steckt, mehr als nur eine Vollziehung der Tischgemeinschaft, sie stellt immer wieder einen intensiven physischen Kontakt zwischen den Tischgästen her. Ebenso wie der von der Matte begrenzte, jungfräuliche Bereich ist die Nahrung ein taktiler Leiter. Wir sind himmelweit entfernt vom Okzident, wo sich die ganze Erziehung darum bemüht, den Menschen von der Erde und ihren Produkten, von den anderen Menschen und sogar von seinem eigenen Körper abzuschneiden.

In Ismaïls Haus bin ich mir all meiner Hemmungen und des Handikaps, das sie darstellen, bewußt geworden. Mein physisches Verhältnis zur Welt ist dermaßen verinnerlicht, daß diese andere Beziehung, mit der ich hier konfrontiert wurde, unerwartete Reaktionen in mir hervorgerufen hat. Angesichts der gemeinsamen Schüssel oder wenn ich aufgefordert wurde, mich an einem Ort niederzulassen, der die Spuren zahlreicher Benutzer trug, packte mich manchmal ein Gefühl des Abscheus. Dieser Ekel verringerte sich, wenn ich in einer engen kommunikativen Beziehung zu meinen Gefährten stand. Hingegen war er um so stärker, je fremder ich mich an einem Ort fühlte. Mitten in einer Versammlung ist es bisweilen auch vorgekommen, daß mich die physische Nähe meines Nachbarn plötzlich verwirrt hat, nur weil dieser meinen Arm berührt oder beim Sprechen meine Hand ergriffen hat. Hier sind solche Gesten freundschaftlich gemeint. Bei uns sind sie gewollt provozierend. Aber obwohl ich das wußte, habe ich mich oft überraschen lassen. Meine blinden und stummen Sinne reagierten gemäß den Erfahrungen, die sie gesammelt hatten, ohne die neuen Bedeutungsinhalte zu berücksichtigen.

Als ich entdecken mußte, daß sich mein Körper nicht so leicht zwingen läßt wie mein Verstand, kam mir dieses Vorhaben sehr anmaßend vor. Ich mußte gegen meine körperlichen Reaktionen ankämpfen. Ich mußte mit der doppelten Wahrnehmung der Realität zurechtkommen: meinen Körper zum Schweigen bringen oder meinen Verstand beschwichtigen. Wie ungeschickt ich oft war! Denn man kann zwar ohne weiteres dieselben Worte sprechen wie die anderen oder ihre Gesten, ihre Art, sich zu setzen, zu essen, zu

174

schlafen und sich zu berühren, kopieren, aber das alles ist nur Mimikry.

So äußerte sich dieses erste Eintauchen ins Leben der Mauren in einer physischen und psychischen Spaltung meiner Persönlichkeit. Ich habe eine andere Mauer der Scham entdeckt, die zwischen mir und meinem Ich errichtet war. Während mein Verstand sich meinen Gefährten annäherte, wies mein Körper sie zurück. Wenn er dann endlich in der Lage schien, ihnen zu begegnen, flogen meine leichter gewordenen Gedanken tausend Kilometer weit fort. Zum Glück gab es auch einige glückliche Momente, in denen es mir die Harmonie zwischen meinem Körper und meinem Geist erlaubte, die Mauer niederzureißen und endlich in Eintracht mit mir selbst, mit dem Land und mit den Menschen zu sein.

Damit hat meine Arbeit als Ethnologin erst wirklich angefangen.

3. Der Lärm des Schweigens

Von einem Beschützer
zum anderen

»Alle Männer, hörst du mich, Saviya, alle Männer in Zouérate, in Bir und in den Zeltlagern, falls du je dorthin gelangen solltest, werden versuchen, dich zu bekommen. Alle! Übrigens erzählt man sich, daß du nur hierhergekommen bist, um dir einen Mann zu suchen, und daß du in Paris Hamdis Frau warst. Alle werden sie ihr Glück probieren, du wirst schon sehen.«

»Ist es hierzulande so schwierig, eine Frau zu finden?«

»Nein. Aber man muß dem Mädchen Geschenke machen und auch den Eltern. Aber du brauchst dir keine Sorgen machen, niemand wird dich zwingen.«

»Und du?«

»Ich ziehe den Busch vor, weil es da Milch gibt und Fleisch und hübsche Mädchen.«

»Machst du mir denn nicht den Hof?«

»Nein, ich finde nämlich, daß du einen zu flachen Busen hast.«

Diese Worte Dahis, meines jungen Dolmetschers, fallen mir wieder ein, als der Wagen im Sonnenuntergang die Stadt hinter sich liegen läßt. Ich bin die einzige Frau unter sechs Männern, auf dem Vordersitz eingeklemmt zwischen einem Passagier und der Tür, die jeden Moment aufgehen kann, wie man mich gewarnt hat. Trotzdem lächle ich. Fühle ich mich in solcher Sicherheit, weil der Schatten des Vaters mich beschützt?

Der Landrover ist einfach geradeaus in nördlicher Richtung losgefahren. Noch nie bin ich so unterwegs gewesen, außerhalb aller ausgetretenen Pfade. Von Zeit zu Zeit bemerke ich einige Reifenspuren auf dem Boden, die wie Pfeile bei einer Schnitzeljagd die einzuschlagende Richtung markieren. Anfangs kahl, überzieht sich die Wüste unmerklich mit Grasbüscheln, einzelnen Bäumen und dann großen, schwarzen Felsen, die stolz über die Ebene hinausragen. Da die Sicht durch das Gerüttel erschwert wird, habe ich den flüchtigen Eindruck, über ein spärlich mit Fichten bestandenes Schneefeld zu fahren.

Der Wind bläst heftig, und das Licht schwindet. Wir sind kaum eine Stunde unterwegs, als der Wagen anhält. Die Sonne geht unter. Diese Stunde der Dämmerung, in der, wie man sich erzählt, manchmal alle Neugeborenen weinen, dieser unheimliche Augenblick, in der die bis ins Unendliche verlängerten Schatten dem menschlichen Körper ein groteskes, monströses Aussehen verleihen, dieser mit essentiellen Fragen befrachtete Zeitpunkt ist in den islamischen Ländern ein feierlicher und ruhiger Moment. Das Gebet, das meine Gefährten vereint, um sie durch Ritus und Gedanken mit unzähligen anderen Menschen zu verbinden, verwandelt alle grundlegenden Zweifel in tiefen Einklang. Mehr noch als in einem Haus bin ich vom Gebet des *maghreb* – des Sonnenuntergangs –, wenn es draußen, in freier Natur gesprochen wird, jedesmal tief ergriffen, wobei mich ein Gefühl von Einklang und Harmonie zwischen dem Inneren und dem Äußeren, zwischen dem Gedanken und der Stofflichkeit des Universums erfüllt. An diesem Tag überkommt mich das Gefühl zum ersten Mal. Gleichzeitig entdecke ich, daß man sich in der Wüste immer genau in der Mitte der Landschaft, im Zentrum der Welt befindet. Keine Straße, kein Weg durchschneidet die Erde in der einen oder anderen Richtung; der Horizont ist ein perfekter Kreis, der Himmel eine Kuppel, ein Dach ähnlich dem der *koubbas*, der weißgekalkten Gräber mohammedanischer

Mystiker, jener Heiligen, deren Andenken in der Erinnerung des Volkes noch immer lebendig ist. In mein Reisetagebuch schreibe ich aus Versehen: »Erster Kontakt mit der Sehnsucht[1]«.

Der Mond ist aufgegangen. Mit in der Umgebung gesammelten Zweigen und Wurzeln machen die Männer ein kleines Feuer. Vom Wind angefacht, entzündet sich das trockene Holz gleich beim ersten Funken. Der Wasserkessel wird auf die Glut gestellt, mit Butter bestrichene Fladenbrote werden verteilt, und bald rinnt der kochendheiße Tee in die kleinen Gläser. Windböen peitschen die *boubous* und Turbane so stark, daß sie den Klang der Worte dämpfen. Niemand achtet auf mich. Mit weitaufgerissenen Augen und klopfendem Herzen habe ich den Eindruck, mich endlich in dem Bilderbuch zu befinden, das schon seit so vielen Jahren durch meine Phantasie spukt.

Als wir weiterfahren, ist es tiefschwarze Nacht. Eine plötzliche Ausgelassenheit scheint den Fahrer zu packen, da er einen näselnden Kassettenrecorder einschaltet, aus dem lautstark die Musik der *griots*[2] dröhnt. Er lacht, und der Wagen, offensichtlich ebenso glücklich über diese wiedererlangte Freiheit, schnellt über die Schlaglöcher hinweg. Im Scheinwerferlicht ist keine Spur mehr zu erkennen, und man erklärt mir, daß wir die Piste verlassen haben, um eine Abkürzung zu nehmen. Nach einigen Stunden habe ich es satt, mich an der Wagentür festzuklammern, und wage es, mich an die Schulter meines Nachbarn anzulehnen, der mir auch einen Zipfel seines Turbans geliehen hat, mit dem ich das Gesicht gegen den Staub schützen kann. Er ist ein Vetter des Fahrers und ebenfalls mit Ismaïl verwandt. Nie hat eine Gruppe von Männern respektvolleren Schutz geboten, so daß ich schließlich einschlafe.

Als ich aufwache, rollt der Wagen langsam durch die

Straßen von Bir-Moghrein. Es handelt sich dabei um ein kleines, friedliches Lehmdorf, dessen Mauern mit dem Boden verschmelzen. In der Ferne zeichnen sich vor dem blassen Mondlicht die Arabesken der Gendarmerie und der Präfektur ab. Die Silhouetten der unter dem Gewicht ihres Gepäcks gebückt gehenden Mitreisenden verschwinden in der Stille, bis ich allein mit dem Vetter und dem Fahrer zurückbleibe. Diese sind der Ansicht, daß es schon viel zu spät ist, um jetzt noch beim Präfekten anzuklopfen. Sie laden mich ein, die Nacht in der Stadt zu verbringen, und führen mich in ein Haus, das nur aus einem einzigen Raum besteht. Auf der Matte schlafen schon eine Frau und zwei kleine Mädchen. Ich schaue auf die Uhr: Die Reise hat nicht einmal fünf Stunden gedauert und wir haben dreihundertzwanzig Kilometer zurückgelegt, einen Großteil davon nicht auf der abgesteckten Piste.

Um die Umfriedung der Präfektur durchschreiten zu dürfen, muß man sich zuerst einmal ausweisen. Auf einem weiten, von einem Stacheldrahtzaun umschlossenen Gelände drängen sich mehrere Gebäude, die in den dreißiger Jahren nach der Niederlage der Rgaybat von der französischen Armee gebaut wurden. Damals hieß Bir-Moghrein noch Fort Trinquet. Ursprünglich für den Ortskommandanten errichtet, ist das Wohnhaus des Präfekten das einzige hübsche Bauwerk. Einige leerstehende Schuppen und andere Wohnhäuser zeugen von vergangenen Aktivitäten. Das Ganze wird von einem bewaffneten Posten bewacht: Der Präfekt ist zugleich Ortskommandant, und sein Haus steht mitten in einem Armeelager.

»Halt, wo willst du hin?«

»Ich bringe die *Nasraniya* zum Präfekten.«

Der Landrover fährt durchs Tor und rollt im Lager bis vor die Freitreppe der Residenz. Das große Haus, dessen Mauern fast keine Öffnungen haben, steht verschlossen und schweigend da. Der Fahrer steigt aus dem Wagen; sicherlich wird er hineingehen, jemanden holen, mich vorstellen? Ganz im Gegenteil, er packt meinen Koffer und wuchtet ihn mit Schwung unten an den Fuß der Treppe. Mit der Andeutung eines Kopfnickens als Abschiedsgruß läßt er mich stehen und braust wieder davon. Für einen Moment starre ich entgeistert der Staubwolke nach. Ob ich den Mann gekränkt habe? Fühlt er sich auf dem Gelände der Staatsgewalt so unwohl? Wie dem auch sei, jetzt stehe ich hier allein mit meinem Gepäck, das ich nicht vom Boden hochheben kann, vor diesem imposanten, weißgekalkten Gebäude, aus dem niemand herauskommt, um mich zu begrüßen. Zurück kann ich jetzt nicht mehr. Nachdem ich einige Minuten unschlüssig dagestanden habe, gehe ich die Stufen der Freitreppe hinauf.

Die Haustür führt in eine riesige, achteckige Eingangshalle, um die herum die Zimmer angeordnet sind, etwa nach Art des Innenhofes in einem arabischen Haus. Alle Türen sind geschlossen, und noch immer ist kein Mensch zu sehen. Schließlich kann ich doch nicht »Friede sei mit euch« in diese Wüste hineinrufen! Das würde ja aussehen, als ob ich um Hilfe schreie. Zumal ich in der unbehaglichen Lage, in der ich mich befinde, wirklich große Lust habe, um Hilfe zu rufen. Also muß ich mich weiter vorwagen, eine dieser Türen durchschreiten. Aber welche? Ich zögere noch. Ein Kind taucht auf, wirft mir einen dunklen, von Neugier erfüllten Blick zu und verschwindet rennend im Nebenzimmer. Einen Moment lang hoffe ich, daß es Alarm schlagen und daß sich jemand zeigen wird. Aber immer noch nichts. Es hat die erste Tür offengelassen, aus der jetzt das Murmeln von Stimmen bis zu mir dringt. Darum lenke ich meine Schritte dorthin, sehe das Rot eines Teppichs, vernehme das

Geräusch von Tee, dessen Strahl in ein Glas prasselt, und trete ein.

»Friede sei mit euch.«

»Friede sei mir dir.«

Ich trete an der riesigen Teppich heran, der den Salon bedeckt, und beginne dann vor drei, plötzlich verstummenden Männern, die mich starr ansehen, nervös meine Schuhe aufzuschnüren. Sie unternehmen nichts, um mir meine Verlegenheit zu nehmen, und ich beherrsche nicht jene anmutige Kunst, dank der ein Maure die Zeit verstreichen läßt, ihre Schwere außer Kraft setzt, sie sich nutzbar macht, um Worte oder Gesten zu unterstreichen, und sie so zu seinem Vorteil einsetzt. Ich bin nervös, stottere herum und zeige damit, daß ich absolut nicht weiß, was ich sagen soll. Vielleicht ist es genau das, was sie am meisten erstaunt. Sie verharren, das Glas in der Hand, überrascht und gespannt. Ganz offensichtlich bin ich nicht für diese Zivilisation geschaffen. Das Spiel des Zweifels und des Schweigens ist nichts für mich. Ich muß immer, und das so schnell wie möglich, zur Sache kommen, wissen, reden.

»Wer von Ihnen ist Khalil ould Qasim?«

»Das bin ich.«

Die Nase fast bis auf den Boden herabgesenkt, verheddere ich mich schließlich in den Schleifen der Schnürsenkel, aber ich möchte diese schwierige Eröffnung der Verhandlungen nicht noch durch mangelhaftes Betragen belasten.[3]

Als ich mich endlich wieder aufrichten kann, überreiche ich dem Präfekten den Brief seiner Freunde aus Nouakchott und außerdem den Brief, den Ismaïl mir vor meiner Abfahrt aus Zouérate noch mitgegeben hat. Damit ist der andere am Zuge, und dieser andere weiß mit der Zeit umzugehen, was mir einige Minuten Aufschub verschafft. Also setze ich mich auf den Teppich und warte.

Jetzt ist es an mir, zu beobachten. Die drei Männer tragen khakifarbene Uniformen. Der Präfekt, der um die Dreißig sein muß, ist bedeutend jünger als seine Gefährten. Dennoch strahlt seine Person eine Mischung von Vornehmheit und Autorität aus.

Während er die Briefe liest, ziehen die beiden anderen ein unschuldiges Gesicht, wie man es in Mauretanien so gut versteht, wenn das Protokoll es verlangt. Niemand nimmt sich heraus, in meine Richtung zu blicken oder vor dem Herrn des Hauses irgendeine Regung erkennen zu lassen. Dieser beeilt sich nicht, liest erst zu Ende und faltet dann die Blätter zusammen, ohne den geringsten Kommentar abzugeben. Sein Gesichtsausdruck hellt sich nicht auf, und er schenkt mir weder ein Lächeln noch einen besonderen Willkommensgruß. Ich erfahre nicht, was er von meiner Ankunft hält, und bin mir fast sicher, daß seine Genossen auch nichts davon erfahren werden. Er begnügt sich damit, einen Blick auf mir ruhen zu lassen, der von unendlicher Sanftmut erfüllt ist, ein wenig verträumt, als schweiften seine Gedanken in weite Ferne ab:

»Möchten Sie eine Tasse Kaffee?«

»Sehr gerne, danke.«

»Hatten Sie eine gute Reise?«

»Ausgezeichnet, ich danke Ihnen.«

Glücklicherweise beschäftigen Zucker, Löffel und das Glas meine Hände und meine Aufmerksamkeit. Die nächtliche Kälte ist noch nicht verflogen, und die Architektur des Zimmers ist streng: Die Steinfliesen formen ein graues Mosaik; der Teppich ist aus roter Wolle, aber einfarbig, ohne das geringste Muster. Die Decke befindet sich in schwindelerregenden Höhen und verleiht dem Salon die pompöse Atmosphäre einer Kathedrale, deren Öffnungen eher an Schießscharten als an Fenster erinnern.

Der Präfekt bleibt einen Moment schweigend sitzen. Die anderen trauen sich nicht, ein Wort zu sagen.

»Und ... was haben Sie vor?«

Damit fängt diese Tortur wieder an! Daran werde ich mich nie gewöhnen. Wie soll ich ihm bloß erklären, daß ich vorhabe, mich bei ihm einzuquartieren, und daß mein Gepäck vor der Tür steht? Man könnte meinen, er macht das absichtlich, um mich auf die Probe zu stellen. Wenn ich wenigstens wüßte, was in den Briefen steht! Daß Hamdis Botschaft an den Vater nicht eindeutig gewesen ist, mag ja noch angehen, aber jetzt die Briefe von Daoud und Lahsen! Schließlich habe ich doch nicht geträumt, als sie mir versichert haben, ihr entfernter Vetter würde mir Hilfe und Schutz gewähren. Im Moment hilft er mir jedenfalls nicht besonders, der Herr Präfekt.

»Ich hatte vor, ein paar Tage in Bir zu bleiben, ehe ich nach Aïn ben Tili aufbreche, wo sich, wie ich gehört habe, die Zeltlager von noch aktiven Viehzüchtern befinden.«

»Man wird Ihnen ein Zimmer geben.«

Mein Gastgeber erteilt dem Boy, der den Tee zubereitet hat, einige Befehle, und eine junge, korpulente Frau mit hübschem Gesicht betritt das Zimmer.

»Darf ich Ihnen Madame vorstellen?«

Die Männer stehen auf. Sie gehen, weil Khalid in der Präfektur erwartet wird. Als sie sich aufrichten, fällt mir auf, daß sie die ganze Zeit über ihre Schuhe anbehalten hatten ...

Mit dem Nachgeschmack eines Desasters im Kopf bleibe ich bei »Madame« und den Kindern zurück. Wird mir dieser Mann Hindernisse in den Weg legen, oder wird er sie mir aus dem Weg räumen, wie man mir ursprünglich versichert hat? Was hat nur in diesen versiegelten Briefen gestanden, daß sein Empfang so kühl ausgefallen ist?

Madame

Aïchatou spricht kein Französisch, aber ich bin im Arabischen nun schon etwas sicherer. Es gelingt mir problemlos, ihr in kurzen Worten mitzuteilen, wer ich bin, woher ich komme, wohin ich gehe und warum ich hier bin. Sie begleitet mich in die Küche, wo sie gerade dabei ist, irgend etwas zu kochen. Der Raum ist groß und hell. Durch ihn gelangt man auf eine private Terrasse hinaus, auf der die Kinder des Präfekten vor einer seit langem ausgetrockneten Zisterne spielen.

Um die Mittagszeit kommt der Postmeister. Bei diesem handelt es sich um einen Schwarzen, der wahrscheinlich von Freigelassenen abstammt, weil er *Hassanije* spricht, und der sich zu Tode langweilt, während er auf einige seltene, unregelmäßig eintreffende Postsachen wartet. Da er unverheiratet ist und im Dorf keine Verwandten hat, kommt er jeden Tag zum Essen hierher. Man bedient ihn zusammen mit Aïchatou und den Kindern im hinteren Teil des Hauses. Als ich aufgefordert werde, den mittäglichen Reis mit ihnen zu essen, werde ich langsam unruhig. In allen maurischen Häusern, in denen ich bisher verkehrt habe, hat man mich immer eingeladen, die Mahlzeit mit dem Herrn des Hauses zu teilen, ob er nun zusammen mit seiner Frau aß oder nicht. Nun hat man mich also zum ersten Mal zur Frau, den Kindern und darüber hinaus noch einem untergeordneten Beamten abgeschoben.

Als wir beim Tee sind, taucht der Präfekt kurz auf, fragt mich, ob alles in Ordnung ist, und verschwindet gleich wieder, um seine Mahlzeit im großen Salon einzunehmen, der von Männerstimmen widerhallt. Ich bin dermaßen überrascht, daß ich dieses Verhalten als Ablehnung interpretiere. Ich bleibe auf der Terrasse, und trotz des Lächelns der Kinder wächst mein Unbehagen an diesem Nachmittag immer mehr. Als ich am Abend nicht mehr weiß, was ich noch tun soll, und um meine Fassung wiederzugewinnen, packe ich mein Arabischbuch aus der Tasche aus und versuche, mich in meine Studien zu vertiefen. Aber wegen der Angst, die in mir aufsteigt, je mehr Zeit verstreicht, ohne daß sich jemand um mich kümmert, kann ich mich nicht konzentrieren, und die Zeilen verschwimmen mir vor den Augen.

Mit dem Rücken zur Küche auf einem Stuhl sitzend, spüre ich, wie mir das Buch aus den Händen gleitet, während mir die Sonne zum Ausgleich das grandiose Schauspiel ihres eigenen Niedergangs darbietet. Heute bringt kein Gebet meiner Seele Frieden. Das Haus wurde im äußersten Westen des Lagers errichtet, und der Privatbereich seiner Bewohner hat kein Vis-à-vis, nicht einmal in weiter Ferne. Deshalb bin ich die einzige, die das Himmelsgestirn betrachtet, dessen Licht in der Ferne verblaßt, während es langsam in der unbewohnten Sandfläche versinkt, die sich hinter dem Stacheldraht bis ins Unendliche erstreckt.

Khalil steht vor mir, ohne daß ich ihn kommen gehört hätte. Er hat seine Uniform gegen einen *boubou* vertauscht, und sein Verhalten ist um eine Spur herzlicher als heute morgen.

»Was lesen Sie denn da?«

Ich reiche ihm mein Buch, das er zerstreut durchblättert. Dieser Mann beeindruckt mich. Zwar sagt oder unternimmt er nichts gegen mich, und doch gelingt es mir nicht, frei mit ihm zu reden. Auf der Terrasse sind wir die einzigen, die Französisch verstehen, ich könnte also versuchen, mehr von ihm zu erfahren oder mehr zu erzählen. Aber irgend etwas Undefinierbares an seinem Benehmen hält mich davon ab.

»Brauchen Sie irgend etwas?«

»Es ist alles in Ordnung, ich danke Ihnen.«

Der Präfekt ist ins Haus zurückgegangen, und die Sonne ist verschwunden. Mir ist kalt, und langsam verliere ich die Geduld. Aïchatou läßt sich gerade mit einigen Nachbarinnen ein Fleischgericht schmecken, ohne daß man mich ebenfalls dazu eingeladen hätte. Wenn mich sogar die Frauen ablehnen, was bleibt mir dann? In der Hoffnung, dort eine geselligere Atmosphäre anzutreffen, beschließe ich, mein Glück noch einmal bei den Männern zu versuchen, und gehe in der Absicht, mich auf dem großen, roten Teppich niederzulassen, ins Haus zurück. Überall ist es dunkel, und das Bauwerk macht einen verlassenen Eindruck. Der große Salon ist leer. Nach einem Lächeln, einem Blick schmachtend, suche ich bei den Kindern Zuflucht. Sie bringen mich in einen kleinen, auf traditionelle Weise eingerichteten Salon, in dem sie sich gewöhnlich aufhalten, wenn sie im Haus sind.

Es ist Winter, gegen achtzehn Uhr wird es dunkel, und man muß bis zweiundzwanzig Uhr warten, bis das Abendessen aufgetragen wird. Der Generator, der sich um neunzehn Uhr dreißig einschaltet, liefert den Strom für einige nackte Glühbirnen, die jeweils in der Mitte eines Zimmers herabbaumeln und ein grelles, fahles Licht verbreiten. Als Khalil wieder nach Hause kommt, sitzen wir im Dunkeln. Er geht, um sich einen weiten Wollburnus überzuziehen, und bleibt einen Moment im Türrahmen stehen.

»Es tut mir furchtbar leid, aber ich muß fort. Zwei meiner Kamelstuten haben sich im Busch verlaufen, und ich muß unbedingt hin. Morgen früh bin ich wieder zurück. Guten Abend.«

»Guten Abend.«

Dann höre ich seine Schritte im Flur, die Haustür kracht, einige Rufe, das Geräusch von schlagenden Autotüren, ein Motor wird angelassen, und ein Wagen entfernt sich. Der Herr des Hauses ist fort. Für einen Augenblick bin ich völlig perplex, ohne daß ich diese Geschichte von den Kamelstuten so recht glauben kann.

Eine eiskalte Nacht hat sich erbarmungslos auf das Haus herabgesenkt. Ich bleibe allein mit der Hausherrin zurück, die so tut, als würde sie sich ganz ihren Kindern widmen, obwohl sie mir von Zeit zu Zeit einen Blick zuwirft, aus dem sie jeden Ausdruck verbannt hat. Sie fragt mich nicht weiter aus, und ich versuche nicht mehr, mich mit ihr zu unterhalten. Die Kleinen beobachten mich noch neugierig, trauen sich aber nicht, mich offen anzulächeln. Ich kürze den Abend ab, um mich schlafen zu legen, und man führt mich auf mein Zimmer: ein echtes Zimmer mit einem echten Bett. Im ersten Moment sage ich mir, daß der physische Komfort vielleicht den moralischen Komfort ersetzen kann. In Wirklichkeit ist es nicht so. Das Bett ist mir zu weich, und es ist gar nicht so einfach, die Kälte zu vertreiben. Um mit ihr fertig zu werden, brauche ich eine Strumpfhose, eine Hose, drei übereinander gezogene Wollpullover, einen Schlafsack und mehrere Decken. Ich zittere bei der Vorstellung, was mich wohl im Busch erwartet.

Am nächsten Morgen bereitet mir Aïchatou einen etwas wärmeren Empfang. Eine beginnende Kameradschaft zwischen uns zeichnet sich ab, als sie mir eine sehr weibliche Sorge anvertraut: Wie stellt man es an, einen flachen Bauch zu bekommen? Sie ist erst vierundzwanzig Jahre alt, wiegt aber ungefähr neunzig Kilo bei einer Körpergröße von etwa einen Meter siebzig. Zu ihrem großen Unglück ist ihr Mann für die traditionellen Kriterien weiblicher Schönheit nicht besonders empfänglich und hätte gerne, daß sie etwas abnimmt, wie sie mir erzählt.

»Das erste, was man da machen muß, ist, alle *tagines* zu streichen.«

In Mauretanien nennt man *tagine* oder *casse-croûte* einen Imbiß, der außerhalb der Mahlzeiten eingenommen wird. Insbesondere ist er bei den wohlhabenden maurischen Frauen üblich. Wenn sich Freundinnen bei der einen oder anderen treffen – und sie treffen sich den ganzen Tag über –, hält es diejenige, die empfängt, für ihre Pflicht, allen ein Häppchen vorzusetzen. Dabei kann es sich um Fleisch mit Soße und Kartoffeln, um Datteln, um gebuttertes oder sogar nur um trockenes Brot handeln: irgend etwas, Hauptsache, es wird gegessen. Ebenso wie beim Tee handelt es sich bei einer *tagine* um eine Art weiblicher Geselligkeit: Die Damen stopfen sich ununterbrochen voll und wetteifern miteinander an Leibesfülle.

»Zweitens mußt du, wenn du deinen Bauch straffen willst, Gymnastik treiben. Etwa so, schau, es ist ganz leicht.«

Ich lege mich auf den Teppich, um ihr zu zeigen, wie man im Rhythmus die Beine hebt, wie es in einem Pariser Fitneßcenter gemacht wird: eins, zwei, drei, vier ...

Die Vorführung hat das Interesse der Kinder geweckt. Schon purzeln sie alle kopfüber auf dem Teppich herum, während ihre auf dem Rücken liegende Mutter entdecken muß, daß sie außerstande ist, die Fersen vom Teppich zu heben. Die Turnstunde endet in einem allgemeinen Gelächter. Aïchatou wird meine Ratschläge nicht befolgen, soviel steht fest; aber wir teilen jetzt, zusammen mit den Kindern, ein kleines Geheimnis. Durch die doppelte Vertraulichkeit des Frauseins und des Lachens wurde ein erstes Band geknüpft.

Das Eintreffen des Postmeisters zwingt uns, diesen sportlichen Aktivitäten ein Ende zu setzen: Schließlich kann man nicht in Gegenwart eines Mannes das Bein heben. Aïchatou richtet sich auf, zieht sich den Schleier über das Haar und macht ein ernstes Gesicht, das der Gattin eines Präfekten ansteht. Ich bemühe mich, es ihr gleichzutun.

Ich habe sehr schnell den Gedanken aufgegeben, mich wie die mauretanischen Frauen kleiden zu wollen. Um die *melhafa* mit Eleganz und vor allem bequem tragen zu können, benötigt man langjährige Erfahrung. Die kleinen Mädchen hüllen sich zuerst in nicht ganz so weite Stoffe, die nicht bis über den Kopf gezogen, dafür aber mit derselben Bewegung über die Schulter geworfen werden. Nach der Pubertät kleiden sie sich wie alle Frauen, und die Gesellschaft toleriert dann keine Ungeschicklichkeit mehr in der Art, sich zu bedecken. Übergangslos unsere genähte, engsitzende europäische Kleidung gegen eine ausschließlich drapierte, mauretanische *melhafa* einzutauschen, wäre ziemlich gewagt: Der Stoff rutscht dauernd vom Haar, der Wind verfängt sich in den Öffnungen und bringt die Ordnung dieser fragilen Architektur unweigerlich durcheinander. Ständig muß sie mit einer graziösen Geste, die langer Gewohnheit entspringt, festgehalten und zurechtgerückt werden. Außerdem schleift der Schleier bis über den Boden, so daß eine Anfängerin immer in Gefahr ist, zu stolpern. Er ist ein Kleidungsstück, das sich in ständiger Bewegung befindet, das eine Eigendynamik zu besitzen scheint. Das Tragen des Schleiers ist die Kunst: ohne sichtbare Anstrengung die Bewegungen des Körpers mit denen des Stoffes in Einklang zu bringen; zu wissen, wie man die Stoffbahn in der Schwebe hält, mit angehaltenem Atem, kurz vor einem unmerklichen Abrutschen, auf das die Hand, der Ellbogen oder der Arm unbewußt reagieren.

Der Postmeister, der frei ein und aus gehen kann, weil er

ein Mann ist, und dessen Anwesenheit innerhalb des Privatbereichs toleriert wird, weil er ein Schwarzer und von niederer Herkunft ist, stellt die Verbindung zwischen der Außenwelt und dem weiblichen Teil des Hauses her: Er bringt täglich die Neuigkeiten aus dem Dorf mit. Da er Französisch spricht, versuche ich, einige Informationen aus ihm herauszuholen.

»Ich bin zu Forschungszwecken hier …«

»Ich weiß, der Herr Präfekt hat mir von Ihrer Mission erzählt.«

Hat Khalil also doch vor, sich um mich zu kümmern? Ich halte das für ein günstiges Vorzeichen, traue mich aber nicht, mit diesem Mann, den ich nicht kenne, das Thema direkt anzuschneiden. Übrigens redet er, ohne daß man ihn fragen muß:

»Wissen Sie, der Herr Präfekt hat hier große Probleme mit seinen Verwandten, und er hat um seine Versetzung gebeten.«

»Deswegen?«

»Ja. Außerdem gibt es hier nichts zu tun, hier sagen sich Fuchs und Hase gute Nacht.«

»Ist das Dorf nicht bewohnt?«

»Früher lebten hier viele Menschen, vor allem Händler. Damit ist es aber vorbei, jetzt gibt es hier nur noch die Frauen der Soldaten.«

»Warum sind sie gegangen? Wegen der Dürre?«

»Nein, überhaupt nicht. Das ist wegen des Zolls. Nach der Unabhängigkeit hat die Regierung hier eine Zollstation errichtet, deshalb können die Händler nicht mehr in Ruhe arbeiten und sind anderswohin gegangen.«

»Wenn es nur noch die Familien der Soldaten im Dorf gibt, mit wem hat der Präfekt dann Probleme?«

»Mit seinen Verwandten.«

»Meinen Sie damit die Rgaybat oder die Sahraouis?«

»Mit beiden. In der Gegend gibt es überall Nomaden. Die meisten sind Rgaybat, die nichts zu essen haben oder die sich in die Politik einmischen. Sie bitten den Herrn Präfekten andauernd um etwas, und ihm ist es sehr peinlich, wenn er ihnen seine Hilfe verweigern muß, denn schließlich sind sie seine Verwandten. Es ist immer schwierig, mit der Verwaltung seiner Verwandten betraut zu sein. Wenn sie Dummheiten machen, kann man sie nicht bestrafen.«

In dem Moment kommt Khalil herein. Der Postmeister konzentriert sich ganz auf sein Glas Tee, um nichts von der Indiskretion zu verraten, die er gerade gegenüber seinem Gastgeber begangen hat. Vielleicht schätzt er es nicht, daß man ihn zu Madame in die Küche verbannt hat. Hat ihn die Tatsache, daß mir dieselbe Behandlung zuteil wurde, dazu veranlaßt, mir all diese vertraulichen Dinge mitzuteilen? Für den Postmeister bin ich in erster Linie ein Fremder. Daß ich eine Frau bin, ist nebensächlich. Da nur wir beide Französisch sprechen und da ihm Aïchatous Nichtverstehen einen gewissen Spielraum läßt, kann er durchblicken lassen, daß er in diesem Haus den Platz eines Intimus einnimmt und daß er darüber Bescheid weiß, was sich in den höheren Sphären der lokalen Staatsgewalt abspielt. In Anwesenheit des Präfekten dagegen macht er sich klein.

Dabei hat er nicht begriffen und mir selbst ist es auch noch nicht klargeworden, daß die Art und Weise, in der Khalil mich in den häuslichen Bereich verweist, nicht die negative Bedeutung hat, über die sich der Postmeister so sehr freut. Im Gegensatz zum Postmeister sieht mich der Präfekt in jeder Hinsicht als Frau. Deshalb bringt er mich auch so unter, wie man eine Frau eben unterbringt: bei den Frauen. Nur Aïchatou hat sich darin nicht getäuscht.

Der Präfekt bleibt nur einen Augenblick, er wird nicht mit

uns essen. Er verhält sich immer noch extrem zurückhaltend, da er jetzt, nachdem er mich als Frau definiert hat, nicht mehr recht weiß, wie er den fremden Gast, der unter seinem Dach weilt, anreden soll. Ich hingegen – plötzlich gefangen im Status der arabischen Frau, der mir völlig fremd ist – bekomme vor demjenigen, der mir diesen Status zugewiesen hat, kein Wort heraus. Allen anderen, denen ich bisher begegnet bin, habe ich jedesmal lang und breit die Gründe für meine Anwesenheit, den zurückgelegten Weg und meine Ziele erklärt. Vor ihm hingegen bleibe ich stumm, als wäre schon alles in den Briefen, die ich ihm überbracht habe, gesagt worden, obwohl ich nicht einmal weiß, was in ihnen stand. Um zu versuchen, diese heikle Partie für mich zu entscheiden, bleibt mir nur ein Ausweg: das Vertrauen von Madame gewinnen.

Ein Wochenende
im Busch

»Saviya, komm schnell. Wir fahren in den Busch!«

Das Kind zerrt mich zur großen Tür des Hauses, derselben, durch die angekommen bin und die ich seitdem nicht wieder durchschritten habe. Mit ihrem Baby auf den Knien sitzt Aïchatou schon auf dem Vordersitz eines Landrovers, der vor der Freitreppe parkt. Die Kinder steigen hinten ein und setzen sich auf einen Haufen Decken.

»Beeil dich, Saviya. Steig ein!«

Der Wagen fährt an, rollt aus dem Armeelager hinaus, verläßt das Dorf und prescht in die Wüste. Auf meine Frage hin klärt der Fahrer mich darüber auf, daß die Familie des Präfekten das Wochenende im Zeltlager eines Viehzüchters verbringen will, um sich mit Fleisch einzudecken: Khalil hat sich mit dem jüngeren Bruder seines entfernten Vetters Lahsen ould Dlimi[4] (der also in Bir wohnt?) zusammengetan, um ein Kamel zu kaufen.

Längere Zeit fahren wir über den Reg, so daß ich endlich diesen Teil des Zemmour bewundern kann, der ja die historische Hochburg der Rgaybat ist und von dem ich bei meiner Ankunft wegen der Dunkelheit nichts hatte erkennen können. Die sandige Ebene wird von einer Unzahl schwarzer Felsblöcke unterbrochen, von denen einige die Größe kleiner Berge erreichen. Am Horizont glitzern die berühmten Fata Morgana, von denen in den Märchen erzählt wird: bläuliche Flächen, die durch die Einwirkung der Hitze vibrieren und über denen die verschwommenen Formen der Felsen zu schweben scheinen. Hierher ist die französische Armee 1913 zum ersten Mal vorgestoßen, wäh-

rend eines Streifzugs, der in die Annalen der Militärge-
schichte eingegangen ist und der einen gewissen Mouret bis
ins Herz der Saguiat el-Hamra vor die Mauern von Smara
geführt hat. In jenem Jahr hatte es geregnet, so daß Mouret
in seinem Bericht den Zemmour als eine weite Wiese be-
schrieb, bedeckt mit einer Unzahl Blumen von unvergleich-
licher Pracht und Mannigfaltigkeit. Heute ist davon nichts
zu sehen, nicht der geringste Grashalm am Horizont. Und
doch muß es hier irgendwo Weideplätze geben, womit soll
der Hirte, zu dem wir fahren, seine Herde sonst ernähren?
Der Wagen hält zuerst neben einem Mann, der sich am
Kadaver eines Kamels zu schaffen macht, das er gerade
geschlachtet hat. Einsam und allein auf weiter Flur ist er in
aller Ruhe dabei, die Eingeweide des Tieres auszunehmen
und zu reinigen … mit Sand. Für jemanden, der nie Kutteln
à la mode de Caen gegessen hat, scheinen die Gedärme dieses
urzeitlichen Tieres wahrhaft monströse Ausmaße zu besitzen, und von der Art und Weise, wie sie zubereitet werden,
läuft einem nicht gerade das Wasser im Munde zusammen.
Der Mann unterbricht seine Beschäftigung für einen Moment und heißt uns willkommen; dann, nach langen Begrüßungsformeln, fordert er uns auf, sein nahes Zeltlager
zu besuchen, auf das er uns mit einer Bewegung des Kopfes
hinweist.
Da erst bemerke ich auf dem Grunde eines Wadis zwischen
kaum wahrnehmbaren Bodenwellen zwei schwarze Zelte,
die einige hundert Meter von einer Felsanhäufung entfernt
aufgeschlagen sind. Der Wagen hält vor dem ersten Zelt, aus
dem uns eine junge Frau zur Begrüßung entgegenkommt.
Einige Schritte entfernt mustern uns ein paar eingeschüch-
terte, aber neugierige Kinder. Völlig unbefangen steigt
Aïchatou mit ihrem Jüngsten auf dem Arm aus dem Wagen
aus und nimmt auf schlichte Weise die Respektsbekundun-

gen, die man ihr zollt, entgegen: Es ist eindeutig, daß sie hier der Ehrengast ist, deshalb halte ich mich auch diskret zurück. Zwar beteiligt sich meine Stimme mechanisch an den langen Begrüßungsformeln, die ausgetauscht werden, aber mein Verstand ist auf dem Siedepunkt angekommen, und meine Erregung kennt keine Grenzen: Auf diesen Moment warte ich jetzt seit fast drei Monaten.

Im blendenden Tageslicht wirkt das Zelt zuerst finster auf mich. Der Wüstenbewohner hat eine Schattenblase eingefangen, die er unter einer Architektur aus Wolle gefangenhält, damit das Leben aufblühen kann und damit seine Frau und seine Kinder dort Schutz finden. Das rechteckige Zeltdach reckt eine einzelne, hochmütige Spitze gen Himmel, die sich genau in der Mitte befindet, wenn man von vorn auf das Zelt zugeht, und die leicht nach vorne verschoben ist, wenn man es von der Seite betrachtet. In dieser kalten Jahreszeit sind die Rückseite und die Flanken gut abgedichtet. Vorne scheint der Saum des Zelttuchs zusammen mit der Linie des Bodens die Form eines halbgeöffneten Mundes zu bilden, in den man eindringen muß. Ein schwarzer, allerdings lächelnder Mund, der von einem helleren, eher braunen und spitzen Hut überragt wird. Auf *Hassanije* sagt man nicht »der Eingang« oder »die Tür«, sondern »der Mund« eines Zeltes. Von weitem, wenn man es wegen der Entfernung noch nicht richtig erkennen kann, ähnelt das Zelt einem Hütchen, das sich mit dem Rücken zum Wind an den Boden klammert.

Ein Zelt zu betreten, heißt, aus dem Licht in den Schatten, vom Himmel auf die Erde zu wechseln. An der Schwelle des Zwielichts muß man sich die Schuhe ausziehen, sich bücken, um den »Mund« zu durchschreiten, und sich auf den Boden setzen. Zwei Masten, die zu beiden Seiten der Mittellinie in den Boden gerammt sind und an der Spitze von einem

Firstziegel aus verziertem Holz zusammengehalten werden, erinnern an die Hauptbalken eines Dachgestühls. So hat der Mensch mit einem einfachen Rechteck aus gewobener Wolle, zwei zurechtgestutzten Baumstämmen und einigen geflochtenen Lederbändern den Raum mit einer Vielzahl gegensätzlicher Zeichen versehen: Nord und Süd, hinten und vorn, drinnen und draußen, privat und öffentlich, Ost und West, rein und unrein, Ehre und Unehre, weiblich und männlich, Sicherheit und Gefahr, gezähmt und wild, sichtbar und unsichtbar, Zivilisation und Barbarei, Gewißheit und Zweifel, Leben und Tod. Jemand, der ein Zelt betritt, steht damit automatisch unter dem Schutz des Besitzers, selbst wenn er dessen schlimmster Feind sein sollte.

Zunächst einmal überrascht mich das Volumen dieser Behausung: sie ist groß. Diese simple Konstruktion weckt die Illusion einer Monumentalarchitektur, jedenfalls vom Boden aus gesehen, ähnlich wie sich bei Bäumen die Perspektive verändert, wenn man sich unter sie legt und den Blick zum Himmel richtet. Auf der Matte sitzend, wende ich das Gesicht instinktiv der Außenwelt zu, wie hypnotisiert vom Tageslicht. Unablässig die Umgebung des Zeltlagers überwachend, umkreisen drei hellbraune Hunde mit der Schnauze am Boden im Abstand von etwa hundert Metern immer wieder die Zelte, die Ohren dem Wind zugekehrt, auf der Lauer. Die Wüste wirkt längst nicht mehr so feindlich, wenn sie auf diese Weise eingerahmt ist: Die Augen können sie mit einem einzigen Blick umfassen, ein Stück von ihr festhalten. Der Horizont ist nicht mehr kreisförmig, die Landschaft ist bezwungen.

Aïchatou schenkt ihrer Gastgeberin einen größeren Vorrat an frischen Baguettes. Sogleich wird das Brot gebrochen und verteilt, während der Wasserkessel bereits auf dem Kohlenbecken summt. Die mit einer *melhafa* aus abgetragenem *nilé* bekleidete junge Frau ist schlank und muskulös, und ihre Gesten sind von einer ungewöhnlichen Eleganz. Mit ihrem stolz erhobenen Kopf, dem unergründlichen Blick, das Gesicht von einem blendend weißen Lächeln erleuchtet, bildet sie einen starken Kontrast zu der rundlichen, anmutigen Städterin in ihrem bunten Schleier. Die eine besitzt eine reine Schönheit, die andere einen verführerischen Charme. Dennoch liegt keine Eifersucht in dieser Begegnung, da sie beide einander insgeheim bewundern. Jede ist beeindruckt von dem, was die andere repräsentiert, und das Entzücken ist wechselseitig. Die Atmosphäre ist also gelöst und herzlich. Die beiden Frauen stürzen sich in eine lange Unterhaltung, der ich nur mit Mühe zu folgen vermag. Nach dem dritten Glas Tee – es wäre ungehörig gewesen, sich vorher zu bewegen – kann ich dem Locken der Außenwelt nicht mehr widerstehen. Mein Körper, den ich schon so lange vernachlässigt habe, sehnt sich nach Bewegung.

Draußen messen sich die Kinder mit Blicken. Auf der einen Seite die kleinen Nomaden, zerlumpt, verrotzt, x-beinig und dreckig, das Haar verfilzt, stolz dreinblickend unter der gerunzelten Stirn; auf der anderen die Kinder des Präfekten, wohlgenährt und gut gekleidet, mit weitaufgerissenen Augen. Ein etwa fünfzehnjähriger Junge spricht ein bißchen Französisch und schließt sofort Freundschaft mit mir. Wir planen eine Expedition bis zu den Felsen, die dem Zeltlager am nächsten stehen und ihre bizarren Formen gen Himmel recken. Alle anderen folgen uns auf der Stelle, und schon sind wir in einem Wettrennen vereint, kleine und große, Jungen und Mädchen, Nomaden und Städter, kunterbunt durcheinander. Diejenigen, die Schuhe trugen, haben sie zurückgelassen. Wie weich der Sand unter den Füßen ist und wie berauschend das Wettrennen. Rennen.

Wie grausam ist doch eine Zivilisation, die einer Frau das Rennen untersagt. Was für ein unerträglicher Zwang, diese ewige Gemächlichkeit der Gesten! Gewiß wird es aufgewogen durch die Geschwindigkeit des Redestroms, aber wer hätte gedacht, daß die Kultur der Nomaden den weiblichen Körper zu einer solchen Unbeweglichkeit verdammt? Selbst das Tanzen wird sitzend ausgeübt: Es sind die Hände, was sage ich, die Finger, die tanzen. Der Oberkörper begleitet sie nur mit einem verhaltenen Wiegen, auch wenn die Frau dabei steht.

Freiheit. Für einige Stunden mache ich die Erfahrung der Freiheit. Diese Empfindung ist seltsam, weil sie einen Rückfall in den Bereich der Kindheit mit den Reflexionen einer Ethnologin verbindet. Ich fühle mich frei wie die Kinder, weil wir den Blicken der Erwachsenen entronnen sind. Für sie handelt es sich bei diesen Erwachsenen um die Mutter, den Vater, die »Verwandten« im weiteren Sinne, wie der Postmeister sie versteht; für mich ist es die Gesellschaft. Um tun und lassen zu können, was man will, muß man also das Blickfeld und den Bereich des Hörens der anderen verlassen.

In Paris kapselt man sich in einem Privatbereich ab, oder man taucht in der Menge unter. Die Anonymität ist wechselseitig: Diejenigen, die einander in der Menge begegnen, kennen sich nicht, sehen sich nicht, grüßen sich nicht und beurteilen sich nicht. Obwohl sie so viele sind, ist für die meisten Einsamkeit das tägliche Los. Hier genügt der Blick eines einzelnen, um das Individuum mit der sozialen Gruppe zu verbinden. Meine Freiheit mit den Kindern ist also nur relativ. Dennoch existiert sie insofern, als diese sich bereitgefunden haben, die Freiheit, über die sie aufgrund ihrer Stellung als Kinder verfügen, mit mir zu teilen. Sie haben mich ohne weiteres in ihren Bereich der Freiheit mit einbezogen, weil ich genauso wie sie einen noch unbestimmten Platz in der Gesellschaft einnehme: Ich bin mit der Frau des Präfekten gekommen, bin aber auch eine Fremde; ich bin erwachsen, aber mit meinem kurzgeschnittenen Haar sehe ich aus wie ein Kind; ich bin ein Mädchen, aber ich trage Jeans wie die Jungen; und außerdem hat man noch nie erlebt, daß eine respektable Frau ihre Schuhe stehen läßt und losrennt. Somit bin ich ein Wesen, das sozial nicht einzuordnen ist, geschlechtslos und von unbestimmtem Alter. Deshalb können mich die Kinder als Spielkameraden akzeptieren.

In der Nähe einer Höhle zeigt mir der größte Junge, der Leiter unserer Kinderexpedition, Spuren, die, wie er sagt, von einem »Panther« stammen. Diese Entdeckung ist sehr bedeutend und versetzt die Kinder in Entzücken. Die Köpfe über die Tierspuren gebeugt, geben sich die kleinen Nomaden wie unbeugsame Jäger, weil sie die Städter faszinieren und in den finsteren Schlund der Höhle locken wollen. In dem Moment kommt der kleine Boy von Aïchatou angerannt:

»Saviya, komm. Khalil … er ist da. Er will dich sehen.«

Ich renne zu den Zelten hinüber, neugierig zu erfahren, was der Präfekt von mir will. In seinem Landrover neben dem Fahrer sitzend, schaut er ohne mit der Wimper zu zucken zu, wie ich barfuß, mit hochgekrempelten Hosenbeinen und flatterndem Haar den Abhang heruntergeschlittert komme. Die Frauen dösen im Schatten der Plane, da es Zeit für das Mittagsschläfchen ist, und der Nomade arbeitet mit unserem Fahrer und den Boys weiter, als wäre nichts geschehen.

»Guten Tag.«

»Guten Tag.«

»Ist alles in Ordnung?«

»Alles ist in Ordnung, ich danke Ihnen.«

»Ich habe für Sie ein kleines Zeltlager gefunden, ähnlich dem hier, wo Sie zwei Wochen lang wohnen könnten.«

Also hat er das Ziel meiner Suche nicht begriffen? Wenn er sich wenigstens die Mühe geben würde, auszusteigen und einen Tee zu trinken, dann hätte ich Zeit, ihm die Sache in allen Einzelheiten zu erklären. Im Moment ist Wochenende, die Präfektur ist geschlossen und wir sind weit vom Dorf entfernt. Aber der Motor des Landrovers brummt ungeduldig. Khalil macht auf mich den Eindruck, als befinde er sich auf einer Inspektionsfahrt, und ich merke, daß er keineswegs gewillt ist, sich jetzt mit mir zu unterhalten.

»Ich danke Ihnen, aber das ist es nicht, was ich suche. Ich möchte mehrere Monate im selben Zeltlager bleiben, um dort das Nomadenleben zu studieren. Das kann ich nicht an einem Ort machen, an dem nur eine einzige Familie lebt. Ich brauche ein großes Zeltlager.«

»Hier in der Gegend gibt es keines.«

»Man hat mir gesagt, in der Nähe von Aïn ben Tili gäbe es noch Hirten, die nicht aufgegeben haben.«

»Hinter Aïn ben Tili kann man tatsächlich noch welche finden.«

»Dann fahre ich dorthin, wenn es sein muß. Ich will nämlich unbedingt ein großes Zeltlager finden.«

»Wie Sie wollen. Nun dann … Auf Wiedersehen.«

»Auf Wiedersehen.«

»*Y-Allah 'Hmed!*«

Der Fahrer legt den Gang ein, und der Landrover entfernt sich langsam, während die Kinder und Ziegen zur Seite gehen, um ihn vorbeizulassen. Khalil ist nicht einmal ausgestiegen. Nachdenklich bleibe ich zurück. Ich bemerke, wie das Oberhaupt des Zeltlagers einige Schritte entfernt den Kopf hebt, um die sich entfernende Staubfahne mit den

Augen zu verfolgen. Ist es nicht demütigend für diesen Mann, zu sehen, wie der Repräsentant der Staatsgewalt so bei ihm herumspaziert, als wäre er der große Boß, ohne daß er sich auch nur dazu herabläßt, hereinzukommen, um das Glas Tee der Gastfreundschaft zu trinken? Nimmt der Krieger so wenig Rücksicht auf seine Hirten?

Bei Einbruch der Nacht läßt Aïchatou im zweiten Zelt warme Decken ausbreiten. Der Nomade lebt hier mit seiner Mutter, die Witwe ist, sowie seiner Frau und seinen Kindern. Für diese eine Nacht macht uns die Großmutter Platz und schläft bei ihrer Schwiegertochter. Aïchatous kleinste Kinder sind schon warm eingewickelt, denn zur Stunde des Abendgebets hat sich eisige Kälte auf das Zeltlager herabgesenkt.

Zweifellos würde es banal klingen, beispielsweise zu sagen: »In den flach einfallenden, letzten Sonnenstrahlen brennt die Wüste in tausend glühenden Lichtpunkten …« Ich bin nicht besonders geschickt in der Kunst der Landschaftsbeschreibung. Dabei ist sie so wichtig: Man kann sich den Menschen nicht ohne seine Umgebung vorstellen. Nun ist die Wüste wohl der kahlste Bereich der Erde, schutzlos den Elementen ausgeliefert. Die Menschen, die sie durchwandern, stehen in unmittelbarem Kontakt mit den Planeten, mit dem gesamten Sonnensystem. Nie habe ich so wie hier die Einheit von Himmel und Erde begriffen. Die Wüste ist ein Ort der Begegnung zwischen Erde, Sonne, Mond und Sternen. Der Nomade ist im Zentrum dieses Zusammentreffens zur Welt gekommen. Wie empfindet er dieses Universum physisch? Ist er empfänglich für die Schönheit des Schauspiels, das die Gestirne ihm tagsüber wie auch nachts bieten? Wie nimmt er den Raum wahr, wenn er ständig vom Kreis des Horizonts umschlossen ist? Wie gliedert sich die Erinnerung an Orte, an denen er gelebt oder die er durchstreift hat und die er nun in sich trägt, in seine kreisförmige Realität ein? Das hier ist eine Schwelle, die der fremde Reisende nicht zu überschreiten vermag. Nie werde ich die Wüste wie ein Nomade empfinden, gleichgültig, wieviel Zeit ich bei ihm auch verbringe. Ob Aïchatou das kann? Sie kommt aus einem Stamm, der Handel treibt, und wurde in einer Karawanenstadt des mauretanischen Adrar in einem Palmenhain geboren. Beherrscht sie die Wissenschaft der Spuren? Könnte sie die Fußstapfen ihres Kindes im Sand erkennen?

Es gibt keine Milch. Auch dieses Jahr ist der Zemmour trocken geblieben, und milchgebende Kamelstuten sind selten. Deshalb ist es überflüssig, die Herde allabendlich zum Zeltlager zurückzutreiben. Kann man eigentlich von einem Zeltlager sprechen, wenn dort nur ein einziger Vieh-züchter wohnt? Von einem Zeltlager, wenn dort keine Ka-melstuten gemolken werden? Heute abend herrscht jedoch Feststimmung. Die Familie des Präfekten hat Tee, Zucker und Makkaronis mitgebracht, und die umstehenden Sträu-cher biegen sich unter dem Gewicht des Fleisches.[5] Der Hirte kann somit seine traditionelle Brotmahlzeit mit einer guten Kamelfleischbrühe ergänzen.

Nach dem Abendessen gehen wir zu unserem Zelt hinüber, das etwa fünfzig Meter vom ersten entfernt aufgeschlagen wurde. Innen ist das Zeltdach noch mit einer weißen Lein-wand, der *bénia*, ausgekleidet, die, wenn sie herabgelassen wird, die Wohnung verschließt. Die Luftschicht zwischen den beiden Stoffen wirkt als Wärmeisolation. Wir liegen alle nebeneinander, eingerollt in dicke Decken, mit den Füßen zum Zeltende und den Köpfen zum Eingang, der jetzt gut abgedichtet ist. Als ich am nächsten Morgen aufwache, bin ich erstaunt, daß ich auf dem Boden fest geschlafen und nicht unter der Kälte gelitten habe. Aïchatou schlägt die *bénia* zurück, und die Kinder richten sich nacheinander auf. Man bringt uns Tee mit Brot. Die frühe Morgenluft ist eiskalt. Jeder bleibt eine Weile so sitzen, fröstelnd in seine Decke eingewickelt, und betrachtet die dünne Schicht Rauhreif, mit der die Wüste noch weiß überzogen ist. Nur das Baby krabbelt halbnackt auf allen vieren herum, lediglich mit einer Wollweste bekleidet, die nicht einmal den Bauch bedeckt. Weil mir das sehr unvorsichtig erscheint, frage ich schüchtern:

»Ist ihm nicht kalt?«

»Aber nein.«

Ich frage nicht nach. Aïchatou könnte sonst denken, daß ich mich in etwas einmische, was mich nichts angeht, oder daß meine unheilverkündenden Worte das Übel erst hervorrufen. Die Macht der Worte ist ungeheuer groß. Sie können einen physischen Zusammenhang zwischen Ursache und Wirkung erzeugen. Die Bedeutung eines ausgesprochenen Gedankens kann denjenigen, auf den er sich bezieht, infizieren. Dasselbe gilt für die böse Absicht, die in einem Blick liegt: Sie kann denjenigen verletzen, den das Auge fixiert. Im Okzident glaubt man im allgemeinen, daß nur Mikroben und bestimmte Viren ansteckend sind. Im Land der Mauren kennt man Fälle von Ansteckung durch eine Meinung, deshalb nimmt man sich auch immer davor in acht. Für das Baby ist die winterliche Morgentemperatur weitaus weniger gefährlich als die Tatsache, daß ich sage: »Dieses Baby wird krank werden.« Darum verberge ich meine Befürchtung und versuche mich davon zu überzeugen, daß der kleine Körper an die heftigen Temperaturschwankungen des Zemmour gewöhnt und deshalb nicht in Gefahr ist, krank zu werden.

Am späten Nachmittag kehren wir nach Bir zurück, den Wagen mit Fleisch beladen und mit einem fiebernden Baby.

Die Hochstimmung des zauberhaften Wochenendes endet in Sorge, und die Kälte des großen Hauses spendet uns keinen Trost. Wie gemütlich war doch die Atmosphäre des Zeltes, wie warm war doch das Licht des Feuers verglichen mit diesen zu hohen Zimmerdecken und den lächerlichen Glühbirnen! Anstelle der Geräusche der Nacht – das knisternde Holz, das Kneten des Brotes, die Ziegen, die im Gehege durcheinanderlaufen – tritt hier das Brummen des Generators. Wir versammeln uns alle im kleinen Salon, aneinandergeschmiegt, verbunden durch dieselbe Sehnsucht. Aïchatou ruft den Boy, damit er uns Tee macht. Das Baby quengelt. Jedesmal, wenn es weint, bietet seine Mutter ihm die Brust an, aber es will sie nicht. Jetzt, wo das Baby Fieber hat, deckt die Mutter es geradezu übertrieben zu. Um es aufzuwärmen und die Luft zu reinigen, wirft sie eine mit Harz und anderen Ingredienzen vermischte Weihrauchkugel in einen kleinen Topf mit glühenden Kohlen. Bei der Berührung mit dem Feuer sondert dieses Präparat einen beißenden Rauch ab, der einen süßlichen Duft verbreitet. Sie nimmt das Baby auf die Knie, hüllt es in einen Zipfel ihres Schleiers ein und lenkt den Rauch mit einer Handbewegung so, daß er sich in den Falten ihrer *melhafa* verfängt. Dann reicht sie den Behälter an die anderen weiter, so daß jeder etwas von dem Weihrauchdunst in sich aufnimmt.

Da trifft der Präfekt ein. Er betritt das Zimmer, setzt sich auf den Teppich, schiebt den Topf zwischen seine Füße und läßt ihn ganz unter dem *boubou* verschwinden, wobei er den Stoff von der Glut fernhält. Der reinigende, auf diese Weise eingefangene Rauch steigt den Körper entlang hoch und dringt oben aus dem Kragenausschnitt wieder heraus.

»Sehen Sie, Saviya, in Bir ist der *bkhur* unsere einzige Zentralheizung.«

Vor Wohlbehagen seufzend, streckt er sich auf der Matte

aus, lehnt den Nacken gegen den Rand der Matratze und schneuzt sich geräuschvoll, wie die Mauren das im allgemeinen machen: von innen durch die Nase.

Damit befinde ich mich also in der Intimsphäre der vollständig versammelten Familie. Zum ersten Mal essen wir alle gemeinsam: der Vater, die Mutter, die Kinder und ich. Der Postmeister ist nicht dabei, weil er nie zum Abendessen kommt, und Khalil hat endlich einmal keine Verpflichtung, so daß er den Abend zu Hause bei Frau und Kindern verbringen kann. Er erzählt mir von einem alten Kadi, der für seine Gelehrsamkeit bekannt ist und den er herbestellt hat, damit ich ihn über die Geschichte des Stammes ausfragen kann.

Die Stunden verstreichen, und der Gesundheitszustand des Babys scheint sich zu verschlimmern. Ich schlage meinen Gastgebern vor, mein Thermometer zu benutzen: Die Temperatur des Kindes übersteigt vierzig Grad. Wir wachen eine Weile bei ihm, in der Hoffnung, daß das Fieber heruntergeht, aber eine Stunde später ist es nur noch weiter gestiegen. Diesmal scheint es mir an der Zeit zu sein, etwas zu unternehmen. Gibt es keinen Arzt in Bir? Keinen Krankenpfleger? Keine Medikamente? Khalil antwortet ausweichend auf meine Fragen.

Ist es möglich, daß selbst im Haus des Repräsentanten der Staatsgewalt, des Garnisonskommandanten, nichts vorhanden ist, was einem Kind helfen könnte, gegen das Fieber anzukämpfen? Angesichts einer solchen Mittellosigkeit geht meine Phantasie mit mir durch … Noch nie bin ich einer solchen Form passiver Unterwerfung angesichts der Leiden eines Säuglings begegnet. Im Okzident akzeptiert man eine Krankheit nicht. Die Losung lautet *Eingreifen*. Nicht warten, bis das Übel da ist, um es zu bekämpfen, und wenn es dann da ist, nicht warten, bis es sich ausgebreitet hat, um es aufzuhalten. Man muß *eingreifen*. Zweifellos hat die Wissenschaft bedeutende Fortschritte gemacht, was durch ihre Ergebnisse ja auch bestätigt wird, aber das Vertrauen auf die Allmacht der Medizin ist so groß, daß der Mensch darüber den Glauben verloren hat. Wenn er gesund wird, schreibt er das Verschwinden des Übels einzig und allein den Medikamenten zu. Er hat die vitalen Kräfte vergessen, die in ihm selbst schlummern.

Hier beobachtet man nur das Fortschreiten der Krankheit in der inneren Sammlung des Gebets. Aus Erfahrung weiß man, daß das Fieber steigt, um anschließend wieder zu fallen, man muß nur den gefährlichsten Punkt überwinden, ohne zu straucheln. Ich habe kaum je Gelegenheit gehabt, über all das nachzudenken. Es ist für mich einfach unvorstellbar, daß sich ein so heftiges Fieber ganz von allein legen kann, deshalb übersteigt meine Angst noch die meiner Gastgeber. Ich begreife ihre Passivität nicht. Ich möchte ihnen das Gefühl der Dringlichkeit vermitteln, das mich packt, damit sich einer von beiden endlich entschließt, ein Mittel zu suchen, um das Baby zu behandeln. Um zwei Uhr morgens ist das Fieber immer noch nicht gefallen. Die Eltern wachen schweigend über den unruhigen Schlaf ihres Kindes, und ich ziehe mich in mein Zimmer zurück.

Kaum bin ich am nächsten Tag aufgestanden, renne ich in den kleinen Salon. Aïchatou döst, über ihrem Frühstück sitzend, vor sich hin, während das Baby putzmunter über die Kissen purzelt, barfuß, mit nacktem Hintern in der kühlen Morgenluft …

»Friede sei mit dir, Aïchatou. Geht es Hamza besser?«

»Friede sei mit dir. Er ist geheilt, Dank sei Gott dafür.«

Wir schauen uns lächelnd an. Sie weiß, daß ich ihre Sorge geteilt habe, und sie weiß jetzt, daß wir Freundinnen sein können.

Der
verschleierte Mann

Das Alltagsleben geht wieder seinen gewohnten Gang in dem großen Haus, zu dem ich jetzt auch gehöre: Ich habe mein eigenes Plätzchen, ich komme und gehe, wie es mir gefällt. Eines Morgens überreicht mir Tiémokho, einer der drei Boys des Hauses, einen Zettel, den die Ordonnanz der Präfektur für mich abgegeben hat:

> *Sophie,*
> *gerade sind zwei hochgestellte R'Gueibatt zu mir gekommen.*
> *Ich halte sie in meinem Büro fest, damit Du mit ihnen Kon-*
> *takt aufnehmen kannst. Ich erwarte Sie also, zusammen mit*
> *den beiden Männern, bis bald.*   *Cne[6] Khalil*

Diesmal kann ich nicht mehr behaupten, daß sich der Präfekt nicht um mich kümmert: Jetzt hält er zwei Nomaden, die vorbeigekommen sind, wie in einem Schmetterlingsnetz gefangen, und ich soll schleunigst angerannt kommen, um seinen Fang zu begutachten. Diese Methode ist zwar ein bißchen derb, könnte aber erfolgreich sein. Wenn einem hier das Glück winkt, muß man unverzüglich zugreifen. Ich stürze hinter dem Wachposten her, der mich mit großen Schritten und ohne ein Wort zu sagen auf die andere Seite des Militärlagers führt.

Die Präfektur ist ein kleines Gebäude am äußersten Rande des Lagers. Einige Soldaten gehen vor der Tür auf und ab, während Nomaden, die davor im Staub sitzen, ohne jedes Anzeichen von Ungeduld darauf warten, daß man ihr Gesuch anhören wird. Bei meiner Ankunft bricht das Gemurmel ab. Man beobachtet mich. Stocksteif in seinem wogenden *boubou* stolziert die Ordonnanz mit hocherhobenem Kopf und ausdruckslosen Augen an all diesen Blicken vorbei. Ich betrete hinter ihm das Gemeindebüro. Auf einem Röhrenstuhl zusammengesackt, die Ellbogen auf einen wackligen Tisch aufgestützt, bürstet sich der Vorsteher mit seinem *mesouaq* die Zähne, wobei er es alles andere als eilig hat, sich um die Besucher zu kümmern, die ihn umringen. Die Ordonnanz klopft an eine Tür, öffnet sie und tritt beiseite, um mich ins Büro des Präfekten einzulassen, ehe er sie vor den Nasen all der neugierigen Blicke rasch wieder schließt.

Gegenüber von Khalil sitzen drei ehrwürdige Patriarchen.

»Friede sei mit euch.«

»Friede sei mit dir.«

»Geht es euch gut?«

»Gott sei gelobt.«

»Lob sei Gott.«

»Fehlt es dir an nichts?«

»Dank sei Gott dafür.«

»Lebst du in Frieden?«

»Lob sei Gott.«

»Lob sei Gott.«

»Ich habe den Kadi von Bir Moghrein und zwei hochgestellte Persönlichkeiten der Rgaybat für dich vorgeladen. Du kannst sie fragen, was du willst.«

Die Gesichter sind mir zugewandt: Man erwartet meine erste Frage. Jetzt stehe ich völlig unvorbereitet da, dazu gedrängt, meinen guten Willen und meine Fähigkeiten unter Beweis zu stellen. Einen Augenblick lang bin ich völlig verwirrt. Ich hatte nicht damit gerechnet, heute morgen ein Verhör durchführen zu müssen. Außerdem hatte ich mir meine Beziehung zu den Rgaybat auf keinen Fall so vorgestellt: Im

Büro des Präfekten, ohne jeden vorherigen Kontakt, ohne auch nur genau zu wissen, mit wem ich es zu tun habe. Jetzt sind also Forscher und Erforschte durch den Ortskommandanten zusammengebracht und aufgefordert worden, jeweils ihre Rolle zu spielen. Ersterer muß bekennen, was er wissen möchte, und letzterer muß die richtigen Antworten geben, nämlich diejenigen, die der Repräsentant der Regierung gerne hören möchte.

Wäre Khalil nicht selbst ein Rgaybi, würde ich zweifellos vermuten, daß man mich in einen von den örtlichen Behörden inszenierten Hinterhalt gelockt hat, zumal in unserer westlichen Vorstellung das Konzept des Militärs – vor allem das des arabischen – mit einigen Vorurteilen behaftet ist. Doch trotz des Ortes und der Soldaten hinter der Tür, trotz der nicht sehr feinfühligen Aufforderung, die an mich ergangen ist, glaube ich nicht an eine Falle. Irgend etwas im Blick dieses Mannes hält mich davon ab. Hinter der Schroffheit, hinter diesem »Kommen wir jetzt bitte mal zu Sache«, sehe ich etwas Verworrenes, in dem sich Zögern mit Nachsicht mischt. Khalil hat nur diesen einen Weg gefunden, um der ganzen Gemeinschaft durch einen sozusagen vereidigten Zeugen (dem Kadi) zu beweisen, daß ich nichts anderes bin als eine Ethnologin, daß es sich weder um eine Frau, die er bei sich zu Hause versteckt, noch um eine Fremde mit verdächtigen Absichten handelt. Deshalb liefert er mich ihnen öffentlich aus, während er sie mir gleichzeitig zum Geschenk macht. Hierdurch verpflichtet er sich mir gegenüber, mich zu beschützen, und ihnen gegenüber bürgt er für mich. Er verpflichtet sich und spricht sich gleichzeitig von jeder Verantwortung frei. Hinter alldem spüre ich aber auch ein Körnchen Neugier, eine eher beunruhigte als amüsierte Neugier. Neugierig weniger auf meiner Fragen, als vielmehr darauf, wie ich mich aus der Affäre ziehen werde. Vor wem lege ich nun diese erste Probe ab, vor dem Repräsentanten des Staates, vor dem Rgaybi, oder vor dem Menschen?

Da sitzt er also hinter seinem Schreibtisch, den Ältesten gegenüber, und ist genauso gezwungen, seine Rolle fehlerfrei zu spielen. Denn diese alten Honoratioren mit Turban, vor denen er seine prekäre Autorität ausnützt, beobachten den jungen *capitaine* ihrerseits durchdringend, während er mit der kleinen weißen Frau in einer Sprache spricht, die sie nicht verstehen. Die Situation wäre fast unschicklich, wenn diese junge Frau nicht in erster Linie eine Fremde wäre und wenn der jüngere Mann hierzulande nicht auf derselben Stufe stünde wie ein Scheich. Darum geben sie ebenfalls ihr Bestes, den Anschein zu wahren. Er zieht es vor, gleich zur Sache zu kommen, um ihnen keine Zeit zu lassen. Was mich angeht, so darf ich vor allem nicht an der Vorgehensweise, die man mir hier aufzwingt, Anstoß nehmen.

Das alles erfasse ich in einer Sekunde, und mein Gedächtnis kommt mir plötzlich recht verworren vor. Natürlich bin ich hier, um Fragen zu stellen. Das hatte ich schon fast vergessen. Was für Fragen wollte ich eigentlich stellen? Die auf mich gerichteten Augen ignorieren. Nicht darüber nachdenken, ob Khalil im Moment eher der beschützende Gastgeber oder der diensttuende Polizist ist. Auf meine Intuition vertrauen. Achtung, er gibt mir hier eine zweite Chance. Die erste war sein Vorschlag, mich zu einem kleinen Zeltlager zu führen, was ich angelehnt habe. Da dies nun schon die zweite ist, darf ich nicht mehr wählerisch sein. Keinen Fehler machen. An den Vater denken. Was hat der Vater gesagt? Ach ja, daß die Rgaybat *Scherifen* sind. Das war das wichtigste: das Blut der *Scherifen*.

»Man hat mir gesagt, daß Sid Ahmed ar-Rgaybi ein *Scherif* war, stimmt das?«

Mitten ins Schwarze. Die Spannung läßt mit einem Mal nach. Der Scheich atmet auf, ich scheine verstanden zu haben. Obwohl er sich bemüht, gleichmütig zu wirken, spüre ich sehr wohl, daß er die Frage, für die ich übrigens keinen Dolmetscher gebraucht hätte, fast triumphierend übersetzt. Die Gesichter entspannen sich, das Thema gefällt allen. Zunächst einmal ist es ungefährlich, man kann es vor dem Präfekten erörtern, und außerdem ist es nicht schlüpfrig: Junge wie Alte können sich gemeinsam darüber unterhalten. Und schließlich ist es auch wichtig und zeigt, daß ich zumindest etwas über die Rgaybat weiß, etwas Wesentliches. Mein Verdienst ist es nicht. Es war der Vater, der mir mitgeteilt hat, daß die Rgaybat in erster Linie nicht Nomaden, Krieger, Dichter, Widerstandskämpfer oder Soldaten sind, sondern vor allem die Edelsten unter den Edlen: Nachfahren des Propheten.

Vor mir sitzen nur noch drei Mauren, die stolz auf ihre Abstammung sind und die aufgefordert wurden, mir zu beweisen, daß es sich dabei nicht einfach um Betrug handelt. Und ich bin für sie nur noch eine Fremde, die ihr adeliges Blut anzweifelt.

»Sid Ahmed ar-Rgaybi stammte vom Propheten (Friede und Heil seien mit ihm) ab durch Abdesselam ben M'chich, einen großen marokkanischen Heiligen aus der Familie der Idrisiden.«

Ich höre mir den langen Vortrag des Kadis aufmerksam an, zücke mein Heft und einen Stift, und beginne damit, mir einige Notizen zu machen. Über die ältere Geschichte und die verschiedenen Stammbäume erhalte ich hier wesentlich genauere Angaben als in Zouérate. Doch obwohl der Vortrag des Kadis darauf abzielt, zu beweisen, daß der Stammvater des Stammes tatsächlich ein Nachfahre des Propheten war, besteht das einzige Argument dieser Belehrung lediglich in einer Unmenge an Details. Jemand, der alle diese Einzelheiten kennt, beweist damit zugleich, daß er alles *weiß*, folglich kann das, was er sagt, nicht angezweifelt werden.

»Wie kann man das beweisen?«

»Durch seinen Baum.«[7]

»Wo kann man den finden?«

»Bei den Gelehrten, den Marabuts. Die Rgaybat haben viele Marabuts, vor allem die Rgaybat Lgwasim, die Söhne von Qasim ould Sid Ahmed ar-Rgaybi. Unter den Lgwasim sind die Lbbayhat die gebildetsten. Sie sind Nachfahren von Qasims Sohn Bouih. Bei den Rgaybat Sahil kannst du eine Familie von Kadis finden, die ursprünglich Berber waren und schon vor langer Zeit in den Stamm aufgenommen wurden. Sie besitzen alle schriftlichen Urteile, die sich auf die verschiedenen Konflikte zwischen den Stämmen beziehen, denn die Rgaybat haben mit fast allen Stämmen der Sahelzone Krieg geführt. Unter den Rgaybat gibt es viele arabische Intellektuelle, und die haben Manuskripte.«

Den ganzen Morgen über frage ich die drei Männer in einer sehr offiziellen Atmosphäre, die sich aber allmählich lockert, über den Stammbaum ihres Vorfahren, über seine Nachkommen und über die Stammeskriege aus. Meine geringen Kenntnisse, meine Erinnerung an die Namen der Seitenlinien, mit denen ich allmählich vertraut werde, und die ich mir vor aller Augen auf arabisch notiere, vor allem aber das Interesse, das ich dem entgegenbringe, was ihnen so sehr am Herzen liegt, beruhigt sie zuerst, erstaunt sie dann und gefällt ihnen schließlich. Am Ende des Gesprächs wendet sich Khalil an den Kadi:

»Gib ihr dein Manuskript, sie wird es abschreiben.«

Mit dem wertvollen Manuskript in der Hand verlasse ich die Präfektur unter den durchbohrenden Blicken der Warten-

den, denen ich im Gefühl einer wohlverdienten Genugtu-
ung ein Lächeln schenke.

Als ich ins Haus zurückkehre, zeige ich meine Beute als
erstes Aïchatou, die sich mit mir über diesen ersten Erfolg
freut. Sie erkennt darin, was ich ihr gezeigt habe, ohne es
zu sagen: Ein Anzeichen dafür, daß ich wirklich nur zu
Forschungszwecken hier bin, da mir der Kadi höchstpersönlich seine Papiere anvertraut hat. Dennoch bleibt ein Zweifel bestehen, da wir beide genau wissen, daß ich ohne Khalil
überhaupt nichts erreicht hätte. Darum liegt in ihrer Begeisterung auch ein kleines bißchen Vorsicht. Trotzdem tue ich
so, als würde ich ihr glauben, genauso wie ich vorgegeben
habe, ihr das Manuskript einzig und allein nur deshalb
sofort gebracht zu haben, weil ich die Freude über diesen
ersten Fortschritt zuerst mit ihr teilen wollte. Wie gerne
würde ich sie beruhigen. Ich weiß nicht, wie ich ihr sagen
soll, daß ich ihre Freundschaft sehr zu schätzen weiß und
daß sie von mir nichts zu befürchten hat.

Um zu versuchen, sie davon zu überzeugen, aber vor allem,
weil ich so glücklich darüber bin, mich endlich an die Arbeit
setzen zu können, lasse ich mich auf der Terrasse nieder und
beginne damit, die ersten Zeilen vom Stammbaum des
Vorfahren aller Rgaybat abzuschreiben, während die Unruhe, die in der Küche herrscht, das Mittagessen ankündigt,
und während mir der Postmeister, der schon vorher dort
saß, mit spöttischer Miene zuschaut, wie ich die ersten Worte
auf das weiße Blatt male.

»Sie schreiben auf arabisch?«

Ich merke, daß ihm das auf die Nerven geht. Übrigens gehe
ich ihm schon seit geraumer Zeit auf die Nerven. Aïchatou
interessiert sich jetzt sehr viel mehr für mich als für ihn, und
ihr anfängliches Mißtrauen scheint sich gelegt zu haben. Sie
unterhält sich mit mir, lacht mit mir, erklärt mir tausend

Dinge, und genau darauf ist der Postmeister eifersüchtig. Und um all dem die Krone aufzusetzen, schreibe ich jetzt auch noch auf Arabisch, und die Honoratioren vertrauen mir ihre Manuskripte an. Nicht genug damit, daß ich ihm seinen Platz im Haus streitig mache, jetzt erhalte ich auch noch aus dem Dorf Zeichen der Hochachtung. Ich gehe ihm ganz entschieden auf die Nerven, und diese Gereiztheit kann er nur mit Mühe unterdrücken.

Am Abend kommt Khalil in strahlender Laune nach Hause. Zum ersten Mal ist die Familie im großen Salon versammelt. Der Präfekt besitzt ein großartiges Radiogerät und hört sich, wie die meisten Mauretanier, jeden Morgen und jeden Abend die Neuigkeiten aus der weiten Welt an. Die Kinder, die daran gewöhnt sind, diesen Gesang in der klassischen arabischen Sprache, die nur ihr Vater versteht, zu respektieren, geben keinen Ton von sich. Die Zeit der Nachrichten ist ein friedlicher Moment. Ich lasse mich von den Worten einlullen, versuche halbherzig, einige davon zu verstehen, kann dem Sinn des Gesagten aber nur sehr allgemein folgen. Übrigens ist mir das auch gleichgültig, ich lausche lieber der Melodie dieser Sprache, die so schön ist, daß sie sogar das Baby bezaubert.

Ausnahmsweise stört kein einziger Besucher den Familienabend. Aïchatou ist heiter, und auch Khalil wirkt gelöster als gewöhnlich. Ich meinerseits fühle mich jetzt so ziemlich akzeptiert. Der Sinn meiner Anwesenheit in diesem Heim ist nun deutlicher geworden.

Träge vor Glückseligkeit denke ich an meinen bevorstehenden Aufenthalt in den Zeltlagern. Seit ich am ersten Abend gesehen habe, wie sich der Präfekt, ehe er in den Busch fuhr, einen prächtigen Wollburnus übergezogen hat, habe ich große Lust, mir einen ähnlichen anzuschaffen. Hierbei handelt es sich um ein ebenso gutsitzendes wie warmes Kleidungsstück, das auch als Wandschirm dienen kann ... was äußerst nützlich wäre auf dem Reg, einer Landschaft, die so flach und kahl ist, daß man dort bestimmt vergeblich nach einem Busch sucht, hinter dem man sich verstecken kann. Um einem natürlichen Bedürfnis nachzukommen, hocken sich die Mauren einfach in aller Öffentlichkeit hin, geschützt von den weiten Falten ihres Gewandes, das sie wie ein Schutzschirm umgibt. Was wäre da besser als ein Burnus für jemanden, der Hosen trägt? Das Ganze scheint mir eine gute Idee zu sein, aber wie stellt man es an, sich einen solchen Schatz zu besorgen? Es ist sehr heikel für mich, diesen Wunsch zu äußern, weil er für meine Gastgeber zu einer Verpflichtung werden könnte. Ich versuche daher, mich zu informieren, ohne meine Absicht zu enthüllen.

»Seltsam, dieser Burnus, den Sie da neulich abends getragen haben. So einen hatte ich noch nie gesehen. Wird so was in Mauretanien hergestellt?«

»Nein, der kommt aus Marokko oder Algerien. In der Spanischen Sahara gibt es auch welche.«

»Kann man die hier finden?«

»Nur selten, weil die Leute nicht über die Mittel verfügen, sich welche zu kaufen. Ein Burnus kostet etwa sechstausend UM [dreihundert Mark].«

Der Präfekt kann sich offenbar nicht vorstellen, wie nützlich mir dieses männliche Kleidungsstück sein könnte. Er hat nur an die Kälte gedacht, aber meine Frage bringt ihn auf eine Idee.

»Es gibt auch den *farou*. Das ist eine große Decke aus zusammengenähten Lammfellen, sehr wirksam, um sich in einem Zelt vor der Kälte zu schützen. Möchten Sie vielleicht einen mitnehmen?«

Ich tue so, als würde ich nicht verstehen, weil ich befürchte, daß meine Frage trotz allem als versteckte Bitte aufgefaßt wird. Dazu muß man sagen, daß die mauretanischen Frauen die Männer bei jeder Gelegenheit um etwas anbetteln, und die Macht der Traditionen ist so stark, daß diese sich dem nicht entziehen können, ohne das Gesicht zu verlieren.

»Nein, das kann ich nicht. Das wäre zu teuer für meinen Geldbeutel.«

Der Präfekt zögert. Wäre ich eine Maurin, wäre meine Antwort von einer etwas scheinheiligen Grimasse begleitet gewesen, die ihn dazu ermuntert hätte, nicht locker zu lassen. Es wäre viel einfacher, die Dinge zu sagen, wie sie sind, weil ich nicht sehr geschickt darin bin, mich mit einer Person zu unterhalten, die ständig sich selbst und den anderen zu mißtrauen scheint. Sicherlich hat er durch lange Gewohnheit gelernt, seine Reaktionen zu kontrollieren und sich seine Gedanken nicht anmerken zu lassen. Um mich mit ihm verständigen zu können, müßte ich ihn erst ein bißchen aus dem Konzept bringen, aber das traue ich mich nicht. Vielleicht würde es mir gelingen, wenn ich mich einmal ohne Zeugen mit ihm unterhalten könnte, aber er ist nie allein. Übrigens ist in dieser Gesellschaft niemand je allein. Es gibt immer irgendwelche Neugierige, ob stumm oder laut, die eine freie Äußerung individueller Beziehungen unmöglich machen.

Aïchatou beobachtet uns. Ich weiß, daß sie schlau genug ist, um die geringste Änderung in Tonfall, Blick oder Ausdruck zu bemerken. Da sie unsere Unterhaltung nicht versteht, könnte sie die Bedeutung dessen, was sie zu sehen meint, mißverstehen. Darum beeile ich mich, das Thema zu wechseln.

»Worauf beruht das Wissen eines Gelehrten?«

»Die Marabuts kennen den Koran und den *Hadith*[8]. Sie studieren auch Recht, Philologie, Theologie, Magie ...«

»Magie?«

»Ja, sie müssen die Leute gleichzeitig in der Religion unter-
richten und Talismane herstellen. Wenn die Nomaden zum
Beispiel verzweifelt sind, weil kein Regen fällt, schreibt der
Marabut einen Vers des Korans auf eine Holztafel, die er an
einen Baum hängt. Die Tafel muß im Wind baumeln, bis der
Text vom Regen ausgelöscht wird. Eigentlich könnte jeder
einen Vers auf eine Tafel schreiben und sie dann an einen
Baum hängen, aber der Marabut besitzt eine Gabe, die er
von seinen Ahnen geerbt hat und die vom Vater auf den
Sohn weitergegeben wird.«

»Gibt es in allen Zeltlagern Marabuts?«

»Natürlich. In jedem Zeltlager werden Sie einen Marabut
finden, der die Kinder unterrichtet, bei Hochzeiten die
fatiha[9] vorträgt, Recht spricht, die Leute berät und dem
Imam[10] hilft.«

»Wovon lebt er?«

»Manchmal hat er Kamelstuten, die man ihm geliehen hat,
in *mniha*, aber nicht immer. Jeden Montag und jeden Mitt-
woch müssen die Kinder ihm etwas mitbringen: Zucker,
Tee, Mehl. Am Ende des Jahres erhält er eine größere
Summe. Wenn ein Schüler in der Lage ist, eine neue Sure
des Korans zu zitieren, bekommt er eine Ziege, und wenn
er das Buch abgeschlossen hat, wird ein Kamel geschlachtet.«

Die Kinder schlafen auf dem Teppich ein. Aïchatou hat
lange zugehört, ohne ein Wort zu sagen, ihrerseits von
dieser fremden Sprache eingelullt, von der sie nur einige
Bruchstücke versteht. Von Zeit zu Zeit fragt sie Khalil, wovon
wir reden, mischt sich aber nicht in das Gespräch ein. In
Gegenwart ihres Mannes werde ich für sie wieder zu einer
Fremden, die zu unterbrechen ungehörig wäre. Sie scheint
vor allem auf die französischen Ausdrücke zu achten, die sie
kennt und die sie im Laufe der Unterhaltung aufzuschnap-

pen versucht. Sie spielt mit den Worten, die ihr verständlich sind. Beruhigt durch das, was sie von unserem Dialog versteht, ist ihre aufmerksame Anwesenheit heute wohlwollend.

Der Präfekt hingegen hat seine natürliche Vorsicht nicht abgelegt. Dieser Mann übt in jeder Beziehung eine ungeheure Zurückhaltung. Er gönnt sich keine Atempause, bleibt immer vorsichtig. Wie schwierig es doch ist, in Mauretanien eine Respektsperson zu sein. Man muß so viele Regeln beachten, ein Meister in der Kunst der Verstellung sein, die Anwesenheit anderer ertragen, selbst wenn man keine Lust dazu hat, allen möglichen Arten von Zwang widerstehen und sein Leben öffentlich leben. Wir Frauen können wenigstens noch hinter den Mauern des großen Hauses Zuflucht suchen. Und da wird behauptet, in den islamischen Ländern wäre es die Frau, die verschleiert ist! Ich beobachte die fröhliche, spontane, offen dreinblickende Aïchatou. Und ich betrachte den melancholischen und verletzlichen Khalil. Hinter der Person, die er aufgrund seiner Position spielen muß, verbirgt sich mehr schlecht als recht eine extreme Reizbarkeit. Verletzlich, wie er ist, ist eher er der Verschleierte.

Die Nähmaschine

Mehrere Tage lang geht das Leben wieder seinen sorglosen Gang. Nichts geschieht, doch wenn ich den finsteren Himmel betrachte, über den ein eisiger Wind – soweit das Auge reicht – dicke Wolken treibt, weiß ich den Schutz des großen Hauses zu schätzen. Meine Eile, zu den Zeltlagern aufzubrechen, nimmt in der Behaglichkeit der Familie ab. Mit Aïchatous Hilfe macht mein Arabisch Fortschritte. Ich lache jetzt öfter mit ihr und den zutraulicher gewordenen Kindern.

Der Präfekt ist nicht oft zu Hause, aber er setzt sich weiterhin für mich ein. Er hat epische Gedichte über die Stammeskriege aufgetrieben, die er von jemandem abschreiben lassen will. Er hat mir sogar versprochen, dem Kadi alle Fragen über die Eheverbindungen zu stellen, die mich interessieren und die er nicht beantworten kann. Das Warten auf wärmere Tage, vereint mit der Hoffnung auf neue Manuskripte, verleitet mich zur Faulheit. Ich höre auf, gegen die Zeit, gegen die Menschen, gegen die Umstände und gegen das Essen anzukämpfen. Ich füge mich geduldig in den gemächlichen Tagesrhythmus und nehme jeden Eindruck andächtig in mich auf: das blasse Morgenlicht, das durch die staubigen Fensterscheiben meines Zimmers sickert; die Geräusche des Hauses am Morgen; der herbe Geschmack des ersten Tees; die Sonnenstrahlen, die die Terrasse allmählich aufwärmen; die Pullover, die ich einen nach dem anderen ausziehe, bis ich nur noch eine Bluse trage, wenn der Postmeister, schwarz in seinem tiefblauen *boubou*, eintrifft; seine verdrießliche Miene die ganze Mahlzeit über; das Augenzwinkern Tiémokhos; der unstete Blick des Kochs; das bockige oder strahlende Gesicht des jüngsten Boys; die Lethargie am frühen Nachmittag; die wiederholten Schreie Aïchatous nach Tiémokho, der kommen soll, um die Wohnzimmertür zu schließen, neben der sie sitzt; das schwindende Licht, während die Kälte zurückkehrt; die übereinander angezogenen Pullover; das Lärmen der Kinder im Halbdunkel, bis das Licht angeht; das Brummen des Generators, das die Stille der Nacht unterbricht; das Stillen des Babys; der Geschmack der über den Kuskus rinnenden Ziegenbutter; das dumpfe Geräusch des Mörsers; der Weihrauch, der das Zimmer mit seinem seltsamen Duft einnebelt; das Lächeln Aïchatous; das lautlose Kommen und Gehen Khalils; und jeden Abend dieselbe Frage: Wird er bleiben? Wird er wieder ausgehen?

Eines Morgens gelingt es mir endlich, mich aus meiner seligen Schlaffheit zu reißen, um zur Wetterstation hinüberzugehen. Dazu brauche ich das Armeelager nicht zu verlassen, da sich die Station innerhalb des Stacheldrahts befindet. Ein junger Maure empfängt mich, einfach und herzlich. Er erklärt sich gerne bereit, mir seine Archive zu öffnen, in denen ich einige Hinweise auf die Entwicklung des Klimas seit der Gründung der Station zu finden hoffe. Er erzählt mir auch als erster vom »Katastrophenplan«, den die Regierung beschlossen hat und der in den sieben Regionen Mauretaniens jeweils vom Präfekten umgesetzt wird.

»Es handelt sich darum, Lebensmittel an die Bevölkerung zu verteilen. Leider geht es dabei nicht immer korrekt zu, es gibt Leute, die das Getreide verkaufen, statt es kostenlos abzugeben. Hier wird der Katastrophenplan wirklich effektiv durchgeführt, weil der Präfekt seriös ist. Er überwacht jeden, und keiner kann mogeln.«

Bei meiner Rückkehr treffe ich Aïchatou im Kreise ihrer Kindern an, wie sie in der Betrachtung eines ungewöhnlichen Gegenstands versunken ist. Von einer plötzlichen Inspiration gepackt, hat ihr Mann in seinen Sachen herumgewühlt und eine großartige, nagelneue Nähmaschine chinesischen Fabrikats ans Tageslicht gefördert. Diese geniale, handliche und leicht zu transportierende Maschine scheint speziell für eine Nomadenzivilisation konzipiert worden zu sein: Eine Kurbel, die unmittelbar in der Achse der Maschine angebracht ist, macht es möglich, auf dem Boden sitzend zu nähen.

Hat Khalil dieses Wunderwerk gerade erst erstanden, oder ist er nur auf die Idee verfallen, daß er den beiden Frauen seines Hauses auf diese Weise zu einer Beschäftigung verhelfen könnte? Ich weiß es nicht. Was Aïchatou angeht, so ist sie ein wenig aus dem Konzept gebracht. Sie näht nur selten, weil es dafür Schneider im Dorf gibt, aber der Gegenstand ist hübsch, und es ist nicht schwierig, damit umzugehen.

»Was willst du damit anfangen?«

»Ich weiß nicht. Ich könnte Najems Hose reparieren, an der die Nähte auseinandergehen. Ich habe auch einen schönen rosafarbenen Stoff, aus dem ich mir gerne ein Kleid machen möchte, aber ich weiß nicht, wie ich das anfangen soll.«

Ich schlage ihr eine Zusammenarbeit vor, denn im Laufe meines Zigeunerlebens habe ich gelernt, in jeder Lage aus allem etwas zurechtzubasteln. Unter anderem kann ich auch Kleidungsstücke aller Art anfertigen. Aïchatou schickt ihre Tochter, den Stoff zu holen, während ich mein Nähzeug hervorkrame. Anschließend lassen wir uns mit den Kindern im kleinen Salon nieder, dessen Tür wir schließen. Ich nehme Schere und Nadeln zur Hand, und die Anprobe beginnt. Vertrauensvoll dreht sich Aïchatou hin und her, bleibt still stehen, wenn ich es sage, und läßt mich die Operation leiten.

Den ganzen Tag über wird das Zimmer in ein Nähatelier verwandelt. Der Stoff wird ausgebreitet, zerschnitten und zusammengenäht. Aïchatou, über die Maschine gebeugt, ist sehr geschickt darin, mit einer Hand die Kurbel zu drehen und mit der anderen den Stoff unter der Nadel durchzuführen, ohne ihn herunterrutschen zu lassen oder auch nur einen Millimeter abzuweichen. Ich meinerseits gebe, nachdem ich erst ihre Maße genommen habe, mein Bestes, um die erstaunlichste Kreation meiner Karriere zu realisieren: ein langes Kleinmädchenkleid mit Puffärmeln und tiefausgeschnittenem Dekolleté (das Baby muß noch an die Brust herankommen) für eine braunhäutige Alice im Wunderland, deren Gewicht und Körperumfang vom Zauberpilz mindestens verzehnfacht wurde. Gehorsam probiert sie das Kleid immer wieder an, während ich messe, Nadeln stecke, zurechtschneide, mich an die Sache herantaste. Als der Präfekt bei Einbruch der Dunkelheit nach Hause kommt, findet er uns immer noch über die Arbeit gebeugt vor, umgeben von den Kindern, die sich brav beschäftigen: Das Baby rollt spielend die Garnspule hin und her, die beiden jüngeren zerschneiden kleine Stoffreste, während die älteste Tochter darin vertieft ist, ihr erstes Taschentuch zu säumen.

Nach und nach erfüllt Finsternis das Zimmer. Das Licht wird erst in einer guten Stunde angeschaltet. Ich lege die Nadel hin, strecke meinen schmerzenden Rücken, seufze und rufe zum ersten Mal den Boy:

»Tiémokho, mach uns doch einen Tee!«

Aïchatou lächelt mich an:

»Sag mal, Saviya, du wirst ja zu einer echten Maurin!«

Da hat Aïchatou durchaus recht. Nach diesem langen, von

Handarbeit ausgefüllten Tag sehnt sich mein Körper nach einem starken, bitteren Tee, den wir gemeinsam als Belohnung trinken. Das Kleid ist fertig. Aïchatou ist zufrieden, und Khalil stellt befriedigt fest, daß seine Idee mit der Nähmaschine gut war. Weniger wegen des genähten Kleides, sondern wegen der heiteren, herzlichen Atmosphäre, die in der Vertraulichkeit des kleinen Salons herrscht. Er nistet sich in unserer Mitte ein, um auch ein Stückchen von dieser offensichtlichen Harmonie abzubekommen. Aïchatou zieht sich das Kleid über, damit er es bewundern kann, dann sitzen alle schweigend und friedlich da, die Augen auf Tiémokhos Gesten gerichtet, während der Zauber des Abends nach diesem arbeitsamen Tag Körper und Geist träge macht.

Die Teekanne summt auf dem Kohlenbecken. Unter dem Deckel brodelt das kostbare Gebräu. Einige Tropfen kochen über, rinnen den langen Schnabel aus mit Kupfer verziertem Zinn hinunter und fallen in die Glut, wo sie mit einem lauten Seufzer verzischen. Als die braune Hand die Teekanne flink vom Feuer nimmt, mischt sich ein unbeschreiblicher Duft nach karamelisierter Minze unter die Weihrauchdämpfe.

»Weißt du, daß Saviya einen Koran hat?«

»Auf arabisch?«

»Nein, auf französisch.«

Damit wurde ein Fortschritt erzielt: In Anwesenheit ihres Mannes hat Aïchatou die Initiative zu einem Gespräch ergriffen. Damit bedeutet sie sowohl ihm als auch mir, daß sie mich endlich vollkommen in ihrem Privatbereich akzeptiert hat. Auf Khalils Bitte hin hole ich die Ausgabe des Buches in der Reihe La Pléiade, das ich in meinem Gepäck habe. Der Präfekt blättert darin herum und übersetzt mir gleichzeitig Aïchatous Bemerkungen, da diese mir heute abend so viel Gutes erweisen will, daß sie sich sogar um mein Seelenheil sorgt:

»Sag ihr, daß sie ihren Willen und ihre Intelligenz dazu aufwenden soll, um das Buch zu verstehen.«

Khalil hält sich wieder einmal aus allem heraus und betont, daß er lediglich die Fragen und Antworten wiederholt, daß er aber nicht in die Diskussion eingreifen möchte.

»Ich versuche es ja, aber ich kann einfach nicht an einen Gott glauben.«

»Arme Saviya!«

Aufrichtigt betrübt ermuntert mich die junge Frau dazu, den heiligen Text wieder und wieder zu lesen, in der Hoffnung, daß sich das Wunder des Glaubens eines Tages vollzieht.

Einige Tage zuvor hatte ich meine Gastgeberin gefragt, welche verschiedenen Milchprodukte man in Mauretanien verwendet, aber wir hatten einander nicht richtig verstanden. Plötzlich erinnert sich Aïchatou an unsere Schwierigkeiten und fordert mich auf, mein Heft zu holen. Sie will die Anwesenheit ihres Mannes ausnutzen, um mir ebenfalls etwas Wissenswertes mitzuteilen, das für wert befunden wird, aufgeschrieben zu werden.

»Das erste und einfachste Milchprodukt ist der *zrig*, den du kennst: Man nimmt Kamel- oder Ziegenmilch, die man mit Wasser und Zucker (wenn man welchen hat) vermischt. Das zweite ist die Sahne, deren Herstellung du sicher schon einmal gesehen hast: Die Milch wird in einen Schlauch gegossen, der geschüttelt wird. Die Sahne kann mit Datteln gegessen werden oder man fügt sie zum Kuskus hinzu. Die Butter erfordert eine längere Zubereitung.«

Sorgfältig notiere ich alles, was sie mir sagen läßt. Khalil übersetzt, aufgeschlossen für diese positive Geisteshaltung, die sich vor seinen Augen entfaltet. Was sich heute abend hier abspielt, ist weniger eine Ethnographie des Milchge-brauchs, als das Verlangen Aïchatous, uns beiden zu zeigen, daß sie den wissenschaftlichen Zweck meiner Anwesenheit nicht mehr in Zweifel zieht, und daß sie mir sogar ihre Hilfe anbietet.

Die Bestätigung durch seine Frau erfreut den Präfekten zweifellos. Die günstige Atmosphäre, die sich daraus ergibt, gestattet es mir jedoch noch nicht, ihm all die Fragen über die aktuelle Lage zu stellen, die mir auf der Zunge liegen. Gibt es in der Gegend Sahraouis? Welche Beziehungen unterhält er zu ihnen? Wohin geht er eigentlich so oft in der Kälte der Nacht, um erst am frühen Morgen zurückzukeh-ren? Ich wundere mich, daß davon nie die Rede ist. Hat mir sein Vetter in Nouakchott nicht gesagt, daß er Khalil schrei-ben wollte, damit dieser mich mit den Sahraouis in Kontakt bringt? Natürlich bin ich nicht hier, um mich in die Politik einzumischen, aber wie soll ich die Lage der Rgaybat verste-hen, wenn ich mich nicht nach dem Kampf erkundige, den sie heute führen?

Die beiden Männer sind sehr verschieden. Der Bürger aus Nouakchott ist ein Zivilist, der seine Meinung frei äußern kann. Khalil ist Soldat, er repräsentiert in dieser Gegend den mauretanischen Staat. Vielleicht ist er mit der Idee, mich auf ein so gefährliches Terrain zu begeben, nicht einverstan-den. Gefährlich auch für ihn, weil seine Position ihm jede Initiative in diesem Sinne verbietet, und gefährlich für mich. Ob die Soldatenehre im Widerspruch zur Ehre des Rgaybi steht? Und wenn er im Schutze der Nacht und der Sanddü-nen schließlich einen Weg gefunden hat, beide miteinander zu versöhnen, dann geht das niemanden etwas an. Also zwingt er mich dazu, schön an meinem Platz zu bleiben, aber die Distanz, die er mir damit auferlegt, schürt meine Neugier nur noch mehr.

»Welche Haltung haben die Rgaybat während des Algerienkriegs eingenommen?«

»Aus wirtschaftlichen Gründen und weil sie Krieger waren, befanden sich damals viele Rgaybat im äußersten Süden Algeriens, bei Tinduf. Einige haben sich in die französische Armee eingliedern lassen. Da sie weit vom Norden und von allen Informationsquellen entfernt waren, haben sie erst um 1960 etwas von der algerischen Revolution gehört.«

»Was ist zum Zeitpunkt der Unabhängigkeit geschehen?«

»Die algerische Regierung hat Diskriminierungsmaßnahmen eingeleitet zwischen den Leuten, die für die Unabhängigkeit Algeriens gekämpft haben, und denjenigen, die sich auf die Seite des Besatzers geschlagen hatten. Deshalb haben die Franzosen allen Rgaybi den Status von *Harkis*[11] und die Umsiedlung nach Frankreich angeboten. Sie haben aber abgelehnt und sind fast alle nach Marokko übergewechselt.«

»Und später?«

»1963 gab es Zwischenfälle an der algerisch-marokkanischen Grenze, und die Rgaybat sind damals wieder mit den Algeriern zusammengestoßen.«

»Also gibt es in Algerien keine Rgaybat mehr?«

»Doch, natürlich.«

»Als Nomaden oder seßhaft? Ich habe gehört, daß die algerische Regierung angeblich drakonische Maßnahmen ergriffen hat, um die Hirten seßhaft zu machen.«

»Man hat nicht alle seßhaft gemacht, aber es stimmt, daß sie Dörfer gegründet und versucht haben, die Nomaden festzuhalten. In Algerien gelten die Leute aus dem Süden als eine mächtige reaktionäre Kraft, und deshalb schließt man sie von allem aus.«

»Und die Rgaybat lassen sich das gefallen?«

»Ja und nein. Einige sind Nomaden geblieben und stehen

den Maßnahmen, die sich gegen ihre traditionellen Aktivitäten richten, alles andere als freundlich gegenüber.«

Ich spüre, daß er nicht mehr darüber sagen wird und traue mich auch nicht, noch weiter zu fragen. Besser ist es, das Thema zu wechseln, und so erkundige ich mich nach seiner Ansicht über den Katastrophenplan, von dessen Existenz ich erst am Morgen etwas gehört habe.

»In unserer Gegend ist der Katastrophenplan sehr erfolgreich. Zunächst einmal wird eine Volkszählung abgehalten, die ziemlich einfach durchzuführen ist, weil es nur wenige Zeltlager gibt. Ein Aufruf ergeht, und jedes Familienoberhaupt läßt sich eine Karte ausstellen, auf der die Anzahl der Personen verzeichnet ist, für die er zu sorgen hat. Nur Einheimische haben Anspruch auf kostenlose Lebensmittel: Zehn Kilo Getreide pro Person und pro Monat. Hinzu kommen noch Milchprodukte für die Kleinkinder.«

»Wie kann man sich sicher sein, daß diese Leute wirklich Not leiden?«

»Angesichts des umfangreichen Schmuggels verläßt man sich auf die Lebensverhältnisse. Die Nichteinheimischen müssen die Nahrungsmittel kaufen, die per Lastwagen aus der Hauptstadt herangeschafft werden. Neunzig Prozent des Viehbestands wurden vernichtet, was ungeheuer viel ist.«

»Was können die Viehzüchter tun, wenn sie keine Tiere mehr haben?«

»Sie werden seßhaft und arbeiten als Köhler, Brunnenbauer, Dockarbeiter. Oder sie schließen sich einem mehr oder weniger entfernten Verwandten an. Es gibt auch die *zekkat*, das Almosen, das ist ein religiöses System gegenseitiger Unterstützung.«

»Also ist es mit der Kamelzucht, dem Nomadentum und all dem vorbei?«

»Ja und nein. Die Leute, die noch einige Tiere besitzen, behalten sie in der Hoffnung darauf, daß einmal bessere Zeiten kommen und ihnen gestatten, ihre Herden neu aufzufüllen. Andere handeln mit dem Vieh, was selten vorkommt, aber sehr lohnend ist, wenn man die derzeitigen Preise für Kamelfleisch berücksichtigt.«

»Das ist ja schrecklich.«

Der Generator springt an. Die Glühbirne, die am Ende eines langen Drahts von der Decke baumelt, strahlt ein flackerndes Licht aus. Es ist kalt. Für einen Moment spuken die Bilder ausgehungerter Nomaden durch das Zimmer und erfüllen die Stille mit Wehmut.

»Es gibt ein Zeltlager mit einigen Rgaybat in der Nähe von Bir. Die Leute haben nicht genug Tiere, um sich weit vom Brunnen entfernen zu können. Es ist ganz in der Nähe, etwa fünfhundert Meter vom Dorf entfernt, man kann zu Fuß hingehen …«

Ein Getümmel draußen unterbricht unsere Unterhaltung. Jemand kommt, um den Präfekten zu holen, der sich hastig verabschiedet, und zwar mit gutem Grund: Aïchatou teilt mir mit, daß der Leiter der Sûreté nationale, der nationalen Sicherheitspolizei, aus Nouakchott in Bir Moghrein eingetroffen ist.

Die
Schweizerin

Ein Superbulle geht unter den Nomaden um. Von Ruhe kann keine Rede mehr sein. Eine diffuse Spannung lädt die Atmosphäre im Dorf auf, deren Ausläufer bis in den hintersten Winkel des großen Hauses dringen. Niemand entkommt der allgemeinen Nervosität. Der Präfekt ist nicht zu sehen, Aïchatou ist gereizt, Tiémokho schlägt die Augen mehr denn je nieder, Diouf, der kleine Boy, traut sich nicht mehr zu schimpfen, wenn das Baby ihn tyrannisiert, und sogar Messaoud, der Koch, scheint seinen Kopf noch tiefer zwischen die Schultern eingezogen zu haben als gewöhnlich. Nichts sickert durch, keine Information, keine Erklärung. Wozu dieser Besuch? Worüber unterhält man sich in den Wohnzimmern und in den Zelten? Es ist unmöglich, dies herauszufinden. Man läßt mich wieder in meiner Ecke versauern. Also irre ich wie eine verdammte Seele umher, Zweifeln aller Art ausgesetzt. Die Warterei fängt wieder an. Ich nähere mich der Küche, versuche erfolglos, mit Messaoud, der das Gemüse putzt, ins Gespräch zu kommen. Um mich abzulenken und wenigstens etwas zu lernen, versuche ich, den Kuskus zu rollen, aber ich bin nicht besonders begabt dafür. Der Postmeister kommt mit wichtigtuerischer Miene herein, aber gleichgültig, was für ein verschwörerisches Gesicht er auch ziehen mag, man kann darauf wetten, daß er nicht die geringste Ahnung hat von dem, was sich zusammenbraut, sondern daß er nur in der Hoffnung, uns zu beeindrucken, so tut, als sei er auf dem laufenden.
Es ist Sonntag. Nach dem Mittagessen geht Aïchatou aus. Ich lasse den Postmeister auf der Terrasse zurück und setze

mich zum Schreiben in den kleinen Salon. Die beiden Jungen, die leichtes Fieber haben, schlafen auf einer Matratze, während sich die Mädchen in ihrer Ecke selbst beschäftigen. Ich überrasche sie dabei, wie sie sich die Füße mit einer grünen, parfümierten Creme einschmieren.

»Was macht ihr da?«

»Hier, nimm auch etwas davon, Saviya, das ist gut für die Haut.«

»Wo habt ihr das her?«

»Das kommt aus Algerien.«

Ich weiß nicht, wo sie diesen Schatz aufgetrieben haben: Schönheitsartikel sind hierzulande rar. Dennoch zögern sie nicht, ihre Füße, die sie zu waschen vergessen haben und die vor Schmutz nur so starren, dick damit einzureiben, aber sie sehen dabei so zufrieden aus, daß ich mich hüte, ihre Freude durch eine Bemerkung zu verderben: sie sind die einzigen friedlichen Personen im ganzen Haus.

Ich lasse mich neben ihnen nieder, um zu arbeiten. Ich habe nämlich beschlossen, für den Präfekten einen Fragebogen aufzustellen, damit wir schneller vorankommen. So habe ich wenigstens den Eindruck, nützlich zu sein. Die kleinen Mädchen flüstern leise miteinander, weil Khalil im großen Salon mit dem Leiter der Sûreté, den ich immer noch nicht gesehen habe, Tee trinkt. Nichts deutet darauf hin, daß ich hingehen und ihn begrüßen sollte. Vielmehr habe ich den Eindruck, daß man von mir erwartet, mich diskret zurückzuziehen ... was ich auch tue.

Unglücklicherweise durchquere ich den Flur gerade in dem Moment, als die Männer herauskommen, und stoße beinahe mit dem Besucher zusammen. Ohne ein Wort zu sagen, rauscht er vorbei und tut dabei so, als hätte er mich nicht gesehen. Trotzdem habe ich den kurzen, mißbilligenden Blick, den er mir mit erhobenem Kinn und hochmütiger

Miene zugeworfen hat, deutlich bemerkt. Ohne es zu wollen, muß ich ihn als Erwiderung höchst unfreundlich angefunkelt haben, weil ich selten eine so unsympathische Physiognomie zu Gesicht bekommen habe. Für einen Sekundenbruchteil erzittert der Korridor von diesem Zusammenprall negativer Vibrationen. Khalil sagt nichts, aber ich spüre, daß ihm das Ganze sehr ungelegen kommt. Zum Glück befindet er sich hinter seinem Vorgesetzten, so daß dieser seinen Gesichtsausdruck nicht sehen kann, sonst wäre ein böser Verdacht in ihm aufgestiegen.

Aïchatou kommt kurz darauf nach Hause und teilt mir mit, daß die beiden nach Aïn ben Tili gefahren sind. Für einen Moment kann man wieder frei atmen. Die Kinder lachen lauter, und Tiémokho bereitet uns fast fröhlich den Tee zu. Die Frist ist nur von kurzer Dauer. Aïn ben Tili ist nicht besonders weit entfernt, und solange der Leiter der Sûreté nicht nach Nouakchott zurückgekehrt ist, wird die ganze Gegend weiterhin auf der Hut sein.

Aïchatou nutzt die Abwesenheit ihres Mannes aus, um Geschäfte zu machen.

»Diouf, komm her! Hast du gekauft, was ich dir aufgetragen habe?«

Der junge Boy kommt mit mehreren Stoffresten.

»Willst du wieder nähen, Aïchatou?«

»Nein, ich mache Hemden.«

Es wird keine Nähstunden mehr geben. Aïchatou erklärt mir, daß sie einen kleinen, sehr einträglichen Handel aufgezogen hat, wie das sehr viele mauretanische Frauen gerne machen. Zunächst schickt sie ihren Boy auf den Markt, um ein Stück Stoff zu kaufen. Je nachdem, was er mitbringt (was er gefunden hat), schickt sie ihn dann mit genauen Instruktionen zum Schneider. Kleidungsstücke für Männer schneidern zu lassen, ist am rentabelsten. Aïchatou bietet sie anschließend den Freunden ihres Mannes an, die sie schlecht ablehnen können, und erzielt dabei einen saftigen Gewinn.

»Weißt du, wenn ich den Stoff und den Schneider rechne, kostet mich ein Hemd zweihundert UM (zehn Mark), und ich kann es je nach Kunden für einen Betrag zwischen vierhundert (zwanzig) und sechshundert UM (dreißig Mark) verkaufen.«

»Warum kaufen sie ein Hemd für vierhundert UM, wenn sie es sich für zweihundert selber anfertigen lassen können?«

»Sie haben nicht die Zeit, sich darum zu kümmern, sie haben anderes zu tun.«

»Können sich ihre Frauen nicht darum kümmern?«

»Doch, natürlich. Aber wenn ihnen der Stoff gefällt, wenn die Hemden gut verarbeitet sind …«

»Handeln sie den Preis nicht herunter?«

»Nie im Leben! Männer rechnen dabei nicht nach.«

»Aber die können doch nicht so dumm sein?«

»Du verstehst nicht. Das ist weder eine Frage des Geldes, noch dreht es sich dabei um das Hemd. Das ergibt sich einfach so, das ist der Zufall, die Gelegenheit. Im Grunde kaufen die mauretanischen Männer furchtbar gerne bei Frauen, da können sie einfach nicht widerstehen.«

»Und was sagt Khalil dazu?«

»Das ist eben das Problem: Er möchte, daß ich meinen kleinen Handel aufgebe. Er sagt nämlich, daß er genug Geld hat, um mich zu ernähren. Er will eben nicht verstehen, daß ich das nicht wegen des Geldes tue. In Mauretanien treiben alle Frauen Handel, das ist schrecklich amüsant. Ganz zu schweigen vom Gewinn, der sehr nützlich ist, wenn ich mir verschiedene Kleinigkeiten kaufen möchte, oder wenn ich meiner Familie, die in Chinguetti wohnt, helfen will.«

Aïchatou ist eine sehr aktive Frau. Ich sehe sie kommen,

gehen, Leute empfangen, aber ich weiß nichts über die Beziehungen, die sie zu all den anderen Menschen unterhält. Sie vertraut mir kaum etwas an, und oft weiß ich nicht einmal, wer diese Frauen sind, die hier zum Spielen oder zum Essen kommen. »Nachbarinnen«, antwortet sie mir, wenn ich danach frage. Sicherlich Frauen von Soldaten. Was erzählen sie sich? Worüber teilen sie sich mit? Offensichtlich gibt es bei diesem ständigen Kommen und Gehen von Frauen Konventionen und Interessen, Freundschaften und Vertraulichkeiten, geteilte Sorgen, kursierende Gerüchte, aber nichts von all dem dringt bis zu mir durch, obwohl ich nur wenige Meter von der Hausherrin entfernt sitze. Sie nimmt mich nie zu Besuchen mit, und wenn die Damen im kleinen Salon oder auf der Terrasse versammelt sind, reden sie zu schnell, als daß ich sie verstehen könnte. Manchmal habe ich den Eindruck, genauso wie der Postmeister zu sein: ein Gespenst, jemand ohne Bedeutung.

Trotz der spürbaren Verbesserung in meinem Verhältnis zu Aïchatou merke ich deutlich, daß sie keineswegs beabsichtigt, mich in die Gruppe der Frauen zu integrieren. Vielleicht handelt es sich dabei wieder um ein Zeichen von Mißtrauen, aber ich vermute eher, daß es ein Zeichen von Zugehörigkeit ist. Ich bin *ihr* Ding, ein Ding, dem sich die anderen Frauen nicht nähern dürfen. Sehr geschickt weckt sie durch die geheimnisvolle Aura, mit der sie mich umgibt, Neid und Neugier in den anderen. Ich habe sie im Verdacht, daß sie vor den anderen mit den Schmuckstücken angibt, die ich ihr geschenkt habe, oder mit all den kleinen Gegenständen oder auch nur den Informationen aus dem fernen Frankreich, an die sie durch mich gelangt ist. Nicht aus Eitelkeit, Aïchatou ist nicht eitel, sondern um zu versuchen, die Bosheit des Tratsches etwas abzuschwächen. Eine Bosheit, die sie in gleichem Maße bedroht, wie sie auch mich bedroht. Ebenso wie Khalil schützt mich Aïchatou also, während sie sich gleichzeitig selbst vor der Dorfgemeinschaft schützt.

Das alles öffnet mir draußen nicht gerade Tür und Tor, so daß mein Lebensraum immer weiter eingeschränkt wird. Aus Mangel an Gesprächspartnern nähere ich mich Tiémokho an, der, wie ich seit einigen Tagen gemerkt habe, Zuneigung zu mir gefaßt hat. Ich glaube, die Nähaktion hat ihn sehr beeindruckt. Daß ein Gelehrter, selbst wenn es sich dabei um eine Frau handelt, nähen kann, hat ihn erstaunt. Daß ich es ihm angetan habe, nutze ich gleich am nächsten Tag aus, um ihn zum Brotholen ins Dorf zu begleiten. Seit meiner Ankunft bin ich nicht mehr dort gewesen, obwohl es ganz in der Nähe ist.

Damit befinden wir uns also zum ersten Mal ohne Zeugen außerhalb der Mauern des großen Hauses. Ein Ereignis! In der maurischen Gesellschaft, gleichgültig, ob sie weiß oder schwarz ist, läßt man eine solche Gelegenheit nicht ungenützt verstreichen. Wenn man jemandem etwas zu sagen hat und wenn einem ein flüchtiger Moment unter vier Augen geschenkt wird, verschiebt man nicht auf morgen, was man heute mitteilen kann. Die Zeit des öffentlichen Bereichs hat einen anderen Stellenwert als diejenige der Privatsphäre.

»Weißt du, ich bin kein Boy. Ich bin die Ordonnanz des *capitaine*.«

»Das wußte ich nicht.«

»Was du auch nicht weißt, ist, daß Diouf der persönliche Sklave von Aïchatou ist.«

»Wie meinst du das ›persönlich‹?«

»Er gehört ihr. Ihr Vater hat ihn ihr geschenkt, als sie geheiratet hat. Khalil hat nicht das Recht, ihm Befehle zu erteilen. Vorher muß er sie um ihre Meinung fragen.«

»Und Messaoud, der Koch?«

»Das ist ein ehemaliger Sklave. Er hat einer Familie aus Rosso gehört, aber sie hat ihn freigelassen, und Khalil hat ihn als Boy eingestellt.«

»Wird er bezahlt?«

»Ja, natürlich.«

»Also ist er ein *hartani*.«

»Nein, er ist ein Sklave.«

»Ein freigelassener Sklave ist doch ein *hartani*, oder?«

»Nun ja, wenn du so willst.«

»Und Diouf, wird er nicht bezahlt?«

»Doch, weil Khalil es irgendwie geschafft hat, daß er einen Sold erhält, aber sie nimmt ihm das ganze Geld weg, weil sie meint, daß Diouf ja ihr gehört und deshalb alles, was er verdient, für sie ist.«

Da erzählt mir Tiémokho ja feine Geschichten! Aber das Beste kommt noch.

»Hat sie dir von der Schweizerin erzählt?«

»Welcher Schweizerin?«

»Der Frau, die vor einigen Monaten mit ihrem Mann hier-hergekommen ist. Schweizer Touristen. Nun, sie hat ihren Mann verlassen, um einen maurischen Brigadier zu heira-ten. Der *Toubab*[12] ist ganz allein wieder abgereist, und die Frau trägt jetzt den Schleier und hält die Gebete ein. Du verstehst also, daß sich jetzt alle fragen, ob du es so wie die Schweizerin machen wirst.«

Die arme Aïchatou, das ist es also, was sie mit den Frauen von Bir Moghrein täglich durchmachen muß? Es hat einen Präzedenzfall gegeben, und die Dorfbewohner lauern jetzt auf den Moment, an dem ich es der »Schweizerin« nachma-chen werde. Sie verlieren sich in Vermutungen, um zu erraten, wen ich mir wohl als Beute schnappen werde. Wer weiß, vielleicht bin ich sogar Gegenstand irgendeiner Wet-te?

Sehr verwirrt wegen dieser Geschichte kehre ich nach Hause zurück. Ich würde mich gerne mit Aïchatou darüber unterhalten, ihre Besorgnis zerstreuen, aber was soll ich sagen? Übrigens ist sie sowieso nicht da, und die Kinder spielen lärmend im kleinen Salon. In Abwesenheit des Präfekten nehme ich mir die Freiheit heraus, mich mit meinen Lehrbüchern für klassisches Arabisch auf dem großen, roten Teppich niederzulassen. Das Studium wird mir helfen, zumindest hoffe ich das, ein wenig die unangenehme Situation zu vergessen, in die ich da wieder hineingeraten bin. Allerdings war das keine gute Idee: Khalil kehrt mitten am Nachmittag mit dem Leiter der Sûreté zurück und spaziert geradewegs, wie er es gewöhnt ist, in den großen Salon. Er scheint darüber betroffen zu sein, mich dort vorzufinden. Diesmal kann sein Besucher nicht so tun, als würde er mich nicht sehen. Am eisigen Gruß der Hereinkommenden merke ich, daß ich schleunigst meine Siebensachen zusammenpacken muß.

Auf der Suche nach ein bißchen menschlicher Wärme beschließe ich, Mahmoud, den Verantwortlichen der Wetterstation, zu besuchen. Zu meinem Pech ist das Haus leer; ich treffe nur die Sklaven an. Noch ein mißlungener Empfang. Ich habe keine Lust, sofort ins große Haus zurückzukehren, das mir jetzt so ungastlich erscheint. Ratlos schlendere ich gemächlich zwischen den Baracken des Armeelagers umher. Viele stehen verlassen da. Die Baufälligkeit ringsum, die langen, leerstehenden Gebäude, das alles wirkt düster. Weder diese militärische Landschaft noch die Steinwüste, die man durch den Stacheldrahtzaun, der das Lager umgibt, hindurch sehen kann, üben auf mich den ästhetischen Reiz aus, der mir etwas Trost hätte spenden können.

Da ruft mich plötzlich aus einer halb geöffneten Tür heraus eine Stimme an. Ich trete näher und betrete ein finsteres, ziemlich ärmliches Zimmer. Auf einer durch Alter und Qualm schwarz gewordenen Matte sitzt ein alter Mann und winkt mich mit weitausladenden Gesten heran. Die Frau neben ihm zeigt mir lächelnd ihre sämtlichen Zahnstummel.

»Komm herein! Komm herein! Willkommen! Willkommen!«

»Friede sei mit euch.«

»Friede sei mit dir. Komm herein! Komm herein! Sei willkommen!«

»Geht es euch gut?«

»Gott sei gelobt, Gott sei gelobt, du bist willkommen, geht es dir gut?«

»Dank sei Gott dafür. Seid ihr gesund?«

»Alles ist in Ordnung, Gott sei Dank. Sei willkommen, setz dich.«

»Gott sei gelobt.«

Gott sei gelobt, in der Tat. Endlich zwei Wesen, von denen ich das Almosen ein wenig uneigennütziger Zärtlichkeit erhalte, wie sie Kinder und alte Leute manchmal so gut zu geben verstehen. Sie freuen sich einfach darüber, daß ich vorbeigekommen bin und bereit war, ihre Schwelle zu überschreiten, um mit ihnen den Tee der Gastfreundschaft zu trinken. Endlich einmal eine unverfängliche Unterhaltung! Keine unausgesprochenen Fragen, keine Zweifel, kein Urteil. Vielleicht sind diese Leute nicht in den Wirbel von Worten und Gedanken verwickelt, der das Dorf vergiftet. Sie sind alt, sie sind arm. Alles, was sie fragen, ist, ob mein Vater noch lebt, ob meine Mutter noch lebt und ob es ihnen gutgeht. In ihnen ruft das Frankreich, das ich repräsentiere, einige Erinnerungen wach. Sie empfangen mich wie ein Kind, das aus Frankreich zu ihnen gekommen ist, die Ärmste, ganz allein! So viel Mut!

Nett. Sie sind ganz einfach nett. Eine Nettigkeit ohne Hintergedanken, nach der ich mich, wie ich plötzlich merke, so sehr sehne, daß sie mich schmerzhaft durchzuckt wie Balsam, den man auf eine vernachlässigte Wunde streicht und der einem durch die Linderung enthüllt, wie groß die Schmerzen doch gewesen sind.

Nach dem dritten Glas Tee, ehe ich mich verabschiede, frage ich den alten Herrn, ob durch Bir Moghrein auch Buschtaxis kommen, die bis Aïn ben Tili fahren.

»Ja, natürlich. Es gibt regelmäßig welche.«

So beschließe ich, meine Reise aus eigener Kraft fortzusetzen, falls sich die Situation über das Erträgliche hinaus in die Länge ziehen sollte.

»Ich vertraue euch dem Herrn an.«

»Möge er dich schützen. Komm mal wieder vorbei!«

Ehre
und Elend

Der Leiter der Sûreté ist nach Nouakchott zurückgekehrt. Er läßt eine undefinierbare Beklommenheit zurück, die in der Luft liegt. Khalil und Aïchatou behandeln mich mit großer Zuvorkommenheit, so daß ich es nun bereue, schlecht von ihrer Gastfreundschaft gedacht zu haben. Was können sie mehr für mich tun in ihrer Ohnmacht und all diesem Druck ausgesetzt? Aïchatou hat mir eine *melhafa* geschenkt, die ich, um ihr eine Freude zu machen, wenigstens für einen Tanz mit den kleinen Mädchen trage. Khalil hat die Abschrift der versprochenen epischen Gedichte noch nicht bekommen, deshalb erzählt er mir von den Tieren, die in den umliegenden Bergen leben, den Hyänen und Schakalen, die die Schafe überfallen, den Schildkröten, die sich den ganzen Sommer über in großen Löchern vergraben, in denen sie während der Winterzeit Vorräte angelegt haben. Er ist immer hochbeschäftigt und noch besorgter als vor dem Besuch des Leiters der Sûreté. Die Warterei geht weiter, aber ich weiß nicht mehr so recht, worauf ich warte. Die Kälte hält an.

Eines Abends, als er gerade ausgehen will, läßt der Präfekt einen langen, nachdenklichen Blick auf mir ruhen, ehe er schließlich sagt: »Stimmt es, daß du eine Linke bist?« Er schleudert mir die Frage mitten ins Gesicht, wie eine Anklage, aber ich lasse mir nichts anmerken. Anscheinend eigne ich mir durch Osmose ebenfalls die Kunst der Verstellung an: Ich antworte ihm mit einem Lächeln. Er hakt nicht weiter nach und geht hinaus.

Die Idee reift langsam heran. Anfangs hat sie mich lediglich gestreift. Dann zeigt sie sich beharrlicher. Ich verscheuche sie, aber sie kehrt immer wieder zurück. Schließlich zwingt sie sich mir auf, so einleuchtend ist sie: Ich muß hier raus. Ich muß die große Eingangstür durchschreiten, muß bis zum Wachposten gehen und auf die andere Seite des Stacheldrahts gelangen. Wie lange soll ich hier noch eingesperrt bleiben? Ich komme mir nämlich vor wie ein Vogel Strauß, der den Kopf in den Sand steckt, um sich nicht dem Feind stellen zu müssen, der ihn verfolgt. Ich habe keinen anderen Feind als dieses andere Ich, das mich nicht mehr in Frieden läßt. Frieden habe ich in diesem seltsamen Haus kaum gefunden. Auf eine unbequeme Rolle beschränkt, ersticke ich jetzt dort. Gut aufgenommen, ja, aber gleichzeitig auch im Stich gelassen. Man akzeptiert mich, weil ich nun einmal da bin, aber im Grunde macht sich niemand etwas aus meiner Anwesenheit. Und zu guter Letzt verdächtigt man mich auch noch.

Das kann nicht länger so bleiben. Da Khalil mich schon so bereitwillig darauf hingewiesen hat, daß in der Nähe des Dorfes ein Nomadenlager aufgeschlagen wurde, zu dem man »zu Fuß hingehen kann«, nun, dann werde ich eben hingehen.

Es ist etwa zehn Uhr morgens, als ich am Posten, der das Lager bewacht, vorbeigehe, das Dorf durchquere und meine Schritte in die Richtung lenke, die der Präfekt mir angegeben hat. In weiter, weiter Ferne erkenne ich auf dem Reg schließlich die nebeneinander ausgerichteten Zeltspitzen. Ich marschiere geradewegs auf sie zu, wobei ich mir dessen bewußt bin, daß ich einen Blickfang darstelle, der längst erkannt wurde, ehe ich mein Ziel erreicht habe. Um mich herum erstreckt sich eine flache Unendlichkeit. Wie viele unsichtbare Augenpaare beobachten mich wohl dort hinten? Ich fühle mich nicht wohl in meiner Haut. Angst?

Nein, Angst habe ich nicht. Ich habe noch nie Angst vor Menschen gehabt. Ich weiß, daß man mich, wenn ich eines der Zelte betrete, nachdem ich die rituelle Formel gesprochen habe, zuerst auffordern wird, mich zu setzen, ehe man mir den Tee bringt. Das Herz schlägt mir zum Zerspringen in der Brust, und meine Wangen glühen. Ich betrachte die Zelte, die größer werden, je näher ich ihnen komme. Schon kann ich die Öffnungen, die »Münder«, unterscheiden. Gehüllt in Schleier aus *nilé*, die im Wind tanzen, gehen Frauen von einem Zelt zum anderen. Noch immer bin ich allein. Bis zum Schluß schauen die Bewohner des Zeltlagers zu, wie ich näherkomme, ohne im geringsten zu reagieren. Ich stehe Todesängste aus: In welches Zelt gehen? Soll ich mir das größte aussuchen, um das Oberhaupt des Zeltlagers zu ehren? Aber woran soll ich das größte erkennen, wo doch eines wie das andere aussieht? Vielleicht ist es das, das in der Mitte steht? In den Büchern habe ich gelesen, daß der Patriarch sein Zelt immer in der Mitte des Lagers aufschlug. Und wenn ich mich irre? Ist es nicht beleidigend, an den anderen Zelten vorbeizugehen, ohne sich dazu herabzulassen, sie zu betreten?

Im letzten Moment beschließe ich, vor dem Zelt stehenzubleiben, das der Reifenspur, der ich instinktiv folge, am nächsten steht. Nur noch ein paar Schritte, und ich bin da. Die Leute reagieren noch immer nicht. Vielleicht wollen sie erst sicher sein, daß ich wirklich zu ihnen will. Ich gehe weiter, mit klopfenden Schläfen, in einem angespannten Zustand. Erst in dem Moment, in dem ich den Begrüßungssatz mit lauter und deutlicher Stimme vor dem ersten Zelt ausrufe, treten zwei ältere Männer heraus, um meinen Ruf zu beantworten:

»Friede sei mit euch.«

»Friede sei mit dir.«

»Geht es euch gut?«

»Uns geht es gut, Dank sei Gott.«

»Lebt ihr in Frieden?«

»Gott sei gelobt. Tritt ein, ich bitte dich.«

Mit einer Bewegung der Füße ziehe ich die Sandalen aus, betrete die Behausung aus Wolle und nehme auf der Matte Platz, während noch eine ganze Weile die traditionellen Begrüßungsformeln ausgetauscht werden. Ebenso wie meine Gastgeber danke ich Gott mit gesenkten Augen für den Frieden, alles Gute, die Gesundheit und das Glück, mit dem er mich überhäuft. Es wäre unvorstellbar, daß ich auf die rituellen Fragen, die man mir auf diese Weise stellt, eine ernstgemeinte Antwort gebe. Die verwendeten Ausdrücke sind lediglich Formeln, auf die man immer dieselben Worte erwidern muß, selbst gegenüber engen Freunden. Fragt man jemanden, ob es ihm gutgeht, muß dieser, selbst wenn er gerade im Sterben läge, entgegnen: »Alles geht gut, Dank sei Gott.« Oft habe ich gelesen, daß die Länge dieser Begrüßung bezweckt, den Leuten genug Zeit zu geben, um einander zu taxieren. Mich überzeugt diese Erklärung aber nicht. Viele Faktoren können im Spiel sein, um das, was von den Franzosen abschätzig »Salamaleikums« genannt wird, in die Länge zu ziehen oder abzukürzen. Ihre Dauer kann ein Zeichen für den Respekt sein, den man einem Älteren schuldet, oder der Zuneigung, wenn sich Freunde oder Verwandte lange nicht gesehen haben. Dann vermitteln nur die Augen die Freude, die sie empfinden, das ganze Vergnügen, das sie weder durch Worte noch durch Gesten ausdrücken können. Mir ist nie aufgefallen, daß man Unbekannte ausschweifender begrüßt als Nahestehende, und es würde mich wundern, wenn man das alles nötig hätte, um sie zu taxieren.

Zwei Männer setzen sich zu mir, während ein dritter den

Tee zubereitet. Der Herr des Zeltes (der vielleicht das Oberhaupt des Zeltlagers ist?) bespritzt mich mit Parfüm.

»Sei willkommen unter uns.«

Die Männer schweigen. Niemand stellt eine Frage.

»Ich heiße Saviya.«

»Sei willkommen unter uns.«

Das Wasser kocht. Der Mann nimmt den Kessel und gießt ein wenig dampfendes Wasser über die Handvoll Tee, die er unten in die Teekanne geschüttet hat. Mit flinker Bewegung schwenkt er diese Mischung, um den Tee abzuspülen, der dadurch seine Bitterkeit verliert, und gießt das Spülwasser in ein Glas. Dann füllt er erneut die Teekanne und stellt sie aufs Feuer. Wir beobachten seine Bewegungen, ohne etwas zu sagen. Die Blicke auf die Glut gerichtet, warten wir auf den Siedepunkt.

Mein Herz schlägt jetzt nicht mehr ganz so heftig. Die beschauliche Atmosphäre der Teezeremonie beruhigt meine gereizten Nerven. Tief im Innern bin ich erstaunt über die Vehemenz meiner Erregung. Ich entdecke das Ausmaß meiner natürlichen Schüchternheit, einer jahrelang durch eine aggressive oder mürrische Haltung bekämpften Schüchternheit. Ich hatte mir jede Dreistigkeit zugetraut, man hatte mir immer gesagt, ich sei frech und unverschämt. Aller Bezugspunkte beraubt, entlarvt durch die Fremdartigkeit meiner Lage, bin ich völlig durcheinander. Verflogen ist meine legendäre Kaltschnäuzigkeit, verflogen meine gespielte Selbstsicherheit. Dabei ist das Schweigen meiner Gastgeber keineswegs drückend wie das des Präfekten. Diese Rgaybat stellen mich nicht im entferntesten auf die Probe. Sie empfangen mich ganz schlicht, fast demütig. In ihrem Schweigen liegt keine Frage. Es sind nicht sie, die mich verwirren, diese Verwirrung entsteht in mir selbst, auf dem tiefsten Grunde meines Ich.

Ich hatte sie so tief vergraben, daß ich sie bereits vergessen hatte.

»Ich bin eine Schülerin von Ahmed Baba Miské. Ich bin hierhergekommen, um ein Buch über die Geschichte und die Sitten der Rgaybat zu schreiben.«

»Sei willkommen unter uns.«

Nach dem dritten Glas Tee steht der Herr des Zeltes auf und macht mir ein Zeichen, ihm zu folgen. Er führt mich ins Nachbarzelt, wo alle Frauen des Lagers versammelt sind. Hier ist die Atmosphäre völlig anders. Man lächelt mir zu, man berührt mich, man stellt mir tausend Fragen.

»Bist du verheiratet?«

»Ja.«

»Wo ist dein Mann?«

»In Frankreich.«

»Läßt er dich allein reisen?«

»Ja.«

Der Zuhörerschaft entfährt ein Seufzer des Erstaunens und der Bewunderung.

»Du wohnst beim Präfekten?«

»Ja.«

»Gibt es dort Fleisch?«

»Ja.«

»Vom Schaf oder vom Kamel?«

»Beides.«

Ein Murmeln geht durch die Reihen der Frauen, deren magere Gestalten auf chronische Unterernährung schließen lassen. Die Blicke lasten schwer, aber nur ein einziges Wort macht der Verbitterung Luft, die in diesen neuen Zeiten die mangelnde Solidarität eines wohlgenährten, hinter den Mauern seines Schlosses hockenden Rgaybi, der den Sinn des Teilens vergessen hat, in ihnen hervorruft:

»Lob sei Gott.«

Sie haben eine Kalebasse mit vier Datteln vor mich hinge-
stellt: die letzten Vorräte. In der vorwurfsvollen Stille, die
auf diese Beschreibung des Überflusses am Tische des un-
würdigen Verwandten folgt, ergreift eine sehr alte Frau das
Wort. Im ersten Moment verstehe ich nicht, was sie von mir
will.
»Was sagt sie?«
»Nichts.«
Die jungen Frauen runzeln die Stirn, wenden sich zu der
Alten um und befehlen ihr barsch, den Mund zu halten.
Daraufhin fängt sie an, ihre Gebetsschnur herunterzulei-
ern, um von sich abzulenken, die Augen in der ausgedörrten
Unermeßlichkeit verloren, die sich bis ins Unendliche er-
streckt. Augen, die feucht geworden sind nach all den Jah-
ren, Augen, die so blaß geworden sind, daß sie bläulich
wirken, und die in die Ferne blicken, noch weiter als der
Horizont.
»Es gibt keinen anderen Gott als Gott. Es gibt keinen anderen Gott als Gott. Es gibt keinen anderen Gott als
Gott.«
Plötzlich wird mir klar, was gerade geschehen ist: Die
Großmutter hat mich um Geld gebeten. Daraufhin haben
die anderen sie barsch darauf hingewiesen, daß sie durch
dieses Verhalten alle Regeln der Gastfreundschaft verhöhnt
hat. Mir krampft sich das Herz zusammen. Die Dürre zerstört das ganze Land. Diese Leute sind zweifellos ruiniert.
Das Elend hat sie bis vor die Tore von Bir Moghrein geführt,
ohne Vieh und mit leeren Mägen. Mir fällt auf, wie zerbrech-
lich die normalerweise doch so rundlichen Arme der jungen
Frauen sind, wie leichenblaß die Gesichter, wie ausgemer-
gelt die Züge. Hier herrscht Hunger.
Wenn ich das gewußt hätte, hätte ich Geld mitgebracht, aber
ich bin mit leeren Händen gekommen. Ich betrachte die

vier Datteln in der Kalebasse, nehme eine und ermuntere meine Nachbarinnen dazu, sich zu bedienen.

»Nein, iß, Saviya, iß. Die sind für dich.«

Die Gesichter zeigen sich lächelnd, sogar fröhlich. Man darf mir das Elend nicht zeigen. Man darf nicht an das Elend denken, sondern nur an das Vergnügen, mich zu betrachten, meine weiße Haut und mein kurzes, glattes Haar zu berühren und sich ein bißchen zu amüsieren. Freudlos esse ich die drei restlichen Datteln, um sie nicht zu beleidigen und um ihren Wunsch zu respektieren, mir ihre Not zu verbergen, und um ihre Ehre nicht zu verletzen. Insgeheim schwöre ich mir, am nächsten Tag einen Geldschein für die alte Frau mitzubringen und ihn ihr diskret zuzustecken.

Die Frauen wollen mich mit ins nächste Zelt schleppen. Muß ich allen Familien auf diese Weise einen Besuch abstatten? Wird jede einen Teil ihrer mageren Vorräte nehmen, um ihn mir anzubieten?

»Ich kann nicht bleiben, weil ich beim Präfekten erwartet werde, aber ich komme morgen wieder, versprochen.«

Etwas enttäuscht lassen mich die Frauen gehen, und ich spüre, wie mich ihre weichen Blicke lange verfolgen, während ich mich entferne auf dem flachen, trockenen, grausamen Reg, dem heute abend selbst die orangefarbenen Strahlen der untergehenden Sonne keine Schönheit verleihen können.

Als ich am nächsten Tag wieder über die Ebene auf die Zelte zuschreite, kommen mir einige fröhliche Kinder entgegengerannt. Ich habe eine riesige Menge Bonbons mitgebracht, und ganz unten in der Tasche verstecke ich einen Tausend-UM-Schein (fünfzig Mark), den ich der alten Frau geben möchte. Ich habe mich nicht getraut, etwas anderes als Bonbons mitzubringen, weil ich fürchte, die Würde dieser Leute, vor denen ich eine unendliche Hochachtung empfinde, zu verletzen. Ich hätte Obst gekauft, wenn es möglich gewesen wäre, im Dorf welches zu bekommen, aber Produkte wie Obst oder frisches Gemüse sind in diesem Winkel der Wüste nicht aufzutreiben. Selbst beim Präfekten habe ich nie welches gesehen.

Die Frauen begrüßen mich mit Freudenschreien. Diesmal muß ich nicht erst vom Herrn des Zeltlagers empfangen werden. Sie ziehen mich sofort in ein drittes Zelt, wo meine Bonbons alle in Entzücken versetzen. Alle kommen herbeigerannt. Jetzt sind etwa zwanzig Frauen versammelt. Jedesmal, wenn eine eintrifft, wiederholen die anderen ihr alles, was ich ihnen gesagt habe. Die Herrin des Zeltes bereitet Tee zu, aber auf dem Tablett stehen nur vier Gläser: Sie hat nicht genug Tee für alle. Sie bietet mir das erste Glas an, das ich annehme, und hält das zweite ihrer Nachbarin hin, die ablehnt, dann einer anderen und wieder einer anderen. Niemand traut sich, es anzunehmen. Ich stelle mein Glas hin, nachdem ich daran genippt habe, und erkläre, daß der Tee sehr gut schmeckt, daß ich ihn aber nicht allein trinken möchte. Die Gesichter hellen sich auf. Die Herrin des Zeltes verteilt strahlend die drei anderen Gläser, die man nun nicht mehr ablehnen kann.

Der Nachmittag verstreicht schnell. Sie fragen mich über mein Leben als Frau, meine Familie und meine Forschungsarbeit aus, wundern sich darüber, daß ich ganz allein so weit von zu Hause weg bin, und bewundern mich, weil sie mich für äußerst mutig halten. Als die Vertraulichkeit auf ihrem Höhepunkt angelangt ist, stellen sie mir eine Frage, die sie alle beschäftigt, seit ich ihnen erzählt habe, daß ich verheiratet bin: Wie fängt man es an, keine Kinder zu bekommen? Die Vision der unerreichbaren Pille erfüllt das Zelt mit Melancholie. Dann wird alles vergessen, man singt, man tanzt, man amüsiert sich. Gegen Ende des Tages ist mein

Vorrat erschöpft. Daraufhin bittet meine Nachbarin mich mit schüchterner Stimme darum, ihr die alte, staubige Tüte zu geben, in die der Händler die Bonbons verpackt hatte. Nie werde ich den Ausruf vergessen, der daraufhin aus aller Munde drang und in dem sich Neid mit Enttäuschung mischten. Eine leere und gebrauchte Bonbontüte ist hier eine Kostbarkeit.

»Wo ist eigentlich die Großmutter?«

»Welche Großmutter?«

»Die alte Frau, die gestern hier war?«

»Die ist in einem anderen Zelt. Sie ist heute müde.«

Meine Hand gleitet in die Tasche. Soll ich den Geldschein, den ich für sie mitgebracht habe, jemand anderem geben? Ich zögere. Schon im voraus empfinde ich mein Almosen als Beleidigung. Diese Frauen haben mir eine Lektion an Würde erteilt, so daß ich auf gar keinen Fall riskieren will, sie zu demütigen. Sind die edelsten menschlichen Empfindungen manchmal nicht auch die absurdesten? Tausend UM, das ist wenig, aber es könnte ihnen helfen. Angesichts von so viel Elend muß man einfach etwas unternehmen. Wieder stecke ich die Hand in die Tasche. Dann betrachte ich diese strahlend lächelnden Gesichter, diese Augen voller Stolz und Liebenswürdigkeit, die mich mustern. Nein, ich kann es nicht.

Auf dem Rückweg bleibe ich beim Brunnen stehen. Auf dem Stein sitzen ein paar Kinder und rufen mir begeistert zu.

»Saviya, guten Abend!«

»Guten Abend, Kinder. Was macht ihr denn hier?«

Die Kinder aus dem Dorf sind wohlgenährt. Sie laufen barfuß herum, und ihre Kleider sind fleckig, aber die Waden sind rund und die Wangen pausbackig.

»Saviya, sag: ›Es gibt keinen anderen Gott als Gott.‹«

»Das kann ich nicht sagen.«

»Das ist doch nicht schwer. Hör zu: Es gibt keinen anderen Gott als Gott.«

»Ich weiß, daß man das leicht aussprechen kann. Ich kann es sagen, aber ich will nicht.«

»Willst du denn nicht ins Paradies kommen?«

»Doch, ich will schon ins Paradies kommen.«

»Dann mußt du beten. Bete, Saviya!«

»Ich kann nicht beten.«

Der kleine Junge ist betroffen. Als ich weitergehe, folgt er mir deshalb und geht mit ins Armeelager hinein, ohne daß der Wachposten auf ihn geachtet hätte.

»Bitte, bitte, Saviya, ich will nicht, daß du in die Hölle kommst. Sag: ›Es gibt keinen anderen Gott als Gott.‹«

»Ich kann nicht.«

»Aber warum?«

»Es wäre gelogen, wenn ich mit den Lippen Worte spreche, die weder in meinem Kopf noch in meinem Herzen sind.«

»Hast du keine Angst vor dem Höllenfeuer?«

»Ich glaube nicht, daß die Hölle existiert.«

»Ich flehe dich an, Saviya. Sag: ›Es gibt keinen anderen Gott als Gott.‹«

»Möchtest du, daß ich lüge? Ist es nicht eine Sünde, zu lügen?«

»Ja.«

»Siehst du, ich kann es nicht sagen.«

»Aber dann wirst du später im Höllenfeuer schmoren!«

Er schaut mich betrübt an.

»Ich glaube nicht, daß ich im Höllenfeuer schmoren werde. Es ist nämlich nicht meine Schuld. Gott selbst hat beschlossen, daß Er nicht in meinem Kopf Einzug halten will, also hat Er auch keinen Grund dafür, mich zu bestrafen. Er selbst hat es so gewollt.«

Ein wenig beruhigt durch meine Worte, blickt mich das Kind an.

»Gott ist groß, vielleicht hast du recht. Aber du hast wirklich kein Glück. Arme Saviya!«

Während er mich voller Bedauern verläßt, gehe ich auf das große Haus zu, ziemlich bedrückt wegen des Grabens, der mich von dieser mohammedanischen Welt trennt, mit der ich Kontakt aufzunehmen versuche. Ich habe es nicht geschafft, die Pflichten eines Gläubigen zu erfüllen, weder die schwierigste – die Ewigkeit zu erkennen, noch die einfachste – ein Almosen zu geben.

Linke

Obwohl er den Verdacht hegt, daß ich eine »Linke« bin, hat Khalil seine Haltung mir gegenüber nicht geändert. Weder in seinem Benehmen, noch in dem, was er sagt, entdecke ich irgendwelches Mißtrauen. Dennoch geht mir die Frage, die er mir gestellt hat, einfach nicht aus dem Kopf. Ich hasse solche Zuordnungen, weil sie immer falsch sind; ich empfinde sie eher als grausame Ungerechtigkeit.

»Warum hast du mich gefragt, ob ich eine Linke bin?«

»Weil man mich darüber informiert hat.«

»Was? Wer hat dich informiert?«

»Der Nationale Sicherheitsdienst.«

»Der Kerl, der neulich hier war?«

»Nein. Ich habe eine chiffrierte Nachricht erhalten.«

»Chiffriert! Das ist ja unglaublich.«

»Haben sie wirklich ›Linke‹ geschrieben?«

»*Yasariya*, das heißt Linke.«

»Woher wissen die das? Wer oder was erlaubt ihnen, zu behaupten, daß ich eine Linke bin?«

»Ich weiß nicht, vielleicht die französische Botschaft.«

Ob der Botschafter kein anderes Mittel gewußt hat, um mich daran zu hindern, mein Leben bei den Beduinen des Nordens, von denen er eine schlechte Meinung hat, aufs Spiel zu setzen und sich dadurch Ärger zu ersparen? Das kann ich einfach nicht glauben. Habe ich irgendwo subversive Dinge gesagt, die man den hiesigen Behörden hinterbracht hat? Ich bin völlig verblüfft. Schon in Zouérate hatte es mich erstaunt, zu sehen, daß unerwartet diverse Leute aus Nouakchott, die sich nach meinem Wohnort, meiner Tätigkeit und meiner Gesundheit erkundigen sollten, bei Ismaïl auftauchten. Ich hatte mich damals nicht wirklich überwacht gefühlt, habe aber schließlich begriffen, daß ich im Mittelpunkt eines Netzes von Informationen stand, die in alle möglichen Richtungen zirkulierten.

Ich habe das Glück gehabt, nie unmittelbaren Zwängen ausgesetzt gewesen zu sein. Meine Jugend hat sich in einem freiheitlichen Klima abgespielt. Meine aufsässige Art hat sich nicht als Reaktion auf irgendeine Unterdrückung entwickelt. Daß man mich jetzt »erfaßt« und überwacht, empört mich. Diese Erfahrung ist für mich dermaßen neu, dermaßen ungehörig, daß ich sie nicht wirklich ernst nehme. Alles, was ich von der Polizei weiß, geht auf die Ereignisse des Jahres 1968 zurück. Behelmte Kerle mit Gummiknüppeln in Reih und Glied, um die Straßen abzuriegeln. Abgesehen von einigen Momenten der Panik, ausgelöst vom Gedränge in der Menge, sind diese Bullen in meiner Vorstellung immer eine Abstraktion geblieben, Theater, selbst wenn ich wußte, daß es für andere, in Frankreich und anderswo, ganz anders ausgesehen hat. Der unbewußte Abwehrmechanismus, der bewirkte, daß ich die Demonstrationen als reine Fiktion empfand, wiederholt sich hier auf identische Weise. Es gelingt mir nicht, die mauretanische Sûreté nationale als Realität zu begreifen.

Woher habe ich eigentlich diese unerschütterliche Sicherheit, diese absolute Gewißheit, daß ich vor den repressiven Kräften des Staates geschützt bin? Bin ich mir meiner Rechte so sicher, oder besitze ich einfach einen blinden Glauben an die menschliche Gerechtigkeit? Ist es die Tatsache, per Geburt der westlichen intellektuellen Bourgeoisie anzugehören, die mich zu der Überzeugung gelangen ließ, daß Überwachung, Zwang, Gefängnis, Folter, Tod und dergleichen Dinge nur anderen zustoßen können? Daß mein Herz für die Unterdrückten schlägt, daß mich Ungerechtigkeit, Ungleichheit, der Hunger in der Welt, ausgesetzte Kinder, Rassismus und Gewalt empören, ist ja ganz nett, aber welche tiefere Bedeutung besitzt dieses Gefühl der Sympathie, wenn ich mich selbst auf diese Weise aus der Realität ausschließe? Ist es etwa das, was man ein »Klassenbewußtsein« nennt, jene feste Überzeugung, daß einem nichts Schlimmes passieren kann, weil man zur Rasse der Sieger gehört? Und der Sklave, wie lebt der? Ist er nicht gleichermaßen von der festen Überzeugung durchdrungen, daß alles Unglück dieser Welt über ihn hereinbrechen kann, nur weil er der Rasse der Besiegten angehört? Ich und Mut? Ich habe keinen. Ich brauche auch keinen. Die anderen schon. Diejenigen, die in den Untergrund gehen, diejenigen, die sich erheben, die haben Mut. Ich bin mit erhobenem Kopf zur Welt gekommen und kann mir nicht vorstellen, daß mich eines Tages einmal jemand zwingen könnte, ihn zu beugen. Ich und Rassist? Wo denken Sie hin! Kann man überhaupt Ethnologe sein, ohne den Beweis erbracht zu haben, daß man allen Kulturen der Welt große Hochachtung entgegenbringt? Man schreibt sogar Bücher über diese fremden Zivilisationen, das zeigt doch, wie sehr man sich für sie interessiert! Ich bin eine Frau, und die Frauen halten sich bei uns für unterdrückt. Repression, Polizei, Armee, Krieg, Politik, all diese Niederträchtigkeiten werden von Männern begangen. Die Frau ist unschuldig, gleichgültig, ob sie weiß oder schwarz ist. Das ist sehr praktisch. Ich wage es gar nicht, an das Bild zu denken, das der europäische Intellektuelle – selbst wenn es sich bei diesem um den extremsten »Linken« handelt – vom unterentwickelten Menschen hat. Bestätigt es ihn in seinem Überlegenheitsgefühl, oder macht es ihm seine fundamentale Feigheit bewußt?

Khalil ist ausgegangen. Aïchatou ist beschäftigt. Noch ein

Tag, der irgendwie ausgefüllt werden muß. Ich schlage dem Neffen des Präfekten vor, ihm zu zeigen, wie man Karamel macht, eine Süßigkeit, die mit den hier vorhandenen Zutaten leicht herzustellen ist und die in meiner Kindheit jedesmal der Höhepunkt des Sonntags war. Die Prozedur ist nicht besonders kompliziert: man braucht dazu Zucker, Wasser und Feuer. Begeistert stürzt sich Daoud in die Vorbereitungen und treibt, ich weiß nicht woher, ein schweres Gerät aus rostigem Eisen auf, das mit einer eindrucksvollen Kurbel ausgestattet ist und das er als Gebläse ausgibt. Es soll uns helfen, das Feuer anzufachen. Ehe ich eingreifen kann, stemmt er sich mit aller Kraft auf die Maschine und schneidet sich tief in den Finger. Eine Katastrophe! Ich renne los, um aus meinem Erste-Hilfe-Kasten etwas Merchryl zu holen, ein ganz gewöhnliches Desinfektionsmittel, das den Vorteil hat, nicht zu brennen, wenn man es auf eine offene Wunde aufträgt. Dann verbinde ich den verletzten Finger, ohne auf das Kind zu achten, das stehengeblieben ist, ohne einen Ton zu sagen. Als ich mich nach beendeter Aktion abwende, um das Verbandszeug wegzuräumen, wird er plötzlich stocksteif und fällt ohne jede Vorwarnung nach hinten. Sein Kopf schlägt hart auf dem Betonboden auf. Einige Sekunden lang wird er mit verdrehten Augen von heftigen Zuckungen geschüttelt, ehe er in Ohnmacht fällt. Ich bemühe mich, ihn wieder zur Besinnung zu bringen, richte ihn auf, schüttele ihn, gebe ihm eine Ohrfeige. Nichts hilft. Also rufe ich Tiémokho, und wir tragen den leblosen Körper in den kleinen Salon und legen ihn auf eine Matratze. Plötzlich fangen alle an zu kreischen. Aïchatou kommt herbeigerannt, drückt den Kopf ihres Neffen an ihre Brust und beginnt, jämmerliche Schreie auszustoßen, unterbrochen von Zitaten aus dem Koran, als läge der Junge im Sterben. Zum Glück befindet sich der Krankenpfleger des Dorfes gerade in der Nähe, weil das Baby an einer Mittelohrentzündung leidet. Von den Schreien alarmiert, eilt er zur Zisterne. Da er nicht gut *Hassanije* spricht, weil er vom Fluß stammt, hat er für einen Moment geglaubt, einer der kleinen Jungen sei hineingefallen. Erstaunt, sie leer vorzufinden, sieht er in allen Zimmern des Hauses nach und entdeckt schließlich die pathetische Szene, die die untröstliche Tante und der immer noch reglose Neffe bieten. Das Erscheinen des Krankenpflegers im kleinen Salon zeigt mir, in welchem Maße hierzulande die Anwesenheit eines Mannes vonnöten ist, um die überhitzten Gemüter zu beruhigen. In wenigen Minuten findet die Hausgemeinschaft ihre Ruhe zurück, Daoud kommt wieder zu sich, und Aïchatou trocknet ihre Tränen. Allerdings ist der kleine Sklave Hals über Kopf geflohen, in der Überzeugung, ein Teufel sei ins Haus eingedrungen. Ein Gerücht verbreitet sich, zunächst nur im Armeelager, später auch im Dorf: die *Nasraniya* hat dem Neffen des Präfekten ein unheilvolles Mittel eingeflößt …

Der Krankenpfleger warnt mich:

»Wenn Sie im Busch sind, wird man Sie um Medikamente oder sogar um Krankenpflege bitten. Benutzen Sie nur, was die Leute kennen: Aspirin, Ganidan, rotes Jod und weißen Verbandsmull. Das ist besser. Falls Sie den Leuten etwas anderes geben und es wirkt nicht, könnte man Sie verdächtigen.«

Im Haus wird die Erleichterung von Zweifel abgelöst. Alle zeigen mir die kalte Schulter, außer Daoud, der mich unglücklich anlächelt. Die Kinder werfen mir furchtsame Blicke zu, während mir Aïchatou mit verschlossener Miene aus dem Weg geht. Ich kehre auf die Terrasse zurück und räume das Gebläse weg. Das Feuer im Kohlenbecken ist erloschen und der Karamel hat nicht die Zeit gehabt, flüssig zu werden. Tiémokho versucht mich zu trösten.

»Mach dir keine Sorgen, das geht wieder vorbei. Diese Leute sind doch nur Wilde. Die haben von nichts eine Ahnung.«

Die Neuigkeit muß bis zur Präfektur gedrungen sein, denn ein Wagen hält vor dem Haus, aus dem drei Militärs aussteigen. Der Präfekt will sich persönlich danach erkundigen, was bei ihm zu Hause vorgefallen ist. Er läßt sich mit seinen Stellvertretern auf der Terrasse nieder und trägt seiner Ordonnanz auf, ihnen Tee zu servieren. Wie zufällig haben sie nur wenige Meter von mir entfernt Platz genommen, und Khalil reicht mir das erste Glas. Er stellt mir keine Fragen, verlangt keine Erklärung. Aïchatou, die Kinder und die Boys sind wie durch Zauberei verschwunden; gezwungen, hinter seinem Kohlenbecken zu verharren, starrt Tiémokho mit gesenktem Kopf und angespanntem Körper die Teekanne an. Ich begreife, daß man auf diese Weise vor Zeugen meine Version der Ereignisse hören will, und erzähle deshalb schlicht und einfach, was soeben vorgefallen ist. Mein Gastgeber gibt dazu nicht den geringsten Kommentar ab und trinkt mit zerstreuter Miene seinen Tee, als wäre seine Anwesenheit zu dieser ungewöhnlichen Tageszeit reiner Zufall. Nachdem er gehört hat, was er hören wollte, schluckt er rasch den Rest des dritten Glases hinunter und bricht dann plötzlich wieder auf, gefolgt von seinen beiden Kollegen.

Aïchatou befindet sich mit den Kindern und einigen Freundinnen im kleinen Salon: Die Dorfbewohner haben Boten entsandt, um mehr zu erfahren. Da ich nicht in meinem Zimmer Zuflucht suchen kann, weil mein Rückzug sonst als Flucht gedeutet werden könnte, kehre ich auf der Suche nach Einsamkeit auf die Terrasse zurück. Der Schatten, der auf die Betonplatte gefallen ist, hat sämtliche Hausbewohner vertrieben. Alle haben drinnen Zuflucht gesucht und hören sich das Mißgeschick mit dem Karamel an, das wieder und wieder erzählt wird. Ich lasse mich auf dem kalten Zement nieder, ein Glas Wasser in der Hand, und schaue zu, wie die Sonne den unermeßlichen Horizont rot färbt, während sie im Sand versinkt. Ich denke an den Kleinen Prinzen von Saint-Exupéry, der genau in dieser Wüste auf der Erde gelandet ist, vielleicht sogar ganz in der Nähe von Bir Moghrein. Auf seinem Planeten ist er eines Tages so traurig gewesen, daß er sich dreiundvierzig Sonnenuntergänge hintereinander angesehen hat.

Hinter mir taucht der kleine Diouf auf.

»Saviya, was machst du denn da so ganz allein?«

»Das siehst du doch. Ich schaue der Sonne zu, ich trinke Wasser, und ich denke nach.«

Zuerst reißt er vor Erstaunen die Augen weit auf, dann scheint er endlich etwas zu verstehen, was ihm bisher unklar gewesen ist:

»Das ist es also! Khalil hatte recht: Du denkst zuviel, Saviya!«

Die Ordonnanz hinten in der Küche hat Dioufs letzten Satz mit angehört und fügt noch hinzu:

»Khalil sagt, daß du nachts nicht schläfst, weil du nachdenkst. Er sagt, du denkst zuviel.«

Die Sonne ist verschwunden, mein Glas ist leer, und der Kleine Prinz ist fortgeflogen. Ich stehe auf, um ins Haus zurückzugehen, und durchquere die Küche. Messaoud unterbricht seine Arbeit, lächelt mir zu und wiederholt mit mitleidsvoller Miene:

»Arme Saviya! Sie denkt zuviel!«

Mein Etikett einer Linken habe ich immer noch nicht verdaut. Es kommt noch zu all den vielen Kleinigkeiten hinzu, die meinen Tagen einen immer bitterer werdenden Geschmack verleihen. Ich kann es mir nicht verkneifen, die Frage eines Abends erneut anzusprechen, als der Präfekt, der nur kurz nach Hause gekommen ist, gerade wieder in den Busch aufbrechen will:

»Was bedeutet das eigentlich, eine ›Linke‹?«

Meine Frage versetzt Khalil in Verlegenheit:

»Das existiert nur im Verhältnis zum Zentrum und zur Rechten, das ist die Linke.«

»Und was ist das, die Linke?«

»Das sind die Kommunisten.«

»Ach so, für dich ist ein Linker ein Kommunist. Ist das ein gefährliches Individuum?«

»Nicht unbedingt. Wenn derjenige, der ein Linker ist, dies nur für sich selber ist, wenn er es nur in seinem Kopf ist und nicht versucht, die Leute zu überzeugen, denen er begegnet, ist das Ganze ohne Bedeutung.«

Versucht Khalil mir damit zu sagen, daß ich sehr wohl zu dieser Sorte gehören könnte? Jedenfalls steht fest, daß er mich warnen will. Wenn die Nachricht chiffriert war, wäre er nicht dazu verpflichtet gewesen. Es ist sogar möglich, daß er dazu nicht ermächtigt war. Eigentlich hätte er mir eine Falle nach maurischer Art stellen müssen, um zu sehen, ob ich ihm ins Netz gehe. Wäre dies der Fall gewesen, hätte er mich anschließend direkt über Nouakchott nach Paris zurückgeschickt. Aber er hat mich nicht auf die Probe stellen wollen. Im Gegenteil, er hat mich vor der Gefahr gewarnt, und um seine Aufgabe wenigstens teilweise zu erfüllen, hat er mir die Grenzen meines möglichen Betätigungsfeldes deutlich vorgezeichnet. Für wen tut er das alles? Für seinen Stamm, dessen Geschichte ich eines Tages vielleicht schreiben werde? Oder für die Sahraouis, die sich hier in der Gegend herumtreiben und von denen er mir nie etwas erzählt hat?

Hamdis
Scheidung

Wenn ich mit den Boys oder der Ordonnanz allein bin, reden sie mit mir, ohne sich dabei irgendwelchen Zwang anzutun. Für sie besitze ich keinen gesellschaftlichen Status, und ich bin eine Frau. Eine Frau ohne Familie, ohne Stamm, ebenso wie sie aus dem Kreise der Leute des Buches und der Leute des Gewehres[13] ausgeschlossen. Zweifellos erkennen sie deutlich meine Abhängigkeit und meine untypische Situation in bezug auf die soziale Hierarchie der Mauren. Wenn ich wenigstens ein Mann wäre, hätte ich als ausländischer Gast des Präfekten Anspruch auf mehr Achtung und sie müßten eine gewisse Distanz wahren. Ihre Vertraulichkeiten sind um so freier, je weniger Konsequenzen sie zu befürchten haben. Mich erstaunt die Schamlosigkeit, mit der sie mich an den kleinen Geheimnissen des intimen Familienlebens – die diesen drei schwarzen, stummen und subalternen Zeugen nicht entgehen – teilhaben lassen.

Die Küche und jene Ecke der Terrasse, in der sie sich niederlassen, um verschiedene Hausarbeiten in der Sonne zu verrichten, sind Bereiche der Freiheit innerhalb des streng abgegrenzten Hauses. In Gesellschaft der Ordonnanz, des Kochs und des Sklaven muß ich mich nicht zusammennehmen. Ich kann mich hinsetzen, wie ich will, reden, was ich will, und man wird mir dennoch immer mit einem breiten Lächeln oder einem freundlichen Wort antworten. Ich kann ich selbst sein, ohne befürchten zu müssen, etwas Ungehöriges zu tun, etwas Ungehöriges zu sagen oder mich ungehörig zu benehmen. Ist dies so, weil nichts auf dem

Spiel steht? Akzeptieren sie mich wirklich, oder bin ich es, die einfach nicht auf ihr Urteil achtet, weil es aufgrund ihrer gesellschaftlichen Stellung völlig unwichtig ist? Jedenfalls trifft es zu, daß unsere soziale Bedeutungslosigkeit vergleichbar ist.

Tiémokho erledigt auf der Terrasse die Wäsche und singt in der Sprache der Bambara. Er schreit so laut, daß man ihn bestimmt bis zum Dorf hören kann. In den letzten Sonnenstrahlen auf den Stufen sitzend, höre ich ihm zu. Diouf thront mit dem Baby auf der Zisterne, während Messaoud in der Küche das Essen zubereitet. Aïchatou kommt heute abend nicht nach Hause. Sie ißt mit Khalil auswärts. Plötzlich hört Tiémokho auf zu singen.

»Du bist nicht so wie diese dicke Frau.«

»Wen meinst du?«

»Aïchatou. Du wäschst dich jeden Morgen, du wäschst dir einmal die Woche das Haar, du wäschst deine Kleider selber, und du schreist Diouf nicht an.«

»Ich bin nicht die Hausherrin.«

»Bei uns gehen die Frauen jeden Tag mit einem *canari*[14] an den Fluß und waschen sich. Das ist nicht so wie bei den Mauren, die waschen sich nie. Sie sagen, daß es zu kalt ist.«

»Die Wüstenbewohner sind daran gewöhnt, Wasser zu sparen. Das ist ganz normal.«

»Das ist keine Frage von Sparsamkeit. Sie kennen Wasser nicht, das ist alles. Sie haben Angst davor.«

»Jeder kehrt vor seiner eigenen Tür.«

»Aïchatou hat Diouf wieder geschlagen.«

»Schlägt sie ihn?«

»Ja, manchmal, wenn er ihr nicht gehorcht.«

Im Halbdunkel des kleinen Salons tanzen und singen die drei schwarzen Männer mit den Kindern des Präfekten. Aus dem Transistorradio ertönt eine wilde Musik. Aber als die Nacht anbricht, wird Diouf nervös. Er schreit verzweifelt in diesen Reigen hinein, der um ihn herum wirbelt, um ihn zu ärgern. Als Khalil und Aïchatou nach Hause kommen, rennt alles auseinander. Tiémokho bereitet uns einen letzten Tee zu, wobei er jedesmal, wenn er mich ansieht, das Gesicht hinter dem Ellbogen versteckt, um sein Lachen zu verbergen. Um mit den Kindern zu tanzen, habe ich heute abend die *melhafa* übergezogen. Deshalb kann auch ich mich in den Falten des Stoffs verbergen, wenn die Ordonnanz diejenige, die er undankbar »diese dicke Frau« nennt, mit rollenden Augen anglotzt.

Ohne zu wissen, daß heute ein Feiertag ist, habe ich mir am Morgen das Haar gewaschen und mein hübsches langes Kleid angezogen, dasselbe, das ich in Zouérate gesucht und schließlich doch noch gefunden hatte. Im Gegensatz zu dem, was Aïchatou, die mir einen mißtrauischen Blick zugeworfen hat, denkt, geschieht dies keineswegs in der Absicht, ihren Mann zu betören. Ich ziehe mich sauber an, etwa so, als würde ich eine neue Haut überstreifen, um den Entschluß, von hier fortzugehen, den ich heute nacht gefaßt habe, zu betonen. Ich erzähle ihr noch nichts davon, weil ich erst auf die Ankunft des Postmeisters warten will, um ihn zu fragen, wann die nächste Postsendung eintrifft und an welchen Tagen die Fahrzeuge Richtung Aïn ben Tili fahren. Dieser Entschluß erlaubt es mir, das große Haus in Gedanken bereits zu verlassen. Um die Augen herum und auf den Lippen trage ich einen Hauch von Schminke auf und parfümiere mich reichlich, als wollte ich meinerseits die von unheilvollen Gedanken erfüllte Luft, die mich umgibt, reinigen. Dann setze ich mich im kleinen Salon genau gegenüber von der, immer unruhiger werdenden Aïchatou hin, um nach Paris zu schreiben.

Khalil, der, wenn ich dem Gerücht glauben soll, bald nach Atar und Nouakchott verreisen muß, ist heute morgen nicht zur Arbeit gegangen. Er läßt sich in der Eingangshalle das Haar schneiden. Ein seltsamer Ort, um sich das Haar schneiden zu lassen: mitten im Durchgang, wo ständiges Kommen und Gehen herrscht. Ich hätte das Badezimmer ausgewählt. Dem Herrn Präfekten wird erst viel zu spät bewußt, wie deplaciert seine Wahl war, als ich nämlich in einer Wolke von Pariser Parfüm, die Taille in das engsitzende Kleid geschnürt, dessen weiter, langer Rock anmutig um mich herumwirbelt, das Vestibül durchquere. Ich hatte jedenfalls nicht erwartet, ihn um diese Tageszeit dort anzutreffen, auf einem Stuhl sitzend, den Kopf in den Händen des Frisörs gefangen. Vielleicht hatte er vergessen, daß sich im Haus eine Fremde aufhält?

Aïchatou hütet sich tunlichst davor, auszugehen, ehe sie nicht sicher ist, daß ihr Mann das Haus verlassen hat. Dann läßt sie mich wieder einmal allein und geht aus, ebenfalls neu eingekleidet, um den Tag bei einer Nachbarin zu verbringen, die die Auswanderung des Propheten nach Medina zum Anlaß nimmt, einen kleinen Empfang zu geben: Wir schreiben den Neujahrstag des Jahres 1395 der Hedschra.

Da ich nicht zu diesen Festivitäten der Frauen eingeladen bin, durchquere ich das Armeelager in Richtung Wetterstation. Unterwegs werde ich von einer Frau angerufen, die mich in ihr Haus bittet. Ich erkenne sie wieder, weil ich einmal mit Aïchatou und Khalil bei ihr zu Abend gegessen habe. Also trete ich ein, um einen Tee zu trinken, wie es sich gehört. Beim Hereinkommen bemerke ich flüchtig die Gestalt einer älteren Frau, die auf einer Matratze zu schlafen scheint. Die Herrin des Hauses läßt mich im Empfangsbereich Platz nehmen und macht sich dann daran, das Feuer anzufachen, während wir die üblichen Begrüßungsformeln austauschen. Als das Wasser kocht, fordert sie ihre Gefährtin auf, sich zu uns zu setzen.

»Fatimatou, steh auf. Komm und nimm dein Glas.«

Noch nicht richtig wach, richtet sich die Schlafende seufzend auf und tritt an das Kohlenbecken heran, eine Hand auf der Schulter, um den Schleier zurechtzurücken. Sie hockt sich hin, ohne mich anzusehen.

»Saviya, dein Glas!«

»Wer ist das?«

Die alte Frau hat sich zu mir umgedreht und blickt mich verblüfft an.

»Saviya.«

»Saviya? Saviya! Im Namen Gottes des Barmherzigen, der ganz Barmherzigkeit ist, Saviya! Geht es dir gut? Bist du glücklich? Bist du gesund? Saviya! Gott sei gelobt!«

»Gott sei gelobt, es ist alles in Ordnung.«

»Saviya, also bist du jetzt in Bir!«

»Und du? Geht es dir gut?«

»Lob sei Gott. Saviya! Die gute Saviya!«

»Lob sei Gott.«

Sie beugt sich zur Herrin des Hauses vor, deren Augen plötzlich vor Neugier glänzen.

»Saviya ist die Tochter meines Onkels[15], sie ist meine Kusine.«

Ich mustere aufmerksam ihr Gesicht, aber es ruft keine Erinnerung in mir wach.

»Wer bist du denn?«

»Ich bin Hamdis Tante.«

»Dann stimmt es also, du bist die Tochter meines Onkels, welche Freude! Wie geht es der Familie?«

»Allen geht es gut.«

»Wie geht es Ismaïl?«

»Es geht ihm gut, Gott sei gelobt.«

»Und Mnaytanna und den Töchtern?«

»Allen geht es gut, Dank sei Gott dafür.«

»Lob sei Gott. Und Badi?«

»Gott sei Dank, alles in Ordnung.«

In Fatimatous Augen spiegelt sich für einen Moment das Geschenk der Verwandtschaft und weckt damit ein Gefühl der Zugehörigkeit, das ich fast schon wieder vergessen hatte.

»Lob sei Gott, ich bin so froh, jemanden von der Familie zu treffen!«

»Fragst du mich nicht danach, wie es Hamdi geht?«

»Ist Hamdi in Zouérate?«

»Er ist nach deiner Abreise gekommen.«

Die alte Damen blickt mich schalkhaft an und beginnt leise zu lachen.

»Warum lachst du?«

»Hamdi hat sich scheiden lassen.«

»Was sagst du da? Er hat sich scheiden lassen? Aber warum?«

»Wegen dir.«

»Mir? Wieso wegen mir? Er kann sich doch nicht wegen mir scheiden lassen.«

»Doch, doch, wegen dir.«

»Das ist unmöglich. Wieso denn wegen mir?«

»Es ist Khadija gewesen, die sich scheiden lassen wollte.«

»Seine Frau? Warum?«

»Wegen dir.«

»Was habe ich ihr getan? Was ist nur in sie gefahren?«

»Als du fort warst, hat sie einen großen Skandal verursacht, und als Hamdi gekommen ist, hat sie ihm gesagt, daß sie ihn nicht mit dir teilen wollte.«

»Die Hitze ist ihr zu Kopf gestiegen! Hamdi ist wie ein Bruder für mich, sie braucht ihn nicht mit mir zu teilen.«

»Sie hat etwas anderes gesagt.«

»Und er, was hat er gesagt?«

»Er hat dasselbe gesagt wie du, aber sie wollte nichts davon wissen. Sie hat die Scheidung verlangt.«

»Hat er sich nicht verteidigt?«

»Sie hat gesagt, daß er dich schon in Paris geheiratet hat und daß sie keine Nebenfrau bei sich duldet.«

»Das ist absurd! Hat ihr niemand gesagt, daß das nicht stimmt?«

»Doch, Ismaïls Töchter sind hingegangen, aber sie hat gesagt, sie hätte den Beweis für das, was sie behauptet.«

»Was für einen Beweis?«

»Du hast vor Ismaïl nicht geraucht.«

»Ja und weiter?«

»Das ist alles. Du hast vor allen Leuten geraucht, außer vor Ismaïl. Für sie ist das ein unwiderlegbarer Beweis.«

»So ein Schwachsinn! Ich habe nur aus Respekt nie vor Ismaïl geraucht, das ist alles. Woher weiß sie das überhaupt?«

»Alles spricht sich rum.«

»Hamdi muß wütend sein.«

»Aber nein, mach dir da keine Sorgen.«

Ich bin völlig niedergeschmettert. Der alten Frau hingegen geht das kein bißchen nahe. Diese Scheidung stimmt sie fröhlich.

Ich sehe Khadija wieder vor mir. Ihren harten Blick, ihre unwilligen Schreie. Wenn ihre Beschuldigungen wenigstens eine Grundlage gehabt hätten, würde ich mich jetzt nicht so schuldig fühlen. Der Zorn der Ehefrau wäre dann nur die gerechte Strafe für einen freiwillig begangenen und dummerweise aufgedeckten Verrat. Also bedeutet allein schon meine Anwesenheit eine Gefahr für alle jungen verheirateten Frauen, allein mein Aufenthalt in einem Haus ist bereits eine Bedrohung. Eine Bedrohung, die ich durch nichts entkräften kann. Die geringste Bewegung, die ich mache, wird beobachtet, wiederholt, interpretiert, das geringste Wort von mir wird verbreitet und entstellt, und angesichts dieser verheerenden Maschinerie bin ich völlig machtlos. Ich kann nichts sagen, nichts tun, um das alles zu verhindern. Lediglich durch Zufall habe ich diese Frau hier getroffen. Ohne sie hätte ich nichts von den Erschütterungen erfahren, die mein Aufenthalt hervorgerufen hat.

Heute bin ich nur wegen einer Scheidung untröstlich. Ich sehe darin den Bruch einer Verbindung zweier Menschen. Jahre später jedoch, als ich die politische Rolle der Eheallianzen in der Geschichte von Hamdis Geschlecht analysierte, sollte ich mit dem Füller in der Hand und mit Hilfe von verschiedenen Graphiken entdecken, daß das, was an jenem Tag zerbrach, wesentlich mehr war als eine rein persönliche Geschichte: Hamdis Heirat mit seiner Kusine bildete nämlich eine entscheidende Verbindung zwischen den beiden Hauptlinien des Geschlechts.

Denn Hamdi, Ismaïls ältester Sohn, ist dazu bestimmt, nach dem Tod seines Vaters zum Scheich der gesamten Familie zu werden. Nun ist Ismaïl aber nicht Badis ältester Sohn, sondern lediglich der zweite. Sein Vater hat ihn dazu auserwählt, nach ihm die Familie zu repräsentieren, aber dies kann sich in der nächsten Generation durchaus wieder umkehren: Die ältere Seitenlinie kann den Titel wieder für sich beanspruchen. Damit sein eigener ältester Sohn ohne Schwierigkeiten die Nachfolge antreten kann, hat Ismaïl bei seinem älteren Bruder durchgesetzt, daß dieser seine älteste Tochter Hamdi zur Frau gibt. Zweifellos hat der alte Badi seinen ganzen Einfluß geltend gemacht, damit auf diese Weise die Stellung seiner sämtlichen Enkel im voraus festgelegt wird. Durch diese Heirat wurde Hamdis unmittelbarer Rivale, der Sohn seines ältesten Onkels, zu einem Schwager, vor allem aber auch zum Onkel mütterlicherseits von Ismaïls Enkel, das heißt, zu einem Verbündeten par excellence. Bei den Mauren kann nämlich der Onkel mütterlicherseits auf keinen Fall ein Rivale des Sohnes seiner Schwester sein. Er muß diesem unter allen Umständen seine Unterstützung gewähren. Badi konnte allerdings nicht vorhersehen, daß die Durchreise einer Fremden den Zorn der Gattin wecken würde und daß es dem Weibsvolk gelingen sollte, Zwietracht unter seine Nachfahren zu säen.

Ebenso wie bei allen anderen maurischen Stämmen ist der Titel eines »Scheichs« bei den Rgaybat nicht erblich. Wenn er auf den ältesten Sohn übergeht, so ist dies nur eine Tendenz, geschieht aber nicht automatisch. Stirbt ein Scheich, kann die Wahl des ältesten Sohns von den Männern des Geschlechts in Frage gestellt werden. Gibt es mehrere Anwärter auf den Titel, bricht Rivalität in der Familie aus, wobei die Gefahr eines Bruches groß ist. Und was gibt es schlimmeres als einen Bruch in einer Welt, in der allein die Anzahl der Familienmitglieder stark macht?

Um einer allzu starken Rivalität vorzubeugen oder um ein Bündnis zu besiegeln, tauscht man also untereinander die Frauen aus. Der Patriarch achtet darauf, die Blutsbande, die seine Kinder und Kindeskinder zusammenhalten, zu verstärken, und er macht bei den Eheschließungsstrategien seinen ganzen Einfluß geltend. Er postiert Frauen an den Ausgangspunkten einer möglichen Spaltung und arrangiert Ehen zwischen den Kindern seiner Söhne, sobald er zwischen diesen eine zu mächtig werdende Gegnerschaft spürt. So hat Hamdi also die älteste Tochter seines gefährlichsten Onkels zur Frau bekommen, des Onkels, der sich beim Tode des alten Badi gegen Ismaïl hätte wenden können. Hamdis

Onkel väterlicherseits wurde damit zu seinem Schwiegervater, zum Großvater mütterlicherseits seines Sohnes; die Söhne des Onkels waren nun gleichzeitig die Schwager und Onkel mütterlicherseits des jungen Erben, und somit waren auf diese Weise alle Bedrohungen ausgeschaltet worden. Sie waren … bis Saviya auf die Idee kam, aus Respekt vor seinem weißen Haar nicht vor Ismaïl zu rauchen.

Unordnung

Khalil ist fort. Vor meiner Rückkehr aus den Zeltlagern werde ich ihn nicht wiedersehen. Vielleicht hat er dann endlich die Abschriften der epischen Gedichte erhalten, auf die ich noch immer warte. Obwohl er mich nicht persönlich von seiner Reise in Kenntnis gesetzt hat, habe ich ihm die lange Liste mit Fragen gegeben, die ich speziell für ihn ausgearbeitet habe. Er hat verstanden, was gemeint war, und wir haben uns sonst nichts weiter zu sagen gehabt. Ich habe ihm auch nichts von meinem Wunsch erzählt, sein Haus zu verlassen, selbst wenn ich die von ihm versprochenen Dokumente vorher nicht erhalten haben sollte. Ich habe Aïchatou davon erzählt, in der Gewißheit, daß die Nachricht weitergegeben wird. Tatsächlich hat er, da er auf unbestimmte Zeit fortbleiben muß, Anweisung hinterlassen, damit der Bezirkskommandant von Aïn ben Tili, der für diesen Armeeposten verantwortlich ist, von meinem bevorstehenden Eintreffen unterrichtet wird: Er hat ihm befohlen, über mich zu wachen und mich bei der Durchführung meines Vorhabens zu unterstützen. Mir hat Khalil nichts davon gesagt. Aïchatou hat es übernommen, mir von all diesen Maßnahmen zu berichten. Er hingegen hat sich davongemacht, ohne sich zu verabschieden.

Das große Haus hat seine Seele verloren. Schon am ersten Morgen macht sich überall Unordnung breit. Zuerst werde ich von Schreien aus dem Schlaf gerissen. Es ist erstaunlich, wie lautstark eine maurische Familie manchmal sein kann. Die Kinder schreien, man schreit die Kinder an, die Frauen schreien sich gegenseitig an oder schreien hinter den

Dienstboten her, die Dienstboten schreien die Kinder an ...
das nimmt einfach kein Ende. Oder vielmehr doch, es
nimmt ein Ende, sobald der Familienvater heimkehrt. Heute morgen kommt es mir vor, als ertönten die Schreie
häufiger und schriller als gewöhnlich. Deshalb stehe ich
übelgelaunt auf und frühstücke. Seit der Besuch des Leiters
der Sûreté den so mühsam errungenen Familienfrieden
wieder zerstört hat, flüchte ich mich jede Nacht in ferne
Weltgegenden, mein Transistorradio gegen das Ohr gedrückt. Die Schlaflosigkeit macht das Aufstehen zu einer
Qual.

Im Salon spielen die Kinder auf dem roten Teppich, und
der nüchterne, verlassene Empfangsraum hallt von ihrem
Lachen wider. In der Küche lärmt Messaoud, der sonst
immer diskreter ist als ein Schatten, mit den Kochtöpfen.
Mit einer Stimme, die sich vor Zorn überschlägt, beschwert
er sich bei Aïchatou.

»Gestern abend hatte ich ein Stück Fleisch gekocht, das im
Topf geblieben ist. Jetzt ist es nicht mehr da. Tiémokho hat
es gestohlen.«

Tiémokho ist nicht da, um sich rechtfertigen zu können. Er
ist zum Einkaufen ins Dorf gegangen. Kaum ist er wieder
zurück, wird er auch schon angeklagt. Man fordert ihn auf,
die Sache zu erklären. Er gerät in Wut.

»Ich war's nicht. Ich weiß von nichts. Gestern war ein
Mann hier, und du hast ihm zu essen gegeben. Sicher war
er es.«

»Nein, der Mann hat kein Fleisch gegessen, er hat nur
Kuskus gegessen. Du warst es.«

Wutschnaubend rennt Tiémokho zur Gendarmerie und ist
schnell wieder zurück.

»Ich habe den Mann gesehen, der gestern hier gegessen hat,
es ist einer von den Gendarmen. Er hat gesagt, daß er Fleisch

gegessen hat. Du siehst also, ich war es nicht. Möge dein Leben verkürzt werden!«

Mitten in all dem Durcheinander brüllt Aïchatou lauter als gewöhnlich, um zu versuchen, zunächst Messaouds Zorn und dann Tiémokhos Wut zu beschwichtigen, und schließlich auch, um sich bei den Kindern durchzusetzen, die heute den Teufel im Leib haben. Khalils Abwesenheit ist in dem großen Haus bereits zu spüren.

In Bir Moghrein ist die Autorität des Hausherrn mit der zivilen und militärischen Gewalt des Standortkommandanten verquickt. Die durch seine Abwesenheit hervorgerufene Ratlosigkeit entspricht jeweils der Entfernung und Dauer. Solange er sich zu Hause, in seinem Büro, oder auch nur in einem Zeltlager der Gegend befindet, spüren die Dorfbewohner seine Anwesenheit. Zunächst einmal empfinden sie sie als Schutz, denn viel Unglück kann über einen notleidenden Ort hereinbrechen. Abgesehen von den Mitteln, über die er verfügt, um die Ordnung durchzusetzen – die manchmal zwar eine Last ist, aber auch beruhigt –, ist der *capitaine* der Garnison auch ein Symbol und ein Vermittler: ein Talisman. Wenn das Amulett verlorengegangen ist, ist die Gemeinschaft in Gefahr. Das Chaos droht.

Die Besorgnis der Dorfbewohner, eine mit Jubel vermischte Beklommenheit, sickert auch in das große Haus ein. Aïchatou schwankt. Sie ist die einzige, die die innere Unordnung verhindern kann, und das ganze Dorf hat die Augen auf sie gerichtet. Das weiß sie, sie muß den Kopf hochhalten. Ab sofort ist sie die Hüterin von Khalils Ehre. Das Ganze fängt schlecht an. Wegen eines Stückchens Fleisch ist das Dorf bereits darüber informiert, daß sie unfähig ist, einen Streit zwischen ihren Dienstboten zu schlichten. Wäre der Präfekt dagewesen, hätte Messaoud nicht so laut geschrien, und Tiémokho wäre nicht sofort zur Gendarmerie gerannt. Vielleicht wäre das Stück Fleisch dann überhaupt nicht verschwunden. Denn der Mann, der gestern abend hier gegessen hat, hat vielleicht nicht alles verschlungen. Die Leute werden tratschen, das steht fest.

Der Mann des Hauses ist nicht mehr da, um über seine Frauen und Kindern zu wachen, und schon nähern sich andere Männer dem Harem. Da ist zunächst einmal Brahim, der Sekretär des Präfekten, der aus Zouérate kommt. Bei ihm handelt es sich um einen jungen, langhaarigen Mann mit einem Gesicht à la Charles Bronson, allerdings ohne dessen Statur. Wie viele Mauren ist er eher schmächtig. Es ist ganz normal, daß er vorbeikommt, um Aïchatou zu begrüßen, allerdings weniger, daß er mich sofort unter seine Fittiche nimmt, um mir, wohl um sich wichtig zu machen, Dinge zu erklären, die Khalil nicht für gut befunden hatte mir anzuvertrauen. Hinter seinem offenen, sympathischen Auftreten entdecke ich nicht sofort jene leicht herablassende Ungeniertheit, die mir erst nach und nach auffällt. Der Kerl vermutet, daß ich den Präfekten verführt habe, und bildet sich ein, daß ich mir, sobald mein Liebhaber fort ist, sehr wohl einen anderen nehmen könnte: ihn.

Aïchatou merkt das nicht, weil sie ihn mag. Unter dem Vorwand, sich mitfühlend zu zeigen – Aïchatou sehnt sich im Moment sehr nach Trost –, hat er sich bemüht, sie zum Sprechen zu bringen. Brahim hat alles in sich aufgesogen und sofort Phantasie mit Realität verwechselt. Er hat zwei Frauen angetroffen, die vom Schweigen erdrückt wurden. Die erste, weil man ihr nicht genug gesagt hat. Die zweite, weil sie sich zuviel anhören mußte. Er hat sich nicht einmal besonders anstrengen müssen, um das Interesse der einen und das Vertrauen der anderen zu gewinnen. Allerdings hat er sich von all dem Erzählten nur das gemerkt, was ihm in den Kram gepaßt hat.

Nach ihm kommen noch drei andere. Drei junge Männer aus dem Dorf, unter ihnen der Schullehrer, die nun den Mut aufbringen, im Haus des Präfekten aufzutauchen, um mir guten Tag zu sagen. Man hätte meinen sollen, Aïchatou würde sich eher darüber freuen. Aber ganz im Gegenteil. Was in ihrem Haus vor sich geht, fällt in den Bereich von Khalils Ehre. In seiner Abwesenheit ist sie dafür verantwortlich. Sie, die mich sonst jederzeit verläßt, um ihren eigenen Beschäftigungen nachzugehen, bleibt zu Hause, um den Gesprächen beizuwohnen und, falls sich dies als nötig erweisen sollte, die Besucher zu zwingen, mir den nötigen Respekt entgegenzubringen, den man einer Fremden, die Gast des ersten Mannes der Gegend ist, schließlich schuldet. Die Ordonnanz bereitet wie gewöhnlich den Tee zu. Tiémokho ist auch wachsam. Wie er selbst sagt, ist er kein Dienstbote, sondern die »Ordonnanz des *capitaine*«, und in einem Fall wie diesem ist er Aïchatous rechter Arm. Als Schwarzer hat er in diesem Land des Sandes leider kaum eine Bedeutung. Ein Schwarzer, der Tee zubereitet, ist nur ein Sklave. All diese Geschichten von Freigelassenen, von Boys und Ordonnanzen sind für die Menschen hierzulande völlig bedeutungslos. Also verachtet er sie wegen ihrer Unwissenheit, wegen ihrer »Barbarei«: Haben die Franzosen nicht gesagt, daß es Wilde und Zivilisierte gibt? Die hatten ja so recht – diese Mauren sind wirklich Wilde. Außer Khalil natürlich.

Meine Lebensfreude verfliegt, als mir der Postmeister um die Mittagszeit verkündet, daß er den Postsack erhalten hat, daß in ihm aber nichts für mich dabei war. So werde ich also noch weiter in die Wüste vordringen müssen, ohne ein Zeichen von dem einzigen Mann erhalten zu haben, der mir etwas bedeutet. Traurig verschnüre ich mein Gepäck. Ich versuche mich davon zu überzeugen, daß ich diese Reise ausnutzen sollte, um eine Beziehung abzubrechen, die mir nur Tränen und Kummer einbringt. Aber das hilft auch nichts.

Am Nachmittag suche ich in der Wetterstation Zuflucht, wo ich sicher bin, freundlich empfangen zu werden. Mahmoud lädt mich auf einen Tee bei zu sich nach Hause ein, und seine Frau erzählt mir die Geschichte ihres Stammes. Als es Zeit zum Abendessen wird, trauen sich meine Gastgeber nicht, mich zum Gehen aufzufordern, aber sie sind sehr verlegen, weil sie mir kein Fleisch anbieten können. Mir ist nicht sofort das ganze Ausmaß dieses Gefühls der Schande bewußt, das sie bedrückt, und um ihnen zu zeigen, daß es dumm von ihnen war, sich wegen einer solchen Kleinigkeit Gedanken zu machen, bleibe ich zum Essen. Als ich nach Hause zurückkehre, ist Aïchatou nervös.

»Friede sei mit dir.«

»Er sei auch mit dir. Wo bist du gewesen?«

»Ich habe bei Mahmoud gegessen.«

»Saviya, das ist nicht recht. Wir kochen für dich mit, du bist mit eingerechnet. Wenn du deine Mahlzeit anderswo einnimmst, mußt du vorher Bescheid sagen.«

Ich bin etwas beschämt. Es kam mir bisher nie so vor, als wäre die gemeinschaftliche Schüssel, die nie ganz leergegessen wird, genau auf die jeweilige Anzahl der Tischgäste berechnet. So oft sitzt mal einer mehr oder weniger dabei, daß ich nicht auf die Idee gekommen bin, meine Abwesenheit könnte einen Einfluß auf die Menge des zubereiteten Essens haben. Aber Aïchatou hat durchaus recht, mich zu kritisieren. In Frankreich hätte ich mir eine solche Leichtfertigkeit nie erlaubt. Ein aufgelegtes Gedeck ist ein Gast, der erwartet wird. Hier ist das auch nicht anders, nur weil man kein Besteck auflegt. Das Argument ist nicht zu widerlegen. Ich habe nicht bemerkt, daß ich ebenfalls von der allgemeinen Unordnung angesteckt wurde. Hätte ich es gewagt, mich so spät noch draußen herumzutreiben, wenn der Präfekt dagewesen wäre?

Am nächsten Morgen steht mein Gepäck bereit. Ich warte auf einen Transporteur, der mich abholen soll, wie man mir gesagt hat. Die Zeit verstreicht und niemand erscheint. Der Postmeister kommt, stumm wie ein Karpfen. Als das Mittagessen aufgetragen wird, warte ich noch immer. Die Abfahrt von Zouérate fällt mir wieder ein: Der so sehnlichst erwartete Wagen ist damals erst um fünf Uhr abends eingetroffen, deshalb besteht noch kein Grund, sich zu wundern. Also fasse ich mich in Geduld, ohne mir Sorgen zu machen. Um drei Uhr nachmittags gibt der Postmeister endlich sein stummes Frohlocken auf, um mir mit düsterer Stimme zu verkünden, daß der Transporteur längst abgefahren ist. Fassungslosigkeit! Ich renne zur Gendarmerie, um mich zu erkundigen. Tatsächlich erfahre ich dort, daß der Wagen bereits im Laufe des Vormittags abgefahren ist. Ratlos kehre ich nach Hause zurück. Diesmal bin nicht mehr ich es, die den Postmeister ärgert, sondern er ist es, der mich mit seinem spöttischen, ziemlich dümmlich wirkenden Lächeln aufregt. Unterdessen trifft der Kommandant der Nationalgarde ein, den man von meinem Besuch in der Gendarmerie unterrichtet hat.

»Saviya, wie kommt es, daß du noch hier bist?«

»Ich habe keine Ahnung. Der Transporteur sollte mich abholen.«

»Natürlich sollte er dich abholen! Ich muß es schließlich wissen: Er hat die Nacht bei mir verbracht. Ich hatte ihm von dir erzählt, und alles war abgemacht! Khalil hat mir Instruktionen erteilt, um deine Abreise zu organisieren und den Transporteur zu bezahlen, und das habe ich auch getan.

Aber was ist das nun wieder für eine Geschichte? Das ist wirklich nicht seriös. Was soll ich jetzt machen?«

»Jetzt müssen wir eben wieder von vorne anfangen. Wann fährt der nächste Transporteur?«

»Ich habe keine Ahnung. Man muß auf eine Gelegenheit warten.«

Am Ende des Tages kommt Brahim vorbei, um mich zu Dih mitzunehmen, dem Verwandten Khalils, bei dem ich Hamdis Tante kennengelernt habe.

Als wir eintreffen, ist der Tee schon heiß, da ein alter, mit ihnen verwandter Beduine zu Besuch vorbeigekommen ist. Bei meinem Anblick gerät er sofort ins Schwärmen.

»Beim Scheich Mohammed Fadel, wer ist denn die da?«

»Das ist Saviya.«

»Saviya! Und du verstehst *Hassanije*!«

»Ein bißchen.«

»Wieso ein bißchen? Sehr gut! Du sprichst wie die *tidinit* von Sidati ould Ebbé!«

»Was ist das?«

»Die *tidinit* ist das traditionelle Instrument der *griots*. Sidati ould Ebbé ist ein großer *griot*. Er meint damit, daß du sehr gut sprichst.«

Der Alte stößt endlose Seufzer aus.

»Saviya, ich möchte dich heiraten.«

Alle Umsitzenden brechen in Gelächter aus.

»Das ist unmöglich.«

»Ich will immer nur in deinem Schatten wandeln! Warum willst du mich nicht heiraten?«

»Ich habe schon einen Mann.«

Hinterlistig murmelt Brahim auf französisch:

»Ein komischer Mann, der seine Frau auf Reisen gehen läßt! Sicher genießt er in Paris das Leben in vollen Zügen, während du nicht da bist. Da könntest du doch hier dasselbe machen.«

Als es Zeit zum Abendessen wird, lädt mich die Hausherrin ein, ebenfalls an die gemeinschaftliche Schüssel heranzurücken.

»Das geht nicht. Ich muß zurück nach Hause, Aïchatou erwartet mich.«

»Wir schicken jemanden hin, um ihr Bescheid zu geben. Ich bitte dich, iß mit uns.«

Ich fürchte, sie zu verletzen, und traue mich nicht, abzulehnen. Brahim ist gegangen. Rings um die Schüssel sitzen nur noch das Ehepaar mit den Kindern und der alte Beduine, der mich immer noch anlächelt, mittlerweile allerdings ohne unangenehme Hintergedanken. Der Abend verläuft friedlich. Es ist fast elf Uhr abends, als der letzte Tee serviert wird.

»Bleib zum Schlafen hier, Saviya!«

»Nein, ihr seid sehr freundlich, aber ich muß heim.«

»Bleib, mach uns die Freude.«

»Ich kann nicht.«

»Natürlich kannst du. Ich bitte dich, schlaf bei uns.«

Für einen Moment zögere ich. Diese Leute sind sehr nett. Sie lassen nicht locker. Ob ihnen das so viel Freude machen würde? Schließlich bin ich doch frei. Bin ich frei? Um mich davon zu überzeugen und um meinen Gastgebern des heutigen Abends ihre Wohltaten zu vergelten, nehme ich an.

Also kehre ich erst am nächsten Morgen zurück, nachdem ich zusammen mit Dihs Familie gefrühstückt habe. Im kleinen Salon treffe ich Aïchatou an, das Gesicht gezeichnet von einer schlaflosen Nacht und mit Panik in den Augen.

»Frieden sei mit dir.«

»Frieden sei mit dir. Wo warst du?«

Also bin ich nicht frei. Ich muß Rechenschaft ablegen. Aber

so einfach geht das nicht. Dabei vergesse ich, daß ich es war, die in die maurische Gesellschaft eindringen wollte, und daß ich bereit war, mich ihren Regeln zu unterwerfen. Jetzt spiele ich nicht mehr mit. Ein aufsässiger Wind bläst mir durch den Kopf.

»Bei Leuten.«

»Welchen Leuten?«

»Ich weiß nicht.«

»Was heißt das: ›Ich weiß nicht‹?«

»Ich weiß nicht, wie sie heißen.«

»Wo wohnen sie?«

»Dort hinten.«

»Wo denn, dort hinten?«

»Da lang.«

Aïchatou wird immer verwirrter. Boshaft tue ich so, als würde ich das nicht bemerken und antworte bewußt ausweichend. Dieses schikanöse Verhalten treibe ich sogar so weit, daß ich vorgebe, nicht genug Arabisch zu sprechen, um alles erklären zu können.

»Ich verstehe nicht, warum du mich das alles fragst. Du bist doch benachrichtigt worden.«

»Nein, ich bin nicht benachrichtigt worden. Das ist nicht recht, Saviya.«

»Was ist nicht recht?«

»Das ist nicht recht.«

Die Folter hat lange genug gedauert. Sie tut mir leid mit ihrer entsetzten Miene.

»Das ist doch alles halb so schlimm. Ich habe bei den Leuten geschlafen, von denen du vorhin gesprochen hast, denjenigen, bei denen wir mit Brahim gewesen sind.«

»Ach! Du hast bei Dih geschlafen.«

Jetzt ist sie erleichtert.

»Warum hast du das nicht gleich gesagt?«

»Sie haben mir versichert, daß sie jemanden schicken werden, um dir Bescheid zu sagen.«

»Niemand ist gekommen.«

»Das wußte ich nicht, aber das ist doch nicht schlimm?«

»Wieso nicht schlimm? So was darf man nicht tun, Saviya. Die Leute könnten darüber reden!«

Arme Aïchatou. Jetzt ist sie ganz allein für die gesamte Hausgemeinschaft verantwortlich, und ich schlafe, ohne Bescheid zu geben, außerhalb.

»Die Leute haben darauf bestanden, daß ich bei ihnen schlafe. Sie waren so nett, ich konnte einfach nicht ablehnen.«

»Natürlich konntest du ablehnen! Man fragt die Besucher immer, ob sie über Nacht bleiben. Tut man das nicht, wäre man unhöflich.«

»Du meinst, sie dachten, ich würde ablehnen, und haben einfach aus Höflichkeit nicht lockergelassen?«

»Selbstverständlich.«

»Aber sie waren so hartnäckig! Ich hatte Angst, sie zu verletzen.«

»Du hättest sie überhaupt nicht verletzt. Sie müssen sehr erstaunt gewesen sein, als du angenommen hast, vielleicht war es ihnen sogar peinlich.«

Da erklärt mir Aïchatou etwas sehr Wichtiges. Ich konnte schließlich nicht wissen, daß die Aufforderung, über Nacht zu bleiben, nur eine obligatorische Höflichkeit ist, eine Konvention.

»Das wußte ich nicht.«

Aïchatou merkt wohl, daß ich aufrichtig bin. Sanft erklärt sie mir, welche Folgen mein Verhalten hätte nach sich ziehen können, wenn ich die Einladung eines anderen angenommen hätte.

»Wenn man bei jemandem wohnt und dann aber bei einem

anderen schläft, heißt das, daß man sich dort, wo man aufgenommen wurde, nicht wohl fühlt. Leuten, die noch spät auf Besuch kommen, bietet man immer an, über Nacht zu bleiben. Das gehört mit zu den Regeln der Gastfreundschaft. Je höflicher man ist, desto energischer besteht man darauf, aber man erwartet niemals, daß der andere annimmt. Du wirst nie jemanden verletzen, wenn du ablehnst, bei ihm zu schlafen. Und außerdem, weißt du, seit Khalil fort ist, sagen die Leute, daß du andauernd unterwegs bist. So etwas ist beleidigend für mich. Für Khalil auch. Wenn man ihm später erzählt, daß ich dich in seiner Abwesenheit nicht gut behandelt habe, wird er nicht zufrieden sein.«

Aïchatou hat recht: Seit der Präfekt fort ist, meide ich das große Haus. Nicht nur weil Khalil sich nicht mehr hier aufhält, er war schließlich nur selten da, sondern auch weil Aïchatou andauernd irgendwo beschäftigt ist. Sicherlich hat sie viel zu tun, aber vor allem muß sie uns nun nicht mehr überwachen. Das heißt, Khalil und mich überwachen.

»Das wollte ich nicht, Aïchatou. Ich bin sehr glücklich bei dir. Du sollst nicht denken, daß ich undankbar bin. Ich weiß, was du alles für mich tust.«

»Das ist nicht weiter schlimm. Zum Glück hast du nicht in der Stadt übernachtet. Dih ist ein Vetter von Khalil, er gehört mit zur Familie. Gott sei gelobt.«

»Aïchatou, ich habe eine Idee. Wenn wir nun in die Stadt gehen, alle beide, um den Leuten zu zeigen, daß Aïchatou und Saviya Freundinnen sind?«

»O ja! Das ist eine gute Idee. Laß uns sofort gehen!«

Aïchatou ist entzückt. Sie zieht sich ihre schönste *melhafa* über, einen zarten, schwarzen, mit weißen Margeriten bestickten Schleier, der eng um das Gesicht herum anliegt, und schon sind wir beide unterwegs, als wäre nichts geschehen, um durch die Straßen der Stadt zu spazieren, in denen nur einige wenige Verkaufsbuden geöffnet haben. Ungefähr eine Stunde lang schlendern wir fröhlich plaudernd umher, wobei wir vorgeben, nicht auf all die Augen zu achten, die uns beobachten.

Aïchatou hat ihr Lächeln wiedergefunden, die Beleidigung ist wiedergutgemacht.

Verführung

Der Kommandant der Nationalgarde sorgt sich um meine Abfahrt. Er befürchtet, der Präfekt könnte zurückkehren und mich immer noch hier antreffen. Eines Abends besucht er mich, um mir mitzuteilen, daß mich am nächsten Morgen ein zweites Fahrzeug, das nach Aïn ben Tili aufbricht, abholen wird. Auf dieses sollte ich dann zwei Tage vergeblich warten.

Im großen Haus ist wieder Ruhe eingekehrt. Ich habe begriffen, daß man den Dorfbewohnern keinen zusätzlichen Grund geben darf, zu tratschen, und Aïchatou kann sich nicht mehr über mich beklagen. Aber sie ist ständig unterwegs bei ihren Nachbarinnen, und ich langweile mich. Als der Schulmeister kommt, um mich zu einem Tee beim Schmied einzuladen, zögere ich deshalb nicht, ihm zu folgen. Dabei hätte ich ahnen können, daß die Wahl des Schmiedes ein Zeichen war. Schließlich hatte ich in den alten Armeeberichten gelesen, daß das Zelt des Handwerkers der einzig mögliche Ort war, an dem sich junge Männer und Mädchen begegnen konnten; daß es sogar berüchtigt war als Treffpunkt für galante Stelldichein. Naiverweise freue ich mich darauf, seine Werkstatt zu sehen. Ich nehme mein Notizbuch und einen Bleistift mit, in der Hoffnung, einige ethnographische Informationen aufschnappen zu können.

Umgeben von Werkzeugen, die er selbst hergestellt hat, arbeitet der Schmied in seiner Verkaufsbude auf dem Boden sitzend. Juwelier, Kupferschmied und Tischler in einer Person, fertigt er Holzsättel und Sänften für die Kamele an,

Tabletts, Pfeifen, Werkzeug und Schmuck. Auf Lederarbeiten spezialisiert, bereitet seine Frau die Häute zu und näht Taschen und Kissen, die sie anschließend mit zarten geometrischen Zeichnungen in schwarzen, braunen, gelben, roten und grünen Farben verziert. Der Mann begrüßt mich, setzt sich aber gleich wieder an die Arbeit. Seine Frau empfängt uns freundlich, beantwortet meine Fragen und zeigt mir ihre Kunstwerke. Dann bereitet sie uns Tee zu und hört unserer Unterhaltung zu, ohne ein Wort zu sagen. Dafür spricht der Schulmeister erst von der Französischen Revolution, dann von der algerischen Revolution, dann von der Revolution im allgemeinen, und schließlich fragt er mich ganz unverblümt:

»Was hältst du von der Polisario-Front? Bist du einverstanden mit dem, was sie tun?«

»Zunächst einmal weiß ich nicht genau, was sie tun, aber ich denke, ja, ein nationaler Befreiungskampf ist eine gerechte Sache.«

»Aber bist du mit ihren Methoden einverstanden? Findest du, daß sie recht haben, zu kämpfen?«

»Sicher ist das manchmal unvermeidlich.«

»Ich bin nicht damit einverstanden.«

»Möchtest du, daß sie Spanier bleiben?«

»Nein, aber ich denke, sie sollten verhandeln.«

»Bestimmt haben sie es versucht, aber das hat nichts genützt. Darum haben sie jetzt keine Wahl mehr.«

»Doch. Da ist noch die UNO, sie sollten sich an die UNO wenden.«

»Die UNO kann da nichts machen. In solchen Fällen hat die UNO noch nie etwas machen können.«

»Politik ist besser als Krieg. Die UNO könnte eine Wahl organisieren.«

»Ohne bewaffneten Kampf werden sie nie etwas erreichen.«

»Das stimmt.«

»Du sagst, das stimmt, und trotzdem behauptest du, daß du nicht mit ihnen einverstanden bist. Was erzählst du eigentlich?«

»Das habe ich gesagt, um dich auf die Probe zu stellen, um zu wissen, was du wirklich darüber denkst.«

Ich bin sprachlos. Das Gegenteil von dem zu sagen, was man denkt, nur um die Meinung des anderen leichter herauszufinden, wäre mir nie in den Sinn gekommen. In dieser Zivilisation versetzt mich der ständige Rückgriff auf eine List immer wieder in Erstaunen; ich falle andauernd darauf herein. Nachdem er mich auf diese Weise auf »die Probe gestellt« hat, sind dem Lehrer sowohl die Politik als auch die Sahraouis auf einmal absolut gleichgültig geworden. Er ist ein Intellektueller und will mir dies unbedingt in Erinnerung rufen.

»Vor allem mag ich Bücher.«

»Welche Art von Büchern?«

»Das ist schwer zu erklären. Komm mit zu mir, dann zeige ich sie dir.«

Wir verabschieden uns. Der Schmied blickt ausdruckslos zu mir auf und senkt dann wieder den Kopf über seine Arbeit, als hätte er weder etwas gesehen noch gehört. Seine Frau ist dabei, die Gläser zu spülen, und grüßt uns, ohne uns anzuschauen.

Hastig ausschreitend führt mich mein Genosse zu seinem Haus. Obwohl es sich ganz in der Nähe befindet, macht er einen großen Umweg, um die Hauptstraße zu vermeiden, was ich nicht bemerke, weil ich das Dorf, obwohl es sehr klein ist, nur schlecht kenne. Erst auf dem Rückweg wird mir sein Manöver klar. Ich gehe völlig unbekümmert neben dem jungen Mann her, ohne den Verdacht zu haben, daß er mit mir gerade das versucht, was man in Deutschland

»den Trick mit der Briefmarkensammlung« nennen würde. Ich bin lediglich neugierig darauf, zu sehen, was der Bücherschrank eines Dorfschullehrers enthält.

Wir gehen durch eine Tür, überqueren einen Hof und betreten ein äußerst schlichtes, nur mit einer gewöhnlichen Matte und zwei Matratzen möbliertes Wohnzimmer. Der Raum ist leer: Entweder ist der Lehrer unverheiratet, oder seine Frau ist ausgegangen. Er tut so, als würde er in einem Koffer suchen, hebt einen herumliegenden *boubou* an und gesteht mir schließlich, er habe ganz vergessen, daß sich alle seine Bücher in Zouérate befinden. Ich gebe vor, ihm zu glauben, aber ich habe endlich begriffen, wovon gleich die Rede sein wird. Er bietet mir einen Platz an, und die Unterhaltung verläuft einige Minuten lang auf eher banale Weise. Plötzlich ertönt draußen eine Stimme.

»Friede sei mit euch.«

Der Lehrer stürzt hinaus, ehe der Eindringling den Hof ganz überqueren konnte, schließt die Tür hinter sich, damit der Besucher nicht ins Zimmer schauen kann, und findet irgendeinen Vorwand, um ihn abzuwimmeln. Dann kommt er erneut herein, zieht den Türflügel wieder zu und schiebt den Riegel vor. Das habe ich noch nie erlebt. In Mauretanien ist nie eine Tür geschlossen, und schon gar nicht die eines Wohnzimmers, wenn sich Leute darin befinden.

»Warum schließt du die Tür?«

Der junge Mann, der sich wieder neben mich setzen wollte, macht kehrt und öffnet den Riegel, läßt den Türflügel aber zugezogen.

»Das ist nur wegen der Ziegen.«

Zuerst die Bücher, jetzt die Ziegen … Die List ist so plump, daß ich mich allmählich amüsiere, obwohl ich mir nichts anmerken lasse. Die Situation ist keineswegs alarmierend, weil ich nur zu schreien brauche, damit die Nachbarn an-

gerannt kommen. Was soll er denn schon einer Frau antun, die unter dem unmittelbaren Schutz des Präfekten
steht?

Wenn man sich völlig sicher fühlt, kann man das ausnutzen,
um eine Weile Spaß zu haben. Es interessiert mich, zu sehen,
wie dieser Mann es anstellen will, um an sein Ziel zu gelangen. Gleichzeitig bewundere ich die Kühnheit dieses Mannes, der sich erdreistet hat, bis in Khalils Domizil vorzudrin-
gen, um mich am hellichten Tag und mitten im Dorf zu sich
nach Hause zu locken, und der es darüber hinaus noch
geschafft hat, einen Störenfried zu verscheuchen und die
Tür abzuschließen. Eigentlich ist der Lehrer ganz schön
verwegen.

»Die Frauen von Bir sind nicht schön. Ich bin jetzt seit zwei
Monaten hier und konnte erst eine einzige Nacht mit einer
Frau verbringen, aber sie war Jungfrau, also …«

Das Thema wird ja auf wahrhaft subtile Weise angeschnit-
ten! Diese Mauren sind schon erstaunlich. Entweder sind sie
so diskret, daß ihr Schweigen zentnerschwer auf einem
lastet, oder sie drücken sich so unumwunden aus, daß man
völlig sprachlos ist.

»Haben die Frauen in Frankreich Schwangerschaftsnar-
ben?«

»Nicht mehr als andere.«

»Aha … Und haben sie einen runden Bauch oder einen
flachen Bauch?«

»So wie überall. Einige haben einen runden Bauch, andere
einen flachen Bauch.«

»Aha … Es gibt da eine Stelle bei den Mauren … Die ist gut
für das Auge. Das ist etwas schwer zu erklären. Es ist nicht
der Bauch, sondern unter dem Bauch. Es sind nicht die
Haare, eher an den Seiten …«

»Ich verstehe nicht, was du meinst.«

»Warte, ich zeichne es dir auf.« (Er nimmt einen Kuli und einen zerrissenen Zettel, der auf dem Boden herumliegt.) »Siehst du, es gibt solche Frauen.« (Er zeichnet eine Frauenbüste mit betonter Taille.) »Und andere, die so aussehen.« (Er malt eine andere Büste mit rundem Bauch.) »Du meinst, daß du eine schlanke Taille magst.«

»Genau!«

»Auch bei uns bevorzugen die Männer eine schlanke Taille.«

»Es gibt da auch noch etwas anderes. Etwas, was bei Mann und Frau verschieden ist. Der Mann arbeitet gerne an dieser Stelle. Verstehst du, was ich meine?«

»Ja, ich kann es mir denken.«

»Mögen es die Frauen bei euch, wenn diese Stelle bei den Männern groß ist?«

Ich verstehe genau, was er mir zu verstehen geben will, und muß mich zusammennehmen, um ernst zu bleiben. Immerhin seltsam, diese ungehobelte Art und Weise, einer Frau den Hof zu machen. Ich heuchle weiterhin Unschuld.

»Das ist so wie überall, das hängt von den Frauen ab. Diejenigen, die klein sind, mögen es, wenn der Mann klein ist, diejenigen, die groß sind, bevorzugen große.«

Als er begreift, daß seine impertinente Strategie zu nichts führt, startet der Schullehrer einen zweiten Versuch.

»Neulich, als du mir die Geschichte von der Französischen Revolution und dem Ersten Weltkrieg erklärt hast, sind während dieser Unterhaltung Fäden von mir zu dir übergegangen.«

»Was?«

»Fäden.«

Der junge Mann stellt pantomimisch den abgerollten Faden dar, die unsichtbaren Bande, die ihn an mich gefesselt haben. Das ist schon etwas poetischer. Ich lasse ihn eine

Weile in dieser Manier weitermachen, irgendwann wird er sich von selbst in seinen eigenen »Fäden« verheddern.

»Ich verstehe nicht, was du meinst.«

»Aber ja, schau nur. Wenn ein Junge mit einem Mädchen spricht, und das Mädchen mit einem Jungen redet, dann gibt es manchmal Fäden, die vom einen zum anderen gehen.«

»Deine Geschichte mit den Fäden ist mir völlig schleierhaft.«

Der Lehrer sitzt wie auf glühenden Kohlen. Er, der soeben noch auf eine überaus anstößige Anspielung zurückgegriffen hat, geniert sich jetzt, diese zu erläutern. Er will seine Taktlosigkeit vergessen machen, von Liebe reden. Damit geht er mir auf die Nerven. Deshalb schicke ich mich an, aufzubrechen, zumal ich hier nicht länger eingeschlossen bleiben möchte.

Panischer Schrecken blitzt in den Augen des jungen Mannes auf. Er macht sich nun das ganze Ausmaß seiner Tollkühnheit klar, deren mögliche Konsequenzen ihn erschrecken. War er denn so von sich überzeugt? Dachte er, es würde genügen, mich zu sich ins Haus zu locken, damit die Sache abgemacht ist? Vielleicht bedeutet in Mauretanien bereits das Einverständnis, allein mit einem Mann zusammenzubleiben, daß man sich ihm hingeben will? Andere Länder, andere Sitten, das konnte ich schließlich nicht ahnen, ebensowenig wie ich wissen konnte, daß er allein lebt. Ungehalten stößt der abgeblitzte Verführer einen herzzerreißenden Seufzer aus, weigert sich zu verstehen, was über seine Vorstellungskraft geht, und ringt sich schließlich dazu durch, aufzustehen, um mich heimzubegleiten. Zum Glück für uns beide ist die Straße leer.

Im großen Haus treffe ich Brahim an, der gerade mit Aïchatou Tee trinkt. Beruhigt über mein gutes Betragen scheint sie heute glücklich zu sein; sie kann mir nämlich eine gute Nachricht verkünden.

»Du fährst morgen.«

»Wenn Gott will.«

»Du fährst, diesmal ganz bestimmt. Übrigens begleiten dich zwei Gendarmen.«

»Wenn Gott will.«

»Im Namen Gottes, du wirst fahren. Hier, nimm ein Glas Tee.«

Die Freude versetzt sie in schelmische Laune.

»Sag mal, Saviya, findest du nicht, daß Brahim attraktiv ist?«

Ich mustere den anmaßenden Sekretär, der mit einem geringschätzigen Schmollmund ein befriedigtes Lächeln andeutet.

»Überhaupt nicht, dazu hat er zu schmale Schultern.«

»Die Schultern sind nicht wichtig. Findest du nicht, daß er einen schönen Kopf hat?«

»Nicht besonders.«

Ich habe Aïchatous Neugier erregt. Also habe ich, was Männer angeht, nicht denselben Geschmack wie sie? Das interessiert sie.

»Aber was für eine Sorte Männer magst du? Wen findest du schön unter den Männern von Bir?«

»Tiémokho.«

»Tiémokho!«

»Hast du nicht bemerkt, wie er gebaut ist? Bei uns mögen die Frauen große, muskulöse Männer mit breiten Schultern. Sie mögen keine halben Portionen wie deinen Brahim.«

»Tiémokho! Hast du denn nicht seine Nase gesehen?«

Ich schaue Tiémokho an, der vielleicht in seinem ganzen Leben noch nie so glücklich gewesen ist. Was für eine

Revanche! Da sagt doch die weiße Frau, daß er schöner ist als diese großen maurischen Kerle, die ihm ausschließlich Verachtung entgegenbringen!

»Was ist denn mit seiner Nase?«

Aïchatou ist dermaßen verblüfft, daß sie keine Worte findet. Mit einem Finger drückt sie ihre Nasenspitze platt, um die breite Nase anzudeuten, mit der die Ordonnanz ausgestattet ist.

Übertrieben aufmerksam betrachte ich Tiémokhos Gesicht, der plötzlich wie zur Salzsäule erstarrt, bestürzt beim Gedanken daran, daß ich zweifelos noch nicht bemerkt habe, wie breit seine Nase ist.

»Ich kann nichts erkennen, seine Nase ist doch gut so.«

Aïchatou bricht in Lachen aus. Sie findet es komisch, daß jemand angeblich nicht sehen kann, wie häßlich diese Nase ist! Saviya weiß also die Zartgliedrigkeit der maurischen Männer nicht zu schätzen! Aha! Und Brahim guckt ja so drollig drein!

Der Sekretär zieht ein ärgerliches Gesicht. Er ist jetzt beleidigt, aber das hat er auch verdient. Aïchatou glaubt mir nur halb. Sie hat begriffen, daß ich ihre Provokation mit einer Provokation beantwortet habe, aber gleichzeitig liefere ich ihr damit auch ein sehr nützliches Argument, um gewissen Gerüchten das Wasser abzugraben. Wenn die *Nasraniya* einen so offenkundig attraktiven Mann wie Brahim nicht zu schätzen weiß, dann können alle Ehefrauen beruhigt aufatmen.

Ob sich der Sekretär im Dorf damit brüsten wird, daß man ihn so gedemütigt hat? Ob man sich dieser Neuigkeit bemächtigen, sie verzerren und aufbauschen wird, bis ich schließlich im Verdacht stehe, mit der Ordonnanz zu schlafen? Wer weiß?

Brahim hat sich gleich nach dem dritten Glas Tee sang- und

klanglos aus dem Staub gemacht. Aïchatou geht auch: Sie muß ihrer Nachbarin unbedingt etwas Lustiges erzählen. Ich bleibe allein mit Tiémokho zurück, der die Teekanne leert, die Gläser und das Tablett spült, wie nur Mauretanier es zu tun verstehen: ohne dabei aufstehen zu müssen.

»Also gehst du morgen.«

»Wenn Gott will, ja.«

»Du wirst mir fehlen.«

»Du mir auch, Tiémokho, du wirst mir auch fehlen.«

»Aber den anderen wirst du nicht fehlen.«

»Welchen anderen?«

»Aïchatou zum Beispiel. Sie ist auf dich eifersüchtig.«

»Nein, da übertreibst du. Sie ist nett.«

»Ja, sie ist nett, weil Khalil ihr befohlen hat, nett zu dir zu sein, aber sie ist eifersüchtig. Neulich, als du in der Wetterstation warst, habe ich sie beim Essen mit dem Postmeister reden hören, diesem nichtsnutzigen *hartani*. Sie hat gesagt, daß du immer draußen bist, seit Khalil fort ist. Daraufhin hat der Postmeister zu ihr gesagt: ›Ist sie noch nicht fort? Und wenn sie nun überhaupt nicht fortgeht?‹ Da hättest du Aïchatous Gesicht mal sehen sollen! Aber sie hat bemerkt, daß ich zugehört habe, und sie hat dem Postmeister zugezwinkert und dabei auf mich gedeutet, da ich gerade dabei war, den Tee zuzubereiten. Das habe ich genau gesehen. Mir war klar, daß sie nicht wollte, daß er vor mir über dich spricht. Übrigens hat der Postmeister das auch verstanden, weil er danach nichts mehr gesagt hat.«

»Meinst du nicht, daß du da ein bißchen lästerst?«

»Im Namen Gottes! Übrigens wollte Khalil gar nicht Aïchatou heiraten, er wollte eine Französin heiraten, aber seine Mama hat nicht gewollt.«

»Aïchatou hat mir erzählt, daß sie ihm im Alter von zwei Jahren versprochen worden ist.«

294

»Siehst du.«

»Aber das heißt doch noch gar nichts.«

»Wieso heißt das nichts? In der Stadt erzählen sich alle, daß Khalil Aïchatou verlassen wird, um Saviya zu heiraten. Man sagt, daß Khalil sich nachts, wenn Aïchatou schläft, zu Saviya schleicht. Als die Familie draußen im Busch war, um das Kamel zu schlachten, haben sie sogar jemanden zu mir geschickt, um mich zu fragen, ob Saviya mit Aïchatou gefahren ist oder ob sie zu Hause geblieben ist.

Man erzählt sich auch, daß der Zollbeamte, Khalils Freund, der immer hier ist, sie auch besessen hat, und außerdem noch Brahim.

Außerdem wundert man sich, daß Saviya so oft zur Wetterstation geht. Man sagt, daß sich da hinten wohl auch einiges abspielen wird. Die Leute hier haben nichts zu tun, sie reden zuviel. Alle glauben, daß du hierhergekommen bist, um dir einen mauretanischen Mann zu suchen; es gibt sogar welche, die sagen, daß du einen Rgaybi zum Mann haben willst.«

»Ich wußte nicht, daß es so schlimm ist.«

»Das sind Wilde, sag ich dir!«

»Ist es bei dir zu Hause so anders?«

»Bei mir zu Hause? Dort ist es schön. Mein Vater geht jeden Morgen aufs Feld, um Reis, Hirse und Weizen anzubauen, es gibt Kühe, die gemolken werden, den Fluß, in dem man sich badet …«

»Gefällt es dir hier nicht?«

»O nein! Hier gibt es doch nichts. Nur Sand. Und was die Mauren angeht, ja … Ich kenne diese Leute nicht. Übrigens sind sie widerlich, sie waschen sich nie, das sind echte Wilde. Meine Heimat, meine Familie, das liegt alles im Süden, ich gehöre zu den Leuten vom Fluß. Dort badet man sich, man wäscht sich jeden Tag, und man ißt Fisch.«

»Warum bist du Soldat? Konntest du nicht die Felder bewirt-
schaften wie dein Vater?«

»Das wird immer schwieriger. Außerdem bin ich zur Schule
gegangen, ich habe keine Lust, Bauer zu sein. Das ist zu
anstrengend. Immerhin bin ich bis zum CM2^{16} gekommen.
Ich könnte in Nouakchott oder in Rosso beim Zoll oder bei
der Post arbeiten. Wenn ich es schaffe und mich nicht
wieder von Khalil rumkriegen lasse. Khalil überredet mich
immer wieder, damit ich meine Dienstzeit in der Armee
verlängere. Jedesmal, wenn der Tag der Entlassung heranrückt, glaube ich endlich, daß ich gehen kann, aber nein, er
überredet mich. Das erste Mal habe ich mich für zwei Jahre
verpflichtet. Aber Khalil ist zu schlau. Ich hatte mir geschwo-
ren, die Dienstzeit nicht mehr zu verlängern und nach
Hause zurückzukehren, aber er hat mich überredet, und ich
habe wieder unterschrieben. Aber das nächste Mal lasse ich
das nicht mehr mit mir machen!«

»Wann ist das nächste Mal?«

»Bald, in zwei Monaten, im April. Aber ich habe Angst, ich
kenne mich, ich werde wieder unterschreiben. Khalil überredet mich immer. Ich kann ihm nicht widerstehen, wenn
er mir auf die freundliche Tour kommt, und er bringt
immer neue Argumente vor. Er ist zu geschickt. Ich weiß
nicht, wie ich ihm entwischen soll.«

»Was sagt er zu dir?«

»Er sagt, daß die Armee gut für mich ist. Aber in dieser
Gegend ist sie nicht gut für mich. Alle Mauren sagen, daß
ich ein Sklave bin, nur weil ich eine schwarze Hautfarbe
habe. Die sind einfach zu rassistisch, zu barbarisch und zu
widerlich.«

»Kannst du schwimmen, Tiémokho?«

In dieser ungeheuren Wüste vom Schwimmen zu reden, ist
in etwa so, als würde man in einem Schneesturm die Wärme

eines Ofens heraufbeschwören, oder als würde man in glühender Hitze von einem Glas frischen Wassers träumen. Die Augen der Ordonnanz leuchten auf.

»Ob ich schwimmen kann! Aber ich habe schwimmen gelernt, noch ehe ich laufen konnte! Ich schwimme wie ein Fisch, ich durchquere den Fluß, ich kann sogar einen Trick. Ich hatte einen französischen Freund, der hatte ein Motorboot, und ich habe mir diese Stäbe da[17] an die Füße geschnallt. Ich war dauernd im Wasser.«

»Wenn Khalil dich das nächste Mal zu überreden versucht, denk dann an den Fluß.«

Tiémokho stampft vor Freude mit den Füßen auf.

»Das ist eine gute Idee. Diesmal legt er mich nicht rein, da bin ich mir ganz sicher!«

»Vergiß nicht, Tiémokho, denk an den Fluß.«

Aïchatous Sieg

Freitag abend. Der Kommandant der Nationalgarde kommt in Begleitung eines Transporteurs, den er mir unbedingt vorstellen will, als müsse er mir beweisen, daß er sich wirklich um mich kümmert und daß dieser Mann tatsächlich existiert. Man kann ja nie wissen: Falls Khalil zurückkehrt, ehe es ihm gelungen sein sollte, mich auf den Weg zu schicken, wäre ich dann wenigstens in der Lage, zu seinen Gunsten auszusagen, für ihn Zeugnis abzulegen …

»Zwei Gendarmen reisen mit dir. Halte dich morgen früh bereit.«

Bei Sonnenaufgang stehe ich auf. Mit ein bißchen Glück hat die Post Bir noch vor meiner Abreise erreicht. Vier Tage reichen gewöhnlich, um von Zouérate hierher zu fahren. Der Transporteur kommt vorbei, um meinen Koffer abzuholen, und sagt mir, daß es gegen Mittag losgeht. Es ist also doch möglich, daß ich Bir Moghrein heute noch verlasse.

Wie gewöhnlich ist das große Haus leer. Die Kinder sind in der Schule, Diouf streunt mit dem Baby auf dem Arm irgendwo herum, und Aïchatou ist nicht da. Ich warte darauf, daß Tiémokho damit fertig wird, das Haus zu putzen, um ihn zum Brotholen ins Dorf zu begleiten. Ich hoffe, dort einige Neuigkeiten über die Post aufzuschnappen, weil ich eventuell abfahren muß, noch ehe der Postmeister hier eingetroffen ist. Die Ordonnanz macht beim Fegen ein todunglückliches Gesicht.

»Ist etwas nicht in Ordnung, Tiémokho?«

»Nichts ist in Ordnung, nichts ist in Ordnung. Saviya geht, nichts ist mehr in Ordnung.«

»Nun mach nicht so ein Gesicht, ich kann schließlich nicht ewig bleiben.«

Dann laufen wir beide zusammen durchs Armeelager. Von der anderen Seite des Stacheldrahtzauns her hinkt ein alter, mit zwei Paketen beladener Mann auf die Wachstube zu. Wir treffen ihn in Höhe des Wachpostens. Wenn doch nur ein Brief für mich dabei wäre! Nur einer!

»Friede sei mit euch.«

»Friede sei mit dir.«

Der alte Mann bleibt stehen, stellt langsam die Pakete auf den Boden und überreicht mir das ganze Bündel an Briefen, das er unter dem Arm geklemmt trug.

»Das ist für dich, Saviya.«

»Das alles?«

»Ja, und sogar die Pakete.«

»Gott sei gelobt! Tiémokho! Hast du das alles gesehen?«

Die Ordonnanz lacht wegen meiner Freude.

»Lob sei Gott.«

Fieberhaft blättere ich die vielen Umschläge immer wieder nach der so sehnlichst erhofften Handschrift durch. Gott sei Dank! Endlich! Nach so langer Zeit! In einer einzigen Sekunde belohnt mich das für alle Mühen. Also verlasse ich das große Haus wenigstens nicht ohne ein Zeichen. Und darüber hinaus ist das alles noch wesentlich mehr als ein Zeichen. Wer ist nur auf die großartige Idee gekommen, mir Pakete zu schicken? Ein Blick auf die Adresse, und ich erkenne die schmale, regelmäßige Handschrift wieder: natürlich war das meine Mutter. Das hätte ich mir denken können.

»Der Herr beschütze dich, Saviya.«

»Möge er über dich wachen. Warte! Geh nicht so schnell fort. Hier!«

Ich gebe dem alten Mann das gesamte Kleingeld, das ich bei

mir trage. Tiémokho nimmt meine Pakete und holt das Brot. Ich trotte hinter ihm her, ohne für etwas anderes Augen zu haben als für die Briefe, die ich nacheinander öffne.

»Schau mal, Tiémokho.«

»Im Namen Gottes des Barmherzigen, der ganz Barmherzigkeit ist!«

Ein Freund hat mir, zum Glück immerhin in einem Umschlag, eine Postkarte des Louvre-Museums geschickt, auf der das *Türkische Bad* von Ingres abgebildet ist. Nackte Frauen mit milchigweißen, sinnlichen Körpern lehnen sich wollüstig aneinander, im Vordergrund steht ein noch nicht abgeräumtes Tablett mit Tee. Entsetzt verbirgt Tiémokho blitzschnell das Gesicht hinter den Händen.

»Was ist denn in dich gefahren?«

Ich betrachte die Postkarte genauer und begreife plötzlich, was er gesehen hat. Die Hände immer noch vor das Gesicht gepreßt, spreizt er verstohlen die Finger, um sich dieses sündige Bild noch einmal anschauen zu können. Ich kann mir das Lachen nicht verkneifen.

»Aber Tiémokho, das ist doch nur die Fotografie von einem sehr schönen, vor über hundert Jahren gemalten Bild!«

»Im Namen Gottes des Barmherzigen, der ganz Barmherzigkeit ist, das ist unanständig!«

»Wieso denn unanständig? Was kannst du daran Unanständiges entdecken? Obwohl man zugeben muß, daß es hier ein bißchen seltsam wirkt.«

Ich hebe den Kopf. Die Augen auf meine Post geheftet, mit den Gedanken jenseits des Meeres, hatte ich für einen Moment die Wüste, den Wachposten, den Stacheldrahtzaun und die schwarze Hautfarbe Tiémokhos vergessen, der sich, fasziniert von diesem unzüchtigen Bild, immer noch dreht und windet.

»Nun stell dich nicht so dumm an, schau hin, wenn du es dir ansehen willst. Weißt du, bei uns hat ein Gemälde nichts Schamloses an sich. In Paris gibt es überall nackte Frauen. Aus Stein. Man hat sich so sehr daran gewöhnt, daß man nicht einmal mehr sieht, daß es sich dabei um nackte Frauen handelt. Das sind einfach nur Skulpturen. Mit der Malerei ist es genauso. Also schau hin, du brauchst dich nicht zu schämen, schließlich geniert es mich ja auch nicht. Findest du immer noch, daß es so unanständig ist?«

»Bei Gott, das ist schön!«

Tiémokho hat sich endlich dazu durchgerungen, die Postkarte zu nehmen und sie nach Herzenslust zu betrachten. Wenn man sich in offenem Gelände befindet, sieht man die anderen kommen, was sehr nützlich ist. Da im Moment niemand in Sicht ist, kann er die weißen Frauen in dem *Türkischen Bad* mit den Augen verschlingen, ohne befürchten zu müssen, dabei überrascht zu werden.

Zurück im Haus, flüchte ich mich in mein Zimmer, um dort in der Einsamkeit meine Post zu lesen. Aïchatou ist bei einer Nachbarin. Aber jetzt kommen alle meine Freunde angerannt:

»Saviya! Saviya! Ich habe gehört, daß die Post dir Briefe gebracht hat!«

»*Oummek? Oummek?*«

Messaoud legt die Hand auf seine Brust und saugt am Daumen, um mir besser verständlich zu machen, daß er mich fragt, ob meine Mutter mir geschrieben hat.

»Ja, schau nur, meine Mutter hat mir nicht nur geschrieben, sie hat mir sogar Pakete geschickt.«

Alle lachen, springen, tanzen vor Freude, Diouf klatscht in die Hände. Ich weiß nicht, wer von uns glücklicher ist.

Im Flur begegne ich dem Neffen des Präfekten.

»Saviya, stimmt es, daß du Briefe erhalten hast?«

»Ja, Gott sei gelobt.«

»Gehst du, Saviya? Warum? Ich will nicht, daß du gehst.«

Aïchatou kommt in strahlender Laune heim, auch sie will die Freude über die Post mit mir teilen.

»Und das, was ist das?«

»Das ist ein Brief von meiner Mutter.«

»Was sagt sie? Geht es ihr gut?«

»Dank sei Gott, es geht ihr gut. Und außerdem hat sie mir zwei Pakete geschickt, stell dir vor!«

»Das ist normal, Saviya, sie ist deine Mama. Es gibt nichts Wichtigeres als eine Mama. Und der da?«

»Der ist von einer Freundin.«

»Und der da?«

»Der ist von Abou Jafar.«

»Deinem Mann? Stimmt das? Zeig her!«

Ja, Aïchatou, ich habe dich nicht angelogen. Ich bin zwar nicht verheiratet, aber Abou Jafar existiert, und wenn er mir schreibt, dann bedeutet das, daß unsere Beziehung noch nicht tot ist, zumindest noch nicht ganz. Du kannst das Papier berühren, die Schrift mustern, dir sagen lassen, daß ein Kreuzchen ganz unten auf der Seite manchmal einen Kuß bedeutet. Bald werde ich fortgehen, es ist vorbei, ab jetzt kannst du wieder ruhig schlafen. Sind sie auch zu dir gekommen, um dir zu sagen, daß sich Khalil nachts zu mir schleicht? Sind sie so mutig und auch so boshaft gewesen, um dir eine solche Gemeinheit zuzuflüstern? Wie viele schlaflose Nächte hast du verbracht, seitdem ich hier bin? Wie gern würde ich dir all diese Fragen stellen, zumal Khalil kein Mann ist, der einen gleichgültig läßt, und das wissen wir beide.

Die Tür des Landrovers steht offen, man wartet nur noch auf mich. Tiémokho ist mit Messaoud und dem kleinen Diouf im großen Haus geblieben. Ergriffen habe ich die schwarzen Hände geschüttelt, die mir in manch schmerzhaften Momenten so viel Trost gespendet haben.

»Paß auf dich auf, Saviya.«

»Mach dir keine Sorgen, mir kann nichts passieren.«

»Trotzdem, hüte dich im Busch vor Zauberern und Teufeln, und mögen dir die Worte kein Unheil bringen.«

»Gibt es hier Zauberer?«

»Ein paar, aber man kann sie leicht erkennen. Das sind menschliche Wesen, Männer oder Frauen, die hinten am Kopf zwei Augen haben.«

»Was können sie mir antun?«

»Sie fressen Leute, oder sie verwandeln sie in Esel oder Katzen.«

»Ich weiß, wie man sie abwehren kann. Man muß sagen: ›Im Namen Gottes des Barmherzigen, der ganz Barmherzigkeit ist.‹«

»Ja, genau. Auf jeden Fall leben die Zauberer vor allem im Süden und im Osten von Mauretanien, in der Gegend von Néma. Hier gibt es nicht viele.«

»Na, da siehst du, daß du dir keine Sorgen machen brauchst. Und vergiß vor allem nicht, Tiémokho: Denk an den Fluß, und möge der Herr dich schützen!«

»Möge er vor allem über dich wachen.«

Da er von meiner Abreise erfahren hat, kommt Mahmoud angerannt.

»Hier, Saviya, nimm das.«

Der junge Mann hält mir einen Tausend-UM-Schein (fünfzig Mark) hin.

»Bist du verrückt, Mahmoud? Dazu besteht überhaupt kein Grund.«

»Nimm ihn, sag ich dir.«

»Nein, das kann ich nicht. Außerdem brauche ich nichts.«

»Du fährst in den Busch, da kannst du das brauchen.«

»Ich habe genug Geld.«

»Wenn man auf Reisen geht, hat man nie genug. Nimm.«

»Nein, wirklich, das kann ich nicht annehmen.«

»Das mußt du aber, wegen des Schafes, das ich dir nicht anbieten konnte. Wenn du das nicht annimmst, wäre das so, als hättest du dich geweigert, das Schaf zu essen, das ich eigentlich für dich hätte schlachten müssen, und ich wäre sehr unglücklich.«

»Aber Mahmoud, das ist eine riesige Summe. Du hast eine Familie, und ich habe alles, was ich brauche.«

»Bei uns ist das eben so, du mußt annehmen.«

»Bei uns ist das nicht so. Du brauchst dich nur nach dem zu richten, was wir machen.«

»Nein, hier bist du bei uns.«

»Aber ich habe noch nie von einem Mann Geld angenommen, außer von meinem Vater und meinem Bruder.«

»Ich bin wie dein Bruder, das ist das gleiche. Also nimm das an, sonst wirst du mich beleidigen.«

Mahmoud hat mich mit seinem Ehrenkodex auf den Leim gelockt, und ich merke, daß ich ihn wirklich beleidigen würde, falls ich mich noch länger weigere.

»Wenn ich recht verstehe, bin ich dazu gezwungen, anzunehmen. Aber …«

»Du bist dazu gezwungen, und es gibt kein ›aber‹. Hier, und möge Gott über dich wachen.«

»Danke für alles. Und möge Er dich beschützen, dich und deine Familie.«

Vor dem gleichgültigen Wachposten, der den Eingang des Armeelagers bewacht, verabschiede ich mich von Aïchatou und den Kindern, die mich bis dorthin begleitet haben. Die Kinder sind traurig. Die junge Frau verbirgt nur schlecht ihre Erleichterung, aber in ihrem endlich befreiten Blick lese ich auch eine tiefe Zuneigung. Eine Zuneigung, die auf jenem steinigen Weg entstanden ist, den wir gemeinsam zurückgelegt haben. Eine ungetrübte Zuneigung, die sie plötzlich durchströmt, während das Gift der Gedanken versiegt.

Sie hat gewonnen. Sie hat in jeder Hinsicht gewonnen. Vielleicht erinnert sie sich für einen Moment an unser Gelächter, die Turnstunde, die Nähmaschine, all die vielen Worte, die sie mir beigebracht hat und die ich wie eine artige Schülerin wiederholt habe; die Anprobe ihrer *melhafa*, die ich immer wieder verkehrt herum angezogen habe; das Gesicht des Sekretärs, als ich gesagt habe, Tiémokho sei schöner als er; unsere Vertraulichkeiten unter Frauen; unseren komplizenhaften Spaziergang durch die Dorfstraßen, um alle Lästerzungen zum Schweigen zu bringen; all die Gemeinheiten, die man von mir erzählt hat und die sie versuchte vor mir zu verbergen, ohne dabei zu wissen, ob es ihr gelungen war. Da sie darauf geachtet hat, mich nie auch nur für eine Sekunde mit Khalil allein zu lassen, weiß sie besser als jeder andere, daß er mich nie angerührt hat. Entweder war er nicht da, oder sie war mit mir zusammen, oder sie war mit ihm zusammen. Endlich kann sie sich wieder mit erhobenem Kopf zeigen. Ich habe ihr den Mann nicht gestohlen. Ich habe sie auch nicht entehrt, selbst wenn meine Unkenntnis der Traditionen uns beinahe teuer zu stehen gekommen wäre, aber all das ist nun vergessen. Ich gehe. Gott sei gelobt gehe ich, ehe Khalil zurückkehrt. Darüber hinaus hat sie mich die ganze Zeit über für sich allein gehabt. Jetzt müssen die anderen ihre Gemeinheiten wohl oder übel hinunterschlucken. Sie werden platzen vor Ärger und auch vor Eifersucht über ihren Sieg. Geschieht ihnen ganz recht.

Arme Saviya! Zuerst hat sie mich ja für eine gefährliche Rivalin gehalten, aber nun, wo sie mich ganz allein abreisen sieht, findet sie mich auf einmal klein, verletzlich und mittellos. Dabei bin ich mehrere Jahre älter als sie, nur wirke ich jünger, weil ich nicht sehr weiblich aussehe mit meinen schmalen Hüften, dem kurzgeschnittenen Haar und den Jeans. Während all der Zeit, die wir gemeinsam verbracht haben, hat ihr Herz immer zwischen zwei gegensätzlichen Impulsen geschwankt: zwischen lebhaftester Sympathie und tiefstem Mißtrauen. Heute morgen ist das Mißtrauen verflogen. Es bleibt die Freundschaft.

Auf der anderen Seite
des Schleiers

Es ist ein Uhr nachmittags, als der Transporteur den Zündschlüssel des Landrovers umdreht. Man hat mich vorne einsteigen lassen neben einem Gendarmen, ein prachtvoller Tukolor mit Samtaugen und den Wimpern eines jungen Mädchens. Die Uniformen, die Waffen, die Säcke und die Koffer, alles ist da. Die Pakete, die meine Mutter mir geschickt hat, befinden sich zwischen all dem anderen Gepäck auf dem Dach, und an der Hüfte spüre ich durch den Stoff hindurch die kostbaren Briefe, die ich griffbereit in der Tasche meines Dufflecoats mit mir führe. Anläßlich dieser Gelegenheit habe ich meine unnützen Wanderschuhe, die während der Dauer meines Aufenthalts in Bir Moghrein unter dem Bett gestanden hatten, wieder zugeschnürt.

Im Staub hockend, im Schatten an eine Lehmmauer gelehnt, beobachten einige Dorfbewohner den abfahrbereiten Wagen mit gespielt gleichgültigen Blicken. Ein letztes Mal drehe ich mich noch um, in der Hoffnung, das große, endlich befreite Haus hinter seinem Stacheldrahtzaun noch einmal erkennen zu können. Als hätte sich der für einen kurzen Moment zerrissene Schleier wieder geschlossen, wirkt es auf mich plötzlich verschlossen und fern, fast unzugänglich; noch geheimnisvoller als am Tag meiner Ankunft. Wieder schaue ich zu den Dorfbewohnern hinüber, diesen Nomaden ohne Herden, Händlern ohne Warenverkehr und entwaffneten Kriegern, die von der Wüste zur Unbeweglichkeit verdammt sind, die anscheinend nichts anderes zu tun haben, als von ferne das große, für sie unzugängliche

Haus zu überwachen. Plötzlich begreife ich, was ihre Gemüter so verwirrt hat.

Wenn zwischen ihm und den anderen Mauern errichtet werden, wenn verschlossene Türen seinen Blick aufhalten, läßt der seßhaft gewordene Nomade seiner Phantasie freien Lauf. Einer überschäumenden Phantasie, in der sich die überspanntesten Phantasmen mit den gewagtesten Projektionen vermischen. Denn in seinen Zeltlagern lebt er unter der Kontrolle der anderen. Tag und Nacht wird er von allen gesehen, alle wissen, was er getan, was er gesagt, mit wem er gesprochen, neben wen er sich gesetzt, an welcher Stelle er geschlafen hat. Um von Liebe zu sprechen, tarnt er sich, er lügt, erfindet Vorwände und ergreift die Gelegenheiten. Um Geschlechtsverkehr auszuüben, versteckt er sich in der schwärzesten Nacht. Nur legitime Ehepaare verfügen über einen Privatbereich. Privat … wenn man das überhaupt so nennen kann: Das Gewebe des Zelts ist dünn, und man kann sich nicht am hellichten Tage zu zweit zurückziehen. Man muß bis spät nachts warten, wenn alle anderen schlafen.

Voneinander getrennte Verliebte schlüpfen unter dem Zelttuch hervor, entfernen sich leise und ohne Spuren zu hinterlassen, um sich unter den silbernen Strahlen des schamlosen Mondes in die Mulde einer Sanddüne zu kuscheln.

Aber wenn es Mauern, Türen, Stacheldraht und Wachposten gibt, kann man spähen und Kundschafter ausschicken, wie man will, man sieht nichts. Und wenn man nichts sieht, bedeutet das, daß etwas vorgehen muß. Wenn nichts passiert, sieht man es ja. Man weiß, daß eine Fremde hier ist, aber man hat sie nie gesehen. Sie traf mitten in einer eiskalten Nacht ein, und als die Leute aus ihren Häusern kamen, befand sie sich bereits dort in dem Haus. Man weiß nicht einmal, wie sie aussieht. Als man dann erfahren hat, daß sie allein in einem Zimmer schlief, was ja wohl das Ungehörigste ist, was es geben kann, hat man begriffen, was dort passierte. Die Einsamkeit, die Mauern, die Tür. Wer träumt nicht davon, eine Frau für die Liebe, Mauern, mit denen man sich umgeben, und eine Tür, dank der man sich einschließen kann, zur Verfügung zu haben? Und wenn man nun zwei hat? Zwei Frauen, zwei Zimmer, zwei Türen! Erlaubt der Islam nicht die Polygamie? Trotzdem ist sie hier nicht möglich. Die Frauen weigern sich. Sie tauschen das Versprechen der Monogamie gegen einen Teil der Mitgift ein. Was kann man dagegen machen?

In der Verschlossenheit des großen Hauses fand ich mich als Gefangene wieder. Um die Gesellschaft meinen Blicken zu entziehen, hat Khalil mich im innersten Bereich ihrer selbst verborgen: im Herzen der Familie, im Geheimnis ihrer Privatsphäre. Aber ist das nicht noch gefährlicher gewesen?

Jeden Tag mußte ich in die Familie eindringen, wie man die Matte des sozialen Lebens betritt, wie man den Rand des Teppichs überschreitet. Wenn es genügt hätte, mich nur irgendwo hinzusetzen, um in ihr einen Platz zu haben, wäre mir das nie bewußt geworden, aber ich mußte um jeden Bereich immer wieder kämpfen. Deshalb bin ich im großen Haus geblieben, ohne es wirklich betreten zu können, und wie ein seßhafter Nomade bin ich von einem möglichen Aufenthaltsort zum anderen geirrt, auf der Suche nach jemandem, der eventuell bereit wäre, ein Stückchen zur Seite zu rücken.

Im Innern des strengen Gebäudes verschließt ein unsichtbarer Schleier alle Schwellen, alle Türen. Im Zentrum der Vorhalle, im Herzen der Architektur, drehe ich mich um mich selbst, taste herum, die Hände vorgestreckt wie ein Blinder, der seinen Weg verloren hat, und suche verzweifelt nach einem Spalt, einem Riß, durch den ich eindringen und auf die andere Seite des Schleiers wechseln kann. Es stimmt zwar, daß alle Türen immer offen sind. Es stimmt zwar, daß man nur sagen muß: »Friede sei mit euch«, um eintreten zu können. Aber wo eintreten? In das Zimmer oder in die Familie? Selbst unerwünschte Personen können das Zimmer betreten, sogar Feinde. So sehr sind die Leute von Kindheit an dazu erzogen worden, die Anwesenheit von Eindringlingen ohne ein Wort zu ertragen und höflich zu bleiben. Eine Höflichkeit, die um so vollkommener ist, je mehr Mißbilligung in ihr liegt. Auf diese Weise kann man jemanden genau in dem Moment von der Matte vertreiben, in dem man ihn willkommen heißt. Man macht ihm Lust, davonzulaufen, während man ihn gleichzeitig daran hindert, sich zurückzuziehen; vielmehr drängt man ihn dazu, sich in einer Wolke des Unbehagens, in die man ihn hüllt wie in ein Netz, hinzusetzen und Tee zu trinken. Geschieht ihm recht, er hätte ja nicht kommen müssen. Man läßt ihn eine unangenehme Viertelstunde lang zappeln und vergilt ihm Gleiches mit Gleichem. Man läßt Grabesstille auf ihm lasten, eine echte, eine, die betäubt. Eine Stille, die ihm Verachtung, Haß oder Gleichgültigkeit ins Gesicht schreit. Man wird ihm jede Lust, noch einmal herzukommen, austreiben, um ihn ein für allemal loszuwerden. Zumindest wird man das versuchen.

Nichts ist je gewonnen, aber nichts ist auch je ganz verloren. Man muß eintreten, sich setzen und Tag für Tag versuchen, akzeptiert zu werden. Diesen Platz, den man glaubt, gestohlen zu haben, muß man geschenkt bekommen. Eine langwierige Verhandlung beginnt; man nimmt die Zeit zu Hilfe, man gewinnt Raum, indem man Zeit gewinnt. Man darf sich nicht beeilen, sonst ist alles verloren. Man muß kommen und seinen Platz markieren, ihn sich aneignen, sich an ihm festklammern, und an diesem Platz muß man sich dann Tag für Tag enthüllen, ganz allmählich ein kleines Stück seiner selbst sehen und hören lassen; seinen Platz mit seiner eigenen Person bezahlen, die Neugier schüren, zum Lachen bringen, bezaubern, beruhigen und vor allem nicht stören. Um Fäden zu knüpfen – wie der Schullehrer das ausdrücken würde –, muß man lernen zu reden, ohne etwas zu sagen, und zuzuhören, ohne zu verstehen. Man muß seine Stimme unter denen der anderen erklingen lassen und in den Lärm des Schweigens hineinbrüllen.

Man hatte mir einen Bereich zugewiesen, in den ich mich zurückziehen konnte, wenn der Präfekt im Haus war, jedenfalls für die Nacht, da er den ganzen Tag über ja abwesend war. In dieser Hinsicht war das Problem also gelöst. Wenn er Besuch empfing, war der rote Teppich den Frauen und Kindern verboten. Deshalb sah ich ihn nur, wenn er allein zum Abendessen heimkam, um anschließend auch zu bleiben. Wenn er sich mit seinem Radio in den großen Salon gesetzt hat, hat er uns alle ohne erkennbaren Unterschied toleriert. Wenn es kalt war, wenn er Lust auf Behaglichkeit hatte oder Trost brauchte, ließ er sich eher im Weihrauchdunst des kleinen Salons in unserer Mitte nieder, aber dann war sie es, die ihn in ihrem Bereich empfing. In solchen Momenten war mein Platz noch zweideutiger, und ich fühlte mich bis ans äußerste Ende der Matte zurückgedrängt, auf die Gefahr hin, von ihr herunterzufallen. Der Druck war so dezent, daß ausschließlich ich ihn spüren konnte: Er entsprach einer generellen weiblichen Vertraulichkeit, die weder der Mann noch die Kinder teilen konnten.

Mit der Zeit ist es mir gelungen, mich zuerst Aïchatou, wenn Khalil nicht da war, und später auch Khalil anzunähern. Einen labilen Moment lang hatte sich eine Harmonie herausgebildet; eine empfindliche Harmonie, die nicht lange anhielt, weil Aïchatou wegen der Sprachbarriere rasch zurückblieb. Sobald sie gespürt hat, daß es uns Vergnügen bereitete, miteinander zu reden, ein Vergnügen, von dem sie ausgeschlossen war, obwohl sie dabeisaß, ist sie dazwischengetreten. Ich habe nichts dagegen unternommen, und Khalil hat sich zurückgezogen. Anschließend konnten wir nur noch über sie miteinander in Verbindung treten.

So habe ich meine Irrfahrt durch das große Haus wiederaufgenommen. Aïchatou hatte mich von ihrem Ehemann abgeschnitten, ein Bruch, der durch seine Abreise einen endgültigen Charakter bekam, aber zum Ausgleich dafür hat sie mir auch nicht viel Platz in ihrem eigenen Territorium eingeräumt. Die meiste Zeit ließ sie mich allein, als würde sie es mir lieber ganz überlassen, als es mit mir zu teilen. Wenn Khalil fort und Aïchatou ausgegangen war, konnte ich mich nicht über Mangel an Raum beklagen; ein Raum, dessen Leere ebenfalls ins Schweigen hineinschrie, um mich zum Fortgehen zu bewegen.

Ein aufmerksamer Zeuge ließ sich keine Spur von diesen stummen Kämpfen entgehen: die Ordonnanz des *capitaine*, Khalils Auge im Haus. Zweifellos hatte er den Befehl erhalten, auf mich aufzupassen, weil er es war, der mich am Ende meiner Irrfahrt auffing. Er allein verstand es, mir einen Platz einzuräumen, einen wirklichen Platz: einen, den man dem anderen von ganzem Herzen gibt. Tiémokho und die Sklaven freuten sich nämlich darüber, daß ich da war. Von der Matte heruntergestoßen, bin ich bis in die Welt der Schwarzen gerollt, und dort habe ich endlich Zärtlichkeit erhalten. Eine respektvolle Zärtlichkeit, die ebenfalls aus Schweigen, flüchtigen Blicken und unterdrücktem Lächeln bestand. Die Sympathie derjenigen, die um den Teppich herum kreisen, ohne daß sie je das Recht haben, den Fuß darauf zu setzen, derjenigen, die alles sehen und alles hören können, weil man sie geknebelt, kastriert und erniedrigt hat. Schatten, die in solchem Maße zum Schweigen dazugehören, daß man nicht mehr ohne sie auskommen kann.

Tiémokho herrschte völlig mühelos über diese unterirdische Welt: Er kam aus dem Licht, dem Süden, vom Fluß, er war ein freier Mann, der nichts mit der maurischen Gesellschaft zu tun hatte. »In seinem Kopf« – wie man hier sagt – war er kein Sklave, und das war das wichtigste, selbst wenn die hiesigen Menschen ihm nicht den Status eines freien Mannes zuerkennen wollten. Das große Haus bot ihm Geborgenheit, ebenso wie dem Postmeister, diesem anderen Schwarzen, der »in seinem Kopf« gegen das Image eines Freigelassenen ankämpfte, ohne daß es ihm gelang, sich damit abzufinden. Auch ihm hatte Khalil seine Gastfreundschaft angeboten, aber er war einfach zu unzufrieden mit sich selbst, um ihm dafür Dank zu erweisen. Der Postmeister verabscheute alle Mauren. Je mehr er darum kämpfte, sich ihnen zu nähern, desto energischer wiesen sie ihn zurück. Übrigens wurde er nie eingeladen, mit ihnen im großen Salon zu essen. Er wurde mit den Dienstboten, den Frauen und den Kindern in die Küche verbannt, und zu seinem größten Unglück hat die Fremde das auch noch bemerkt. Selbst auf den jungen Bambara, der ihn doch bedienen mußte, war der Postmeister eifersüchtig, weil Tiémokho der Schützling des *capitaine* war und weil Schutz bei den Mauren kein leeres Wort ist.

Als ich allmählich begann, die Geräusche der Stille klar zu erkennen, war ich die erste Zeit zunächst einmal erstaunt und horchte wie ein neugeborenes Kind, das die Klänge der Außenwelt endlich deutlich wahrnimmt. Zuerst habe ich mir die Worte dieser merkwürdigen Sprache eingeprägt, ohne sie zu verstehen. Dann habe ich die Worte miteinander verknüpft, habe ihre Bedeutung zu erraten versucht, habe die Grammatik gelernt. Je mehr Übung ich bekam, desto weniger Fehler machte ich in dieser Sprache, selbst wenn zur gleichen Zeit mein *Hassanije* noch sehr stockend war. Die Sprache des Schweigens hat meinen Körper und meinen Verstand verändert. Ohne mir dessen bewußt zu werden, habe ich mich ihren Regeln unterworfen, und sie hat ein neues soziales Wesen aus mir gemacht, zwar ein wenig zwitterhaft, aber doch konform genug, um geduldet zu werden, auch wenn man nicht so recht wußte, welchen Platz man diesem Wesen einräumen sollte.

Dazu gezwungen, in das familiäre Kommunikationssystem einzudringen, fühlte ich mich von der Gewalt des Konflikts zermalmt. Erdrückt von einer Gesellschaft, die mich nach ihrem Bilde geformt hat. Wie ein an das System angepaßter Mechanismus, habe ich daraufhin begonnen, die Gesten, Haltungen und Verhaltensweisen nachzuahmen, die mir durch den schillernden Status, den man mir gewährt hatte, auferlegt wurden. Und in den Augen der anderen habe ich nicht gesehen, wie sich mein Bild nach und nach verwandelt hat, ich habe es nicht vermocht, die untreue Psyche zu ertappen. Unbewußt habe ich mir Werte, die mir vorher fremd gewesen sind, in einem solchen Maße angeeignet, daß ich mit der Scham und dem Gewicht der Ehre auch den stechenden oder quälenden Schmerz der Selbstunterdrückung von Worten und Gefühlen gespürt habe.

Der Brief, den Ismaïl mir für den Präfekten mitgab, hat mir erlaubt, diesen um seinen Schutz zu bitten. Denn in diesem Land wechselt man den Beschützer nicht beliebig je nach momentaner Zweckmäßigkeit: Man hat einen, aber nur einen einzigen. Erst wenn dieser die Entscheidung fällt, seinen Schützling einem anderen anzuvertrauen, kann jener den anderen als Schirmherrn akzeptieren. Aber wenn man eine Frau ist und aus Frankreich kommt, hat man keine

Ahnung von der Art dieses vormundschaftlichen Bandes. Der einzige männliche Schutz, den man dann kennt, ist derjenige des Vaters und des Ehemanns – oder des Geliebten. Und selbst dort waschen die Väter oft genug ihre Hände in Unschuld. Und was Ehemänner und Liebhaber – man sieht da kaum noch einen Unterschied – angeht, so gewöhnt man sich daran, daß man sich nicht auf sie verlassen kann. Bei allen wesentlichen Problemen greift man deshalb auf den Staat zurück.

Es ist für mich nicht schwierig gewesen, Ismaïl mit einem Vater und seine Töchter mit Schwestern zu assoziieren. Ich habe seine Vormundschaft als diejenige eines Vaters über seine Tochter und damit als etwas Bekanntes empfunden. Dabei habe ich nicht gewußt, daß dieses Band so stark war; ich konnte nicht ahnen, daß ich es nie mehr würde zerreißen können. Als ich vier Jahre später nur einen Onkel in seinem Haus vorfand, weil Ismaïl weiter nach Norden gezogen war, konnte ich mir keinen anderen zum »Vater« nehmen, weil dies so etwas wie ein Verrat gewesen wäre. Der um Hilfe gebetene Onkel ist lediglich ein Onkel gewesen, der über eine von Ismaïls Töchtern gewacht hat. Obwohl ich ihn seit inzwischen achtzehn Jahren nicht wiedergesehen habe, antworte ich noch heute, wenn man mich in Mauretanien nach meiner Identität fragt, daß ich eine Tochter von Ismaïl ould Badi bin und daß ich somit per Adoption dem Geschlecht der Söhne Moussas vom Stamm der Rgaybat der Sahel angehöre. Wenn ich dabei aussehe, als würde ich scherzen, dann geschieht das nur zum Schein, um diejenigen zu täuschen, die nicht wissen, was eine Adoption bei einem maurischen Stamm bedeutet. Das Band ist so real, daß ich mich selbst verleugnen würde, sollte ich es je vergessen. Über den Krieg, das Meer und den Sand hinweg kommt es manchmal vor, daß mich ein Zeichen erreicht, ein Wort, von Mund zu Mund weitergegeben, das per Zufall vor meiner Tür landet. Er lebt, Gott sei gelobt. Sie hat einen Sohn bekommen, Lob sei Gott.

Wahrscheinlich nur deshalb, weil ich dieses »verwandtschaftliche« Band voll empfunden habe, habe ich letztendlich begriffen, daß sämtliche Termini nichts bedeuten. Sie sind lediglich eine Art, die sozialen Beziehungen zu benennen.

Im Gegensatz zur Verwandtschaft im eigentlichen Sinne ist die Vormundschaft über einen Nichtverwandten nie eine Verpflichtung. Sie ist eine Wahl. Eine individuelle Wahl, die mit der Verwandtschaft nicht unvereinbar ist, sie aber noch übertrifft: Gegenüber einem Vetter, den man nicht mag, wird man sich darauf beschränken, seine Verpflichtungen haargenau zu erfüllen, während man denjenigen, den man liebgewonnen hat, auf eine ganz andere Art und Weise beschützt. Dies ist vielleicht die einzige Freiheit, die die maurische Gesellschaft einem Individuum einräumt. Die einzige Gelegenheit, bei der sie ihm das Recht zuerkennt, persönliche Neigungen zu äußern. Dies bedeutet aber nicht, daß eine sich hieraus ergebende Beziehung zwangsläufig hierarchisch und ungleich strukturiert sein muß, wie im Falle der Ordonnanz. Sie kann wechselseitig sein, wenn sie zwischen Freunden mit demselben sozialen Status auftritt. Wie dem auch sei, sie beruht immer auf Gegenseitigkeit: Jeder gewährleistet auf seinem jeweiligen Gebiet dem anderen Schutz.

Der Vater hatte einen seiner jüngeren Vettern, der mächtiger war als er selbst, darum gebeten, seinen Schutz auf mich auszudehnen, und so stand ich plötzlich einem anderen Mann gegenüber. Wie sollte ich mir das nun vorstellen? Als eine Vater-Tochter-Beziehung? Dazu war er zu jung. Eine Bruder-Schwester-Beziehung? Dazu war er zu unnahbar.

Übrigens konnte er so viele Schleier übereinander anlegen, wie er wollte, um die Tiefen seiner Augen zu verbergen, ich sah trotzdem, daß er mich nicht wie eine Schwester anblickte, daß er es nicht einmal schaffte, auch nur so zu tun. Vielleicht ist es die erstickte Stille dieses inneren Kampfes gewesen, die mich am meisten verwirrt hat, wenn ich ihn manchmal ertappt habe bei einem abgebrochenen Satz, bei einer stummen Frage, oder als flüchtiges Rauschen in dem abgedunkelten Flur.

Was blieb übrig? Ich weiß es nicht. Also lerne ich. Ich erfahre die Macht dieses schützenden Bandes zu einem Mann, den man nicht sieht, ohne daß ein Wort ausgesprochen worden wäre, dank dem man sich irgendeiner Sache sicher sein konnte. Dennoch befällt mich nicht der geringste Zweifel. Hierbei bin ich wie Tiémokho, der weiß, daß er Khalil nicht widerstehen kann, nicht weil dieser ihn beherrscht oder geschickter ist, auch nicht einmal, weil er für ihn eine Mischung aus Respekt, Bewunderung und Zuneigung empfindet, sondern weil er weiß, daß sein *capitaine* ihm nur Gutes will. Daß er ihm wirklich nur Gutes will. Es gibt keine echte Protektion ohne Liebe. Genau darauf ist der Postmeister eifersüchtig.

Diese Verschmelzung von Verpflichtung und Gefühlen ist mir völlig fremd. In meiner Gesellschaft, in der man den Sinn für Solidarität längst verloren hat, neigt man eher dazu, zu denken, daß die geringste Verpflichtung alle Gefühle verzerrt. Man glaubt, daß es Liebe nur dort geben kann, wo Freiheit herrscht, und daß dort, wo Zwang besteht, auch Unterdrückung existiert, und in einer solchen Situation muß es dann zwangsläufig einen Gewinner und einen Verlierer geben. Hat der Vater nicht versucht, mich zu benutzen, um vom Präfekten von Zouérate eine Empfehlung zu erhalten? Also? Eine Hand wäscht die andere? Außer, er hat damit das Vertrauensverhältnis demonstriert, das wir gegenseitig aufgebaut hatten.

Und der andere, was demonstriert der? Nichts, überhaupt nichts. Was habe ich also aus dem Lärm des Schweigens herausgehört: daß ich meiner selbst sicher bin? Weswegen war ich, als ich dem Schullehrer so naiv gefolgt bin, felsenfest davon überzeugt, ich sei unantastbar? Als ob ich Khalils Eigentum gewesen wäre. Und warum habe ich immer noch nicht an meiner Überzeugung gezweifelt, als ich endlich begriff, daß im Dorf niemand auf die Idee gekommen ist, ich könnte unantastbar sein? Ist das etwa alles nur meiner Einbildung entsprungen?

4. Das Leben im Schloß

Jenseits
jeder Piste

Wir fahren Richtung Osten, nur das zählt. Der Rgaybi kümmert sich nicht um Reifenspuren, die den Weg im Sand kennzeichnen. Nur die Seßhaften und Ausländer bleiben auf diesem Weg. Gleichgültig, ob sie aus Europa oder Afrika stammen, sie fahren über eine Fahrrinne, von der sie nicht abweichen. Die Wüste würde sie umbringen, davor hat man sie vor dem Aufbruch gewarnt. Man begnügt sich lediglich damit, am Zielort auf sie zu warten.

Außerhalb dieser ausgetretenen Pfade sind die Rgaybat die Herren. Die Rgaybat und die Armee. Denn die Armee nomadisiert hier. Wenn die Nomaden mit der Armee verschmelzen, wer überwacht dann wen? Das ist nur schwer zu entscheiden. Die Armee verfügt über Lastwagen und Lebensmittel. Der Hirte hat so etwas nicht. Er besitzt nur sein Kamel, sein Reittier, das er noch retten konnte, seine Zelte, seine Frauen, seine Sklaven, einige Ziegen und vor allem sein Gewehr. Aber die Waffe nützt ihm nicht viel. Hier gibt es kein Wild mehr, hier gibt es überhaupt nichts mehr. Die Armee hält ihn davon ab, die Konvois anzugreifen, aber manchmal versorgt sie ihn auch. Also muß man gute Miene zum bösen Spiel machen. Man arrangiert sich. Man bemüht sich, bis zum nächsten Regen durchzuhalten. Falls es regnet. Es hat schon so lange nicht mehr geregnet! Ob Gott die Augen abgewandt hat? Geduld, Gott ist groß, er ist so ungeheuer groß wie die Ewigkeit. Und es gibt keinen anderen Gott als Gott.

Kaum zwanzig Minuten, nachdem wir Bir verlassen haben, verläßt der Transporteur die Piste. Der Landrover hüpft über Steine oder zermalmt einige spärliche vertrocknete Grasbüschel, die der unerbittliche Sand bereits verschlingen wollte. Alle Spuren sind verschwunden. Der Wagen fährt, als befände er sich im Zentrum der Welt; einer Welt, die er mit sich führt und die sich nicht abhängen läßt. In Zouérate hat mir der Flughafendirektor versichert, daß die Freiheit dort anfängt, wo die Asphaltstraße aufhört. Was für ein Irrtum! Die Freiheit beginnt dort, wo die Piste aufhört. Erster Halt. Schon? Ist es Zeit fürs Gebet oder für den Tee? Alle steigen aus. Die Gendarmen helfen dem Transporteur, einige Koffer abzuladen, damit dieser an sein Werkzeug herankommt. Man lächelt mir beruhigend zu: Ich brauche mir keine Sorgen machen.

»Was ist los?«

»Wir haben einen Platten.«

Ich schaue mir den Reifen an. Wir haben wirklich einen Platten. Der von einer Gepäckpyramide gekrönte Wagen lastet mit seinem ganzen Gewicht auf dem rechten Hinterreifen, der aussieht, als würde er abknicken. Nun gut. Der Transporteur holt eine gewaltige Handpumpe, und die Herren wechseln sich ab, quälen sich, keuchen, um den schadhaften Schlauch wieder mit Luft zu füllen. Das Ventil ist undicht. Wir fahren weiter.

»Hier lang!«

»Dort lang!«

»Nein, dort lang, ja dort! Wir sind da.«

Zweiter Aufenthalt. In der Nähe eines einsamen Zeltes setzen wir den ersten Passagier ab. Einen alten Beduinen mit zerrissenem *boubou*, dessen stolzer Blick weder durch die Jahre noch durch den Hunger gebrochen wurde und der seiner Familie einen Sack Mehl und einen Sack Getreide mitbringt.

»Friede sei mit euch!«

»Er sei auch mit euch. Seid willkommen.«

»Geht es hier allen gut?«

»Gott sei dafür Dank, allen geht es sehr gut.«

»Ihr leidet an nichts?«

»Lob sei Gott.«

»Gott sei gelobt, Gott sei gelobt, seid willkommen, kommt herein!«

Schon singt das Wasser im Kessel, und das Brot wird gebrochen. Wenn man aus der Stadt kommt, bringt man denen im Busch immer Brot mit. Man überreicht das Brot des Bäckers, als würde man einen Leckerbissen verschenken. Ein Kuchen, der gleichzeitig ernährt und den man gemeinsam genießt.

»Was gibt es Neues in der Stadt?«

»Alles ist ruhig, Gott sei Dank.«

»Lob sei Gott.«

»Wieviel kostet das Fleisch im Moment?«

Eine ganze Weile erkundigt sich die Herrin des Zeltes nach den Preisen der Waren in Bir und Zouérate. Wieviel kostet das Kilo Schaffleisch, das Kilo Kamelfleisch, der Zuckerhut, die Schachtel Tee, der Sack Reis, der Sack Mehl, der Kanister Öl, die Elle *nilé* ... Was nützt es, die Preise für all diese Dinge zu kennen, wenn man nichts kaufen kann? All diese Zahlen, von denen man nur schwindlig wird. Die Frau seufzt, gibt vor, sich auf die Zubereitung des Tees zu konzentrieren, und schlägt für einen Moment die Augen nieder, um die Angst, die an ihr nagt, besser zu verbergen. Einem Fetzen Stille gelingt es hinterlistig, unter das Zelttuch zu schlüpfen. Er eilt von Mund zu Mund, saugt die stummen Schreie auf, trocknet die Tränen, die unsichtbar über alle Wangen fließen, und huscht weiter wie ein Tornado, um sich unter den Nordwind zu mischen. Wann wird das alles endlich aufhören?

»Gott ist der Größte.«

Der braune Tee fließt in die kleinen Gläser, und die Unterhaltung wird ungezwungener wieder aufgenommen; man berichtet, was der eine getan hat, und was der andere macht, man spricht über Politik.

Der schwarzhäutige Gendarm neben mir versteht kein *Hassanije*, und die Probleme der Rgaybat kümmern ihn nur wenig. Er hat sich nicht einmal die Mühe gemacht, seine schweren Soldatenschuhe aufzuschnüren, als er das Zelt betrat. Lediglich die Tukolor interessieren ihn.

»Kennst du die Tukolor?«

»Ich weiß nur, daß sie in Südmauretanien wohnen, am Fluß, und daß sie Landwirtschaft betreiben.«

»Ja, sie betreiben Landwirtschaft, aber sie haben auch Vettern, die Nomaden sind: die Peuls. Kennst du die Peuls nicht?«

»Ich habe von ihnen gehört, in den Büchern.«

»Vor langer Zeit gab es einmal zwei Brüder. Eines Tages haben sie sich getrennt. Der erste hat Vieh gezüchtet, und der andere bestellte das Land an den Ufern des Flusses. Das ist der Urahne der Tukolor. Aber sie stehen sich immer noch sehr nahe, weil sie ungefähr dieselbe Sprache sprechen. Die Peuls und die Tukolor sind wie Brüder; sie sind Vettern.«

Der Boden draußen ist mit Kot bedeckt, und das Gehege aus Zweigen ist leer. Die Tiere müssen weit weg sein, auf den mageren Weiden der Umgebung. Man muß einen weiten Weg zurücklegen, nur um ein paar Ziegen zu ernähren! Gras wächst sehr selten und sehr spärlich. Man muß weit laufen und gleichzeitig darauf achten, daß die Tiere nicht müde werden; Hunger und Anstrengung dosieren, ein Gleichgewicht finden.

Neben dem Zelt spielt eine ausgemergelte Katze mit einem

toten Vogel. Etwas weiter entfernt hält der Hund des Zeltlagers Wache, die Nase im Wind; ein weißer, kurzhaariger,
nicht besonders schöner Hund. An diesem Ort herrscht
eine außerordentliche Ruhe. Vier bis fünf Personen scheinen hier zu wohnen: der alte Beduine mit seiner Frau und
noch ein anderes, jüngeres Ehepaar, vielleicht der Sohn mit
seiner Gattin. Sicherlich ist ihr Zelt aus Gründen des Anstands etwas weiter entfernt aufgeschlagen, in irgendeiner Sandmulde, weil ich es von hier aus nicht sehen
kann. Zweifellos lebt auch ein Kind oder ein Sklave bei
ihnen: Die Ziegen gehen schließlich nicht ganz allein spazieren.

Nach einer Weile beschließt der Transporteur, den Reifen
zu wechseln. Anschließend brechen wir wieder auf. Auch
diesmal rumpelt der Wagen fern aller sichtbaren Pfade
dahin. Manchmal braust der Landrover in schnurgerader
Linie über einen so flachen und harten Boden, daß man ihn
für Asphalt halten könnte. Das ist der Reg. Eine endlose
Weite, bedeckt mit winzigem Kies, der ihr eine dunkelgraue
Farbe verleiht. Von Zeit zu Zeit wird diese Platte von einem
Wadi durchschnitten: einer weiten, gewundenen und sandigen Vertiefung, in der sich einige hartnäckige Pflanzen,
verkrüppelte Sträucher, kümmerliche Büsche und durstige
Gräser ans Leben krallen. Ein Strom von gelber, im Tageslicht fast weißer Farbe, der das monotone Grau durch-
bricht.

Einige Stunden später hält der Wagen erneut mitten auf der
Ebene an. Ein Mann steigt aus, einen Sack über die Schulter
geworfen, und geht zu Fuß weiter. Wohin? So weit das Auge
reicht, kann ich um uns herum nichts anderes erkennen als
Steine und Sand, außer ganz hinten am Horizont noch die
bläuliche Linie einer Fata Morgana.

»Der Herr möge über euch wachen!«

»Möge der Herr dich begleiten.«

Diesmal rollen wir über die Piste weiter. Ich erkenne die Steinhaufen, mit denen sie gekennzeichnet ist, und unterscheide die Reifenspuren, die sich zu Hunderten aneinanderreihen oder sich auf einer derart breiten Achse kreuzen, daß einem unsere Autobahnen dagegen eher kümmerlich erscheinen. Alle zwei bis drei Kilometer begegnen wir dem Gerippe eines Kamels. Ausgehungerte, verdurstete Tiere, die sich bis an den Rand einer menschlichen Straße geschleppt haben, um dort Hilfe zu suchen. Vergeblich. Eine Zeitlang folgt der Transporteur dieser offenbar rege befahrenen Route, dann biegt er wieder in die Wüste ab.

Und peng! Plötzlich werden wir nach vorne geschleudert. Diesmal ist Schluß, alle steigen aus. Schon wieder ist es der rechte Hinterreifen: Ein hinterlistiger Stein hat unsere Fahrt gestoppt. Der Reifen ist auf der Innenseite des Rades aufgeplatzt. Er klafft weit auf, haucht seinen letzten Atem aus, auf einer Länge von zehn Zentimetern aufgerissen. Das Fahrzeug neigt sich gefährlich. Schnell, man muß es wieder aufrichten. Mein Koffer dient als Wagenheber, und die Männer montieren den ersten Reifen wieder auf, denjenigen, dessen Ventil undicht ist, so daß wir alle Viertelstunde anhalten müssen, um den Schlauch neu aufzupumpen.

Während sich die Männer am Riß zu schaffen machen, entferne ich mich kurz auf dem Reg. Mein Herz schlägt im Einklang mit der Erde. Über die Weite schreiten. Durch die Weite schreiten. Kein Vogel, kein Insekt, kein Wort stört diesen geheimnisvollen Ort. Hier herrscht der Wind. Er pfeift zwischen den Steinen hindurch, er singt in den Zweigen. Er schreit seinen Jubel hinaus, er tanzt, er wirbelt im Kreise. Er komponiert eine Hymne auf die Freude, feiert die Abwesenheit des Menschen, proklamiert die Freiheit.

Das ist es also! Ich erkenne diesen Gesang wieder. Er spiegelt sich in den Augen derjenigen, die man hier »Buschbewohner« nennt. Diese siegesgewisse und ungebändigte Freiheitsmelodie, die nach Tod riecht. Ein Tod, den man begutachtet, den man verachtet, den man ignoriert und über den man lacht, wie über eine all zu treue Frau, wenn man eine andere liebt. Nur die Menschen der Zeltlager haben diesen herausfordernden Ausdruck in den Augen. Der seßhaft gewordene Nomade hat ihn an dem Tag verloren, an dem er Mauern errichtet hat, um sich zu schützen, und an dem er Pisten angelegt hat, um sich zurechtzufinden.

Noch ein Umweg, und der Wagen hält endgültig in der Nähe eines Zeltlagers, das sich unterhalb des Reg in einer sandigen Mulde verbirgt.

»Man hat mir gesagt, ihr Stolz würde es den Nomaden verbieten, sich so zu verkriechen.«

»Dieses Lager ist kein gewöhnliches Lager: Das ist ein *merkez*, ein Militärlager. Es ist normal, daß es sich versteckt, da es die Grenze überwacht.«

Das sind sie also, jene kriegerischen Nomaden, die für den Staat arbeiten. Für den Staat oder für sich selbst? Wem gehört jetzt dieses zur Zeit so grausame Land, dessen Söhne seine ehemalige Freigebigkeit noch nicht vergessen haben? Natürlich den Rgaybat. Und wer sind diejenigen, die es so erbittert verteidigen? Wieder die Rgaybat. Was war das für ein Schlaukopf, der sich dieses geniale System ausgedacht hat, das darin besteht, dieselben Leute zu benutzen, um sich selbst zu bekämpfen? Dieser Plan ist riskant, aber auch geschickt. Der Staat bewaffnet seine Bürger, damit sie sich in seinem Namen verwalten und gleichzeitig sowohl die Grenzen als auch ihre eigenen Angehörigen überwachen![1] Die Ordnungshüter hegen auf diese Weise die Illusion, sich wieder in die Krieger von früher verwandelt zu haben. Nur mit dem einen Unterschied, daß sie sich nun nicht mehr um Weideplätze, Waffen oder Märkte zu kümmern brauchen: Sie werden jetzt vom Staat versorgt, bewaffnet und ausgerüstet. Ihre Frauen, Kinder und Sklaven leben wie früher bei ihnen, und wenn ihnen wie durch ein Wunder einige Kamelstuten geblieben sind, weiden diese unter der Obhut eines Hirten weit unten im Süden. Die Zeit der *rezzous*, der Räuberbanden, ist endgültig vorbei, ein Mann kann seine Herde ganz allein auf die Weide führen, ohne daß ihm etwas zustößt. Bei diesem System verschmilzt der Soldat mit dem Krieger, und alle Seiten sind zufrieden.

In jedem Zelt sind neben der umgekehrten Sänfte sorgfältig Vorräte gestapelt. Getreide in Säcken zu hundert Kilo, Zehn-Liter-Kanister mit Öl, große Fünf-Kilogramm-Dosen mit chinesischem Tee, neue Zuckerhüte, die noch in ihr lavendelblaues Papier verpackt sind.

Der große Topf summt fröhlich auf dem Holzfeuer. In ihm kocht der Kuskus. Alles ist friedlich. Die Leute wirken heiter, und die Kinder sind pausbäckig. Die Matten sind sauber, die Gläser auch. Alles atmet Wohlstand.

Ein kleiner Hirte kehrt mit der Ziegenherde ins Zeltlager zurück. Er bindet die Zicklein an den seitlichen Zeltpflöcken an und sperrt die Ziegen in das Gehege aus einfachen Zweigen ein. Während man uns den Tee serviert, machen sich mehrere Männer zusammen mit dem Transporteur am Wagen zu schaffen. Sie untersuchen den geplatzten Reifen und entdecken, daß der Schlauch fast nicht beschädigt wurde. Aus zwei kaputten Reifen könnte man einen zurechtbasteln, der hält. Wieder wird das Gepäck in den Sand gestellt, mein Koffer dient als Wagenheber (warum immer meiner?), und der Reifen wird abmontiert, repariert, wieder aufmontiert. Der Transporteur pumpt den Reifen mit der gewaltigen Pumpe auf, eins, zwei, drei, vier …

Im Zelt sitzend, sehe ich ihn murmeln. Ob er diese Technik so exakt beherrscht, daß er den Luftdruck anhand der Anzahl der Pumpbewegungen berechnen kann?

Die Sonne ist hinter dem Horizont verschwunden. Man hat mir ein Ziegenfell, ein Lederkissen und eine Decke gebracht: Wir werden hier schlafen. Die Kälte macht sich schon empfindlich bemerkbar, als mein Blick auf meinen Koffer fällt, der – leicht verformt – einsam einige Meter vom Landrover entfernt liegt. Ich hole einen Pullover und meinen Schlafsack heraus; diesmal bin ich gewappnet. Die Frauen gehen, und man fordert mich auf, mich mitten unter zehn fest in ihre Decken gewickelte Soldaten niederzulassen, die alle – wie es sich gehört, mit den Füßen zur Rückwand des Zeltes hin und der Nase der Kälte zu – eng nebeneinander daliegen. Hier gibt es keine *bénia*, keine innere Verkleidung, und der Mund des Zeltes bleibt die ganze Nacht über geöffnet. Mollig warm in meinem Daunenschlafsack, betrachte ich die im Vollmond schimmernde Wüste. Als alle schlafen, schleiche ich mich hinaus, um noch einmal die Weite zu spüren. Die Ziegen liegen artig in ihrem Gehege und die Zicklein haben sich in ihr Schicksal ergeben. Ich entferne mich vom Zeltlager. Ich spaziere durch die silbrighelle Nacht, lausche der Dunkelheit und berühre die Felsen. Der Sand ist kalt unter den nackten Füßen. Wie soll man hier nicht an die Entstehung der Welt denken? Wie soll man schlafen, wenn sich der Himmel prunkvoll herausputzt, um die Erde zu bezaubern?

Im Schutze des dünnen Zelttuchs, mitten zwischen den schlafenden Körpern, liege ich noch lange mit offenen Augen da, während mir tausenderlei Gedanken durch den Kopf gehen und mich aufwühlen: das wilde Heideland von La Hague, der Mann, den ich liebe, die Panne von Saint-Exupéry und seine Begegnung mit dem Kleinen Prinzen in genau dieser Gegend, die Hexengeschichten vom kleinen Moulaye und von Tiémokho und das üble Gerede der Dorfbewohner. Die Nacht zieht sich hin, im Zelt lediglich gestört vom Atmen der Schlafenden und dem Klagen der kleinen Zicklein, die noch von Zeit zu Zeit, die Schnauze an das Zelttuch geschmiegt, jämmerlich meckern. Draußen überlagern dann und wann einige sporadische Schreie die Stille: ein Hund, eine Katze, eine Ziege sowie einige andere Geräusche, deren Herkunft ich nicht bestimmen kann. Meine Hand tastet nach meinem Zigarettenpäckchen und stößt gegen einen Gewehrkolben. Es stimmt, daß ich mich hier unter Bewaffneten befinde. Ich betrachte meine Gefährten: Sie sehen aus wie unförmige Säcke, da sich in Mauretanien die meisten Leute im Schlaf das Laken oder die Decke über den Kopf ziehen. Sicherlich ist dies das einzige Mittel, sich von den Blicken der anderen abzusondern, wenn es keine Wände gibt.

»Stehe auf und bete!«

Sieben Uhr. Der Schrei erschallt von allen Seiten. Ich hatte ihn schon fast wieder vergessen. Dabei erklang er in Ismaïls Haus jeden Tag. Draußen ist die Wüste mit Rauhreif bedeckt, und schon bereitet man die *candriya* zu, den Tee mit Ziegenmilch für den frühen Wintermorgen. Ich bin noch müde, aber in diesem allgemeinen Aufruhr ist es besser, aufzustehen. Während ich mich in der Morgenkühle strecke, bricht die Sonne errötend aus dem Sand hervor, wie um mir dafür zu danken, daß ich die Verabredung eingehalten habe.

Der Wagen fährt weiter. Wir müssen noch sechzig Kilometer zurücklegen. Als ich in der Ferne die winzigen Umrisse eines Gebäudes erkenne, das über dem Reg aufragt, sind wir nur noch acht Kilometer vom Ziel entfernt. Wie bei einem langen Kameraschwenk kommt das Bild näher, bis es sich uns im grellen Licht der Tagesmitte aufzwingt. Aïn ben Tili ist ein quadratisches Fort mit vier zinnenbewehrten Türmen und einem bogenförmigen Tor, das in einen Innenhof führt, der von einer Säulengalerie umgeben ist. Eine Zitadelle in halb spanisch-maurischem, halb sudanesischem Stil, ein von der französischen Armee mitten in der Ebene errichteter Stützpunkt, ein mit Stacheldraht umgebener *bordj*[2].

Wir
und die anderen

Ein barhäuptiger Mann in einer Dschellaba kommt uns
entgegen.
»Seid willkommen. Kommt herein.«
Im Wagen sind noch vier Personen: der Transporteur, die
Gendarmen und ich. Der Mann empfängt uns in seinem
Zelt, das etwa hundert Meter vom Eingang des *bordj* entfernt
aufgeschlagen ist. Ich folge meinen Gefährten, ohne zu
wissen, daß unser Gastgeber kein Geringerer als der Bezirkskommandant ist. Er hat sich mir nicht vorgestellt, und ich
wäre nie auf die Idee gekommen, daß er in einem einfachen
Zelt aus brauner Wolle neben dem Fort lebt. Die Frau des
Hauses mustert mich ohne große Sympathie – dabei ist ihr
Gatte bei weitem kein junger und lebhafter *capitaine*. Sie ist
eine beleibte Frau mit anmutigen Bewegungen, die etwa
fünfunddreißig Jahre alt sein muß. Salek, ihr Mann, ist
vielleicht zehn Jahre älter als sie, aber er wirkt alterslos
mit seinem scharfgeschnittenen Gesicht, den leicht vor-
springenden Wangenknochen und den nie lächelnden Augen.
Der Bezirkskommandant empfängt mich wie einen bedeu-
tenden Gast. Er hat den roten Teppich ausgebreitet und läßt
ein Schaf schlachten. Man bringt uns Datteln mit Sahne,
danach gegrillte Leber und ein Fleischgericht. Ich erfahre,
daß die meisten Zeltlager in der Nähe eines *merkez* aufgeschlagen sind und daß ich hier zweifellos ein Lager ausfindig
machen kann, das für mein Vorhaben in Frage kommt.
Nach dem dritten Glas Tee verlangt der Transporteur, der
aufbrechen will, den Fahrpreis von mir. Dabei weiß ich

genau, daß der Kommandant der Nationalgarde von Bir Moghrein meine Reisekosten bereits beglichen hat.

»Du bist schon bezahlt worden.«

»Nein, man hat mir nichts gegeben.«

Er lügt, das weiß ich. Er hat meinen Koffer vom Landrover heruntergehoben und droht jetzt damit, meine Pakete zu behalten, wenn ich ihm nicht tausend UM gebe. Was soll man gegen eine solche Erpressung machen? Schließlich kann ich die Liebe einer Mutter doch nicht einfach so einem Wegelagerer überlassen. Ich wende mich an die Behörden, aber der Bezirkskommandant schlägt beschämt die Augen nieder.

»Da kann ich nichts tun.«

»Wieso kannst du nichts tun, hast du hier denn keinen Einfluß?«

»Das ist es nicht. Das kannst du nicht verstehen. Er ist ein Vetter. Du mußt bezahlen.«

Ich habe verstanden. Es ist besser, ich füge mich, sonst verursache ich schon wieder ein Familiendrama. Ich bezahle den Unverschämten und erhalte mein gesamtes Hab und Gut zurück, das Salek in ein Zimmer im Innern des Forts tragen läßt. Anschließend führt man mich in ein Zelt, das etwa fünfzig Meter vom ersten entfernt aufgeschlagen ist. Hierbei handelt es sich sozusagen um den kleinen Salon, den weiblichen Bereich, in dem ich von Madame eingeladen werde, um zusammen mit zwei anderen Frauen und den Kindern Tee zu trinken. Der Sand ist nur mit einer einfachen Matte bedeckt. Da die Fläche, die sich zwischen dem Fort und dem Stacheldrahtzaun erstreckt, mit Schrott übersät ist, wirkt dieser Ort ein bißchen trist. Es wimmelt von Fliegen und Staub, die Matte ist speckig, und die kleinen Jungen, die hier herumlaufen, sind geradezu erschreckend schmutzig. Die Knie und Füße sind schwarz, die Gesichter verschmiert, die Nasen laufen, und der Rotz bleibt auf all dem Dreck kleben. Man bringt uns Reis und Wasser. Der Reis ist nicht gesalzen, dafür schmeckt das Wasser aber weitaus salziger als in Bir.

»Salzt ihr den Reis nicht?«

»Nein, nie. Die Rgaybat mögen kein Salz. Das macht krank.«

»Das Salz? Das macht krank?«

»Ja. Es gibt zuviel Salz bei den Rgaybat. Das Wasser und die Weiden sind salzig, deshalb ist die Milch salzig, das Fleisch ist salzig, alles ist salzig.«

Draußen macht sich ein schwarzes Dienstmädchen mit den Schüsseln zu schaffen.

»Kocht ihr nicht drinnen im Fort?«

»Nein, wir kochen draußen, neben dem Zelt, siehst du? Die meisten Hausarbeiten werden dort erledigt.«

Das Dienstmädchen widmet mir ein strahlend weißes Lächeln.

»Wie heißt du?«

»Khwéra.«

Plötzlich kommt ein heftiger Wind auf. Ein Wind, der sich in den Zelten verfängt, sie umzuwerfen versucht. Von allen Seiten wirbelt der Sand hoch, und das Zelttuch wird heftig geschüttelt.

»Khwéra! Überprüf die Schnüre!«

Das Dienstmädchen geht um das Zelt herum und versucht die Leinen zu spannen, um sie fester anzubinden.

»Angeblich willst du die Zeltlager der Rgaybat besuchen?«

»Gibt es hier welche?«

»Da mußt du schon auf das spanische Gebiet hinübergehen. Dort gibt es große Zeltlager mit sehr viel Vieh. Hier sind alle Kamele durch die Dürre umgekommen. Die Leute haben nur noch ein paar Ziegen, die Milch geben. Ansonsten warten sie auf die Verpflegung der Regierung.«

Die Kalebasse mit *zrig*, die man mir vor der Mahlzeit gereicht hat, steht neben uns. Ein winziger, halbnackter Junge taucht gewissenhaft seine kleinen, schmutzigen Hände hinein. Draußen wirbelt der Wind, und der Himmel verfinstert sich. Drinnen fertigt eine junge Frau aus bunten Riemen, die sie flicht, einen Schlüsselanhänger an; hier ist Plastik an die Stelle von Leder getreten.

Man drängt mich, zum ersten Zelt zurückzugehen. Der Wind hat das Zelttuch an der linken vorderen Ecke, am Verankerungspunkt, zerrissen, und die Stangen schaukeln bedrohlich hin und her. Auf dem Teppich liegt nur noch ein alter Mann. Die Herrin des Zeltes bemüht sich, mit Hilfe des zweiten Gendarmen, einem Mauren, den Schaden zu beheben. Ich beobachte, wie die zerbrechliche Architektur über meinem Kopf tanzt.

»Bricht es manchmal zusammen?«

»Ja, das kann vorkommen. In so einem Fall stürzt das Zelt zum Wind hin.«

Madame und der Gendarm kommen wieder herein. Die Stangen bewegen sich nicht mehr, und die Unterhaltung wird wieder aufgenommen, von Zeit zu Zeit von einer Windbö unterbrochen.

»In Aïn ben Tili lebt jetzt kaum noch jemand. Nur noch Soldaten und Pensionierte. Es gibt hier auch ein paar Nomaden, die keine Kamele mehr besitzen. Die wohnen im Dorf dort hinten. Sie werden vom Katastrophenplan ernährt.«

Ich kann die Augen aufreißen, wie ich will, aber in diesem Sandsturm kann ich die wenigen Lehmhäuser, die man etwas weiter entfernt auf dem Reg errichtet hat, nicht erkennen.

»Du bist also Französin?«

»Ja.«

»Wir mögen den Franzosen, weil er gerecht ist: Er hat weder Vettern noch Verwandte.«

Genau in dem Moment kommt Salek herein. Der Transporteur ist fort, und er hat nun nichts mehr zu tun. Der Wind bläst immer noch im grauen Licht. Am besten ist es, Ruhe zu bewahren, Tee zu trinken und geborgen abzuwarten, bis sich der Sturm gelegt hat.

»Denkst du auch, daß die Franzosen gerecht sind?«

»O ja! Und das sage ich, weil ich etwas davon verstehe: Ich war zwölf Jahre lang in der französischen Armee. Deshalb kann ich dir sagen, das ist die reine Wahrheit. Bei ihnen gibt es keine Vettern. Wenn du arbeitest, wirst du belohnt. Wenn du nichts tust, bekommst du nichts.«

»Zwölf Jahre lang! Aber dann warst du ja im Algerienkrieg dabei. Habt ihr gegen die Algerier gekämpft?«

»Wir haben an der Seite der Franzosen gekämpft.«

»Die Algerier sind Mohammedaner wie ihr, warum habt ihr euch für die Franzosen entschieden?«

»Die Algerier und Mohammedaner! Nie im Leben! Die saufen wie die Löcher! Also, die haben wirklich nichts von einem Mohammedaner!«

»Man kann Mohammedaner sein und Wein trinken. Ist Gott nicht barmherzig?«

»Er ist barmherzig, das stimmt, Lob sei Gott, aber man kann kein Mohammedaner sein, wenn man Wein trinkt. Niemals.«

»Und die Marokkaner?«

»Die Marokkaner! *Tfou!* Das sind *Chleuhs*[3]!«

»Sie sind nicht alle *Chleuhs*.«

»Doch, alle. Selbst der König spricht *Chleuh*.«

»Was habt ihr denn gegen die *Chleuhs*?«

Da mischt sich der maurische Brigadier in die Unterhaltung ein:

»Du kennst sie nicht, das sieht man! Die schlagen anderen die Köpfe ab. Die *Chleuhs* rotten sich zu Banden zusammen, um andere Leute zu überfallen und sie zu berauben. Sie schlagen ihnen die Köpfe ab, und danach essen sie die Menschen.«

»Sie essen Menschen!«

»Sie kochen sie in einem Kochtopf zusammen mit dem Fleisch und essen sie zum Kuskus.«

»Bei Gott, er hat recht.«

»Im Namen Gottes, des Barmherzigen, der ganz Barmherzigkeit ist! Gibt es hier auch welche?«

»Bei uns gibt es *Chleuhs*, aber jetzt sprechen sie *Hassanije*. Es sind keine *Chleuhs* mehr, sie sind normal.«

»Ein Glück! Und die Algerier, sind das auch alles *Chleuhs*?«

»Ja, der Algerier ist ein *Chleuh*, aber er hat nicht dieselben Sitten wie der Marokkaner. Auch er kennt die Gesetze der Gastfreundschaft nicht. Sein Haus ist immer verschlossen, und seine Frau ist verschleiert und eingesperrt, aber das hindert sie nicht daran, zu rennen.«

»Die Algerierin ›rennt‹?«

»Sie rennt zuviel.«

An dieser Stelle des Gesprächs kommt ein schwarzer Soldat herein. Es handelt sich um den Funker, einen Tukolor, der wegen des Sandsturms einen Turban nach maurischer Art trägt. Mariem, die Herrin des Zeltes, kocht den Tee wieder auf, während sich der junge Neuankömmling bemüht, mir zu erklären, wer die Tukolor sind. Seine Geschichte unterscheidet sich von der des ersten Brigadiers:

»Vor langer Zeit hat es einmal geregnet. Sehr viel geregnet. So viel geregnet, daß die Erde in Gefahr war, überschwemmt zu werden. Daraufhin hat ein Mann ein großes, großes Schiff gebaut und von jeder Tierart ein Männchen und ein Weibchen an Bord genommen. Er hat den Männchen befohlen, sieben Jahre lang die Weibchen nicht anzurühren, um das Schiff nicht zu überladen, weil es sonst unter dem Gewicht all der vielen Lebewesen gesunken wäre. Doch sein eigener Sohn hat seine Frau berührt. Um ihn zu bestrafen, bat der Mann Gott darum, daß die Frau seines Sohnes Kinder zur Welt bringt, die anders sein sollten als alle anderen Menschen, und ehe er starb, verkündete er, daß sie Zwillinge zur Welt bringen werde, die anders sind als alle anderen und eine Sprache sprechen, die anders ist als Arabisch. Tatsächlich wurden ein Junge und ein Mädchen von schwarzer Hautfarbe geboren, die Pular[4] sprachen.«

Schwarz zu sein wäre demnach eine Strafe. Die Mauren nicken. Das finden sie gut. Das ist eine schöne Geschichte. Den Mann mit dem Schiff, den kennen sie. Dieser Schöpfungsmythos gefällt ihnen, er stimmt mit ihrer Auffassung von den Dingen überein. Schwarz geboren zu werden, das ist ein Unglück. Es ist einleuchtend, daß – wenn Gott ihnen so etwas Schlimmes angetan hat – sie vorher irgend etwas angestellt haben müssen, um das auch zu verdienen. Das ist klar. Ach so! Jetzt versteht man. Darin bestand also der Verstoß: die Fleischeslust. Das ist nicht verwunderlich. Diese Leute sind Wilde, die können sich einfach nicht beherrschen. Übrigens haben ihre Frauen den Teufel im Leib, das ist ja bekannt, die denken nur daran zu rennen, das weiß jeder.

Der junge Mann scheint sich nicht darüber im klaren zu sein, daß er seinen Gegnern hiermit eine Waffe in die Hand gibt. Um das Bild zu vervollständigen, will er beweisen, daß die Gesellschaft, aus der er stammt, genauso differenziert ist wie die der Mauren, daß sie ebenso viele soziale Kategorien kennt, wenn nicht noch mehr:

»Bei uns gibt es zunächst einmal die *torodo*. Das sind die Marabuts. Sie geben den Kriegern *grigris*, um sie zu beschützen, und sie betreiben Ackerbau. Man nennt sie die Herren der Erde. Ich bin ein *torodo*.«

»Meinen Glückwunsch.«

»Anschließend gibt es die Krieger, die auch Herren der Erde sind, und die Peuls, die die Herren des Buschs sind. Dann gibt es die *thiou balo*, die Herren des Wassers, und die *laobé*, die Herren des Holzes. Weiter unten gibt es den Herrn des Leders und den Herrn des Fadens, und dann die Schmiede. Davon gibt es drei: den Herrn des Goldes, den Herrn des Silbers und den Herrn des Eisens. Schließlich gibt es noch den *griot* und die Sklaven.«

»Also habt ihr auch Sklaven. Sind das Schwarze wie ihr?«

»Ja, aber wir stehlen keine Leute. Die Sklaven sind Kriegsbeute, oder sie wurden gekauft, das ist etwas ganz anderes.«

Der junge Mann begleitet mich zum Fort bis vor mein Zimmer. Das Interesse, das ich seiner Geschichte entgegengebracht habe, ermuntert ihn, mir eine andere zu erzählen. Einen noch älteren Mythos.

»Weißt du, warum es Schwarze und Weiße gibt?«

»Nein, das weiß ich nicht.«

»Eines Tages gab es zwei Jungen, die zur Koranschule gingen. Plötzlich fing es an zu regnen. Der erste, der schlau war, hat unter einem Zipfel seines *boubou* Schutz gesucht. Der zweite, der nicht schlau war, hat sich das Schreibbrett über den Kopf gehalten. Da hat das Wasser die Tinte aufgelöst, und sie ist über ihn geflossen. So ist er schwarz geworden. Das ist der Stammvater der Schwarzen.«

Es ist mir unverständlich, warum der Junge so hartnäckig Mythen weitererzählt, die seine Vorfahren herabsetzen. Ich kenne eben noch nicht die Macht des heiligen Wortes. Unter den mohammedanischen Marabuts Schwarzafrikas ist es üblich, dieses Wort zu materialisieren, indem sie die Tinte der Heiligen Schrift in Wasser auflösen, und in Mauretanien weiß jeder, daß ihre Macht fürchterlich ist: Waren die »senegalesischen« Schützen[5], deren Kampfkraft von der französischen Armee sehr geschätzt wurde, nicht überzeugt davon, unbesiegbar zu sein, weil ihre *grigris* sie angeblich vor dem Tod schützten? Wenn es die Tinte der Korantafel war, die der Haut der Afrikaner ihre Farbe verliehen hat, dann sind sie also gesegnet unter allen, gesegnet, weil ihr Stammvater nicht »schlau« war, das heißt, daß er die Lauterkeit der Unschuld besaß.

In der Einsamkeit meines Zimmers packe ich glückselig den Inhalt der Pakete aus. Meine Mutter, der meine Ernährung bei den Mauren Sorgen bereitet, hat mir Sardinen, Honig und Kekse geschickt. Sie hat sogar gedacht, eine Flasche Antésite könne den salzigen Geschmack des Wassers vertreiben. Antésite ist ein seltsames Gebräu, ein Pflanzenkonzentrat mit Anisgeschmack. Es ist ein etwas altmodisches heilpflanzliches Produkt, das mein Großvater gewöhnlich benutzt hat. Einige Tropfen davon in das bittere Wasser der Wasserflasche gemischt, genügen, um mir bei jedem Schluck die Mahlzeiten in Erinnerung zu rufen, die wir jeden Donnerstag in der Villa meiner Großeltern eingenommen haben. Ich sehe meinen Großvater wieder vor mir, streng, mit einem grauen, nach oben gezwirbelten Schnurrbart, der immer knurrte, wenn in seiner Nähe ein Kind geräuschvoll die Nase hochzog.

»Putz dir die Nase!«

Mein Großvater, der Oberst, der seinen Dienstgrad zwischen dem Ersten und dem folgenden Weltkrieg erwarb. Ein Absolvent der Ecole Polytechnique, der erst aktiver Soldat, später Reserveoffizier war und der, Gott sei Dank, nicht an den Kolonialkriegen teilgenommen hat.

Die Geologen

»Warum machst du es dir nicht im Fort bequem, wenn der Wind bläst und es kalt ist?«

»Ich ziehe das Zelt vor.«

»Trotzdem, dieser ganze Stacheldraht, der da so in der Landschaft herumsteht, das wirkt ein bißchen deprimierend, findest du nicht?«

»Wir haben uns daran gewöhnt.«

»Wozu ist der Stacheldraht nötig? Zur Verteidigung des Stützpunkts?«

»Nein, eigentlich nicht.«

»Warum räumt ihr ihn dann nicht weg?«

»Das können wir nicht, das Gelände ist vermint. Das geht auf die letzten Kämpfe Ende der fünfziger Jahre zurück. Das ganze Gelände, das du da siehst, ist vermint. Es hat sogar Unfälle gegeben, Menschen oder Tiere sind in die Luft geflogen. Da wir nichts anderes tun konnten, haben wir das Minenfeld mit Stacheldraht abgesperrt.«

Ich trinke in Saleks Zelt meinen Morgentee. Mariem, seine Frau, ist noch immer mürrisch, aber da er sich absolut nichts daraus macht, fällt es mir leicht, es ihm nachzumachen. Salek ist eine interessante Persönlichkeit, und er verhält sich gegenüber der Fremden, die ich bin, ausgesprochen unverkrampft. Obwohl er das keineswegs offen zeigt, habe ich deutlich gespürt, daß er mich auf Anhieb akzeptiert hat, ohne dabei übertriebene Neugier zu zeigen oder mich besonders auf die Probe gestellt zu haben. Dafür hat er zweifellos mehrere Gründe. Zum einen stehe ich unter Khalils Schutz, was von vornherein jedes Zögern ausschließt;

außerdem bin ich Französin, und er hat sein Leben als *goumier* noch in guter Erinnerung. Die Hochachtung, die er vor einigen Offizieren hat, entspricht den Zeichen der Anerkennung, die er von ihnen empfangen hat. Sein Dienstgrad und die kleine Rente, die er aus Frankreich bezieht, sind der Beweis dafür.

»Weißt du, es gibt hier Landsleute von dir, Geologen. Sie wohnen im Dorf dort hinten. Du solltest sie begrüßen, es sind deine Vettern. Außerdem werden sie verproviantiert, und sie haben ein Flugzeug.«

Das ist wenigstens einer, der mir die Tore seines Forts weit öffnet. Übrigens ist es nicht sein Fort; er bewacht es nur, wie man ein unnützes, leerstehendes Baudenkmal bewachen würde. Dabei ist dieser *bordj* ziemlich hübsch, obwohl einige allzu baufällige Flügel mittlerweile aufgegeben wurden. Die Mauern des Hofs sind innen mit dunkelrotem Lehm verputzt, der das Licht mildert, und es tut gut, sich in den Strahlen der Morgensonne auf den Brunnenrand zu setzen. Für jeden, der sich auch nur ein winziges Stück von seiner Kinderseele bewahrt hat, ist dies ein verwunschenes Schloß voller Zimmer, Treppen, Gänge und Verstecke. Dort kann man tausend im Sand versunkene Ruinen, tausend verstaubte Schätze finden.

Der Wind ist während der Nacht fast völlig abgeflaut. Mit einem Eimer mit eiskaltem Wasser wasche ich mich von oben bis unten, obwohl mir alle davon abgeraten haben; im Winter dürfe man sich nicht waschen, weil das gefährlich für die Gesundheit ist. Dann mache ich mich bereit, meine »Vettern« zu begrüßen und gleichzeitig zu schauen, was ich dort eventuell an Informationen über das Land erhalten kann. Salek besteht darauf, daß ich einen Turban anlege und eine Sonnenbrille aufsetze, weil die Lichtreflexe auf der Ebene sehr schmerzhaft sein können. Ich versuche, vor

Mariems finsteren Augen und dem liebevollen Lächeln ihrer beiden Töchterchen, mir diese männliche Kopfbedeckung, deren vielfältige Verwendungsmöglichkeiten mir aufgefallen sind, um den Schädel zu wickeln. Zum Dorf ist es nicht weit, höchstens zwei Kilometer, und es besteht keine Gefahr, sich zu verirren. Die Wüste ist hier so spiegelglatt wie das Meer.

Wer nie im frischen Morgenwind über den Reg gewandert ist, wird zweifellos nie erfahren, wie bequem ein Turban sein kann. Er schützt vor allem: vor der Kälte, dem Licht und den Blicken, wenn es welche gibt. Ich hätte nie geahnt, daß er ein Gefühl physischen und psychischen Wohlbehagens vermittelt.

Das Dorf ist noch kleiner als Bir Moghrein. Einige wenige Lehmhäuser scheinen sich furchtsam an die Erde zu schmiegen, ohne daß es ihnen gelänge, sich vor dem Himmel zu schützen. Die Geologen haben sich in zweien von diesen Häusern eingerichtet. Mit Hilfe erhöhter Matratzen, Feldbetten, Kissen, Laken, Vorhängen, Stühlen und Campingtischen haben sie dort, so gut es ging, ein Universum geschaffen, das dem ihren zu Hause ähnelt. Der Großteil des Teams ist gerade nicht da. Ich treffe nur einen großen, überaus wohlgenährten jungen Mann mit rosigen Wangen an, der mit Jeans und einem karierten Hemd bekleidet ist und an den Füßen Turnschuhe trägt. Er hat sogar Socken an. Im ersten Moment erstaunt mich das. Ich habe mich so sehr daran gewöhnt, mit lebkuchenbraunen Männern umzugehen, die zartgliedrige Hände haben, barfuß sind und sich in weiße Stoffe kleiden, daß ich es fast ungehörig finde, an diesem Ort einer so faden Hautfarbe und dieser unästhetischen männlichen Kleidung zu begegnen. Dabei trage ich doch auch Jeans und habe ebenfalls eine helle Hautfarbe. Aber ich sehe mich selbst schließlich nicht. Kein Spiegel hat mir bisher meine fremdländische Gestalt vorgehalten, so daß sie praktisch aus meinem Gedächtnis verschwunden ist.

Von dem Geologen erfahre ich nichts Neues. Das Team lebt anscheinend abseits von der Bevölkerung, bricht morgens mit den Instrumenten auf und kehrt erst abends wieder zurück. Vom Konzern finanziert, genießen die Prospektoren einen gewissen Komfort: Sie verfügen über Landrover, einen Generator und ein Privatflugzeug. Soweit ich verstanden habe, suchen sie nach Uran. Da sie die ganze Zeit über nur unter Männern bleiben, interessiert sie natürlich die Ankunft einer Frau in dieser Gegend am Ende der Welt. Noch am selben Abend schicken sie eine Einladung zum Abendessen ins Fort für die Ethnologin und immerhin auch für den Bezirkskommandanten, der sie beherbergt.

Zur angegebenen Stunde erscheine ich hinter Salek am Eingang ihres Zeltes. Damit hier keine falschen Vorstellungen entstehen: Es handelt sich dabei nicht um ein Beduinenzelt, sondern um eine Art großen Hangar aus khakifarbener Leinwand, die über ein Aluminiumgerippe gespannt ist. Dies ist ihr »Eßzimmer«. Alles ist hier vorhanden: Elektrizität, Tisch, Stühle, Teller, Besteck, Tischtuch, Servietten und Oberkellner. Bei diesem handelt es sich um einen Schwarzen, der früher sogar einmal der Koch von Pierre Messmer gewesen ist, als dieser in den fünfziger Jahren den *Cercle de l'Adrar* befehligt hat. Der Mann ist nicht mehr der jüngste und hinkt etwas, aber er strahlt vor Stolz: Er allein kennt sich mit der Küche der Franzosen und ihren Tischsitten aus.

Man bietet uns Erfrischungsgetränke an! Alkohol, den wir einstimmig ablehnen, woraufhin man uns als Ersatz für den Aperitif eiskalte Coca-Cola bringt, die direkt aus dem Kühlschrank kommt. Angesichts von diesem unglaublichen Luxus kann ich nur mit offenem Mund staunen.

»Nun, Chef! Alles klar, Chef?«

Der Teamleiter klopft Salek kräftig auf den Rücken, wobei er ihn in einem ausgesprochen widerwärtigen, halb väterlichen, halb herablassenden Tonfall als »Chef« bezeichnet. Vor mir plustert er sich auf mit seinem weißen Hemd, den von der Sonne geröteten Wangen und dem Whiskyglas in der Hand.

»*Hamdullah,* es geht mir gut.«

Man fordert uns auf, Platz zu nehmen. Mir gegenüber überschlagen sich diese Herren vor Aufmerksamkeit, während sie Salek links liegenlassen oder ihm nur mit halbem Ohr zuhören. Er läßt sie gewähren, läßt sie reden, gibt vor, nichts zu merken. Naiverweise hatte ich geglaubt, daß man, um Geologe zu sein, in Steine verliebt sein muß. Für mich war ein Liebhaber von Steinen einfach ein sympathischer Träumer, der ein bißchen einem Dichter ähnelt und sich für die Geschichte des Planeten begeistert. Bei diesen Geologen hier findet man nichts von all dem.

»Frankreich ist das Land der Freiheit. Und außerdem können die Leute in Frankreich arbeiten.«

»Können die das hier nicht?«

»Hier ist es die Hölle. Sie sind nicht schlecht, das nicht, aber sie leisten nichts. Wir beschäftigen viele Leute, aber von hundert sind nicht mal zwanzig in der Lage, eine korrekte Arbeit zu leisten. In Frankreich ist diese Proportion umgekehrt.«

Ich schaue zu Salek hinüber, der trotz dieser Beleidigung unerschütterlich bleibt, während der Koch nacheinander eine Fleischpastete, Fisch, einen mit frischen grünen Bohnen garnierten Rinderbraten, grünen Salat und Camembert auftischt … begleitet von knusprigem Brot, gutem Rotwein und Volvic-Mineralwasser, da die Geologen kein Brunnen-wasser trinken.

»Wo habt ihr das alles her?«

»Vom Markt in Dakar. Das Flugzeug fliegt etwa zweimal die Woche zum Einkaufen dorthin. Es bringt Obst, Gemüse, Fleisch und frischen Fisch, außerdem Getränke und Zigaretten mit, eben alles, was man so braucht.«

»Ihr wohnt in Aïn ben Tili und geht in Dakar auf den Markt!«

»Ja, natürlich, wundert Sie das?«

»Schämen Sie sich nicht?«

»Weshalb denn?«

»Wegen diesem Überfluß.«

»Wieso sollten wir uns deswegen schämen?«

»Wissen Sie denn nicht, daß die Leute hier verhungern?«

»Das geht uns nichts an.«

»Das ist ja empörend!«

»Das ist überhaupt nicht empörend. Wir arbeiten schließlich.«

Salek wirft mir einen kurzen, aber vielsagenden Blick zu, der wohl besagen soll: »Vergiß es, Saviya. Fang nicht schon wieder an. Du hast mich schon bei meinem Vetter, dem Transporteur, in eine unmögliche Situation gebracht, also hör jetzt auf. Das nützt sowieso nichts.«

Wieder beuge ich mich. Er hat recht, das nützt sowieso nichts. Wechseln wir das Thema.

»Sind Sie schon lange hier?«

»Seit neun Monaten, und es ist vorgesehen, daß wir zwei Jahre bleiben.«

»Neun Monate! Nach all der Zeit müssen Sie ja schon ganz gut *Hassanije* verstehen.«

»Was?«

Mist! Geht das schon wieder los. Für eine Sekunde schaue

ich fragend und besorgt zu Salek hinüber, der meinen Blick auffängt, aber den Kopf über seinen Teller senkt. Ich glaube, diesmal hat er Lust zu lachen.

»Die Sprache der Mauren.«

»Ach! Arabisch? O nein! Wieso sollen wir denn Arabisch sprechen? Das brauchen wir hier nicht. Es gibt immer einen Vorarbeiter, der genug Französisch kann, um zu übersetzen, was wir zu sagen haben. Außerdem ist es damit nicht weit her. Bei Ihnen geht das vielleicht etwas weiter, und außerdem interessieren Sie sich ja gerade dafür, oder? Also ist es normal, daß Sie versuchen, es zu lernen. Aber bis man das daherschnattern kann, muß man schon echt was auf dem Kasten haben. Also ich wünsche Ihnen dabei viel Glück.«

»Wer wird das Zeug ausbeuten, das Sie finden werden, die CFP Total oder Mauretanien?«

»Sie verstehen wohl nicht. Wir sind Geologen. Wir mögen die geologische Forschung, das ist alles. Wir kümmern uns nicht darum, wem das Ganze etwas nützt.«

Der Koch, der ständig katzbuckelt vor lauter Glück, einen kleinen Empfang geben zu dürfen, stellt einen Berg frisches Obst auf den Tisch. Das erinnert ihn an seine Jugend im *Cercle.* Aber heute abend wird es keinen Verdauungsschnaps geben, weil Salek, sobald er den letzten Bissen hinuntergeschluckt hat, aufsteht, um zu gehen.

»Sie gehen schon?«

»Es ist spät.«

Die Tischgäste sind ein wenig enttäuscht, trauen sich aber nicht, zu insistieren. Der etwas trockene Ton ihres Gastes hat ihnen vielleicht in Erinnerung gerufen, daß sie heute abend immerhin den lokalen Repräsentanten der Staatsgewalt bewirten. Sie wissen nicht, daß diese Art, vom Tisch aufzustehen, bei den Mauren unverfänglich ist, und daß Saleks Schroffheit kein Zeichen von Autorität ist, sondern eher der Ausdruck von Schüchternheit, gepaart mit einer großen inneren Nervosität, die er ständig unter Kontrolle zu halten versucht.

»Gut, na dann. Bis dann, Chef, ja? Bis dann!«

Wie um ihn zu besänftigen, schlägt der Boß der Geologen erneut einen großen Klaps auf den Rücken des Bezirkskommandanten, der ein wenig den Kopf einzieht, ansonsten aber nicht mit der Wimper zuckt.

»Auf Wiedersehen, Mademoiselle. Und genieren Sie sich bloß nicht: Wenn Sie mal einkaufen müssen oder wenn Sie auch nur Lust haben, einen Tag in Dakar zu verbringen, steht das Flugzeug zu Ihrer Verfügung.«

Wir gehen durch die Nacht davon.

»Hast du das gesehen! Hast du gesehen, wie er mit dir spricht?«

»Ich weiß, ja.«

»Wie kannst du so etwas einfach hinnehmen?«

»Mach dir keine Sorgen, die behalte ich im Auge.«

Salek sagt nichts weiter, aber sein Gesicht bleibt verkrampft. Die Mauren sind Meister in der Kunst, ihre Gefühle zu beherrschen. Beherrschen heißt aber nicht, sie abzutöten. Die Wunde ist um so schmerzhafter, je tiefer sie unter der Oberfläche liegt. Ich spüre, wie eine Aufwallung von Groll und Trübsinn meinen Gefährten innerlich schüttelt. Es gab eine Zeit, in der die *Nsara* ihn anders behandelt haben. Vielleicht nicht alle, aber doch die besten von ihnen. Diese hier hat er schon längst abgeschrieben, aber meine Anwesenheit hat die Wunde bloßgelegt.

Nachdem ich am nächsten Morgen zusammen mit der Familie im Zelt gefrühstückt habe, setze ich mich im Hof des Forts zum Schreiben auf den Brunnenrand. Ich habe leichtes Fieber, sicherlich wegen der eiskalten Dusche. Die Leute haben also doch recht gehabt, und so schnell werde ich mich auch nicht mehr duschen. Um mich herum machen es sich mehrere Männer in der Sonne bequem: der tukolorische Funker, der maurische Sanitäter, der Wachposten – der im überdachten Rundgang auf einer quietschenden Matratze schläft und mit dem Schrei: »Wer da?« das Gewehr hochreißt, sobald ich nachts das Zimmer verlasse, um auf die Toilette zu gehen –, ein junger Händler und zwei oder drei Beduinen. In dem Moment kommt der Koch der Geologen angehumpelt.

»Friede sei mit euch.«

»Friede sei mit dir.«

Er steuert geradewegs auf mich zu.

»Ja, was machst du denn? Wir hatten dich zum Frühstück erwartet!«

»Mich?«

»Natürlich dich.«

»Wieso soll ich denn da hinten frühstücken?«

Für einen Moment ist der Mann aus dem Konzept gebracht. Im friedlichen Hof des Forts ist jede andere Unterhaltung erstorben. Alle Augen sind auf uns gerichtet. Das amüsiert sie, sie warten auf das, was folgen wird. Der arme Koch gerät deswegen völlig aus der Fassung. Bestimmt ist er es nicht gewöhnt, eine Französin zu treffen, die das maurische Essen seinen Kochkünsten vorzieht. Er kann sich einfach nicht vorstellen, daß es so etwas geben könnte.

»Da hinten ist es lecker. Es gibt da Kaffee, Milch, frisches Brot.«

»Aber ich wohne nicht da hinten, ich wohne hier.«

»Du kannst ruhig hier wohnen, aber du kannst nicht hier essen.«

»Warum nicht?«

»Das Essen hier ist nicht gut für dich. Da hinten gibt es alles, was du brauchst.«

»Ich weiß, daß es da alles gibt, was ich brauche, und daß du sehr gut kochen kannst, aber ich werde nicht dort hinten essen. Ich wohne bei Salek, also esse ich auch bei Salek.«

Ich spüre, wie ein stiller Jubel durch die Zuhörerschaft zieht. Der alte Koch hat das auch gemerkt. Er schaut die Männer um sich herum an, die, als wäre nichts geschehen, ihre Unterhaltung mit gedämpfter Stimme wiederaufgenommen haben, spürt, wie einmütig ihre Ablehnung ist, und kehrt mir traurig den Rücken zu. Er kann nichts dafür, und zweifellos übersteigt das, was geschehen ist, seinen Horizont. Er spürt nur die allgemeine Feindseligkeit und die Beleidigung, die man seiner Kochkunst zugefügt hat. Ich kann nichts tun, um ihn zu trösten.

Am Nachmittag besuchen mich Widerstandskämpfer der Polisario-Front, die von meiner Anwesenheit im Fort erfahren haben, bei Salek, um mich willkommen zu heißen … und um Erkundigungen über die *Nasraniya* einzuziehen, die hier eingetroffen ist. Sie müssen wissen, auf welcher Seite sie steht, mit welchem Etikett sie zu versehen ist. Wegen der Marokkaner scheinen sie sich keine Sorgen zu machen. Sie sagen, daß sich die Marokkaner dort nicht lange halten können.[6] Ich glaube zu verstehen, daß sich sehr viele junge Revolutionäre in der Gegend aufhalten, und frage meinen Gastgeber darüber aus, sobald sie gegangen sind.

»Die sind überall. In jedem Zelt, in jedem Haus wirst du welche finden. Seit über einem Jahr ist die Lage sehr angespannt. Vor einigen Monaten wurde hier sogar gekämpft.«

»Wer hat gegen wen gekämpft?«

»Die Leute hier kämpfen gegen die Spanier. Sie sind auch dazu bereit, gegen die Marokkaner zu kämpfen, wenn es sein muß, denn die marokkanische Armee steht direkt hinter der spanischen Grenze, auf der anderen Seite der Saguiat el-Hamra. Die Algerier können sie auch nicht leiden.

Selbst mit den Leuten, die südlich des Adrar leben, sind sie nicht immer einverstanden. Das sind sie nur mit Mokhtar[7]. Aber Mokhtar kann nichts für sie tun, er regiert nicht allein …«

»In Frankreich habe ich Marokkaner getroffen, die sagen, daß die Spanische Sahara zu Marokko gehört.«

»Wenn sie sich trauen würden, das hier zu sagen, würde man sie sofort erschießen. Selbst die Spanier wagen es nicht mehr, sich in der Gegend zu zeigen. Dabei befindet sich auf der anderen Seite der Grenze, hier genau gegenüber, ein Stützpunkt. In dem ist aber kein einziger Spanier mehr. Nur noch Rgaybat.«

»Nomaden? Haben sie den Stützpunkt erobert?«

»Aber nein, sie haben den Stützpunkt nicht erobert. Aber die Spanier, die dort sind, sind alle Rgaybat, keine Spanier aus Spanien. Die hatten zu große Angst und sind gegangen.«

»Du meinst, daß dort kein einziger *Nasrani* mehr ist und daß die Rgaybat dort hinten Soldaten der spanischen Armee sind?«

»Genau.«

»Was für eine Geschichte! Aber sag mal, was hält eigentlich der Präfekt von all dem? Welche Rolle spielt er dabei?«

»Khalil befindet sich in einer unmöglichen Situation. Er hat Verwandte, die mit den Spaniern ins Bett steigen, und andere, die zusammen mit der Front kämpfen. Unaufhörlich gehen ihm die einen oder die andern auf die Nerven. Außerdem muß er noch die Position seiner Regierung vertreten. Er wird von allen Seiten unter Druck gesetzt.«

Also hatte ich richtig geraten. Nach und nach reißt der Vorhang, ich erklimme eine weitere Stufe auf der Gesellschaftsleiter, bis zum nächsten Hindernis, bis zum nächsten Schleier.

Wenn man die Felderfahrung eines Ethnologen erwähnt, spricht man von Eintauchen. Soll das heißen, daß man, je tiefer man sich hineinstürzt, um so weniger Luft bekommen kann? Mir kommt es im Gegenteil so vor, als könnte ich immer besser atmen. Wenn man auf diese Weise in eine fremde Realität eintaucht, ist es zweifellos unumgänglich, im Einverständnis mit sich selbst zu bleiben und mit den anderen, zumindest soweit man das vermag, echte Beziehungen zu pflegen. Das ist es, was jedes menschliche Wesen braucht, das ist der Sauerstoff.

Der Chefgeologe soll heute abend zum Teetrinken kommen. Ich weiß nicht, ob Salek ihn hergebeten hat, um sich für seine Einladung zu revanchieren, oder ob es sich um eine persönliche Initiative handelt von der Art, wie man sie ergreift, wenn man Anweisung erhalten hat, mit der einheimischen Bevölkerung freundliche Beziehungen aufrechtzuerhalten. Er trifft am Spätnachmittag ein, und der Bezirkskommandant fordert ihn auf, im Zelt Platz zu nehmen. Alle geben sich reserviert und würdevoll. Der Franzose weiß nicht, daß seiner Ankunft eine emsige Betriebsamkeit voranging. Man hat die Festtagsteppiche ausgebreitet, und Salek hat ein Schaf schlachten lassen. Seit dem Morgen wird er fieberhaft erwartet.

Der Geologe ist nicht wirklich arrogant. Jemand, der in Steine verliebt ist, kann nicht wirklich schlecht sein. Vielleicht ein bißchen schwerfällig oder tölpelhaft. Vielleicht empfindet er sogar eine gewisse Sympathie für die hiesigen Menschen: »Es ist nicht ihre Schuld, wenn sie nicht besonders zivilisiert sind.« Man muß ihn sich nur ansehen, diesen Zivilisierten, hier im Zelt. Zuerst bringt man ihm lauwarme Limonade in einem Plastikbecher, eine ekelhafte Limonade, nur Chemie. Daran müßte er merken, daß man Anstrengungen unternimmt, damit er sich wohl fühlt, daß man einen Schritt auf seine Kultur zu macht und daß man ihm Ehrerbietung entgegenbringt. Er will freundlich sein und trinkt seine lauwarme Limonade. Natürlich hat er die Schuhe nicht ausgezogen, was ihn nun ein wenig behindert, als er sich in seiner Jeans, die den kugelrunden Bauch einschnürt, auf dem Teppich hinsetzen will. Er dankt. Er sieht eingeschüchtert aus wegen all der Augen, die ihn schweigend beobachten.

»Trink! Trink!«

Die Leute hegen keinen Groll, die Leute wollen ihm etwas Gutes tun, sie wollen ihn heute abend ehren. Aber die Dunkelheit bricht zu schnell herein. Es wird finster in diesem Zelt, und die Sturmlaterne, die man neben ihn gestellt hat, läßt die Schatten maßlos anwachsen, vervielfacht die Formen, hebt das Weiß der Augen und der beim Lächeln entblößten Zähne hervor, sie betont die Stille. Da ihn die Flamme blendet, hat er Schwierigkeiten, die Gesichter zu erkennen. Und die Ethnologin? Wo ist eigentlich die Ethnologin? Die hat sich zusammen mit den anderen in den Schatten verkrochen, als wolle sie sich nicht in diese Angelegenheit einmischen.

Salek sitzt neben ihm, schaut ihn aber kaum an und bemüht sich nicht im geringsten, eine Unterhaltung in Gang zu bringen. Er erleichtert dem Geologen auch nicht gerade seine Aufgabe. Er revanchiert sich für dessen Einladung, um ihm nichts schuldig zu sein, ehrt ihn, wie es sich gehört, aber mehr auch nicht.

Nur Ahmed, der Sanitäter, gibt sich Mühe. Als das Fleisch kommt, versucht er, den Geologen freundlich zu ermuntern. Er möchte ihm verständlich machen, daß man das Schaf für ihn getötet hat, daß man sich über sein Kommen freut, daß er sich nicht zieren soll. Er möchte ihm spontan mitteilen, was Salek nicht sagt, er bietet ihm seine Unterstützung an, aber das Unbehagen des Fremden ist so offensichtlich, daß er darüber sein Französisch verliert:

»*Oukel! Oukel!*«

Er ermuntert ihn mit Worten, mit Blicken, deutet eine Geste an, zeigt sich bereit, ihn mit Zuvorkommenheit zu überhäufen, aber der andere sieht nichts, hört nichts. Wahrscheinlich weiß er sowieso nicht, daß *oukel* »iß« bedeutet, und er versteht die deutlichen Bemühungen seines Nachbarn nicht. Mißtrauisch untersucht er den Teller, den man ihm hinschiebt, während er sich gleichzeitig anstrengt, nichts von seinen Befürchtungen erkennen zu lassen. Er entledigt sich hier einer unangenehmen, aber unvermeidlichen Pflicht und versucht, sich möglichst gut aus der Affäre zu ziehen. Mit spitzen Zähnen ißt er argwöhnisch einige Stücke Fleisch vor den vor Verblüffung weitaufgerissenen Augen des Sanitäters, der angesichts dieser Mauer gegenseitigen Unverständnisses, die er hier entdecken muß, wie versteinert mit offenem Mund dasitzt.

Als Salek seinen Gast zurück zum Wagen begleitet, hat der Geologe längst den letzten Rest seiner Fassung verloren. Dabei hat man ihm nichts gesagt, nichts getan, um dies zu bewirken, ganz im Gegenteil, er hat seine Selbstbeherrschung ganz von allein abgelegt. Das kurze Eintauchen hat ihn völlig erstickt. Er besitzt nicht einmal mehr die Kraft, dem »Chef« den üblichen Klaps zu versetzen, und verschwindet in der Nacht, als säße ihm der Teufel im Nacken. Was ist das nur für ein seltsames Verhältnis aus uneingestandener Rivalität, Faszination und Abscheu, Unterdrückung und Auflehnung, Eifersucht und Furcht, das die Menschen von beiden Ufern so oft zueinander haben?

Mißklänge

Salek schlägt mir vor, er könnte mich mitnehmen, um die Zeltlager zu besuchen, die in der Nähe der Brunnen auf die Lebensmittel der Regierung warten.

»Nein, das ist es nicht, was ich suche. Ich möchte Menschen sehen, die von der Viehzucht leben.«

»Ich kann dich zu einem Zeltlager bringen, das fünfunddreißig Kilometer entfernt aufgeschlagen wurde und wo viele Leute sind. Das sind Rgaybat Lgwasim. Dort muß es etwa vierzehn Zelte geben.«

»Mit Vieh?«

»Kamele haben sie nicht.«

»Gibt es hier denn keinen einzigen Kamelzüchter?«

»Das macht die Dürre.«

»Und weiter entfernt?«

»Es gibt wohl eine Familie, die eine Herde Kamelstuten besitzt. Sie lagert auf einem Weideplatz etwa hundertvierzig Kilometer entfernt. Die haben Milch. Übrigens ernähren sich die Leute dort hauptsächlich von Milch.«

»Ich würde lieber zum Weideplatz gehen.«

»Wenn du dir sicher bist, daß du wirklich dorthin gehen willst, können wir morgen aufbrechen. Ich setze dich ab und hole dich in vierzehn Tagen wieder ab.«

»O nein, nicht in vierzehn Tagen! Wenn ich gehe, dann nehme ich all meine Sachen mit und bleibe drei Monate dort unten.«

»Aber Saviya, das ist Irrsinn. Außerdem nützt das nichts. Ich kenne die Rgaybat besser als jeder andere. Es ist besser, wenn du mit deinem Stift und dem Heft in der Gegend herumziehst und die Leute befragst. So kannst du alles erfahren.«

Wie soll ich Salek erklären, daß ich die Leute nicht ausfragen, sondern mit ihnen leben will? Wie soll ich ihm gegenüber eine noch in den Kinderschuhen steckende Forschungsmethode rechtfertigen, die ich nicht einmal präzise ausgearbeitet habe? Ich weiß nicht, wie ich argumentieren soll.

»Egal, wenn das Irrsinn ist. Ich habe genau das vor.«

Am nächsten Tag treffen Nomaden von den Weideplätzen ein. Salek empfängt sie, und sie essen mit uns den mittäglichen Reis.

»Saviya möchte drei Monate in den Zeltlagern leben und das Brot mit euch essen. Ich habe ihr gesagt, daß sie es dort nicht aushalten wird.«

»Wenn ihr das Brot eßt, kann ich es auch essen. Wir sind alle Menschen. Wenn ihr durchhaltet, warum ich nicht?«

Zum Zeichen der Zustimmung nicken die Männer mit dem Kopf.

»Natürlich wird sie durchhalten. Uns geht es dort unten sehr gut.«

Khwéra, die draußen energisch den Kochtopf scheuert, unterbricht ihre Arbeit, hebt den Kopf und ruft:

»Aber Saviya, in den Zeltlagern gibt es keinen Kuskus!«

»In Frankreich gibt es auch keinen Kuskus, Khwéra. Das ist genau dasselbe.«

Diese Entgegnung bringt alle zum Lachen, so wie sie auch über meine Sturheit lachen. Salek selbst kapituliert schließlich, obwohl er für mich verantwortlich ist:

»Gut, einverstanden. Wenn es Gott gefällt, bringe ich dich zu den Weideplätzen, aber zuerst muß ich das Oberhaupt des Zeltlagers aufsuchen, um ihm zu erklären, wer du bist und was du vorhast.«

»Genau das wollte ich!«

Mein Gastgeber lächelt über meine jugendliche Freude, nickt und kommt zu dem Schluß:

»Also du, *gà*! Du bist noch dickköpfiger als ich!«

Einer der drei Beduinen, ein gerissen aussehender Greis, beobachtet mich mit einem lüsternen Ausdruck:

»Saviya, auf den Weideplätzen kannst du sogar Milch kaufen!«

»Kaufen! Möge dein Leben verkürzt werden! Verflucht seien dein Vater und deine Mutter! Milch in den Zeltlagern verkaufen, und dann auch noch an Saviya! Schande über dich! Auf keinen Fall wird Saviya etwas kaufen! Im Namen Gottes!«

Ein allgemeiner Sturm der Entrüstung folgt dem unseligen Vorschlag des Alten, der mit beschämter Miene den Kopf senkt. Gut, gut, es ist nicht nötig, deswegen so ein Theater zu machen. Er hat es nur mal ausprobieren wollen. Immerhin weiß er jetzt, woran er ist, also sprechen wir nicht mehr davon.

Zwei Tage lang passiert nichts. Geduldig warte ich auf das Zeichen zum Aufbruch, allerdings fühle ich mich auch nicht besonders gut. Eine große Müdigkeit hat mich gepackt, begleitet von einer Mischung aus Migräne und Übelkeit, wie ich sie noch nie erlebt habe. Salek bringt mir eine nagelneue Decke, die er einem jungen Händler abgekauft hat, und weigert sich energisch, als ich ihm die Kaufsumme zurückerstatten will. »Geschenk«, sagt er, um jedes weitere Drängen zu unterbinden. Der Sanitäter gibt mir Vitamine, und ich schlafe etwas länger, aber ansonsten achte ich nicht auf diese vorübergehende Unpäßlichkeit, die durch so viel Zuvorkommenheit gemildert wird. Ich bedaure nur, daß die Müdigkeit mich davon abgehalten hat, an der Versammlung der Männer teilzunehmen, die in Gegenwart des Kadi im zweiten Zelt abgehalten wurde und deren Zweck es war, den Preis für die Verlobte festzusetzen. Eine Hochzeit wird vorbereitet, und Salek hatte mir versprochen, mich zu dieser Zusammenkunft mitzunehmen. Schade. Eine solche Gelegenheit, freundlich dazu eingeladen zu werden, einer solchen Verhandlung beizuwohnen, bietet sich einem Ethnologen – und vor allem einer Ethnologin – nur selten.

Salek kann nicht aufbrechen, um das Oberhaupt des Zeltlagers zu besuchen, weil er kein Benzin mehr hat. Wir müssen die nächste Lieferung abwarten. Die meiste Zeit verbringe ich zusammen mit dem Funker Kalidou und dem Sanitäter Ahmed, den einzigen Soldaten der kleinen Garnison, die ihre Mahlzeiten im Zelt einnehmen. Zu sagen, daß sie das Interesse, das ich den Leuten des Nordens entgegenbringe, nicht teilen, wäre noch gelinde ausgedrückt. Zweifellos habe ich mir die Rgaybat lediglich aus Unwissenheit zum Gegenstand meiner Forschung auserkoren. Wenn Salek nicht da ist, bemühen sie sich deshalb mit allen Mitteln, die Rgaybat zu diskriminieren. Sobald sie getrennt sind, verunglimpft jeder die Kultur des anderen: Ahmed lästert über die Leute vom Fluß, und Kalidou kritisiert die Mauren.

Das Fort ist ein Ort der Begegnung zwischen Beduinen und Städtern, und kein Tag verstreicht, ohne daß ich nicht Leute aus dem Busch vorbeikommen sehe. Sie kommen, um diejenigen, die dort wohnen, um alles mögliche zu bitten. Aïn ben Tili sieht winzig auf dem Reg aus, aber für die Nomaden der Gegend ist es ein nicht zu verachtendes Zentrum für Dienstleistungen. Da gibt es zunächst einmal die Krankenstation, in der man den *toubib*[8] und Medikamente finden kann. Übrigens gibt es hier als einzigen *toubib* nur den Sanitäter der Armee, der auf diesem Gebiet nur eine recht oberflächliche Ausbildung erhalten hat. Was die Medikamente angeht, so habe ich die Apotheke gesehen: Sie ist mehr als mangelhaft ausgestattet. Und doch ist dies der einzige Ort im Umkreis von mehreren hundert Kilometern, an dem die Bevölkerung mit einer medizinischen Versorgung[9] rechnen kann. Hier befinden sich auch die Behörden. Was kann man anderes tun, als sich an die Behörden zu wenden, wenn man Hunger leidet? Und muß man nicht Angst haben, vom Katastrophenplan vergessen zu werden, wenn man sich nicht regelmäßig in Bir Moghrein oder Aïn ben Tili zeigt? Natürlich versucht man zu mogeln, hier oder da möglichst viel zu bekommen, aber was soll man sonst machen?

Auch jeder, der etwas Geld besitzt, das ihm ein Sohn oder ein Neffe aus Zouérate, Nouadhibou oder Nouakchott geschickt hat, kommt zum Fort, um sich dort zu verproviantieren. Der junge Händler sieht ihn schon von weitem kommen und reibt sich die Hände. Der Beduine hockt sich vor ihn hin, die Augen ängstlich zusammengekniffen. In seinem Geldbeutel sind einige schmutzige Geldscheine verwahrt. Was wird er dafür kaufen können? Wie viele Zuckerhüte? Welche Menge an Reis? Hinten im Zeltlager warten die Menschen, hoffen die Menschen, diese Menschen haben nur ihn. Es gibt keine Kamelstute mehr, die man melken kann, und die kleinen Kinder haben Hunger. Die Mutter ist müde. Seit einigen Monaten ist sie immer müde. Sie sagt, es ist, als habe sie einen Stein in der Brust, und manchmal kann sie kaum Luft holen. Der Alte siecht dahin. Auch er ist am Ende. Der Winter ist kalt und trocken gewesen. Das Gewehr ist zerbrochen, und es ist schon lange her, daß man den Gesang der steinernen Getreidemühle vernommen hat.

Diese wenigen Scheine tief unten im Geldbeutel stellen sein ganzes Vermögen dar. Sie sind auch sein ganzer Stolz, denn jeder weiß, wer sie ihm gegeben hat: sein ältester Sohn, sein Glück, sein Leben. Wieviel Ehre er seinem Vater macht! Dank sei Gott dafür, daß er ihm einen solchen Sohn geschenkt hat. Wo er jetzt wohl ist? Man hört nichts mehr von ihm. Diese beiden armseligen Geldscheine sind die letzten von allen, die er geschickt hat. Man hat das Geld gestreckt, solange es ging. Jetzt ist man am Ende angelangt. Und dieser Bursche da, der ihn wie eine Beute anstarrt, sogar ohne den Blick niederzuschlagen – die jungen Leute haben vor nichts mehr Respekt –, der wird ihn bestehlen, das steht fest. Die Städter sind alle Diebe. Wie soll man es nur anstellen, sich diesmal nicht übers Ohr hauen zu lassen?

Die Verhandlung beginnt. Langsam, unendlich langsam. Man sagt nicht sofort, wieviel dies oder jenes kostet. Man will erst mehr wissen, man versucht zu erraten, wieviel Geld der andere wohl in seinem Beutel hat. Auf der anderen Seite sagt man nicht sofort, wieviel Geld man hat. Niemals wird man zugeben, wieviel Geld man hat. Man versucht herauszufinden, wieviel dieses oder jenes kostet, wie weit der andere mit dem Preis heruntergehen kann. Die Preise ändern sich ständig, also woher soll man das wissen? Wie überprüfen? Wenn der Händler wenigstens noch im Zeltlager vorbeikäme, dann hätte man ihn in der Hand. Dort lauert ihm die verbündete Wüste auf, und er ist eher kleinlaut. Dort ist er die Beute. Aber hier, auf seinem Territorium, unter all den Leuten, die zu wissen scheinen, wovon man selbst keine Ahnung hat, und die all diese Dinge besitzen, die man selbst nicht hat, was kann man hier gegen den Händler ausrichten?

Der Händler ist hier, zwischen den Mauern des Forts, zwar in seinem Element, aber trotzdem ist die Sache noch nicht entschieden, weil der Beduine sein Geld nämlich nicht so ohne weiteres herausrückt, und der Beduine ist nun einmal der wichtigste Kunde des Händlers. Andere gibt es hier nicht. Die Geologen kaufen nie etwas, und die Soldaten werden von der Armee versorgt. Was den Sold angeht, so ist der eher mager und wandert oft in den Süden, wo wieder andere Eltern warten. Touristen sind selten und bringen alle Lebensmittel sowie das gesamte Material, das sie brauchen, selbst mit. Da gäbe es ja noch die Frauen, aber die stellen für den Händler eher eine harte, unlautere Konkurrenz dar, weil sie auf die Männer einen Einfluß ausüben, den er nicht besitzt; und außerdem wäre da auch noch der Schmied. Bei ihm kaufen sie ihren Schmuck, die Kissen und manchmal sogar die Küchengerätschaften ein. Der Kampf ist hart. Man muß einen so weiten Weg zurücklegen, immer weiter fahren, aufbrechen, zurückkehren, um nur einen kleinen Gewinn herauszuschlagen. Die Familie in der Stadt, weit im Süden, ist voller Hoffnung. Gott sei gelobt, es geht ihr gut, und es fehlt ihr an nichts, aber der Weg ist weit, und die junge Frau ist ganz allein. Sie wartet auf ihn, das ist sicher, und alle wachen über sie. Aber bei den Frauen … da weiß man nie. Bei all den herumstreunenden Schakalen. Sie fehlt ihm ein bißchen. Sie fehlt ihm sehr. Und all die Leute, die ihn ohne Freundlichkeit anblicken, das ist manchmal schwer zu ertragen. So wie dieser unwissende Buschbewohner, der ihn mit seinen unheimlichen Augen durchbohrt. Aber der soll noch merken, woher der Wind weht. Der beeindruckt ihn überhaupt nicht mit seinem Mörderblick. Die Zeit, in der die Nomaden alle Menschen in Angst und Schrecken versetzt haben, ist endgültig vorbei. Das war zu Lebzeiten seines Vaters oder sogar seines Großvaters. Jetzt ist der Buschbewohner nur noch ein armer Schlucker, ein Ignorant, das weiß jeder. Und wenn man ihn in der Hand hat, im Innern des Forts, wenn er ganz allein hierhergekommen ist, dann muß man nur bis ganz hinten auf den Grund seines wilden Blicks schauen: Dort sieht man eine Flamme flackern wie in den Augen eines Mannes, der in die Falle gegangen ist.

Zum Teufel mit der Überlegenheit des Kaufmanns. Verachtung vermischt sich mit Furcht. Früher hätte kein Rgaybi je Kaufmann sein können. Oder er hätte dafür aus dem Stamm austreten, die Tochter eines Händlers heiraten und mit der Gruppe seiner Frau verschmelzen müssen. Das hat es von Zeit zu Zeit gegeben. Ebenso wie die Arbeit in den Gärten, die Kunst des Schmieds oder die Musik der *griots* wurde der Handel als eine niedrige Tätigkeit angesehen. Kein Krieger, kein Mann von Ehre hätte sich bereitgefunden, Kaufmann zu werden. Das kam erst sehr viel später, damals, als die Franzosen den Zemmour besetzt und die *méharistes* des Südens sich mit denen des Nordens vereint haben: im Jahr des Stürzenden Sterns[10]. Als die Rgaybat gezwungen gewesen waren, sich zu ergeben. Damals hatten sie viele Männer und ganze Herden in der Schlacht verloren. Als die *Nasra* dann denjenigen, die nichts mehr besaßen, Waren gegeben haben und ihnen auftrugen, diese auf den spanischen oder marokkanischen Märkten gegen andere Produkte einzutauschen, haben sie sich darauf eingelassen. Was hätten sie sonst tun sollen? Später haben sie sich daran gewöhnt. Jetzt gibt es viele Kaufleute unter den Rgaybat. Viele Kaufleute, viele Schmuggler und manchmal sogar Zollbeamte.

Ich habe Tijar darum gebeten, mir ein Stück schwarzen Stoff zu verkaufen. Ich habe nämlich beschlossen, mir ein langes, weites Kleid in Form einer Tunika zu nähen. In meiner europäischen Kleidung fühle ich mich nicht mehr wohl. Mein Körper hat sich den maurischen Sitten angepaßt, und mein Verstand ist langsam völlig vom hiesigen Anstandskodex durchdrungen. Ich verspüre das Bedürfnis, einerseits meine Taille zu verbergen, diese »Stelle«, von der der Schullehrer gesagt hat, sie sei so »gut für das Auge«, und gleichzeitig will ich mich von der enganliegenden Hose befreien. Die weite, drapierte Kleidung der Mauren, gleichgültig, ob es sich dabei um die der Männer oder die der Frauen handelt, hat eine doppelte Wirkung: sie hält gefangen und befreit zugleich. Denn unter dem Stoff werden die Formen zwar vollständig verborgen, aber dafür kann sich der Körper viel bequemer bewegen. Zwischen Stoff und Haut bleibt ein Zwischenraum, ein wertvoller Freiraum. Wie eine Schildkröte in ihren Panzer kann man sich in ihn zurückziehen, um sich vor Kälte, Sonne, Fliegen oder Blicken zu schützen; man kann darin schlafen; man kann seine Hände hineingleiten lassen und seine eigene Blöße berühren, während man sich gleichzeitig mit anderen Leuten unterhält. Im Gegensatz zur europäischen Kleidung läßt die maurische dem Individuum freien Zugriff auf seinen Körper: Sie ist ein Schutz, der ein Höchstmaß an Intimität zuläßt. Diese Vorstellung sowohl von seinem eigenen Körper wie von dem der anderen ist bereits ein sozialer Bezug. Die Augen, die Gesten, die Worte artikulieren sich um dieses erste Band herum, aber es ist immer präsent, im Herzen jeder Beziehung. Unbewußt empfinde ich einen Mißklang, und zu meinem westlichen Schamgefühl kommt noch ein unbekanntes Schamgefühl hinzu: das der Einheimischen. Deshalb drohe ich zwischen diesen beiden Welten zu ersticken, ich muß sowohl meinen Gürtel als auch den Würgegriff der Blicke lockern. Auch ich verspüre das Bedürfnis nach jenem Zwischenraum, der es gestattet, wohin man auch geht, ein Stückchen Privatsphäre mitzunehmen, eine letzte Schattenblase, unzugänglich für das Licht der Augen, in der man sich in aller Ruhe räkeln, zurückziehen, innerlich sammeln und atmen kann.

Ich suche ein angemessenes Kleidungsstück für mich. Ein

Kleidungsstück, das es mir erlaubt, den physischen Kontakt aufzunehmen, den die Mauren pflegen, und das gleichzeitig an meine kulturellen Gewohnheiten angepaßt ist. Eine Zwitterkleidung, die meinem zwitterhaften Status entspricht. Eine Drapierung, die nicht ins Rutschen gerät, eine gebändigte Geräumigkeit, befestigt, genäht, mit Sicherheitsvorkehrungen: Denn obwohl ich ebenso wie die maurischen Frauen in Höhe des Teppichs lebe, so bewege ich mich doch nicht auf jene gemächliche, gesetzte Weise, die es einem Schleier gestattet, sich an die Bewegungen anzupassen. Ich stehe mit einem Ruck auf, bisweilen renne ich sogar, ich besitze nicht den Reflex, meine Fußknöchel zu verbergen … Eine Pyjamahose unter der langen Tunika, den männlichen Turban etwas kürzen, damit er nach Art der Frauen getragen werden kann, und fertig ist die Laube. Ich ähnele nichts und niemandem mehr. Wenn ich meine Formen auf diese Weise verhüllen möchte, so geschieht das weniger, um das Gewissen der Männer nicht zu verwirren, sondern vielmehr, um den Übergang zu vervollständigen, um ohne Aufsehen zu erregen von der einen Welt in die andere überzuwechseln.

Doch nun versucht der junge Händler, mir den Stoff zum doppelten Preis zu verkaufen. Ich verstehe nichts vom Wesen einer solchen Verhandlung. Ich kann die Regeln des kommerziellen Spiels der Kräfte nicht deuten. Erst empöre ich mich, dann bin ich betrübt. Ich hatte gedacht, Tijar wäre ein Freund. In Saleks Zelt hat er mich jeden Abend freundlich angelächelt und sich an unserer Unterhaltung beteiligt. Einen Moment lang hatte ich sogar geglaubt, er würde zur Familie gehören. War das alles nur Täuschung? Habe ich mich solchen Illusionen über mein Verhältnis zu den Leuten hier hingegeben? Bin ich für sie letztendlich doch nur in jeder Hinsicht eine Fremde? Der Schock trifft hart. Und wenn meine Intuition lediglich Illusion war? Wenn ich mich nun in allem und in jedem getäuscht habe? Und wenn die Protektion nun jede Spur von Liebe entbehrt?

Trotzdem kaufe ich den Stoff. Genauso wie der Nomade fühle ich mich dabei hereingelegt. Zwei Tage lang schäume ich vor Wut: Ich schmolle, ich bleibe stur, ich lächle Tijar nicht mehr an, ich spreche nicht mehr mit ihm.

Vor der Tür zu meinem Zimmer steht der kleine Händler. Er druckst herum, ratlos, unglücklich. Er versteht nicht, weswegen ich so wütend bin. Er hat nichts getan, um diese griesgrämige Miene zu verdienen, die ich ihm zeige.

»Saviya, du darfst nicht böse auf mich sein.«

»Ich habe geglaubt, du bist ein Freund, und du hast versucht, mich zu betrügen.«

»Du verstehst nicht richtig, das ist alles ganz anders. Du hättest nur zu fragen brauchen, und ich hätte dir den Stoff geschenkt.«

»Ich wollte nicht, daß du ihn mir schenkst. Ich wollte ihn dir abkaufen, aber nicht für mehr, als er wert ist.«

»Aber so ist nun mal der Handel! Entweder man schenkt etwas, oder man verkauft es, es gibt keinen goldenen Mittelweg. Und wenn man etwas verkauft, versucht man immer, dabei den größtmöglichen Gewinn herauszuschlagen.«

»Wenn man bei mir zu Hause einem Freund etwas verkauft, treibt man den Preis nicht in die Höhe.«

»Hier ist das anders. Im Handel gibt es weder Bruder noch Freund. Selbst wenn du meine Schwester wärst, hätte ich versucht, den Preis anzuheben. Und du bist für mich wie eine Schwester. Du kannst mich bitten, um was du willst, ich werde es dir von Herzen gern schenken. Aber wenn du etwas kaufen willst, dann ist es etwas anderes. Dann mußt du mitspielen.«

Vergebliche Auflehnung

Wir können heute immer noch nicht aufbrechen. Um mich abzulenken, schlägt mir Salek vor, ihn zu einem Besuch bei den Leuten gegenüber zu begleiten, den Spaniern, deren Stützpunkt sich direkt hinter der Grenze befindet. Als wir aufbrechen, gehen wir erst am Brunnen vorbei, um irgendwelche Hirten zu begrüßen, die dort eine kleine Kamelherde tränken wollen, und um uns nach Neuigkeiten aus dem Busch zu erkundigen.

Die Nomaden sind nicht da. Nur zwei junge Mädchen arbeiten dort, um den Durst einer Eselsstute mit ihrem Jungen zu löschen. Der Reg besteht aus hartem Fels und der Grundwasserspiegel liegt sehr tief. Um den Ledereimer zu füllen, muß man das Seil etwa zwanzig Meter tief ablaufen lassen und dann ganz schnell wieder heraufziehen, weil das Wasser zwischen allen Nähten hervorspritzt. Ein paar Schritte entfernt humpelt eine Kamelstute über die Ebene. Im ersten Moment dachte ich, sie sei verletzt und hätte nur drei Beine. Aber nein, anscheinend legt man Kamelen auf diese Weise Fußfesseln an: Man knickt ein Bein am Knie ein und bindet den Knöchel am Ansatz des Oberschenkels fest. Das Tier ist zu verkaufen. Man verlangt dafür zwanzigtausend Algerische Dinar. Salek erklärt mir, daß man es, wenn man handelt, für neuntausend UM (vierhundertfünfzig Mark) bekommen kann. Wer kann eine solche Summe bezahlen?

Nach Wasser lechzend und nervös wartet ein Kamel neben dem Brunnen, bis es an die Reihe kommt. Nun stehe ich also einem solchen »Haustier« Auge in Auge gegenüber. Gewöhnlich beeindruckt mich schon eine Kuh, deshalb fühle ich mich hier eher unbehaglich. Vorsichtig wahre ich Abstand und achte darauf, daß Salek immer zwischen mir und dem Ungeheuer steht.

»Bist du dir sicher, daß du auf die Weideplätze gehen willst, Saviya?«

»Ja. Ich muß mich nur daran gewöhnen.«

Wenigstens kann ich mich rühmen, Salek zum Lachen gebracht zu haben, was nicht oft geschieht, weil er von Natur aus eher schweigsam ist.

Bis zum spanischen Stützpunkt ist es nicht weit. Man kann ihn sogar von der Terrasse des Forts aus sehen. Er besteht lediglich aus einem großen, einsamen Haus auf dem Reg. Es ist unheimlich, kein Zelt, keine Frau, kein Kindergeschrei, nichts als der Wind, der umherwirbelt und zornig gegen die Mauern schlägt. Hier gibt es nur Soldaten, Männer in Uniform – ein wenig struppig wegen des Sandes, der ihnen im Haar klebt –, die uns in einem staubigen Raum empfangen, der mit Waffen aller Art vollgestopft ist.

»Friede sei mit euch.«

»Er sei auch mit euch. Seid willkommen, kommt herein.«

»Herrscht bei euch Friede?«

»Gott sei gelobt, alles ist in Ordnung.«

»Befinden sich alle in guter Gesundheit?«

»Lob sei Gott.«

»Was gibt es bei euch Neues?«

»Alles ist ruhig, Dank sei dafür Gott.«

»Wir haben gestern abend Schüsse gehört, war das die Hochzeit?«

Salek lächelt:

»Ja, gestern hat der Bräutigam in die Luft geschossen. Heute abend wird er in die Erde schießen, wenn es Gott gefällt.«

Die anwesenden Männer lachen schallend. Wenn Salek sagt, der Bräutigam wird in die Erde schießen, bedeutet dies – so erklärt man mir –, daß die Frau wirklich mager ist. Und hier … mag man Frauen von eher Rubensschen Formen.

Der Besuch einer *Nasraniya* ist in diesem unwirtlichen Landstrich keine alltägliche Sache, und zweifellos gehört schon mehr dazu als eine spanische Uniform, um einen Beduinen die Regeln der Gastfreundschaft vergessen zu lassen. Man besprengt uns mit Parfüm, man bedient uns mit Tee, man begrüßt uns mit herzlichem Lächeln, man ist geschäftig. Draußen spritzt das Blut eines Schafes, Feuer lodert auf, und der Geruch von gegrilltem Fleisch mischt sich unter den Duft des Weihrauchs. Was für eine Ehre man uns erweist! Liebenswürdigkeiten sprudeln, man lädt mich nach »Spanien« ein, und man unterhält sich über Politik.

»Wir sind nicht ausreichend geschult, verstehst du. Spanien muß uns schulen. Dann können wir die Unabhängigkeit erhalten. Das Volk der Sahraouis hat keine Führungskräfte, es gibt nicht genug ausgebildete Leute, die das Land in die Hand nehmen und eine Regierung bilden können. Aber die jungen Leute von der Front sind verrückt. Sie wollen die Unabhängigkeit sofort. Zum Glück sind es nicht viele.«

»Angeblich soll es auf dem spanischen Territorium Kämpfe und Verhaftungen geben, und es soll dort sogar gefoltert werden.«

»Die Leute, die im Gefängnis sitzen, sind alle Banditen, oder es sind Leute von außerhalb, die von Marokko, Algerien oder Mauretanien aus hergeschickt wurden, um im Land Unruhe zu stiften.«

»Nach dem, was man mir erzählt hat, gibt es zumindest in El-Aïoun politische Gefangene.«

»Ja, es gibt politische Gefangene, aber das ist ganz normal. Selbst in Spanien, in Madrid, gibt es politische Gefangene. Jedenfalls ist es besser, mit den Spaniern zusammenzuarbeiten, weil sie die Sahraouis gegen mögliche Angreifer von außen verteidigen können.«

»Wer sollte euch angreifen wollen?«

»Die Marokkaner. Sie haben ihre Truppen hinter der Grenze zusammengezogen und warten darauf, daß die Kämpfe aus Mangel an Kriegern eingestellt werden.«

»Und was wollen sie?«

»Sie sagen, die Sahara gehöre ihnen.«

Auf dem Rückweg macht Salek mir eine wichtige, streng vertrauliche Mitteilung:

»Sie wissen es noch nicht, aber die mauretanische Regierung hat mit Hassan II. ein Abkommen getroffen, durch das Marokko das spanische Territorium im Tausch gegen gewisse wirtschaftliche Vereinbarungen bezüglich des Phosphats[11] erhält. Deswegen ist der Leiter der Sûreté neulich gekommen. Hast du ihn gesehen?«

»Ja. Ich fand, er hat ein mieses Gesicht.«

»Er ist gekommen, um das Khalil und mir zu sagen. Wir haben Befehl, alle Mitglieder der Befreiungsfront, die auf mauretanischem Gebiet angetroffen werden, zu verhaften und gefangenzunehmen.«

»Aber die Leute von der Front sind überall! Und es sind eure Vettern! Wie wollt ihr das machen?«

»Ich weiß es nicht. Das alles ist sehr schlimm. Aber mach dir keine Sorgen, für dich ändert sich nichts. Das Benzin trifft heute abend mit dem Flugzeug ein, und du wirst aufbrechen können. Nur Gott kann noch anders entscheiden.«

»Lob sei Gott. Stimmt das? Wir fahren morgen?«

»O nein, nicht morgen! Dann ist Dienstag. Am Dienstag kann man nicht reisen, das ist gefährlich.«

Mit einem Zucken der Augenbrauen gibt mir Salek zu verstehen, um welche Gefahr es sich hierbei handelt: die Dschinns, die Bewohner der Einöden, die Herren der Wildnis. Sie bemächtigen sich der Seelen, verwirren den Verstand und führen die Reisenden in die Irre. Vor allem am Dienstag. Am Dienstag sind sie alle gleichzeitig unterwegs, dann sind sie überall, und keiner kann ihnen entgehen.

Als der Wagen beim Fort hält, bemerke ich einen Schwarzen, dessen Beine so krumm sind, daß man sich wundert, daß er überhaupt noch gehen kann. Er quält sich unter der Last eines Wassereimers ab.

»Der Mann da scheint ja übel dran zu sein. Was ist mit ihm passiert? Eine Krankheit? Ein Unfall?«

»Der da? Das ist ein Sklave, der weglaufen wollte. Man hat an ihm die traditionelle Strafe vollstreckt. Wenn früher ein Sklave die Flucht ergriff, hat der Besitzer seine Brüder, seine Onkel, seine Freunde, eben alle Männer, die er finden konnte, zusammengetrommelt, und dann sind sie auf Kamelen losgeritten, um ihn zu suchen. Sie sind seiner Spur gefolgt und haben ihn gewöhnlich eingeholt. Dann haben sie ihn ins Lager zurückgebracht, ihn rittlings auf einer Kamelstute festgebunden, die seit langem nichts getrunken hatte, und haben die Stricke stramm angezogen. Weißt du, wenn eine Kamelstute nichts getrunken hat, ist ihr Bauch ganz flach. Wenn man ihr zu trinken gibt, bläht er sich immer weiter auf. Ein Kamel kann bis zu zweihundertfünfzig Liter Wasser trinken, du verstehst also …«

»Ich verstehe nichts.«

»Nun, die Hüfte des Burschen zerbricht. Danach bleibt er für den Rest seines Lebens ein Krüppel.«

»Ist es nicht ein bißchen dumm, einen Mann auf diese Weise kaputt zu machen, vor allem, wenn man den Mann noch arbeiten lassen will?«

»Seine Arbeit kann er trotzdem noch erledigen.«

»Ist das vor langer Zeit geschehen?«

»Ja, vor langer Zeit. Das ist mindestens zehn Jahre her.«

»Und jetzt macht man das nicht mehr?«

»Nein, damit ist Schluß.«

»Gott sei gelobt.«

»Ja, Gott sei gelobt.«

»Gibt es noch Sklaven, die weglaufen?«

»Das kann vorkommen.«

»Versucht man nicht mehr, sie einzufangen?«

»Doch, man fängt sie immer noch ein, und sie bekommen dann ein bißchen die Bastonade, aber das da macht man nicht mehr mit ihnen.«

»Also können die Sklaven immer noch nicht fortgehen?«

»Sie können es versuchen, aber wo sollen sie schon hin?«

»Ich weiß nicht, den Präfekten um Schutz bitten. Was passiert in solchen Fällen?«

»Damit so etwas geschieht, müßte es der Sklave erst einmal bis dorthin schaffen und er müßte die Gesetze kennen, und das …«

»Angenommen, er schafft es und bittet die Behörden darum, ihn zu beschützen, was würde der Präfekt dann sagen?«

»Was soll er schon sagen? Er wird dem Sklaven gut zureden. Er wird ihm erklären, daß sein Herr wie ein Vater, wie eine Mutter zu ihm ist, daß er ihn ernährt, ihn großgezogen hat, und daß es normal ist, daß der Sklave nun für ihn arbeitet. Er wird auch seinem Herrn gut zureden, damit der in Zukunft besser aufpaßt und den Sklaven anständiger behandelt.«

»Ist das die mauretanische Republik?«

»So ist das bei den Buschbewohnern.«

»Und der Sklavenhandel geht weiter?«

»Im Namen Gottes, Saviya! Was sagst du denn da!«

»Ich weiß nicht, ich versuche nur, das alles zu verstehen.«

»Darüber darf man nicht reden.«

»Na schön, ich habe nichts gesagt.«

»Die Kinder, im Busch, ja, das kommt vor. Was willst du dagegen machen?«

Ich weiß nicht, was ich dagegen machen kann, aber ein scheußlicher Gedanke geht mir durch den Kopf: Wenn es mir nun gelänge, ein Kind zu kaufen, könnte ich mit einem greifbaren Beweis die öffentliche Meinung wachrütteln und zugleich ein kleines Wesen seinem finsteren Schicksal entreißen.

Dienstag. Der gefährliche Tag. Ich treffe meine letzten Vorbereitungen, kaufe Vorräte ein und packe.

»Saviya, kommst du mit zur Hochzeitsfeier?«

Nun ja, warum eigentlich nicht? Ich werde die Braut zu sehen bekommen, diejenige, die so mager ist, daß der Mann, der sie umarmt, mit der Erde schläft?

Die Männer haben sich beim Vater der Versprochenen versammelt. Als eine Fremde werde ich natürlich eingelassen, und man bietet mir zuerst Tee an, dann Fleisch und schließlich wieder Tee. Um mir Ehre zu erweisen, rühmt man vor mir die Qualitäten der französischen Armee.

»Nur die Franzosen können richtig kämpfen.«

»Die französische Armee, die ist das einzig Wahre! Bei Gott!«

»Das stimmt!«

»Bei Gott, ja, die sind nicht so wie die Ägypter.«

»Die Ägypter? Was habt ihr denen denn vorzuwerfen?«

»Die sind zu dick.«

»Dick! Die Ägypter?«

»Ja, und außerdem sind sie ungeheuer feige!«

»Das stimmt! Wenn sie dem Feind Auge in Auge gegenüberstehen, drehen sie sich um, fliehen, legen das Gewehr über die Schulter und schießen nach hinten in die Luft, wobei sie Gott bitten, die Kugel ins Herz ihrer Feinde zu lenken.«

Die Zuhörer biegen sich vor Lachen. Man sollte meinen, sie könnten die armen Ägypter vor sich sehen, wie sie vor dem Feind ausreißen. Die Söhne der Krieger schlagen sich auf die Schenkel, ziehen die Turbane über die Augen: Ihnen kommen die Tränen!

»Gott ist der Größte!«

»Bei Gott ja, Gott sei gelobt!«

»Die Israelis sind da ganz anders. Das sind die besten. Die haben einen großartigen General.«

»Einen Einäugigen.«

»Ja. Der, der immer eine schwarze Binde über dem Auge trägt, etwa so, schau her.«

»Aber der ist so, weil er die Schule der französischen Armee besucht hat. Dort hat er zu kämpfen gelernt.«

»Jedenfalls konnten sie nur dank der Marokkaner auf die Sinaihalbinsel einmarschieren.«

»Was haben die Marokkaner mit all dem zu schaffen?«

»Weißt du das nicht? Die haben doch alles organisiert.«

»Was organisiert?«

»Den Krieg auf der Sinaihalbinsel. Sie haben die Israelis dort hingeführt, so daß sie überraschend angreifen konnten. Die anderen hatten gerade noch genug Zeit, sich die Schuhe auszuziehen, um schneller davonrennen zu können. Die ganze Sinaihalbinsel liegt jetzt voller Schuhe.«

Beim Hinweis auf die von ägyptischen Schuhen übersäte Sinaihalbinsel schütteln sich die *boubous* wieder vor Lachen.

»Dank sei Gott! Das ist wirklich ein guter Witz!«

Mehr sollte ich nicht über die Krieger der arabischen Welt erfahren, denn man führt mich jetzt zu den Frauen hinüber. Nun kann ich endlich die Braut kennenlernen. Hinter dem Haus, in einem winzigen, finsteren Zimmer, wird ein blutjunges Mädchen versteckt gehalten. Dies ist der erste Tag nach ihrer ersten Hochzeitsnacht, und in ihren verwirrten

Augen liest man eine unerträgliche Angst. Kaum sitze ich neben ihr, klammert sie sich an mich. Zum ersten Mal lese ich in einem menschlichen Blick eine große Not, einen Hilfeschrei. Dabei zeigen die Mauren eine innere Erschütterung selten, vor allem nicht einem Fremden gegenüber. Aber das Mädchen ist so jung, und ich bin im ganzen Dorf die einzige, die nicht Komplize dieser Vergewaltigung war.

»Bist du die Braut?«

»Nein, das bin nicht ich.«

»Wer ist es denn dann?«

Ich werfe den beiden Mädchen, die mich hergeführt haben, einen erstaunten Blick zu.

»Doch, das ist sie.«

Ich versuche, sie zum Sprechen zu bringen, sie das Unaussprechliche sagen zu lassen, um sie ein wenig zu erleichtern. Nichts zu machen.

»Sie will nicht reden. Selbst zu uns wollte sie nichts sagen.«

»Das ist nicht schlimm, laßt sie in Ruhe. Reden wir von etwas anderem.«

Da sprudelt eine so rasend schnelle Flut von Worten aus der Kleinen hervor, daß ich ihr kaum zu folgen vermag. Sie erzählt von der Revolution, den Sahraouis. Auf das Trauma folgt eine tiefe Wut, die sie über ihre Feinde ausschüttet, wobei sie offenbar die Schrecken der vergangenen Nacht mit dem Entsetzen ihres ganzen Volkes vermischt:

»Die Spanier! Sie massakrieren uns! Sie bringen uns um! Sie sperren uns ein! Sie foltern uns! Verflucht seien sie! Verflucht seien sie!«

Immer noch klammert sie sich an mich. Ich bleibe reglos sitzen. Auch ihre Kusinen rühren sich nicht. Ihre Schreie hallen einen Moment in der Luft nach, dann schreckt sie selbst davor zurück, beruhigt sich, sinkt zusammen. Man darf sie nicht hören, dort hinten, im anderen Zimmer, in dem die Männer versammelt sind. Schande, wenn nicht Ehrlosigkeit, lauern sowohl ihrem Vater als auch ihr selbst auf.

Langsam erhebt sie sich und wickelt sich von Kopf bis Fuß in eine dicke Decke, obwohl es sehr heiß ist. Ihre beiden Kusinen haben verstanden: Sie stehen ebenfalls auf, nehmen sie auf beiden Seiten beim Arm und schleppen dieses zögernde Wesen zur Tür.

»Wo geht ihr hin?«

»Bleib hier, Saviya, wir sind gleich wieder da.«

Sie macht draußen einige Schritte und hockt sich dann hin: Die Braut erleichtert sich im Schutz ihrer Decke. Wieder dirigieren ihre Gefährtinnen sie, um sie ins Zimmer zurückzubringen.

»Warum versteckst du dich so?«

Die Kleine will nicht antworten. Damit würde sie zugeben, daß sie wirklich die Braut ist.

»Das ist wegen ihres Vaters, ihr Vater darf sie nicht sehen.«

Der Türflügel wird sorgfältig zugezogen, und wieder herrscht Zwielicht.

»Wird sie lange so bleiben?«

»Drei Tage und drei Nächte.«

»Wohnt sie ihrer eigenen Hochzeit nicht bei?«

»Doch, am Abend, wenn der Alte schlafen gegangen ist, geht sie hinaus, um beim Tamtam mitzumachen. Danach wird sie sich wieder hier einschließen. Sie muß lange vor Sonnenaufgang zurückgekehrt sein.«

»Ist der Bräutigam auch eingesperrt?«

»Nein, der Mann kann gehen, wohin er will.«

Ich betrachte das halbe Kind, das stur zu Boden starrt, immer noch im Schockzustand. Saleks Bemerkung fällt mir wieder ein. Mager. Findet er sie so mager? Das Gesicht ist rundlich, die Züge fein geschnitten, die knospenden Brüste lassen den Stoff im Rhythmus der krampfhaften Atmung anschwellen, und die Hüften sind breit; jedenfalls sehr viel breiter als meine. Der Körper scheint wohlgeformt zu sein, und aus der dunklen, glänzenden *melhafa* schauen zwei hübsche, silberbereifte Arme mit bläulichem Schimmer hervor, zwei hübsche, feste Arme.

Der Krieg
der Geschlechter

Am Abend, gleich nach Sonnenuntergang, treffen sich alle im Zelt. Mit allen meine ich: Saleks vollständig versammelte Familie, den Funker, den Sanitäter, einige Gäste auf der Durchreise und mich. Khwéra, das kleine Dienstmädchen, ist in der Nähe, sie bereitet draußen das Essen vor. Sie wird nicht hereinkommen, um mit uns Tee zu trinken, sie setzt sich nie auf den Teppich. Die Sturmlaterne ist angezündet, und jeder beobachtet, wie hinter der Silhouette desjenigen oder derjenigen, die den Tee zubereitet, die Nacht anbricht. Eine Nacht, in der so unermeßlich viele Sterne glänzen, daß es mich immer wieder in Erstaunen versetzt. Man hört dem fröhlichen Gesang des Wassers zu, das im Wasserkessel erklingt, dem Klang des ziselierten Hammers, der den Zuckerhut zerbricht. Man sieht die Kohlenglut rötlich aufleuchten, man seufzt vor Wohlbehagen: Der Tag ist zu Ende, aber vor allem freut man sich darüber, daß man zusammen ist. Schon in Zouérate hatte ich bei Ismaïls Anwesenheit dieses Gemeinschaftsgefühl bei den Familienmitgliedern kurz vor dem abendlichen Kuskus-Essen gespürt. Auch in Bir, wenn Khalil ausnahmsweise einmal zu Hause war.

Das Abendgebet hat sowohl die Atmosphäre als auch die Seelen geläutert, und das Warten auf die gemeinsame Mahlzeit verlängert diese Annäherung zwischen den Menschen bis spät in die Nacht hinein. Das Schweigen ist sanft, und die Worte murmeln dahin. Wir sind alle ein wenig schmutzig, halb in Decken gewickelt, die vom *nilé* einen bläulichen Schimmer bekommen haben. Natürlich wahren Mann und Frau Distanz, wenn der Familienkreis auf diese Art erweitert ist, aber die kleinen Kinder, diejenigen, die noch nicht das Alter des Zwangs erreicht haben, schmiegen sich an den Vater. Vielleicht ist es genau das, was diesem Moment einen solchen Zauber verleiht: die Liebe des Vaters zu seinen Kindern, eine sichtbare Liebe, die sich im Körperkontakt ausdrückt. Die Kleinen wissen, daß sie sich neben ihn hinhocken können, daß er sie nicht zurückweisen wird, denn um diese Tageszeit schenkt der Vater sich selbst seiner Familie. Sogar diejenigen, die ihm nicht so nahe kommen dürfen, empfinden dies als Wohltat und genießen seine Anwesenheit. Und der Vater ist glücklich. Glücklich darüber, hier zu sein, eingekuschelt in die Nische des weiblichen Bereichs, darüber den Schatz, den er besitzt, mit vollen Händen greifen zu können. Seinen Sohn zu streicheln, insgeheim seine Töchter zu bewundern und seine Gefährtin zu betrachten, diejenige, die ihm alles geschenkt hat: ihren Körper, ihre Kinder, ihre Jugend. Die Mutter seiner Söhne, die Wächterin des Heims. Ohne sie hätte er nicht einmal ein Zelt. Lob sei Gott. Wie muß er leiden, der Vater, wenn er sich bei Einbruch der Nacht zu Frau und Kindern setzt, und es gibt nichts zu essen.

Draußen hat der Schatten seinen Mantel über die Erde ausgebreitet, und die Dschinns sind unterwegs: Sie drängen sich von Westen her an das Zelttuch, und es ist besser, nicht hinauszugehen. Warum kommen sie gerade um diese Zeit, um die Menschen zu bedrohen? Was hoffen sie, ihnen zu rauben? Im Zelt ist das, was die Menschen vereint, unzerstörbar.

Warum ist das Bild, das sich der Okzident vom arabischen Mann macht, so hart? Durch welche Teufelskunst wurde es in solchem Maße entstellt, daß es geradezu unkenntlich geworden ist? Gewiß, die Gesetze dieser Gesellschaft sind manchmal erbarmungslos, aber jeder muß sich ihnen un-

terwerfen. Die junge Braut wird heute abend wieder verge-
waltigt. Und ihr Vater? Ist es denkbar, daß er dem Entsetzen
seiner Tochter gleichgültig gegenübersteht? Daß er sich
gerne dem allgemeingültigen Gesetz unterwirft und daß er
sein eigen Fleisch und Blut ohne das geringste Bedauern
einem anderen Mann überläßt? Daß er den Blick seiner
Frau in der ersten Nacht vergessen hat? Das kann ich einfach
nicht glauben. Nie bin ich in meiner eigenen Kultur so
sanften Gesten und Blicken, so innigen Gefühlen zwischen
einem Vater und seinen Kindern begegnet.

Wenn dies der Fall wäre, wenn der Mann wirklich so grausam wäre wie seine Gesetze, warum muß das kleine Mädchen
dann gleich nach ihrer Kindheit die Augen vor ihm nieder-
schlagen? Als dürfe sie nicht die Unruhe des Schuldigen
sehen, desjenigen, der sich darauf gefaßt macht, sie einem
anderen auszuliefern, der ihren keimenden Körper beobachtet, den richtigen Moment abwartet, den Verrat vorsätz-
lich plant, dem aber schon im vorhinein so übel davon wird,
daß er Angst hat, sie könne es merken. Warum sonst kann
der Vater den Anblick seiner Tochter im Moment der Fre-
veltat nicht ertragen? Und warum sollten sich schließlich die
beiden Komplizen, der Vater und der Ehemann, nie wieder
dazu überwinden können, einander ins Gesicht zu sehen?
Also ist ein Verbrechen begangen worden, wenn ihre Scham
so groß ist? Ein unerträgliches Verbrechen. Ein notwendiges
Verbrechen: ein Opfer.

Deshalb veranstaltet man ein Riesenspektakel. Man schreit,
man tanzt, man schießt mit Gewehren und man trommelt,
um die Schreie zu übertönen, um die Stille auszufüllen. Man
ritualisiert. Die Gemeinschaft der Frauen schließt das Opfer
in die Arme, während sich die Gemeinschaft der Männer
eng um den Vater schart und redet, redet, redet, über nichts
und niemanden, bis zur Erschöpfung. Man organisiert

große Festlichkeiten. In Wirklichkeit freut man sich. Alle sind gekommen. Man hat bezahlt. Man hat jede Menge ausgegeben, damit die Nacht schön wird, damit all die schönen Dinge das Leid ausgleichen, das man im verborgenen einem kleinen Mädchen antut. Die Schmerzen eines Abends sind rasch vergessen, nur die Schönheit des Festes wird allen in Erinnerung bleiben.

Hinter dem Zelttuch vernimmt man jetzt deutlich die Geräusche einer Auseinandersetzung, die von lautem Schluchzen unterbrochen werden.

»Das ist nichts, das ist die Hochzeit. Das sind die Freunde des Bräutigams, die gekommen sind, um die Frau zu holen. Deshalb kämpfen die Freundinnen der Frau mit ihnen, um sie daran zu hindern, sie mitzunehmen.«

»Kämpfen sie wirklich miteinander?«

»Ja und nein. Früher haben sie so sehr miteinander gekämpft, daß es manchmal Tote gab.«

»Aber alle waren sich doch einig, das ist eine Hochzeit, keine Entführung.«

»So ist es bei uns Sitte.«

Die Verbindung zweier Menschen schürt den Krieg der Geschlechter. Niemand läßt sich irreführen: Eine Hochzeit ist ein Menschenraub, eine Gewalttätigkeit, die die Männergesellschaft den Frauen antut; eine eingestandene, öffentlich verantwortete Gewalttätigkeit. Dadurch, daß die Männer vorgeben, zur Gewalt zu greifen, um die Versprochene zu entführen, gestatten sie den Frauen, ihrer Wut freien Lauf zu lassen. Für einen kurzen Moment wird sie zugelassen, man erkennt ihre Berechtigung an. Es ist erlaubt, sie zu äußern, deshalb nutzt man das aus und schreit. Der Ritus kanalisiert die Gewalt, dämmt den Aufruhr ein.

Was die Braut angeht, so jammert sie angeblich »absichtlich« so laut, denn es wäre schamlos, wenn sie Vergnügen daran finden würde, sich zu ihrem Mann zu gesellen. So sind alle zufrieden, und das Gewissen ist beruhigt. Wenn das kleine Mädchen nun ihre Auflehnung hinausschreit, kann man sich einreden, daß sie nur so tut, und man kann ihre Kindertränen mit dem angemessenen Jammergeschrei verwechseln.

Männer von den Weideplätzen treffen ein. Sie teilen uns mit, daß das Zeltlager, zu dem Salek mich bringen wollte, abgebrochen und mit unbekannter Bestimmung verlegt wurde. Wir können nicht mehr aufbrechen.

»Keine Sorge, wir werden bald erfahren, wo sie sich niedergelassen haben. Das wird nicht lange dauern.«

Ein Lastwagen trifft ein: Es handelt sich um den Nachschub für die Lieferungen des Katastrophenplans, der aus Bir Moghrein kommt. Wegen der lärmenden Trommeln haben wir ihn nicht gehört. Khalil hat ihn einem zuverlässigen Mann anvertraut, einem Verwandten, einem Freund, demjenigen, bei dem ich zu Aïchatous großem Schrecken übernachtet habe: Dih. Heute nacht geht es wirklich turbulent zu. Einige Männer vom nahen Fest fragen nach, was es Neues gibt, und alle finden sich schließlich in Saleks Zelt ein. Wieder werden die kleinen Gläser mit Tee gefüllt. Sind es die Geräusche der Hochzeit, die alle in so fröhliche Stimmung versetzen? Dann stellen sie mir Fragen über eine Sache, die alle brennend interessiert: mein Sexualleben.

»Willst du nicht heiraten, Saviya?«

»Nein, danke. Ich habe schon einen Mann.«

»Aber dein Mann ist nicht hier. Vergiß ihn doch, heirate einen Rgaybi und bleibe hier auf der Matte. Jedenfalls steht fest, daß er zu anderen Frauen geht, während du nicht da bist, also weshalb suchst du dir nicht hier einen Verlobten?«

»Ich will keinen.«

»Schau dir den an, der sieht doch gut aus, oder?«

»Nein.«

»Und der da, gefällt der dir nicht?«

»Auch nicht.«

»Aber du kannst doch nicht so bleiben!«

»Ich wüßte nicht, warum ich nicht so bleiben könnte. Ihr regt mich auf! Man sollte meinen, ihr seid alle sexbesessen! Ich bin doch keine Ziege!«

Auf meine zornige Reaktion folgt betretenes Schweigen: Ganz offensichtlich habe ich die Grenzen des Anstands überschritten. Wut ist bei den Nomaden verboten. Jeder schlägt die Augen nieder, schämt sich für mich wegen dieser ungewöhnlichen Schamlosigkeit. Vielleicht sind sie auch ein wenig verlegen, weil sie sie hervorgerufen haben. Das hatte niemand erwartet, man wollte doch nur ein bißchen Spaß machen.

»Aber Saviya, das war nur ein Scherz.«

»Ich finde das aber gar nicht witzig.«

Sie haben verstanden, daß sie zu weit gegangen sind, und so bietet man mir mit zerknirschtem Lächeln das dritte Glas an. Man ist mir wegen meines Ausbruchs nicht böse. Hinter seinem unerbittlichen Blick verbirgt der Nomade eine große Toleranz für menschliche Schwächen. Vor allem für die Schwächen einer Frau. Seine Höflichkeit gewinnt die Oberhand, und er gibt vor, nichts zu sehen; etwa so, wie er keusch die Augen abwendet, wenn aus Unachtsamkeit einmal ein Schleier herunterrutscht und für einen Augenblick eine Schulter enthüllt.

Am nächsten Morgen kommt sogar einer zu mir und sagt, in der Hoffnung, mich zu trösten:

»Weißt du, Saviya, wenn du Abou Jafar so sehr liebst, daß du dich hier nicht verloben willst, muß er da hinten auch so sein wie du.«

Von einem Tag
zum anderen

Dih und Salek bereiten die Verteilung der Lebensmittel vor.

»Kommst du mit, Saviya?«

»Nein danke, lieber nicht.«

Ich weiß nicht, ob sich die Beduinen gedemütigt fühlen, wenn sie in Scharen kommen, um die Hand aufzuhalten und die Regierung um Hilfe zu bitten, aber ich kann es mir vorstellen. Deshalb will ich nicht riskieren, sie in dieser Situation zu ertappen. Die Säcke, die mir vor die Füße rollen, wirken einfach empörend mit ihrer deutlich sichtbaren Botschaft in sieben Sprachen: »Geschenk des amerikanischen Volkes. Nicht verkaufen und nicht tauschen«, »Lebensmittelhilfe der Bundesrepublik Deutschland«, »Hirse, Geschenk Frankreichs«, »Mais, Geschenk Frankreichs«.

»Essen die Nomaden Mais?«

»Die Leute essen ihn nicht, sie geben ihn den Ziegen.«

Soll ich hingehen und den Rgaybat das prahlerische Almosen meiner »Vettern« überreichen? Auf keinen Fall. Eine Lebensmittelverteilung sollte kein Anlaß für eine Spazierfahrt sein, lieber bleibe ich im Fort.

Ich suche Mintou, die kleine Frischverheiratete auf, um mich nach ihrem physischen und moralischen Wohlbefinden zu erkundigen und um sie ein wenig zu zerstreuen. Anscheinend ist die zweite Nacht nicht so schlimm verlaufen wie die erste, denn obwohl das zur Frau gewordene Kind immer noch leugnet, die Braut zu sein, ist ihr Blick schon heller geworden. Sie scheint sogar zufrieden zu sein, versucht meine Röcke anzuheben, weil sie neugierig darauf ist, mein Geschlecht zu sehen. Eine so rasche Besserung versetzt mich in Erstaunen. Habe ich mir die physische und soziale Gewalt nur eingebildet, die ihr angetan wurde? Hat sie die Kraft gefunden, sich zusammenzunehmen? Hindert die Macht der Erziehung sie daran, ihre Erschütterung deutlicher zu zeigen, oder hat sie Geschmack an der männlichen Umarmung gefunden?

Es wird bereits dunkel, als Salek und Dih von ihrer Fahrt zurückkehren. Seufzend nehmen sie im Zelt Platz. Der heiße Tee wird sie stärken.

»Saviya will nicht zu den Zeltlagern von Iguetti gehen, sie will auf die Weideplätze.«

»Sie hat recht, dort drüben kann sie nicht lernen, wie die Nomaden leben. Sie kann sehr gut auf die Weideplätze gehen.«

»Jedenfalls wissen wir nicht, wohin sie gegangen sind. Vorläufig begleite ich dich zu den kleineren Zeltlagern. Dort kannst du solange bleiben.«

»Ich denke, es ist besser, wenn ich hierbleibe.«

»Das wäre ein Fehler. So würdest du wenigstens ein bißchen herumkommen.«

»Ich will nicht herumkommen. Wenn ich hierbleibe, komme ich schneller auf die Weideplätze. Wenn ich hingegen anfange, überall herumzustreunen, werde ich nur wieder die Abfahrt verpassen.«

»Sie hat recht, Salek. Sie muß hierbleiben, und sobald ihr mehr über die Wanderung der Leute erfahren habt, bringst du sie hin.«

Am nächsten Tag begleite ich die beiden Männer zum Flugzeug der Geologen, das sie in Bir Moghrein absetzen soll: Salek soll dort Khalil treffen. Ich bitte den Piloten darum, dort einige Minuten zu warten, bis man meine Post geholt hat, denn Dih hat mir erzählt, daß Briefe für mich angekommen sind. Genau in dem Moment kommt der Expeditionsleiter hinzu und erfaßt den Sinn meiner Bitte: »Das kommt gar nicht in Frage. Ich tue ja gerne anderen einen Gefallen, aber Arbeit ist Arbeit! Da bin ich unerbittlich: Das Flugzeug fliegt in Bir sofort weiter und wird keine fünf Minuten warten!«

Wiederum bedeutet Salek mir, klein beizugeben: Es ist schon viel, daß er sich einverstanden erklärt hat, die hiesigen Autoritäten mitzunehmen, deshalb ist es besser, keine Zwietracht zwischen ihnen zu säen. Möge sein Leben verkürzt werden!

Im Zelt werde ich vom Marabut des Dorfes erwartet. Am Vortag hat er mir angeboten, für mich einen *grigri* herzustellen, der mich während meines Aufenthalts auf den Weideplätzen beschützen soll. Darf ich eine so zartfühlende Aufmerksamkeit ablehnen? Ich bringe ihm alles, worum er mich gebeten hat: einen Stift, Papier, Faden und eine Nadel.

»Möchtest du einen *grigri*, um Gutes zu tun oder um Böses zu tun?«

Demnach gibt es also auch *grigris*, um Böses zu tun? Und wenn ich nun alle Mächte des Bösen gegen die Geologen entfessele? Das wäre doch lustig. Nein, das wäre zuviel der Ehre für ein so erbärmliches Verhalten. Außerdem glaube ich sowieso nicht daran, und ich habe Besseres zu erwarten.

»Um Gutes zu tun. Ich möchte einen *grigri*, damit Abou Jafar mich nie verläßt.«

Das ist eine alltägliche Bitte. Auf diesem Gebiet kennt sich der Marabut aus. Mit dem größten Ernst macht er sich an die Arbeit. Mariem, Kalidou, Ahmed, Khwéra und die Kinder schweigen, um besser zuschauen zu können. Nur das leise Lied des kochenden Wassers ertönt in der Stille. Auf dem Bauch liegend, die Ellenbogen auf die Matte und den

Kopf in die Hände gestützt, beobachte ich den heiligen Mann, wie er höchst gewissenhaft Buchstaben und Zeichen aufmalt. Er hat das Papier so zerrissen, daß er ein perfektes Quadrat erhalten hat und schreibt als erstes in jede Ecke: »Im Namen Gottes, des Barmherzigen, der ganz Barmherzigkeit ist.« Unter diese rituelle Formel schreibt er noch einen Satz, den ich nicht entziffern kann. Anschließend skizziert er eine Reihe von Kästchen, in die er Ziffern einträgt, dann zeichnet er eine viereckige Rosette und faltet den Zettel sorgfältig zu einem Quadrat von etwa drei Zentimeter Seitenlänge zusammen. Ich fädle die Nadel für ihn ein, weil er sehr schlecht sieht und Brillen in dieser Ecke des Landes eine Seltenheit sind. Er wickelt das Schriftstück in ein Stück weißen Stoff und verschließt diesen hermetisch durch eine Reihe geometrisch angeordneter Stiche. Auf dem Kohlenbecken summt noch die Teekanne, und während der alte Mann an meinem Glück arbeitet, überkommt mich eine tiefe Melancholie. Habe ich nicht Unmögliches von ihm verlangt?

»Hier. Du gehst jetzt zum Schmied, damit seine Frau dir einen Lederumschlag anfertigt, und den trägst du dann um den Hals. Aber Vorsicht: Wenn du willst, daß er wirken soll, darfst du ihn weder öffnen, noch lesen, was er enthält. Und außerdem darfst du ihn natürlich nicht verlieren.«

Ich danke dem Marabut von ganzem Herzen. Er hat nichts als Gegenleistung von mir verlangt, und ich habe ihn ein bißchen betrogen: Ich habe ihm nicht gesagt, daß ich nicht an seine Macht glaube. Kalidou sagt auf französisch:

»Man muß daran glauben, Saviya, sonst funktioniert es nicht.«

Also bemühe ich mich. Wenn es mir nicht gelingt, habe ich es zumindest versucht. Zweifellos ist das Schicksal mächtiger als der Unglaube, denn ich werde den Talisman im Sand der Weideplätze verlieren … und Abou Jafar wird mich einige Jahre später verlassen.

Saleks Abwesenheit macht sich schon sehr bald bemerkbar. Als erstes schreibt mir Kalidou einen feurigen Brief, den ich nicht beantworten will, woraufhin sich dieser beleidigt schweigend von allen zurückzieht. Dann gerate ich gleich zweimal mit dem Sanitäter in Streit, dem der Bezirkskommandant die Verantwortung für den Stützpunkt anvertraut hat. Das erste Mal, weil er sich unter dem Vorwand, es sei noch nicht fünfzehn Uhr, weigert, einen kranken Beduinen zu behandeln. Das zweite Mal, weil er versucht, drei senegalesische Bauern zu erpressen, die in den Norden gewandert sind, um dort ihr Glück zu machen. Sie sind mitten in der Nacht mit einem Transporteur eingetroffen, ein wenig verstört dreinblickend und alle mit Staub bedeckt. Ahmed hat sie in Saleks Büro führen lassen, in das ich ihm gefolgt bin, weil ich gerade nichts anderes zu tun hatte. Die drei Neuankömmlinge finden sich in einem engen Raum wieder, Auge in Auge mit einem aggressiven Mauren und umringt von sechs oder sieben Kerlen, einige in Uniform, die Maschinenpistole im Anschlag, andere in *boubous*. Für jemanden, der von außerhalb kommt, sieht es zweifellos so aus, als würde es an diesem Ort von bewaffneten, furchterregenden Soldaten nur so wimmeln. Ein Durchreisender könnte glauben, man hätte sich hier zu mehreren zusammengetan, um ihn auszuplündern. Das ist aber nicht so. Die Leute langweilen sich nur, das ist alles. Dahinter steckt keine Absicht. Als Ahmed die Pässe beschlagnahmt und von den Reisenden Geld verlangt – was Salek nie tut –, greife ich ein. Schon bald herrscht eine explosive Stimmung, und der Sanitäter – fuchsteufelswild, weil seine Autorität öffentlich verhöhnt wird – befiehlt einem schwarzen Soldaten, mich einzukerkern. Der junge Mann, der auf diese Weise angefahren wurde, erhebt sich leise lächelnd, lehnt sich gegen den Türrahmen, verschränkt die Arme vor der Brust und mustert seinen Vorgesetzten von der Höhe seiner ein Meter achtzig und den achtzig Kilogramm Muskeln herab.

»Nichts da. Hier wird niemand Saviya verhaften.«

Die anderen lachen. Es wäre unklug, noch weiterzugehen: Mit der Ehre eines Mannes darf man nicht spielen, vor allem nicht in der arabischen Welt. Also kehre ich auf mein Zimmer zurück, um es vorläufig nicht mehr zu verlassen.

Am nächsten Morgen ist die Atmosphäre beim Frühstück im Zelt spannungsgeladen. Ahmed hat eine dermaßen abscheuliche Laune, daß der beunruhigte Kalidou schließlich sein Schweigen bricht, um mich halblaut vor seinem Kameraden zu warnen, weil dieser angeblich einen »Bericht« über mich geschrieben hat. Ahmed hat ihn gehört, und so vermischt sich den ganzen Tag über Angst mit Zorn. Die Konsequenzen seines Verhaltens werden ihm bewußt, und jetzt ist es an ihm, beunruhigt zu sein. Gegen Abend bemüht er sich, wieder Frieden mit uns zu schließen, schützt vor, Liebeskummer sei für seine schlechte Laune verantwortlich gewesen, und schenkt mir einen kleinen Armreif.

Am darauffolgenden Tag bin ich es, die alle schockiert, weil ich beschlossen habe, nichts zu essen. Nach beendeter Morgenwäsche wollte ich eine Hose anziehen. Da ich nun schon so lange in weiten Kleidern herumlaufe, hatte ich Lust, wieder einmal zu spüren, wie unter dem Stoff ein Gürtel meine Taille umspannt. Eine Katastrophe: der Knopf läßt sich nicht schließen. Zweifellos sind die veränderte Ernährung und die physische Untätigkeit für diese offensichtliche Gewichtszunahme verantwortlich. Obwohl man mir in Paris ans Herz gelegt hat, während meiner Reise jede Form von Eitelkeit zu vergessen, und trotz der mangelhaften hygienischen Verhältnisse, habe ich nichts von meiner Vorliebe für

Körperpflege verloren. Ich seife mich täglich ab, wasche mir einmal die Woche das Haar, stutze die Haarsträhnen, die mir in die Augen fallen, enthaare meine Beine, selbst wenn sie unter langen Röcken verborgen bleiben, und genieße es manchmal, mir die Augen mit Lidstrich zu umranden oder einen Hauch von Parfüm hinters Ohr aufzutragen. Als ich merke, daß mein Hüftumfang zugenommen hat, beschließe ich, daß eine kleine Diät nicht schaden könnte. Als mich Saleks Tochter zum Frühstück ruft, lehne ich die Einladung ab. Sobald die Herren nicht zu Hause sind, geht in diesem Land offensichtlich alles drunter und drüber, und ich bilde da keine Ausnahme.

»Saviya komm, Reis essen.«

Diesmal ist es Khwéra, die mich holt.

»Nein danke, ich habe keinen Hunger.«

Das Dienstmädchen traut sich nicht, weiter zu insistieren, und geht, um ihrer Herrin von diesem neuen Fehlschlag zu berichten.

Jetzt kommt Mariem selbst, um sich nach den Gründen für diese Absage zu erkundigen.

»Friede sei mit dir.«

»Friede sei mit dir. Sei willkommen, komm herein.«

Die Frau des Bezirkskommandanten setzt sich schwerfällig auf die Schaumstoffmatratze, die mir als Bett dient. Ihre Antipathie mir gegenüber hat nachgelassen, aber wir haben uns nie wirklich miteinander unterhalten. Da ich ihre Sympathie nicht erzwingen wollte, habe ich ihr lediglich den schuldigen Respekt entgegengebracht, ohne zu versuchen, eine Beziehung aufzubauen, die ihr offensichtlich unerwünscht war. Nun, da sie in dieser unangenehmen Situation steckt, ist sie es, die gezwungen ist, zu mir zu kommen. Wie in Bir habe ich nicht daran gedacht, vorher Bescheid zu geben, daß ich nicht mitesse. Für einen Augenblick sehe ich den ängstlichen Blick Aïchatous wieder vor mir und verstehe, noch bevor sie etwas gesagt hat, was Saleks Abwesenheit und meine Weigerung, zur Essenszeit ins Zelt zu kommen, für sie möglicherweise bedeutet. Mariem hat nicht das furchtsame Auftreten Aïchatous. Sie schaut mich nur mit einem fragenden Blick an. Stocksteif wegen einer möglichen Auseinandersetzung und mit gerunzelter Stirn mustert sie mich in Erwartung einer Erklärung.

»Nun Saviya, angeblich willst du nicht essen?«

Jetzt ist nicht der richtige Moment, um zu scherzen. Wie soll ich ihr erklären, daß ich in Gedanken weit fort von hier war, so weit, daß ich darüber die grundlegendsten Regeln der Höflichkeit vergessen habe? Mir kommt eine Idee.

»Mariem, ich habe ein Problem. Schau mal, was mit mir passiert.«

Ich schließe die Tür ab, streife rasch das Kleid herunter, ziehe die Hose über und zeige ihr den Corpus delicti.

»Sieh nur, ich bin dick geworden, riesig dick. Ich kann meine Hose nicht mehr schließen, was wird mein Mann dazu sagen?«

Mariem starrt den Reißverschluß an, der über einem elastischen Bauch auseinanderklafft, ein Bauch, der ihr zweifellos ausgesprochen flach erscheint. Einen Moment lang verharrt sie so, ohne ein Wort zu sagen, verblüfft. Dann wird sie von einem unbezwingbaren, ansteckenden Gelächter gepackt. Ich lasse mich neben sie fallen, im BH, die Hose aufgeknöpft, und ein ganzes Weilchen lang lachen wir alle beide, ohne aufhören zu können. Ich glaube, ich habe seit langem nicht so gelacht, und sie sicherlich auch nicht.

»Wirklich, Saviya, die Hitze ist dir zu Kopf gestiegen!«

»Komm, Mariem, steht auf. Wir gehen essen.«

Ich ziehe mich wieder an, und wir gehen gemeinsam hinaus, mit heiteren Gesichtern, unter den verdutzten Augen der wenigen Bewohner des Forts. Nach der Mahlzeit schlägt Mariem mir vor, sie könne meine Hände und Füße mit Henna bemalen. Mit Heftpflaster zeichnet sie geometrische Muster auf meine Handflächen, damit Pflanzensaft an diesen Stellen nicht in die Haut eindringen kann und neben den orangefarbenen Stellen weiß bleiben. Alle wundern sich über diese neue Fürsorge, denn natürlich hatte jeder die mißbilligende Miene bemerkt, mit der mich die werte Frau Bezirkskommandantin bisher bedacht hatte. Man hat genau beobachtet, daß sich dieser Stimmungswechsel bei Mariems Besuch im Fort vollzog, wo sie sonst nie hingeht. Was ist nur vorgefallen zwischen diesen beiden Frauen, hinter dieser am hellichten Tag verschlossenen Tür? Wird man das je erfahren?

Das Gewicht
der Worte

Der Tee kocht über. Niemand achtet darauf. Hinten, im Westen, in der Dunkelheit der Nacht, beleuchten Scheinwerfer den Sand, und Motorengeräusch hallt durch die Stille: holpernd nähern sich ein, zwei, drei Lastwagen.

»Das ist Salek!«

Die jungen Leute stürzen aus dem Zelt, während Mariem mit flinker Geste die Teekanne vom Feuer nimmt. Schreie ertönen, Schatten huschen vor den Feuern hin und her. Hat er meine Post mitgebracht? Jeder wird von tiefer Freude ergriffen: Da kommt jemand, der Neuigkeiten aus der Welt mitbringt. Drei Lastwagen treffen in der Nacht aus Bir Moghrein ein, drei voll mit Soldaten besetzte Lastwagen.

Salek taucht aus der Finsternis auf, von oben bis unten mit Staub bedeckt, lächelnd.

»Friede sei mit euch.«

»Er sei mit dir.«

»Ist alles gut gegangen?«

»Gott sei gelobt, alles ist in Ordnung. Hier, Saviya, deine Post.«

Er setzt sich auf die Matte, glücklich, wieder zu Hause zu sein. Die Teekanne wird aufs Feuer zurückgestellt. Die Männer kommen wieder herein, und um mich herum entspinnt sich eine lebhafte Unterhaltung. Ich höre nicht zu, sondern drehe die nach einem so langen Weg völlig zerknitterten Umschläge in den Händen hin und her, erkenne die Handschriften wieder, betaste das Papier, koste das Vergnügen aus, sie zu berühren, ehe ich all die Briefe öffne, die mir mehrere Wochen lang hinterhergeeilt sind.

»Nun, Saviya, bist du zufrieden?«

»Bei Gott, ja!«

»Wer hat dir geschrieben?«

»Der da ist von meiner Mutter und der da auch. Der da ist von meiner besten Freundin: Schau, er ist schon vor zwei Monaten abgeschickt worden! Die hier sind von meiner Großmutter, ich habe auch zwei von meiner Schwester, einen von meiner Tante, der Schwester meiner Mutter, und dieser da kommt vom *Musée de l'Homme*, das ist mein Professor, der mir schreibt.«

»Und hat Abou Jafar dir nicht geschrieben?«

»Doch, schau nur, ich habe gleich zwei Briefe von ihm.«

»Gott ist groß!«

Alle um mich herum freuen sich.

»Mach sie auf, erzähle uns die Neuigkeiten.«

Draußen haben die Soldaten ein großes Feuer entzündet und machen sich daran, in der von Geschrei und Lachen erfüllten Nacht ein Schaf zu kochen. Ahmed bereitet den Tee zu, er ist im siebten Himmel: Seine Ablösung ist eingetroffen, so daß er endlich fortgehen kann. Kalidou strahlt, weil sein Freund, der Sanitäter von Bir, für einige Zeit nach Aïn ben Tili versetzt wurde. Auch er hat Post erhalten. Er vertieft sich auf der anderen Seite der Sturmlaterne in seine Lektüre und hört nichts mehr von dem, was um ihn herum vorgeht.

Zwischen den Briefen steckt ein vergilbter, zusammengefalteter Zettel. Es handelt sich um ein Telegramm, das der Postmeister ursprünglich an »Monsieur den Bezirkskommandanten« schicken wollte, das dann aber in Erwartung einer besseren Gelegenheit doch in Bir geblieben ist:

In einem beiliegenden Umschlag schicke ich Ihnen verschiedene Briefe, auszuhändigen an Mademoiselle Sophie Caratini, zur

Zeit in ihrer Ortschaft im Felde befindlich. Ganz auf Sie vertrau-
end, seien Sie, Monsieur, meines Wohlwollens versichert.

Der Postmeister der PTT

Demnach denkt der Postmeister also, daß ich »im Felde«
stehe. Als mir die griesgrämige Miene des Mannes, der fast
täglich den Frühstücksreis mit mir geteilt hat, wieder ein-
fällt, muß ich lächeln. Das große Haus scheint mir jetzt so
weit weg zu sein, und das geschwätzige Schweigen des Postmeisters war meinem Gedächtnis schon fast völlig entfallen.
Ich falte den vergilbten Zettel zusammen, während mir die
heiteren Bilder von Aïchatou und den Kindern, von
Tiémokho, dem kleinen Diouf und dem schüchternen Messaoud durch den Kopf gehen. Für einen Augenblick sehe
ich wieder Khalils Silhouette vor mir, wie er – den Burnus
über die Schulter geworfen – durch den dunklen Korridor
ging, und diesen Blick, den er auf mir ruhen ließ, wenn er
ausging, um die Nacht jenseits der Pisten zu verbringen und
ich gezwungen war zu bleiben.

»Nun, Saviya, was sagt deine Mutter? Geht es ihr gut?«

»Ja, es geht ihr gut, und der ganzen Familie auch.«

»Lob sei Gott. Was erzählt sie dir sonst noch?«

»Sie sagt, sie hätte Angst, daß ich in der Wüste Hunger oder
Durst leide.«

Die ganze Gesellschaft lacht und ist gleichzeitig gerührt.

»Die Mamas, die sind immer so! Und deine Großmutter, was
schreibt die?«

»Meine Großmutter sagt, daß es regnet und daß der Winter
dieses Jahr so mild ist, daß sie in ihrem Garten Rosen
gepflückt hat. Sie sagt, daß sie vergeßlich wird und daß sie
sich langweilt so ganz allein.«

»Ganz allein? Warum ist sie ganz allein?«

»Weil die Alten bei uns nicht mit ihren Kindern zusammenleben. Mein Großvater ist schon vor mehreren Jahren gestorben, deshalb lebt sie ganz allein.«

»So etwas ist nicht richtig.«

»Das ist bei uns so Sitte.«

»Das sind aber gräßliche Sitten. Es ist eine Schande, seine alte Mutter ganz allein zu lassen.«

»Stimmt, das ist ein Problem.«

»Und deine Schwester, was sagt die?«

»Daß sie sich um meine Papiere kümmert und daß sie Abou Jafar im Auge behält.«

»Bravo, das ist gut.«

»Und deine Tante, die Schwester deiner Mutter, was schreibt die?«

»Sie hat mir eine Blume aus ihrem Garten geschickt, die im Umschlag getrocknet ist. Schaut.«

Die kleine, vertrocknete Pflanze geht von Hand zu Hand. Jeder untersucht sie, schnuppert an ihr, versucht sie sich im Garten vorzustellen, erinnert sich an wilde Blumen, die ihr ähneln.

»O nein!«

»Was gibt es?«

»Meine Freundin, meine Schwester, sie hat ihr Baby verloren!«

»Wer?«

»Eine Jugendfreundin, ihre kleine Tochter war erst drei Monate alt!«

Für einen Augenblick senkt sich Schweigen über die Versammlung. Eine von Schrecken erfüllte Stille. Durch meine Tränen hindurch sehe ich, was für eine Wirkung diese schrecklichen Worte haben, während sich um mich herum jeder bemüht, die unheilvollen Bilder, die sein Gedächtnis belasten, zu verscheuchen.

»Das kommt oft vor. Es gibt keinen anderen Gott als Gott.«

»Gott ist der Größte. Seine Absichten sind unergründlich.«
Jeder hier weiß, daß alle Kinder fortwährend in Lebensge-
fahr schweben. Deshalb leben Mütter, Väter, Brüder, Schwestern, einfach alle, in ständiger Angst. Die schmerzliche
Neuigkeit hat alte Wunden aufgerissen. Man muß sie zum
Schweigen bringen. Man muß selber schweigen, schnell die
Tränen hinunterschlucken und von etwas anderem reden,
um den Gedanken keine Zeit zu lassen, die Oberhand zu
gewinnen. Die schicksalhaften Worte nicht aussprechen,
sondern sie verscheuchen, das Böse, das in ihnen enthalten
ist, mit dem heiligen Wort austreiben: Im Zelt sitzen Kinder,
die es treffen könnte.

Mehrere Tage lang ist das Fort von der Armee besetzt.
Ahmed und Khalidou haben ihre Waffenbrüder wiedergefunden und weichen nicht mehr von deren Seite. Salek
scheint sich darüber zu freuen, daß er endlich einmal eine
Truppe hat, die er kommandieren kann. Jeden Tag erscheint er schon frühmorgens im Hof des Forts, gekleidet
in ein herrliches, himmelblaues Obergewand, läßt die Truppe antreten und die Fahne hissen. Sobald die Männer in
Reih und Glied stehen, steckt er sich eine Trillerpfeife in
den Mund, und schon geht das Exerzieren los: eins, zwei,
eins, zwei, alle im Laufschritt! Aber bald bröckelt das Batail-
lon ab. Einige fahren nach Bir Moghrein zurück, andere
eskortieren die Lastwagen, wer weiß wohin. Immerhin bleiben noch Soldaten übrig, und Salek kann das Training
fortsetzen.

Von diesem ganzen militärischen Treiben ausgeschlossen,
wandere ich zwischen dem Zelt und meinem Zimmer hin
und her und lasse mich nicht mehr auf dem Brunnenrand
nieder. Kalidou steckt mit seinen Freunden zusammen, so
daß ich ihn kaum noch sehe; sie haben sich viel zu erzählen.
Die Neuankömmlinge werfen mir schüchterne, von Neu-

gier erfüllte Blicke zu, während ich mich ganz klein mache, wenn ich ein oder aus gehe. Einige schlendern mit schleppender Hartnäckigkeit vor meiner halboffenen Tür herum, andere bitten mich um einen kleinen Gefallen: ein Knopf, der angenäht werden muß, eine Naht, die aufgegangen ist. Man bietet mir Datteln oder Kekse an. Im großen und ganzen verhalten sich alle diskret.

Als ich mir eines Morgens Saleks jüngste Tochter anschaue, finde ich es ungeheuer schade, daß ihr reizendes Gesicht so staubverschmiert ist, und ich kann eine Bemerkung nicht unterdrücken.

»Wenn du dir das Gesicht waschen würdest, wärst du sehr hübsch!«

»Sie darf nicht hübsch sein. Man darf nicht sagen, daß die Kinder hübsch sind. Wenn sie sich waschen, könnte jemand genau das sagen oder es auch nur denken, und das könnte ihnen schaden.«

Wieder habe ich die ansteckende Wirkung der Worte vergessen. Ich hatte geglaubt, daß man die Kinder nicht wäscht, weil im Moment Winter ist. Wenn man das Risiko einginge, sich mit eiskaltem Wasser zu duschen und sich schön zu machen, würden sich zweifellos beide Übel gegenseitig verstärken. Sauberkeit verleiht der Haut einen gefährlichen Glanz, zieht Mißgunst an. Tiémokho hatte mir doch schon gesagt, daß die Mauren Angst vor dem Wasser haben. Hier ist es dasselbe, diejenigen vom Fluß waschen sich regelmäßig und kritisieren diejenigen aus der Wüste, die dies unterlassen. Dabei gibt es im Fort eine »Dusche«, aber sie wird kaum benutzt und befindet sich in schlechtem Zustand. Vor einem türlosen Raum hat man zwei Mäuerchen so errichtet, daß sie einen Zickzackdurchgang bilden. Hinten im Eck befindet sich ein Abflußloch, das ist alles. Jemand, der sich dort bis nach hinten zurückzieht, befindet sich im Zwielicht, und nur sein Kopf ragt über die Trennwand hinaus. In einem anderen Korridor wurde ein Brunnen in den Fels gehauen. Der tiefste aller Brunnen: Felswände von über zwanzig Meter Tiefe, die lange widerhallen, wenn man sich über den Brunnen beugt, um hineinzuschreien. Das Geräusch eines Steinchens, das man hineinfallen läßt, kommt erst nach einer ganzen Weile zurück. Das Wasser ist nicht zu sehen.[12] Der Brunnen ist ein langes, schwarzes Loch, ein wenig geheimnisvoll, ein wenig magisch. Man muß sich derart abquälen, um den Eimer heraufzuziehen, daß jedesmal, wenn ich beschließe, mich zu waschen, Kalidou für mich das Wasser schöpft. Er füllt damit einen Behälter, den er in die »Dusche« stellt, und versperrt dann anschließend die weit aufklaffende Tür mit seinen breiten Schultern, den Rücken mir zugewandt, das Gewehr in der Hand, um Wache zu halten.

Die Zeit verrinnt wieder langsam, und die Einförmigkeit der Tage wird nur noch von den vorbeikommenden Leuten unterbrochen.

Von Osten her treffen eines Tages Pilger ein, die aus Mekka kommen. Reiche Leute, auf die der Segen ruht. Ihre strahlend weißen *boubous* und bunten *melhafa* heben sich von den schwarzen Schleiern aus verblichenem *nilé* der hiesigen Frauen und von den vom Staub vergilbten Gewändern der Männer ab. Komplizierte Flechten glänzen unter dem Stoff, und Schmuck funkelt. Was mich am meisten erstaunt, ist die strahlende Sauberkeit der Gesichter, die dem Teint einen ungewohnten Schimmer verleiht. Zweifellos wandern die Reisenden von Hotel zu Hotel. Endlich verstehe ich, warum man hier denkt, sich zu waschen sei ein Schmuck, der auf gefährliche Weise verschönert. Aber wenn man aus Mekka kommt, fürchtet man weder die Dschinns noch den bösen Blick. Sie bieten uns ein wenig

Wasser aus dem Zemzem[13] an, der heiligen Quelle. Salek reicht mir das Glas.

Über seine Geste verwirrt, zögere ich einen Moment, lehne das Geschenk dann aber ab, aus Angst, dadurch einem Gläubigen einen so wertvollen Schluck vorzuenthalten. Ich gehöre nicht zur *Umma*[14], ich habe kein Recht dazu. Ich schaue zu, wie das Glas von einem zum anderen wandert, ein geheimnisvolles verbindendes Element der Seelen, und bedaure insgeheim, die Schwelle zu dieser anderen Gemeinschaft nicht überschreiten zu können.

Aïn ben Tili ist günstig für mich. Meine Anwesenheit wird von allen akzeptiert, und ich lebe wie eine Prinzessin in diesem halb verlassenen, verfallenen Schloß, das seinen wenigen Bewohnern immerhin aber noch Schutz vor den Sandstürmen, den Sonnenstrahlen und der nächtlichen Kälte bietet. Selbst Mariem lächelt mich jetzt an und spricht mit mir. Salek hat mir sogar ein Kompliment gemacht.

»Du bist wirklich schlau. Du bist schlauer als ich.«

Dann hat er einen Satz auf *Hassanije* gemurmelt, den ich erst nicht verstanden habe, den mir aber später jemand übersetzt hat: »Dir entgeht nichts.«

Ich weiß nicht, ob er dies voller Beunruhigung oder Bewunderung sagt. Vielleicht beides. Es ist schwierig, zwischen den Zeilen von Saleks Diskurs zu lesen. Nicht weil er wirklich so mysteriös wäre, sondern weil seine Augen von zu vielen Schleiern verhangen sind und in ihnen oft jede Fröhlichkeit fehlt. In Mauretanien gibt es Männer, auf denen die Gesellschaft mit ihrem ganzen Gewicht zu lasten scheint. Die Familie, die sich unaufhörlich vergrößert und die versorgt sein will, die Verantwortung, die innere Kränkung, all die Geheimnisse. So wie man den kleinen Mädchen ihre Kindheit raubt, indem man sie sehr jung verheiratet, gibt es Jungen, denen ihre Rolle als Mann einfach zuviel abverlangt. Sorglosigkeit war ihnen nie gestattet oder wurde ihnen kaum zugestanden. Zweifellos gehört Hamdi zu ihnen, Khalil ganz bestimmt und vielleicht auch Salek.

»Komm, Saviya, wir gehen zu Mintou. Nimm dein Tonbandgerät mit, sie wird dir die Lieder der Front vorsingen.«

Die Kinder begleiten mich zusammen mit Khwéra, dem Dienstmädchen, zu der kleinen Braut, denn diese Zeit der Mittagsruhe ist ihre Lieblingsstunde. Die Augen der Erwachsenen sind geschlossen: Dies ist ein Moment der Freiheit.

Mintou wohnt bei ihrem Bruder und ihrer Schwägerin. Sie empfängt uns im Zelt, in dem sich außer ihr niemand befindet. Khwéra bereitet am Rande des Schattens den Tee zu, während sich die Kinder geräuschvoll auf der Matte niederlassen, sich schubsen und balgen, laut kichern, zappeln. Die kleine Braut ist wie umgewandelt. Der verängstigte Ausdruck der ersten Tage ist völlig verschwunden und einer frechen Miene gewichen, die mich verblüfft. Sie gibt sich stolz, läßt ihren Schleier bis auf die Schultern herabgleiten und bittet mich darum, sie barhäuptig und mit der Zigarette im Mund zu fotografieren.

»Wenn du Salek die Fotos schickst, darfst du das da nicht mitschicken. Hast du verstanden, Saviya?«

»Ich habe verstanden.«

»Du schickst nur diejenigen, auf denen ich gerade dastehe, eng in meine *melhafa* gewickelt. Versprichst du das?«

»Das verspreche ich.«

»Achtung! Da kommt jemand!«

Alle richten sich auf. Man verbirgt das Lachen, man verbirgt die Zigaretten, die Streichhölzer und das Tonbandgerät, man verbirgt die Fußknöchel und die hübschen Nacken, man verbirgt die Schamlosigkeit, die noch für einen Augenblick auf dem Grunde der Augen aufblitzt, allerdings nur so lange, bis man das Bühnenbild für die nächste Szene herabgelassen hat, ein Bühnenbild, wie es sich gehört, ganz »Lob-sei-Gott-sein-Wille-geschehe«. Ein maurischer Soldat nähert sich, sicherlich ein Freund der Familie.

»Friede sei mit euch.«

»Friede sei mit dir.«

»Geht es euch gut?«

»Gott sei gelobt, allen geht es gut.«

»Ist niemand krank?«

»Das verhüte Gott. Sei willkommen.«

Der junge Mann setzt sich für einen Moment auf die äußer-ste Kante der Matte, angenehm überrascht, so unverhofft auf ein Nest junger Frauen gestoßen zu sein. Dort bleibt er, beobachtet uns mit glänzenden Augen und läßt sich kein Wort von dem, was wir sagen, entgehen. Ich achte nicht auf ihn und nehme die Unterhaltung wieder auf, als wäre er gar nicht da.

»Wo ist denn dein Mann?«

»Welcher Mann? Ich habe keinen Mann, ich bin nicht verheiratet.«

Khwéra lacht.

»Ihr Mann ist nach Spanien gegangen.«

»Wenn du nicht die Braut warst, was hast du dann neulich in diesem kleinen Zimmer gemacht, so im Dunkeln ver-steckt?«

»Das war bloß, weil mein Vater mir befohlen hatte, dort zu bleiben.«

»Und die Schüsse, die wir gehört haben, waren das Jäger oder vielleicht ein *rezzou*?«

»Die Kleine da hat geheiratet: die da.«

Mintou zeigt auf ein etwa zwölfjähriges Mädchen, das sich gerade zu uns auf die Matte gesetzt hat.

»Ich lasse euch im Schutze unseres Herrn.«

»Möge er über dich wachen.«

Der Soldat geht, vielleicht weil ihn diese Wendung der Unterhaltung in Verlegenheit gebracht hat. Endlich. Schnell holt man das Tonbandgerät hervor. Mintou nimmt eine Kalebasse aus emailliertem Eisen, dreht sie um, schlägt mit flinker und sicherer Hand den Rhythmus und beginnt zu singen.

»Revolutionäre der Sahara, steht auf!«

»Wiederhol das, Saviya!«

»Revolutionäre der Sahara, steht auf!«

Mintou hat eine sehr hübsche Stimme. Sie gibt den Ton an, ruft als erste einen Satz, den die anderen im Chor wiederholen. Ich bemühe mich ebenfalls, mit den anderen zu singen.

»Amen, Amen, Amen, Amen, mein Gott, verleih den Sahraouis Kraft!«

Khwéra singt lauter als die Kleinen, sie legt ihr ganzes Herz, ihre ganze Überzeugung in den Gesang. Verflucht sei der Kolonialismus, verflucht sei der Faschismus, verflucht sei Franco, verflucht seien die Spanier, es lebe die Zeit der Unabhängigkeit. Das Lied wirkt stärker als ein Flugblatt. Es wandert von Mund zu Mund, von Frau zu Frau, sicherer als jedes Papier oder alle Reden der Männer. Selbst die Kinder wiederholen es, geben es von Zelt zu Zelt weiter. Jeder muß es kennen. Das gesamte kleine Volk der Sandwüste vibriert zum Klang der Trommeln, es läßt sich nicht länger seine Seele und sein Eigentum rauben. Das kleine Volk der Sandwüste ist in Zorn geraten. Hütet euch, es wird sich erheben. Der Rhythmus teilt sich dem Körper mit, die Melodie öffnet die Herzen, und die Worte rütteln den Verstand auf. Die Passatwinde verbreiten eine verrückte Hoffnung vom Norden der Saguiat el-Hamra bis zum Süden des Río de Oro, dem Wadi des Goldes. Sie rüttelt das Gewissen wach, läßt sich auf der Schulter eines jeden Mannes nieder, gleitet unter den Schleier einer jeden Frau: Sie ist vorbei, die Zeit der Knechtschaft ist vorbei, die Zeit der Stämme ist vorbei, wir müssen aufwachen, wir sind ein Volk, ein Volk, das um seine Freiheit kämpft.

»Nun sag, Mintou, dein Mann ist drüben, nicht wahr?«

Diesmal antwortet mir die Kleine mit Augen, in denen Stolz glitzert:

»Er ist in Spanien.«

»Ist er schön?«

»Bei Gott, ja!«

Der Abend führt uns wieder in Saleks Zelt zusammen, um in Erwartung des abendlichen Kuskus die Nacht zu bewundern.

»Was gibt es Neues?«

»Wir warten immer noch auf Neuigkeiten von den Nomaden. Vielleicht müssen wir weiter fahren als vorgesehen, auf Weideplätze, die dreihundert Kilometer von hier entfernt sind. Ich habe Khalil benachrichtigt. Er hat beschlossen, dich selbst bis zu den Zeltlagern zu begleiten. Wir werden ihn zweihundert Kilometer von hier entfernt treffen und dann gemeinsam zum El Hank aufbrechen.«

Der Präfekt kommt also mit. Trotz der Distanz, die er mir aufgezwungen hat, ist dieser Mann in dieser Gegend am Ende der Welt zweifelsohne die einzige Person, der ich mich voll und ganz verständlich machen könnte. Wäre es möglich, daß ich mich dann endlich einmal frei mit ihm unterhalten kann?

In einem fragilen Zwischenraum, der die verschiedenen Kulturen ebensosehr verbindet, wie er sie trennt, bewege ich mich mutterseelenallein. Jene Realität, die ich in den Briefen nach Frankreich schildere, können sich diejenigen, die so weit weg sind, nicht einmal in ihren kühnsten Träumen vorstellen. Ich beschreibe sie, ohne mich Illusionen hinzugeben, weil ich sie nun mal beschreiben muß, und sei es auch nur, um diejenigen zu beruhigen, die sich Sorgen machen. Meine Gefährten hingegen, die nie auf der anderen Seite des Meeres gewesen sind, können meine Wahrnehmungen und *a fortiori* meine Gedanken genausowenig teilen. Deshalb bewege ich mich auf jener Kante, die wüster ist als die Wüste, die mich umgibt, und in meinem Tagebuch rede ich mit mir selbst. Unter Einsamkeit leide ich nicht. Ganz und gar nicht. Man läßt mich lediglich allein, wenn ich offen das Verlangen danach äußere, und man behandelt mich mit Zuvorkommenheit. Die Zuneigung, die mir alle entgegenbringen, ist tatsächlich existent, wirklich real. Mit jedem einzelnen von ihnen besteht zwar eine Kommunikation, aber die ist nur partiell. Meine Einsamkeit ist abstrakt wie der Gedanke, der sie konzipiert.

Die Tage verstreichen, ohne daß der Zeitpunkt für die Abfahrt festgesetzt wird. Schließlich schickt Salek einen Funkspruch nach Bir, aber Khalil antwortet nicht mehr: Er ist nach Zouérate gefahren.

»Wir können nicht länger warten. Bereite deine Sachen vor, Saviya, wir brechen morgen zum El Hank auf. Ich werde dich dort von Zeit zu Zeit besuchen, um mich zu vergewissern, daß alles in Ordnung ist.«

Gegen Abend trifft ein Reisender aus der Gegend des El Hank ein. Er erzählt, daß sich dort drüben kaum noch jemand befindet, daß sich die Leute vierzig Kilometer vom Brunnen entfernt niedergelassen haben und daß es bald sehr heiß werden wird. Wieder zögert Salek. Das Gepäck steht bereit, die Vorräte sind verstaut: Was tun?

»Friede sei mit euch.«

»Friede sei mit dir.«

»Herrscht hier Wohlstand?«

»Dank sei Gott dafür.«

»Befinden sich alle wohl?«

»Allen geht es gut, Lob sei Gott.«

»Sei willkommen, komm herein.«

Ein Beduine nimmt im Zelt Platz. Mariem setzt wieder einmal Wasser auf und holt die Teekanne, den Zucker und die kleinen Gläser hervor, die sie auf das Tablett stellt.

»Was gibt es Neues bei euch?«

»Alles ist in Ordnung, Gott sei gelobt. Bellal ist zurückgekehrt. Er hat seine Zelte hundertzwanzig Kilometer entfernt aufgeschlagen, Richtung Südwesten.«

»Saviya, hast du das gehört? Endlich haben wir Nachricht von dem Zeltlager, zu dem ich dich ursprünglich bringen wollte. Gott sei gelobt! Das ist mir lieber. Diesmal wird es ernst, wir fahren morgen. Nur der Wille Gottes kann uns noch davon abhalten.«

»Lob sei Gott!«

Bei den anderen

Salek hat mir die Tür zur Gesellschaft der Männer geöffnet, weil ich für ihn nicht wirklich eine Frau bin. Ich bin ein Fremder. Aber nicht irgendein Fremder: ein Franzose. Ein Franzose, der eher den Franzosen aus seiner Jugend ähnelt als den Geologen oder den Touristen. Ein Fremder, der sich die Mühe macht, die Landessprache zu sprechen und das Leben der Einheimischen zu teilen: der aus derselben Schüssel ißt, sich auf dieselbe Matte setzt und sich in die gleichen Decken rollt. Ein Franzose, der gezeigt hat, daß er für die Dauer eines Besuchs auf die andere Seite der Mauer wechseln kann. Aber hier befinden sich alle auf Besuch. Die Soldaten werden nur für kurze Zeit überstellt, so daß Salek zusehen muß, wie sie wieder kehrtmachen. Die Touristen reisen durch, die Händler reisen durch, die Sahraouis reisen durch, die Hirten reisen durch, die Leute aus den *merkez* reisen durch, alle reisen immer nur durch. Hier herrscht nicht die Atmosphäre eines in sich abgeschlossenen Dorfes von Seßhaften. Abgesehen vom Schmied, vom Kadi und einigen notleidenden Hirten befindet sich die Männergesellschaft, vergleichbar mit den Gestirnen, in ständiger Bewegung. Sie kreist langsam um die Staatsgewalt, ohne zu kollidieren. Und Salek bewegt sich mit ihr, zieht aus, um die einen oder anderen zu ernähren, zu beschützen, zu versorgen und zu informieren. Deshalb hat sich sein Urteil geschärft, er braucht nicht lange, um einen Gesprächspartner einzuschätzen und sich dementsprechend zu verhalten.

Gleich vom ersten Tag an hat er mir den Status eines

Mannes zuerkannt: Er hat mir einen Turban gegeben und mir ein Zimmer mitten unter den Soldaten zugewiesen. Er hat mich frei zwischen dem Fort und dem Dorf hin und her gehen lassen, und er hat mich am Tag vor der Hochzeit sogar eingeladen, ihn zur Versammlung der Männer zu begleiten. Er hat mich zu den Spaniern mitgenommen, ist nicht dazwischengetreten, als die Sahraouis mich kennenlernen wollten, und hat mir ganz selbstverständlich vorgeschlagen, ihn mit Dih auf der Rundfahrt zur Verteilung der Lebensmittel zu begleiten. Er hat sich nicht einmal die Mühe gemacht, mich seiner Frau vorzustellen. Wenn er zur Essenszeit Männer empfing und Mariem mit ihren Töchtern im Frauenbereich des Zeltes essen mußte, hat er mich immer dazu aufgefordert, mich zu den Männern und nicht zu den Frauen zu setzen. Er hat mir den männlichen Bereich weit geöffnet, und sobald er sich davon überzeugt hatte, daß ich dort nicht allzu viele Fehler beging, hat er mir politische und vertrauliche Informationen gegeben.

Dank dieses neue Status konnte ich einen Anschein von Selbständigkeit erringen. Gleichzeitig mit der wiedergefundenen Freiheit, habe ich auf dem Reg die Luft der großen Weite geschnuppert. Schluß mit allen verstohlen einsickernden Worten, der blühenden Phantasie, dem Platz, den man sich mit Gewalt aneignen muß, und dem betäubenden Schweigen. Man hat meine Gesten und Blicke nicht mehr bis ins Detail überwacht. Man hat mir die Dinge erklärt, und man hat mich reden, fragen und begreifen lassen. Nachdem ich so lange nicht von der Stelle gekommen bin, konnte ich einen Schritt in den Kreis des Gesprochenen hinein tun. Man muß dazu sagen, daß die Worte hier gleiten, sie wandern mit dem Wind, ziehen mit den Durchreisenden, zirkulieren. Sie wirbeln nicht, wie in Bir, so lange wild um sich selbst, bis selbst der Weise den Verstand verliert. Einige sind bis zu mir vorgedrungen. Ich bin nicht mehr ausgegrenzt.

Salek hat mich zum Mann gemacht. Nichts ist bequemer, als ein Mann zu sein, wenn man eine Frau ist, weil man nicht von mir verlangt hat, was man von einem Mann erwartet: zu beweisen, daß er einer ist. Im Gegenteil, man hat mich beschützt wie eine Frau – man hat mich umhegt, bedient, gepflegt, ernährt und verhätschelt. Man hat mir Lieder vorgesungen, Geschichten erzählt, mich hierhin und dorthin eingeladen, spazierengeführt und unterwiesen. Man hat sich um mein Projekt gekümmert, um meine Gesundheit, meine kleinen Sorgen, meine Post. Der Herr des Hauses gab mir Decken, einen Teppich, eine Lampe, damit ich Licht habe, und Wasser, damit ich mich waschen kann. Was meine »Verwandten« anging, so hat er mir gegenüber kein böses Wort über sie verloren. Selbst über die Geologen ist er nicht hergezogen. Um mich zu ehren, hat er die Männer meines Landes gerühmt: Ist der tapferste aller Krieger nicht General de Gaulle, der die Feinde Frankreichs besiegt hat und der – so hat er mir jedenfalls erzählt – so groß ist, daß er, würde er das Zelt betreten, gezwungen wäre, selbst an der höchsten Stelle, nämlich dort, wo die Stangen zusammentreffen, den Kopf einzuziehen, um nicht anzustoßen?

Mein Zimmer ist nicht wie in Bir ein Draußen im Drinnen gewesen. Zunächst einmal, weil es hier kein Drinnen gibt. Alles ist öffentlich. Wie allen anderen hat man mir in diesem öffentlichen Bereich einen kleinen Privatbereich eingeräumt. Einen Bereich, der noch privater war als derjenige der anderen, da ich die einzige gewesen bin, die ein einzelnes Zimmer allein für sich gehabt hat: Salek lebt mit seiner Familie zusammen, und die Soldaten schlafen zu zweit oder zu dritt in den Zimmern des *bordj*. Als Mann-Frau, Fremde-Adoptierte, Reisende-Ansässige bin ich wirklich die einzige meiner Art gewesen, und deswegen genoß ich auch sämtliche Privilegien. Man hat mir, mir allein, ein Drinnen im Draußen zugewiesen. Ich konnte ohne jede Einschränkung zwischen diesem Privatbereich und dem Bereich der anderen hin und her pendeln, zwischen der Welt der Frauen und der Welt der Männer, zwischen den Erwachsenen und den Kindern, zwischen den Honoratioren und den Sklaven, zwischen dem Dorf, dem Zelt und dem Fort. Ich habe alle Bewohner und alle Durchreisenden kennengelernt.

So wie man mich in die Gruppe integriert hat, hat sich die Gruppe meiner bemächtigt. Nicht mehr im geheimen zu leben, heißt auch, keine Geheimnisse mehr zu haben. Mein Privatleben wurde öffentlich. Jeder hat sich dafür interessiert, hat seine Meinung geäußert, hat sich Sorgen gemacht. Es war allgemein bekannt, daß ich einen Mann namens Abou Jafar habe und daß ich ihm treu bin. Die aus Frankreich eintreffenden Nachrichten, die nur an mich gerichtet waren, sind zum Allgemeingut geworden. Alle haben sich darüber gefreut, daß meine Schwester Abou Jafar im Auge behielt und daß meine Tante auf die gute Idee gekommen ist, mir eine Blume aus ihrem Garten zu schicken. Immer wieder hat man sich gegenseitig erzählt, daß die Franzosen ihre Mütter im Alter allein lassen und daß so etwas ganz entschieden nicht richtig ist. Gerührt hat man einander von der Sorge meiner Mutter berichtet, und man hat darüber gelacht, daß sie auf die Idee gekommen ist, ich könnte hier Hunger oder Durst leiden. Jeder einzelne konnte mich zu jeder Tageszeit sehen, mit mir reden, mir zuhören. Nachdem erst einmal die anfängliche Überraschung überwunden war, ließen die Bewohner von Aïn ben Tili keine indiskreten Blicke oder verleumderischen Worte mehr auf mir lasten. Selbst meine Beziehung zu den Soldaten wurde nicht bespitzelt. Man hat sich rasch davon überzeugt, daß ich respektabel war, und man hat mich respektiert. Daraufhin ist man freiwillig zusammengerückt, um mir Platz zu machen.

Trotz seines schroffen Gehabes und rauhen Benehmens und obwohl er mich zum Mann gemacht hat, hat Salek mich auch mit Zuvorkommenheit behandelt: Er hat mir den Schlüssel zum Turm gegeben; er hat mich von einem Wachposten bewachen lassen; er hat sich, ohne es sich anmerken zu lassen, um das Betragen der jungen Soldaten mir gegenüber gesorgt; er hat sich darum gekümmert, meine Wünsche bestmöglich zu erfüllen. Er hat mich zu den Geologen geschickt, ohne mich zu zwingen, mich für eine Seite zu entscheiden; und wenn ich von meinen »Vettern« materielle Unterstützung oder besseres Essen erhalten hätte, hätte er mir dies nicht übelgenommen.

Was habe ich also entdeckt in dieser Männerwelt? Ratlosigkeit und Mut. Gegensätzliche Überzeugungen, die die Solidarität nicht erschüttern. Geduld, angesichts des Unglücks. Obwohl sich jeder an die hohe Meinung klammert, die er von seinen Leuten hat, schließt die in den Worten enthaltene Verachtung eine gegenseitige Hochachtung keineswegs aus. Im Spiegel des anderen versucht jeder, sein eigenes Bild zu verschönern, weil man sich selbst schön finden muß, wenn man sonst nichts hat. Das ist eine Art, sich zu trösten, mehr nicht. Anderswo, in einer anderen Zeit, könnte dies eine ganz andere Bedeutung annehmen. Hier ist es wie ein Spiel. Niemand fällt darauf herein, und jeder akzeptiert es, für den anderen diesen Spiegel abzugeben. Man beruft sich auf seine eigenen Mythen, wichtig ist nur, sich nicht seinen Verpflichtungen zu entziehen. Übrigens käme keiner auf diesen Gedanken. Wenn der individuelle Kampf ums Überleben mit den kollektiven Interessen kollidiert, verhandelt man. So gut es geht, stellt man das Gleichgewicht wieder her.

Das muß man auch, sonst würde es für alle den sicheren Tod bedeuten. Man wartet. Die Soldaten träumen von dem Tag, an dem sie diesen feindseligen Landstrich, der ihnen so fremd ist, verlassen können; die Nomaden warten auf Lebensmittel und träumen vom Regen; die Widerstandskämpfer versuchen, alle Kräfte zu vereinen, und träumen vom Sieg. Selbst die Geologen träumen von Frankreich, wenn sie sich über die Steine beugen. Alle warten auf etwas und träumen, geduldig, auch wenn das Ziel in weiter Ferne liegt und ungewiß ist.

Die Wüste scheint ebenfalls zu warten. Überall lauert Gefahr: Hunger, Durst, die Waffen, der Wind, das Salz, die Nacht, die unsichtbaren Kräfte. Also halten die Menschen wohl oder übel zusammen. Jeder ist für den anderen gleichzeitig ein Bruder und ein Fremder, ein Freund und ein Rivale. Das Wort ist ein mächtiges Band, und das derart zerbrechliche Glück hängt von einer Kleinigkeit ab. Von einem Nichts, das man schon vor langer Zeit gelernt hat zu erhaschen, sobald es einmal in Reichweite kommt. Denn trotz dieser Armut, die beinahe unanständig ist, so sehr ist sie entschleiert, kann man noch lachen und singen. Man weiß, daß das Labsal der Seele weitaus wertvoller ist als die Nahrung des Körpers, und man verzichtet lieber auf Reis, als daß es einem an Tee mangelt. Was sollte aus der Gesellschaft werden, wenn es keinen Tee mehr gäbe, um eine Waffenruhe zu erzwingen und die Herzen zu wärmen?

Man hätte meinen können, daß sich die Menschen in ihrer Not zerfleischen. Das ist aber nicht so. Jeder stützt sich auf den anderen, und die Bande sind noch fester als in Zeiten des Überflusses. Natürlich überwacht man sich gegenseitig, doch ohne auf einen Fehler zu lauern. Das Leiden ist verschämt, und Toleranz bleibt die Parole. Man gibt vor, nichts zu sehen, und die Lüge wird zum Zartgefühl.

Noch eines eint die Menschen: das vollständige Fehlen von Organisation, der Verlust von Anhaltspunkten, die Suche nach vergangenen oder zukünftigen Ideologien, das Umherirren in der Unentschlossenheit. Früher gab es den Stamm, aber der Stamm hat sich aufgelöst. Die einen stehen auf der Seite der Staatsgewalt, die anderen distanzieren sich von ihr; die jungen Männer wollen im Namen eines revolutionären Konzepts, das man kaum versteht, in den Kampf ziehen, und ihnen gegenüber stehen andere Vettern in spanischer Uniform. Die Familien sind zerrissen: ein Sohn hier, ein anderer dort, und der Vater sitzt da und hat keine Kamelstuten mehr. Ganz zu schweigen von den entfernten Vettern, die in Marokko oder Algerien leben und von denen man überhaupt nichts mehr hört. Der Stamm ist gespalten, die Männer versammeln sich nicht mehr, können nicht mehr gemeinsam über die Zukunft ihrer Kinder entscheiden. Sie wurden durch die Grenzen getrennt. Man weiß nicht einmal mehr, wer wen verraten hat und warum.

Und die Staatsgewalt ist schwach. Wie viele sind es, die noch von einem Zeltlager zum anderen ziehen, die noch die Familien kennen, die es noch verstehen, mit den anderen zu reden? Zwei. Was können sie zu zweit ausrichten? Was können sie tun, um die Menschen wieder zu vereinen? In wessen Namen vereinen? Und was können sie weit weg ausrichten, um sie zu repräsentieren? Was repräsentieren? Wem gegenüber? Sind sie zu Rate gezogen worden, haben sie ihre Meinung äußern können, als Mokhtar die ausgestreckte Hand zurückgewiesen hat? Als er die Sahara verkauft hat? Man ist gekommen, um ihnen Bescheid zu sagen, aber man hat sie wieder einmal mit einer einfachen Anweisung, einem Befehl, allein gelassen. Was werden sie jetzt unternehmen? Die Leute verhaften? Wen verhaften? Einen

Bruder, einen Vetter, einen Freund? Und die Armee, was unternimmt die Armee? Wo ist die Armee? Es gibt diejenigen, die davon träumen, aus der Wüste zu desertieren, und diejenigen, die ihr angehören. Ebenso wie die Staatsgewalt ist die Armee entwaffnet. Und die Staatsgewalt ist hier so schwach, daß sie verschlungen wurde. Sie ist dazu gezwungen gewesen, an Bord dieses Schiffes zu gehen, das langsam in einem Ozean aus Sand versinkt.

Was macht die Ethnologin bei diesem Schiffbruch? Hofft man darauf, daß sie ein Buch schreiben, daß sie die Wahrheit veröffentlichen wird? Das hofft man, wie man auch alles andere erhofft, aber man hat sich so sehr an ihre Anwesenheit gewöhnt, daß man ein bißchen vergessen hat, warum sie eigentlich hier ist. Übrigens scheint sie das selbst vergessen zu haben. Sie stellt keine Fragen, schreibt immer weniger, läßt ebenso wie alle anderen resigniert die Tage verstreichen. Sie hat sich auch nach und nach verschlingen lassen. Sie hat ihre ausländische Kleidung abgelegt, lebt wie die Leute hier, wartet wie die Leute hier, spricht wie die Leute hier. Das einzige, was sie nicht wie alle anderen macht, ist, daß sie in ihrer Ecke der Schüssel den Reis und den Kuskus salzt. Sie hat sich aus Stoff ein Säckchen genäht, das sie vor jeder Mahlzeit aufknotet, um ihm eine Prise Salz zu entnehmen. Viel ist das nicht. Sie betet noch nicht, aber in der Sprache der Einheimischen kehrt Gott ständig wieder. Deshalb ruft sie ihn auch unaufhörlich an, ob sie es nun will oder nicht. Man sagt, daß sie weiterreisen will, aber man weiß auch, daß sie es dort nicht aushalten wird. Wer hält es dort heutzutage schon aus? Jeder würde sich gern fern der Pisten bewegen, man weiß, daß die Freiheit dort größer ist, allerdings auch die Gefahr. Man muß sich auskennen und über die entsprechenden Mittel verfügen. Nun ja, wenn es ihr gefällt, wenn sie den Preis dafür bezahlen kann, wenn sie beschützt wird … Übrigens kann sie sagen, was sie will, man sieht doch, daß sie immer noch da ist, mit ihrer halb männlichen, halb weiblichen Kleidung, an der Grenze der beiden Geschlechter; und außerdem hat man es nicht eilig, sie fortgehen zu lassen. Man mag sie.

Nachdem sie adoptiert wurde, hat sich die Ethnologin adaptiert.

5. Der Sturz

Die Ekstase

Ich verlasse das Schloß in der Hoffnung, es in der Gluthitze des Sommers wiederzusehen. Nur weiß ich zu dem Zeitpunkt noch nicht, daß ich nie wieder zurückkehren soll und daß es einige Monate später im Feuer des Krieges restlos zerstört wird.

Ich fahre in Begleitung von Salek und einigen Rgaybat, die das Land besser kennen als alle anderen. Ich nehme hundert Kilo Reis, fünfzig Kilo Mehl, zwanzig Kilo Zucker, 5 Kilo Tee, fünf Liter Öl, drei *melhafa* aus *nilé* und Pantoffeln für die Frauen des Zeltlagers mit, außerdem einige Dosen Sardinen und Thunfisch, die noch aus den Paketen meiner Mutter übrig sind. Ich bin völlig unbesorgt, denn wenn die Wüste auch groß ist, so sind die Nomaden dort doch wachsam, und ich weiß, daß sie sich meiner annehmen werden. Schließlich habe ich noch einen kleineren Koffer[1] auftreiben können, und Salek hat darauf bestanden, daß ich zusätzlich zu meinem Wäschesack noch das kleine Campingzelt mitnehme, das Khalil mir gegeben hat.

Mit verzweifelter Miene schaut Kalidou tatenlos zu, wie sich das Gepäck türmt. Er schenkt mir den silbernen Armreif, auf dem sein Name eingraviert ist und den er am Handgelenk trägt. Er spricht davon, zu desertieren, wenn er noch länger hier leben muß. Ich umarme Mariem, die Kinder, die kleine Braut, grüße den Rest der Umstehenden, wickele mir den Turban um den Kopf und steige vorne in den Landrover ein. Außerdem kommen noch einige Männer aus dem *merkez* mit, zwei Frauen, die ich nicht kenne, mehrere Kinder und ein Berg von Gepäck. Wir brechen Richtung Westen auf, obwohl mein zukünftiger Aufenthaltsort im Süden liegt. Wie gewöhnlich war mein Gastgeber nicht besonders ausführlich, was Erklärungen anging, so daß ich keine Ahnung habe, was für eine komplizierte Route er vorgesehen hat.

Die erste Etappe führt uns zu dem Lager, in dem ich auf der Herfahrt von Bir Moghrein die Nacht verbracht habe. Wir setzen dort mehrere Männer, die Frauen, die Kinder und einen Teil des Gepäcks ab. Natürlich bleiben wir lange genug, um einen Tee zu trinken und die aktuellen Neuigkeiten auszutauschen. Beim zweiten Halt, irgendwo im Süden, steigt ein weiterer Mann bei einem Zelt aus, dessen Bewohner wir auch begrüßen müssen. Ich nehme den Tee unter einem einfachen Schutzdach aus Baumwolle, einer *bénia*, ein, zusammen mit den anderen Frauen, die ein junges Mädchen umringen, das sich unter einem ganzen Berg von Stoffen verbirgt ... Es handelt sich um die Braut vom Vortag.

Wir entfernen uns immer weiter von den Pisten. Zu beiden Seiten klammern sich zwei Männer außen an den Wagen. Den Blick in die Ferne gerichtet, lenken sie Salek und melden ihm mit heiseren Schreien alle Hindernisse, die den Wagen beschädigen könnten.

»Hier entlang.«

»Da entlang.«

Auf jedes Rund des Horizonts folgt ein weiteres Rund der Wüste. Mein Herz macht einen Satz wie bei einem Schiffsjungen, der zum ersten Mal die Küstenlinie nicht mehr sieht.

In einer Akazienallee mit verkümmerten Blättern, das mir wie ein Palast an Grün vorkommt, tauchen zwei ziemlich abgerissene Hirten auf. Sie treiben eine Ziegenherde vor sich her und halten beide einen großen Stock in der Hand. Sie lächeln und zeigen uns dabei alle ihre leicht vorstehenden Zähne. In ihren Augen leuchtet dieses innere Feuer, das nur die echten Nomaden besitzen. Einen Moment lang bin ich davon wie geblendet. Man begrüßt sich lange. In der Ferne kommen zwei Kamelreiter, die die Staubfahne des Landrovers bemerkt haben, im Galopp auf uns zu. Zwei prächtige, wohlgenährte junge Männer, die barfuß auf jenen seltsamen Reittieren hocken, die man Dromedare nennt. Sie wollen Neuigkeiten hören, und die Neuigkeiten werden ausgetauscht.

»Hier entlang.«

»Da entlang.«

Jetzt ist es ein winziges, zum Schutz vor dem aufkommenden Wind gut abgedichtetes Zelt, in dem wir nur eine Frau antreffen. Sie breitet einen scharlachroten Teppich für uns aus und bietet uns in einer blitzblanken Kalebasse *zrig* an. Salek beschließt, daß wir hier zu Mittag essen wollen. Seine Gefährten sammeln Holz, um Feuer zu machen, während einer von ihnen mit dem Wagen losfährt, um ein Schaf zu kaufen. Er kehrt zu der Stelle zurück, an der wir die Hirten getroffen haben. Ich erfahre, daß ein Schaf zweitausend UM (hundert Mark) kostet. Das Feuer beginnt bereits zu lodern, als er mit einem Tier zurückkehrt, das an allen Gliedern zittert und jämmerlich blökt. Dann gibt es plötzlich einen Programmwechsel, alles steigt wieder in den Wagen ein.

»Hast du deine Meinung geändert?«

»Ja, ich wollte den Besitzer des Zeltes sprechen, aber der ist nicht da, und ich möchte das Schaf nicht mit all den Leuten teilen.«

»Wieso all den Leuten? Ich sehe hier nur eine Frau.«

»Wenn wir hierbleiben, kommen die Hirten und außerdem noch die beiden Dromedarreiter. Es ist besser, wir essen etwas weiter weg in aller Ruhe.«

Die Frau steigt zusammen mit uns ein, und Salek fährt los.

Wenn jemand die Spuren sieht, wird er glauben, wir seien schon wieder fort, während wir uns nur wenige Kilometer entfernt in einer Sandmulde befinden. Die Männer sammeln Holz, schlachten das Tier und nehmen es aus. Die Präzision und Geschwindigkeit ihrer Bewegungen faszinieren mich. Man könnte meinen, ein Tier zu schächten und es fertig zum Kochen zu zerlegen, sei eine langwierige Arbeit: Für den Sohn eines Hirten ist so etwas im Nu erledigt. Ihm genügt ein Satz: »Im Namen Gottes des Barmherzigen, der ganz Barmherzigkeit ist«, eine blitzartige Bewegung, und schon spritzt das Blut. Im Handumdrehen wird das Schaf abgezogen, wie man eine Socke wendet, wie man einem Kind ein zu enges T-Shirt auszieht, wie man einen Nylonstrumpf am Bein hinabrollt. Schon lecken gierige Flammen an dem bloßgelegten Fleisch, während uns der Duft von gegrilltem Fleisch in die Nase steigt.

Die Frau entfernt sich und kehrt nicht zurück. Wohin ist sie gegangen? Erstaunt suche ich sie und entdecke schließlich hinter einem Sandhügel die Spitze ihres Kopfes.

»Was machst du hier so ganz allein?«

»Unter den Männern da ist mein Schwiegervater.«

»Ja und?«

»Ich kann nicht vor ihm essen. Es wäre schandhaft für eine Frau, vor ihrem Schwiegervater zu essen.«

»Wohnst du in dem kleinen Zelt dort hinten?«

»Nein, ich verbringe hier nur den Winter, um Kamelmilch zu trinken. Kamelmilch ist gut für die Gesundheit, weißt du. So gut wie die Spritzen der Ärzte.«

Ich setze mich neben ihr in den Sand, damit sie nicht so allein essen muß. In unserer kleinen Truppe bin ich die einzige, die ihr Gesellschaft leisten kann, weil ich trotz meines Turbans eine Frau bin. Sie weiß meine Aufmerksamkeit zu würdigen und lächelt dankbar. Eine Unterhaltung entwickelt sich, unverfänglich und gemächlich. Ich beobachte die Landschaft. Wir fühlen uns wohl hinter diesem Sandhügel im Schatten eines verdorrten Baumes. Auf der anderen Seite unterhalten sich die Männer. Der jüngste brät das Fleisch.

Sie sind da, um uns zu beschützen, uns zu ernähren, uns in ihrem Landrover mitzunehmen und uns jeweils in einem Zelt unterzubringen, zwei Schattenblasen, über die dann wiederum zwei andere Männer eifersüchtig wachen werden. Wir müssen uns weder um den Weg noch um den Ort kümmern, an dem sie uns absetzen. Die Kenntnis und Erkundung des Terrains, die Eroberung und Verteidigung des Territoriums, die Zirkulation von Informationen und die Kontrolle der Personen, die Suche nach Weideplätzen, das Graben und die Pflege von Brunnen, das Finden von Lösungen, wenn es kein Vieh mehr gibt, die politischen Verhandlungen und die Gewalttätigkeiten des Krieges, das alles geht uns nichts an. In der Wüste ist es der Mann, der umherirrt, nicht die Frau. Sie befindet sich immer im Zentrum des Kreises, ein Zentrum, das der Mann im Rhythmus der Jahreszeiten oder je nach Erfordernissen verlegt und um das herum er zusammen mit anderen Männern die Fäden der Geborgenheit webt. Jedesmal, wenn der Nomade seine Frau irgendwo absetzt, scheint er ihr zu sagen: »Bleib hier und warte, ich komme gleich wieder.« Die Frau übernimmt dann die Aufgaben des täglichen Lebens, manchmal für viele Tage. Aber um sich von der Stelle zu bewegen, wartet sie auf den Mann, weil sie sich ohne ihn verirren oder gefährliche Begegnungen haben könnte. Wenn er nicht zurückkehrt oder falls sie anfangen sollte, ihn zu hassen, stellt sie sich in den Schutz eines anderen Mannes: Geleitet von einem Vetter, einem Verwandten oder einem Freund, kehrt sie zu ihrem Vater, ihrem älteren Bruder oder einem

Onkel zurück. Falls sie überhaupt niemanden mehr hat, macht sie es wie ich und sucht Asyl im Schatten der Mächtigen. Wenn sie einem Stamm angehört, wird sie immer einen Mann finden, der sie unter seine Obhut nimmt und der ihre Schritte lenkt.

»Da, schau mal die Spur. Siehst du sie?«

Im Sand, auf dem wir uns ausgestreckt haben, zeigt mir meine Gefährtin eine zarte Spur in S-Form, die aussieht, wie mit dem Finger gezeichnet.

»Was ist das?«

»Eine Schlange.«

»Gibt es hier viele?«

»Nein, im Winter gibt es nicht viele, wegen der Kälte. Aber im Sommer muß man aufpassen. Sie verstecken sich unter Felsen, unter Bäumen oder am Fuß von Büschen. Man muß auf die Spuren im Sand achten. Wenn man Schlangen sieht, schlägt man sie mit einem Stock, und sie verschwinden. Es gibt auch Vögel, die Schlangen fressen.«

Man bringt uns das Fleisch, dann den Tee, und schließlich wird die gemurmelte Unterhaltung neben dem erlöschenden Feuer fortgesetzt. Niemand hat es eilig, man lauscht der Wüste. Aber wir müssen weiter. Wieder übertönt der Motor mit seinem barbarischen Geräusch die herrliche Melodie der Landschaft. Die Frau wird zu ihrem Zelt zurückbegleitet, und wir verabschieden uns. Diesmal sind wir nach Südosten abgebogen, und es wird vor dem Ziel keinen weiteren Aufenthalt mehr geben.

»Hier entlang!«

»Da entlang!«

Wortlos sehe ich die Wüste vorbeiziehen, in der sich meine Gefährten anscheinend so gut zurechtfinden. Eine Verwirrung der Gefühle packt mich. Erregung, Furcht und Glück treffen in mir aufeinander. Es sind nicht die Leute, die wir

aufsuchen, vor denen ich Angst habe, es ist die Wüste, die
mich verunsichert. All diese Felsen, diese gewaltige Menge
an Sand, zwischen denen jedes Leben anscheinend unwi-
derruflich zum Untergang verurteilt ist, versetzen meine
Seele in Entzücken, während mein Körper zusammen-
schrumpft. Für einen Moment denke ich an die Weiden der
Normandie in meiner Kindheit zurück. Ist es möglich, daß
mir all das Grün monoton erschienen ist? Daß ich nicht den
Überfluß an Leben und Heiterkeit erkannt habe, den es
verhieß? Hier klammert sich der Blick an den kümmerlich-
sten verkrüppelten Busch, der ganz für sich allein das Wunder der Schöpfung zu verkörpern scheint. Die Menschen,
die auf dieser ausgedörrten Erde leben, haben es nicht
verdient, daß man sie ihnen wegnimmt. Allein die Tatsache,
daß sie es wagen, dort zu wohnen, müßte ihnen jeden
Anspruch auf das Land sichern.

»Seid willkommen.«

»Der Friede sei mit euch.«

»Er sei auch mit euch. Seid willkommen.«

»Herrscht Friede an diesem Ort?«

»Gott sei gelobt dafür.«

»Geht es allen gut?«

»Lob sei Gott, allen geht es gut.«

»Ist niemand krank?«

»Das verhüte Gott. Und bei euch, herrscht dort der Frieden?«

»Alles ist in Ordnung, dank Gott.«

»Seid willkommen, kommt herein. Saviya! Du bist auch da!
In dieser Kleidung habe ich dich gar nicht wiedererkannt.
Sei willkommen, geht es dir gut?«

»Lob sei Gott. Geht es euch gut?«

»Gott sei gelobt, kommt herein. Setzt euch, macht es euch
bequem. Erzählt uns, was es Neues gibt.«

Beim Herrn dieses Zeltes handelt es sich um eine der hohen Persönlichkeiten, die ich in Khalils Büro interviewt habe. Ich hatte nicht gewußt, daß ich bei ihm unterkommen sollte. Das ist eine angenehme Überraschung: Wir haben uns bereits kennengelernt, und die Erinnerung an die Umstände unserer ersten Begegnung läßt den Schatten meines fernen Beschützers über diesen Ort fallen. Einen wohlmeinenden Schatten.

Für einen Moment hatte ich befürchtet, die Beduinen könnten Anstoß daran nehmen, daß ich mit Vorräten zu ihnen komme, aber das ist nicht so: Sie tun so, als würden sie nicht sehen, was Salek aus dem Landrover auslädt. Sie schauen in eine andere Richtung, während sie gleichzeitig in Gedanken überschlagen, was im Sand aufgestapelt wird.

Salek sagt auch nichts. Er türmt die Lebensmittel in einem kunterbunten Durcheinander mit meinem Gepäck auf. Er hatte mir gesagt, ich solle nichts mitnehmen, aber ich habe nicht auf ihn hören wollen. Deshalb überläßt er es jetzt mir, wie ich damit zurechtkomme. Außerdem hat er es eilig, er darf sich nicht lange aufhalten, weil die Nacht bald anbrechen wird und er ziemlich weit vom Stützpunkt entfernt ist. In Bellals Zelt trinkt er rasch die rituellen drei Gläser Tee, dann fordert er die drei Männer, die ihn begleitet haben, mit einem Schrei auf, schleunigst in den Wagen einzusteigen.

»Gott wache über dich, Saviya. In etwa vierzehn Tagen komme ich wieder vorbei, um zu sehen, wie es dir geht. Wenn es Gott gefällt.«

»Möge er dich beschützen, Salek. Und danke für alles.«

Noch lange und mit schwerem Herzen folge ich dem Landrover, der dem Horizont zustrebt, mit den Augen. Wieder ein Bruch, wieder eine Abfahrt. Ich weiß, daß ich mich gleich umdrehen, nach Süden blicken und von neuem anfangen muß, eine Beziehung aufzubauen, Bande zu den Leuten zu knüpfen, die hinter mir stehen und die ebenfalls zuschauen, wie sich der Besucher entfernt. Solange man die Staubwolke erkennen kann, kann man sich noch einreden, er sei bei uns, und den Moment hinausschieben, in dem wir uns von Angesicht zu Angesicht gegenüberstehen, ohne Vermittler, ohne Zeugen. Er ist fort. Nun stehe ich mit hängenden Armen vor den auf den Boden geworfenen Säcken, umringt von unbekannten Männern, die mich, die Hände auf dem Rücken, schweigend mustern, neugierig darauf, zu sehen, was ich wohl tun werde.

Die Wehmut macht einer Ratlosigkeit Platz. Keiner sagt etwas, man wartet. Salek ist nicht mehr da, um die Menschen, die Worte und die Dinge zu dirigieren. Das kleine Zeltlager steht im Zentrum eines Kreises, den die Sonne mit einem rosafarbenen Licht beleuchtet, das den Sand vergoldet und die Schatten verlängert. Das Brummen des Motors hat dem sanften Murmeln des Lebens Platz gemacht, das sich hier neben einem großen Felsen eingenistet hat. Im Zelt schüttelt eine Frau den Schlauch mit Milch, um Sahne herzustellen, jedenfalls höre ich deutlich die Flüssigkeit, die gegen das Leder klatscht. Ein dumpfes, feuchtes Geräusch, das mit seinem Rhythmus die Aufmerksamkeit gefangenhält, beruhigend wie das Klopfen eines Herzens. Vögel singen auf einer Akazie. Das kleine Zeltlager wurde auf einer Sandbank aufgeschlagen, in einem zerklüfteten Gelände. Die Wüste hat hier ein Ende. Jetzt, da sie sich nicht mehr bewegt, flößt sie mir keine Angst mehr ein. Die Männer haben sie gezähmt. Man kann sie betrachten, wie sie sich in weite Ferne erstreckt, etwa so, wie man im Schutze der Mauern eines Hauses ein Fenster öffnet, um die Landschaft zu bewundern.

Ich muß nun das Heim und seine Bewohner kennenlernen,

aber zunächst einmal muß ich mich um das Gepäck kümmern, beschließen, was damit zu geschehen hat, mich ein-
richten. Niemand führt mich zu meinem Zimmer. Es ist an
mir, zu wählen, mir etwas einfallen zu lassen. Ich segne
Khalil, weil er mir ein Zelt gegeben hat, und Salek, weil er
mich gezwungen hat, es mitzunehmen. Ich hätte nicht daran gedacht. Wie kann man nur so dumm sein? Was hatte ich
mir bloß vorgestellt? Daß es in den Zeltlagern wie beim Vater
einen Bereich für die Eltern und einen anderen für die
Kinder gibt? Oder daß ich dort einen Wigwam vorfinde, der
eigens aufgeschlagen wurde, um die Gäste zu beherbergen?
Im allgemeinen handelt es sich bei den Gästen um Männer,
die einfach draußen schlafen. Wenn es hier wie in dem
kleinen Zeltlager, das ich mit Aïchatou besucht habe, eine
Witwe oder eine Großmutter gäbe, hätte ich bei ihr unterkommen können, aber es gibt hier keine. Ich bin hier auch
nicht in einem *merkez*, in dem es Unterkünfte für die Soldaten gibt. Tagsüber ist das Zelt zwar ein halb öffentlicher Ort,
ein Empfangszimmer, aber nachts verwandelt es sich in den
Privatbereich eines Ehepaars mit ihren Kindern. Was hätte
ich dazwischen zu suchen? Das wäre so, als hätte ich im
Zimmer des Vaters und Mnaytannas, oder besser noch in
dem von Khalil und Aïchatou schlafen wollen. Bei diesem
Gedanken kann ich mir ein Lächeln nicht verkneifen; aber
genug gescherzt, die Zeit drängt, ich muß diese Hütte aufschlagen. Nur wo? Die Zelte stehen hier nicht nebeneinander. Übrigens sehe ich nur eines, das von Bellal. Jeder
schützt seine Intimsphäre durch die Entfernung, weil es
keine Mauern gibt.
Da Bellal mein neuer Vormund ist, will ich mein kleines
Zimmer neben seinem errichten. Nicht allzu nah und eher
nach Osten hin, weil ich ja schließlich nicht mitten unter
den Dschinns wohnen kann, die sich – so erzählt man sich

jedenfalls – nach Einbruch der Nacht im Westen vor das Zelttuch hocken. Das würde einen schlechten Eindruck machen, und außerdem würde man das sowieso nicht zulassen. Ich nehme den Sack und wende mich mit einem fragenden Blick an den Herrn des Ortes. Lächelnd mustert er mich und weist mir mit einer kurzen Bewegung des Kopfes die Stelle. Tatsächlich im Osten. Ich packe die komplizierten Gerätschaften aus und martere mein Gedächtnis: Oft habe ich nicht gezeltet, und die vielen verschiedenen Einzelteile der Zeltstangen sind ein echtes Geduldsspiel. Hier kann mir niemand helfen, da den Wüstenbewohnern dieses Baukastenspiel noch fremder ist als mir. Die Hände auf dem Rücken, beobachten sie mich. Ich probiere eine Zeitlang herum und schaffe es schließlich, mein Zelt aufzuschlagen. Sobald sie das Manöver verstanden haben, helfen mir einige, die letzten Schnüre zu spannen. Damit wäre das erledigt. Ich trete einen Moment zurück, um mein Werk zu bewundern. Das Dach hängt ein bißchen durch. Neben den majestätischen Wollzelten wirkt dieses hier ziemlich erbärmlich und vor allem ziemlich lächerlich. Aber ich muß mich damit begnügen. Schließlich ist es großartig, hier zu sein und ein kleines Zuhause zu haben.

Ob mir die Herren vielleicht helfen werden, mein Gepäck hinten in diesem engen Quartier zu verstauen? Sie halten jetzt wieder die Hände hinter ihren Rücken und schielen verstohlen zu den Vorräten hinüber. Das interessiert sie am meisten. Was ich damit wohl vorhabe? Als man sieht, wie ich erst den Koffer und dann den Seesack packe, stürzt man hinzu, um sie bis vors Zelt zu schleppen, aber weiter geht man nicht. Niemand wäre so unanständig, in den weiblichen Bereich einzudringen, den ich gerade auf dem Sand abgesteckt habe. Deshalb schiebe und zerre ich selbst. Auf allen vieren rackere ich mich unter dem winzigen Zelt ab, um unter den Blicken der versammelten Männer mein Ziel zu erreichen. Draußen bleiben nur noch die im Staub aufgetürmten Lebensmittel übrig, aber ich habe jetzt genug getan. Die rühre ich nicht mehr an.

»Ich habe einige Vorräte mitgebracht. Man muß sie zu den anderen schaffen.«

Bellal widmet mir ein strahlendes Lächeln, und so wie ein Dirigent alle Violinen erklingen läßt, gibt er das Signal zum Einsatz. Diesmal stürmen alle los, und in wenigen Sekunden verschwinden die Viktualien im hintersten Winkel des braunen Zeltes, hinter der Sänfte.

»Lob sei Gott.«

Ja, Lob sei Gott, der Tag ist zu Ende. Ich setze mich neben den Frauen auf die Matte, während der Scheich die nötigen Befehle erteilt, damit mir zu Ehren ein Schaf geschlachtet wird. Dann geht er, um die Hirten zu empfangen, die von den Weideplätzen zurückkehren. Die Wüste flammt in der Abendsonne auf, während die Kamelstuten mit wiegendem Gang und friedlichem Blick bei den Zelten eintreffen. Etwa zwanzig herrliche Tiere, die widerkäuend von Osten her auf uns zukommen. Ich weiß weder, wer diese Männer sind, die mich aufgenommen haben, noch wo die anderen Zelte stehen. Ich sehe Kinder, die lachend hinter einer Ziegenherde herrennen, die aus südöstlicher Richtung aufgetaucht ist. Außerdem entdecke ich noch eine große Anzahl von Schafen.

»Sind das deine Kinder?«

»Nein, das sind die Kinder der Sklaven.«

»Hast du viele Sklaven?«

»Viele, Dank sei Gott!«

Die Frau wirft mir einen fröhlichen und verschwörerischen Blick zu, den ich, so gut es geht, zu erwidern versuche.

Das Zeltlager belebt sich. Kindergeschrei mischt sich unter

das Meckern der Zicklein und das Grunzen der Kamelstuten. Alle rufen sich gegenseitig etwas zu, Bellal erteilt Befehle, alles muß an seinen Platz: die Kamelstuten auf der einen Seite, die Ziegen auf der anderen und die Schafe etwas weiter entfernt. Man läßt die Zicklein ein bißchen trinken, allerdings nicht zuviel. Man melkt die Ziegen, die Milch geben. Man schließt das Gehege, das aus einfachen Zweigen besteht, man legt einigen Kamelstuten Fußfesseln an, und man entfernt sich etwas, um die Opfergabe zu schlachten. Ein Dienstmädchen sammelt Holz und beginnt, Feuer zu machen.

Im Zelt setzt die Frau Wasser auf, und als sich die Hirten am Rand der Matte niederkauern, reicht sie ihnen das kleine Glas. Es gibt eine schwarze Sklavin, mager, bekleidet mit einer *melhafa* aus völlig stumpf gewordenem *nilé*, ferner einen etwa fünfzehnjährigen Jungen und ein Mädchen, das wohl kaum älter als neun Jahre ist. Die Frau drückt ihr Baby an sich, ein unterernährtes Kind, das eine deutlich hellere Hautfarbe hat als seine Mutter und das sich kaum auf den dünnen Beinchen halten kann. Im Gegensatz zu den jungen Schwarzen, die vor Gesundheit strotzen und deren Augen vor echter Freude leuchten, blickt die Gefangene mit einem überdrüssigen Ausdruck in die Ferne. Zufrieden lassen sich die Männer unter dem Zelttuch nieder. Es sind nur noch zwei, wohin die anderen verschwunden sind, weiß ich nicht. Vermutlich in den Zelten weiter hinten, die ich bisher noch nicht zu Gesicht bekommen habe. Es ist Nacht geworden, und die Sklaven ziehen sich zurück. Das Feuer brennt zwischen dem Zelt und den Kamelstuten. Die Leute verstummen für einen Moment, um den Abendtee genießen zu können und die Wohltaten des Tages in Gedanken an sich vorbeiziehen zu lassen. Der Mann lebt in Frieden. Es gibt für alle zu essen, der übriggebliebene Viehbestand gedeiht, auch wenn die Kamelstuten nicht viel Milch geben, aber es ist schon ein Wunder, daß so viele überlebt haben. Die Weideplätze der Umgebung können die Herden noch ernähren, die Kinder sind gesund, die Sklaven sind zahlreich, man hat Wasser, und es ist noch nicht an der Zeit, an Weiterziehen zu denken.

»Gott sei gelobt.«

»Lob sei Gott.«

Draußen weint ein Kind, es schreit, wie ich noch nie ein Kind habe schreien hören. Sein Kreischen gellt durch die Nacht, macht einem herzzerreißenden Schmerz Luft.

»Was hat das Kind denn?«

»Das? Ach nichts, das ist das Baby des Dienstmädchens. Man hat ihm die Brust weggenommen.«

»Man hat es entwöhnt?«

»Genau.«

»Warum läßt man es nicht ein bißchen nuckeln? Dann würde es sich beruhigen.«

»Nein, wenn man einem Kind die Brust wegnimmt, darf man es nicht mehr in ihre Nähe kommen lassen. Das gibt es dann nicht mehr.«

»Mit einem Mal?«

»So machen wir das hier. Man läßt ein Kind achtzehn Monate bis zwei Jahre lang trinken, und dann ist Schluß. Danach brüllt es etwa fünfundzwanzig Tage lang, aber mach dir keine Sorge, das ist nicht schlimm. Das hört irgendwann auf.«

Bald gehen die verzweifelten Schreie des Kindes im klagenden Gemecker der Zicklein unter. Auch ihnen hat man die Brust entzogen, das Euter der Ziege, das jetzt die Menschen ernähren muß, deshalb blöken sie mit durchdringender Stimme, in der sich Hunger mit Zorn mischt. Eine ganze Weile hallen ohrenbetäubende Klagen durch die Nacht.

Schließlich beruhigt sich alles. Das Kind schläft tränenüberströmt ein, und die Zicklein ergeben sich unwillig schnaubend in ihr Schicksal. Die Flamme der Sturmlaterne taucht die heiteren Gesichter in ein warmes Licht, und man rückt um die Schüssel herum zusammen. Leise werden einige Worte ausgetauscht, aber es ist nun Schlafenszeit. Morgen wird man Zeit haben, soviel man will, um sich zu unterhalten. Die Reste der Mahlzeit sind gegessen, und die Nachbarn gehen. Jetzt muß das Zelt für die Nacht hergerichtet werden. Die *bénia* wird so herabgelassen, daß sie ein geschlossenes Zimmer bildet, in dem das Elternpaar ruhen wird. Die Hirten haben weiter hinten einen kleinen Unterstand, in dem sie unter sich sind. Ich suche mein eigenes Zelt auf, jedem sein Bereich.

Übergangslos ist die Kälte hereingebrochen. So wie die Nomaden habe ich mein Gepäck an der Rückseite dieses hauchdünnen Zeltes verstaut und strecke mich mit dem Kopf zur Öffnung hin aus, Richtung Südsüdost, meinen Rücken den Passatwinden zugekehrt. Ich habe die Taschenlampe und das Heft hervorgekramt, um meine ersten Eindrücke aufzuschreiben. Die Bilder des Tages drängen sich in meinem Kopf, so daß ich es kaum erwarten kann, sie zu Papier zu bringen. Die Worte wollen zuerst auf arabisch heraus, um Allah dafür zu danken, daß er mir ein so grandioses Schauspiel geboten hat. In meinem ganzen Leben habe ich noch nie einen so schönen Ort erblickt. Dabei bin ich schon sehr weit herumgekommen. Ich habe Venedig und die Akropolis, Istanbul und Damaskus, Kairo und Bengasi gesehen. Ich habe in den weißen, blaugesäumten Häusern von Sidi ben Saïd Tee getrunken. Ich habe auf Korsika die Wüste von Agriates durchquert und auf dem unzugänglichen Strand Fisch gegrillt. Ich bin auf der Heide von Jobourg mit dem Wind um die Wette gerannt, bin durch das wunderschöne Paris gebummelt und auf die Gipfel von verschneiten Bergen geklettert. Aber das, *gà* – wie die Leute hier sagen –, ein solches Wunder habe ich noch nie gesehen: Millionen von Sternen, die mir zuzulächeln scheinen; die sich ausruhende Erde, ungeheuer groß unter dem durchscheinenden Licht; die kleinen Zicklein, die nur ein paar Schritte von mir entfernt mit der Schnauze zwischen den eingeknickten Hufen schlafen; die majestätischen Schatten der Kamelstuten, die sich vor dem Zelt hingekauert haben und bis tief in die Nacht hinein den Wohlgeruch der wilden Kräuter genießen; etwas weiter entfernt die kompakte, reglose Masse der Ziegen und Schafe im nächtlichen Schein; der Hund, der in der Ferne Wache hält, und die Glut des Feuers, die einfach nicht erlöschen will.

Ein einziger Tag
war mir gegeben

Bellal gleicht ein bißchen dem Vater. Er ist ein Mann von etwa sechzig Jahren, rüstiger Statur und direktem Blick. Er stellt mich nicht auf die Probe. Ist es nicht genug, die Mauer überwunden zu haben und bis hierher vorgedrungen zu sein? Zweifellos. Ich spreche das *Hassanije* jetzt ohne allzugroße Mühe, und dann gibt es da auch noch den Präfekten, aber Bellal wäre auch in der Lage gewesen, mich ohne das Einverständnis der Behörden zu adoptieren: Mein Vorhaben interessiert ihn, und wenn Khalil ihm gesagt hat, daß man mir nicht irgendeinen Unsinn erzählen soll, muß ich schließlich vertrauenswürdig sein.

»Hast du den Stammbaum des Kadi von Bir eigentlich kopiert?«

»Ja.«

»Zeig her.«

Der Scheich liest das Dokument halblaut von oben bis unten durch und zählt in Gedanken alle Vorfahren auf, die ihn vom Propheten trennen.

»Gott sei gelobt! Das ist sehr gut. Und außerdem ist es gut geschrieben. Wir müssen unsere Töchter in Frankreich studieren lassen. Dort hinten gibt es Geld, da gibt es Fleisch und vor allem gibt es dort Professoren.«

Bellal erklärt mir, daß seine Hauptwohnung, ein großes braunes Zelt, nicht dieses hier ist, sondern daß es drüben in den Zeltlagern von Iguetti steht. Er erzählt mir auch, daß er ein Haus in Aïn ben Tili und ein weiteres in Tinduf besitzt.

»Haben heutzutage viele Rgaybat ein Haus?«

»Die meisten. Sie ziehen dort ein, wenn es keine Weideplätze mehr gibt, und verlassen es wieder, sobald dies möglich ist.«

»Was machen die Leute mit ihren Herden, wenn sie in der Stadt sind?«

»Die Herden befinden sich mit einem Hirten im *azib*[2]. Sie können sehr weit weg sein, sogar ganz im Süden von Mauretanien. Wenn es hier regnet, kommen sie wieder heraufgewandert, und sobald die Kamelstuten da sind, brechen die Leute mit ihren Zelten auf.«

»Warum hast du zwei Häuser?«

»Um dort zu wohnen, wenn ich Lust dazu habe.«

»Was machst du mit ihnen, wenn du nicht darin wohnst?«

»Ich vermiete sie.«

»Wenn du sie vermietest, kannst du doch nicht darin wohnen.«

»Doch, weil ich sie nur jeweils für zwei, drei Monate an immer andere Leute vermiete. Ich lasse nie zu, daß sich eine Familie endgültig darin niederläßt.«

»Vermietest du sie an Rgaybat?«

»Rgaybat oder nicht, das ist mir egal. Hauptsache ist, daß sie zahlen. Immerhin, wenn es keine Rgaybat sind, melde ich das Ganze dem Büro.«

»Dem Bezirkskommandanten?«

»Ja, ich erkläre, daß dieser oder jener für soundso lange in Bellals Haus wohnt.«

»Was machst du, wenn du dort wohnen willst und jemand anders befindet sich darin?«

»Die Insassen machen mir dann Platz. Wenn ich zum Beispiel nach Tinduf zum Amoggar[3] gehe, bleibe ich dort vierzehn Tage und brauche mein Haus. Wenn meine Mieter Rgaybat sind, haben sie ein Zelt. Darin richten sie sich solange ein. Wenn es keine Rgaybat sind und nicht Platz machen wollen, werfe ich sie ganz einfach endgültig hinaus. Wenn ich nur für ein, zwei Tage auf der Durchreise bin, übernachte ich bei Freunden.«

Ich notiere alle Vokabeln, die in der Unterhaltung vorkommen und die mir unbekannt sind, in mein Heft. Ich versuche, ihre Bedeutung zu erraten, und Bellal hilft mir dabei, so gut er kann. Weil ich weiß, wie sehr alle Mauretanier nach Informationen dürsten, krame ich in der Absicht, ihm eine Freude zu machen, mein kleines Transistorradio hervor und versuche, den nationalen Rundfunk hereinzubekommen.

»Saviya, du hast ein Radio! Was für ein Glück! Aber Vorsicht, psst! Du darfst den mauretanischen Sender nicht einschalten, wenn die beiden anderen Männer dabei sind, weil sie jünger sind als ich. Sie wären gezwungen, sich zu entfernen, und das wäre beschämend für mich.«

»Warum sollten sie die Flucht ergreifen?«

»Weil man im Radio manchmal gewisse Dinge hört, die man sich nicht gemeinsam anhören kann, aber vor allem ist es wegen der Musik der *griots*. Bei jeder anderen Musik ist das ohne Bedeutung.«

»Selbst bei der arabischen Musik?«

»Nur die Musik der *griots* kann man sich nicht gemeinsam anhören.«

»Aber die ägyptischen Lieder sprechen doch von nichts anderem als von Liebe.«

»Solange es nicht auf *Hassanije* ist, ist das ohne Bedeutung.«

Sobald die Herden gegangen sind, führen die drei Männer ein nicht enden wollendes Ballett auf. Kaum hat sich Bellal entfernt, kommen auch schon die beiden anderen angerannt und schalten schnell den mauretanischen Rundfunk ein. Mit ekstatischen Seufzern und verträumten Blicken hören sie den Gesängen zu. Dann raunt plötzlich einer flüsternd:

»Achtung, da kommt Bellal!«

Hastig schalten die beiden Männer das Radio aus und erstarren, schlagen die Augen nieder und murmeln die heiligen Worte, um ihre Fassung wiederzuerlangen. Bellal fällt nicht darauf herein. Er verstellt sich. Auch er hofft, die Sendung hören zu können. Eine Weile bleiben sie alle drei so sitzen, den Blick in die Ferne gerichtet.

»Lob sei Gott.«

Wird er wieder gehen? Nein, es sieht ganz so aus, als wolle er bleiben. Die beiden Nachbarn können nur noch wie begossene Pudel abziehen. Vorbei ist es mit den Freuden der Musik. Wir folgen ihnen mit den Augen, bis sie hinter den Felsen verschwinden.

»Sie sind fort. Schnell, Saviya, schalte wieder ein!«

Der Morgen verstreicht mit solchen Versteckspielchen, die sich um mein Radiogerät drehen. Für sie ist das allerdings kein Spiel. Das Schamgefühl ist eine ernste Angelegenheit. Man darf es nicht auf den Komplex komplizierter, obligatorischer Regeln reduzieren, um den es sich auf den ersten Blick zu handeln scheint. Es betrifft auch ein tiefempfundenes Gefühl, einen subtilen sozialen Kontext, der hier den Reichtum zwischenmenschlicher Beziehungen ausmacht, eine Verfeinerung, die in krassem Gegensatz zu der Armseligkeit der Natur steht. Die Kunst einer Zivilisation, deren materieller Ausdruck fast nicht wahrzunehmen ist.

Die Herden befinden sich auf den Weideplätzen, es gibt nichts zu tun. Etwa um sieben Uhr morgens hat Bellal das Vieh und die Aufgaben zwischen den drei Hirten verteilt. Ich bin ihm auf den höchsten Hügel hinauf gefolgt. Lange hat er die uns umgebende, ungeheure Weite mit den Augen abgesucht und dann die jeweils einzuschlagende Richtung bestimmt.

»Du, du gehst dort hinten hin. Und du da lang.«

Er hat seine Sklaven mit Ermahnungen eingedeckt, den Zustand der Tiere überprüft, die Herden aufgeteilt. Das Mädchen hat sich mit den Ziegen entfernt, nachdem es sich eine Handvoll Datteln in die Tasche seiner zerrissenen Jacke gesteckt hat. Die Mutter hingegen ist mit den Schafen aufgebrochen, während sie das kleine, magere Kind, das sie entwöhnen muß, im Zeltlager zurückläßt. Die Kamelstuten sind in entgegengesetzter Richtung gen Osten aufgebrochen.

»Wo geht er hin?«

»Er geht zu einem Weideplatz, etwa drei Stunden zu Fuß von hier.«

»Drei Stunden zu Fuß, wie viele Kilometer sind das?«

»Etwa fünfzehn Kilometer. Interessierst du dich für die Kamele?«

»Ja.«

»Ich werde dir alles über Kamele beibringen. Alles. Es ist nicht schwierig, du wirst schon sehen.«

Sehr bald entdecke ich, daß dieser kleine und weit von allen Pisten entfernt liegende Teil der Wüste unglaublich belebt ist. Ständig kommt jemand vorbei. Natürlich Männer, die von einem Zeltlager zum nächsten wandern, die aus dem Süden kommen, um in den Norden zu gehen, oder aus dem Osten, um nach Westen zu gelangen. Vom äußeren Erscheinungsbild her unterscheiden sie sich erheblich: Im allgemeinen sind sie deutlich robuster als die Mauren des Südens, ihr Haar ist oft struppig, manchmal dunkelblond, zu einem kurzen, mittelalterlichen Pony geschnitten, und einige haben seltsam blaßgrüne Augen. Allein im Laufe meines ersten Tages kommen hier mehr Leute durch als in Aïn ben

Tili während einer Woche. Hier wartet man nicht, hier lebt man.

Draußen erklingt ein Schrei.

»Da kommt ein Wagen!«

Eilig verläßt Bellal das Zelt. Ich folge ihm, als er den Granitfelsen hinaufklettert, der im Norden des Zeltes sanft ansteigt.

»Das sind Leute aus Iguetti. Willst du einmal durchschauen, Saviya?«

Mein Gastgeber vertraut mir einen schweren Feldstecher an, der dem von Abou Jafar ähnelt. Für einen kurzen Augenblick schweifen meine Gedanken nach Paris ab. Das geliebte Wesen erscheint vor meinem inneren Auge, und ich kann nicht umhin, es heraufzubeschwören.

»Mein Gatte hat den gleichen Feldstecher wie du.«

Bellal blickt sich besorgt um. Nein, keine Sorge, es ist niemand in der Nähe. Niemand hat diese Schlüpfrigkeit gehört, die ich mit gleichmütiger Stimme vorgebracht habe. Daraufhin durchbohrt er mich mit einem Blick, in dem gleichzeitig Erstaunen, Verwirrung und ein leicht anzügliches Entzücken zu lesen sind. Noch einmal wendet er den Kopf, um sich zu vergewissern, daß kein Ohr unsere Worte hören kann, dann kann er dem Vergnügen nicht widerstehen, mich noch einmal das Unaussprechliche sagen zu hören.

»Wer?«

»Mein Gatte.«

Diesmal schenkt mir der Scheich ein offenes Lächeln, und sein Blick flackert etwas weniger. Plötzlich verstehe ich. Schon wieder diese Geschichte mit dem Schamgefühl. Daß eine junge Frau vor ihm das Wort »Gatte« ausspricht, ist schlimmer als ein ordinärer Witz. Das schockiert und entzückt ihn zugleich.

»Ach! Das hatte ich wieder vergessen. Bei euch gehört es sich nicht, so etwas zu sagen, nicht wahr?«

»Nein, nein, nein. Das macht nichts. Vor mir brauchst du dich nicht zu genieren. Du mußt nur aufpassen, solche Dinge nicht vor den anderen zu sagen.«

Bellal kichert vor Freude. Das versetzt ihn ein bißchen in seine Jugend zurück. Es ist nicht lustig, alt zu werden: Die jungen Männer schlagen die Augen vor einem nieder, alle unterbrechen ihre Scherze und ihre Spiele, und man muß ständig seriös sein. Es ist hier fast unmöglich, zu lachen, wenn man erst einmal ein gewisses Alter erreicht hat. Sehr viele Dinge sind verboten, und da jeder ständig jeden beobachtet, ist man immer auf der Hut, muß seine Zunge hüten und sich entsprechend benehmen. Und da blickt ihm nun diese kleine *Nasraniya*, die Arabisch schreibt wie in den Büchern, geradewegs in die Augen und erzählt von ihrem Gatten! Und geniert sich dabei noch nicht einmal! Was für eine Geschichte! Die Aussicht auf einen gebildeten Gesprächspartner weiblichen Geschlechts, die seine Tochter sein könnte und die frei daherredet, verheißt nur Gutes in dieser Gegend, in der der Wind der Revolution bläst.

Denn er bläst, der Wind der aufständischen Jugend: Die Sahraouis sind ganz in der Nähe. Sie haben ihre Lager im Südosten in den Bergen versteckt und kommen öfter hier vorbei, wenn sie Neuigkeiten erfahren oder erzählen wollen, wenn sie etwas brauchen, oder wenn sie weiter westlich in den Kampf ziehen.

Die Neuankömmlinge sind Vettern aus Iguetti[4], Leute in fortgeschrittenem Alter, die im Zelt Platz nehmen. Die *bénia* wird als zentrale Trennwand herabgelassen, so daß zwei neue Bereiche geschaffen werden: der männliche im Osten und der weibliche im Westen. Was man auf diese Weise errichtet, ist keine Mauer, die dazu bestimmt wäre, die Frau zu verbergen, sondern man spannt nur den Schleier des Schamgefühls auf zwischen denjenigen, die nicht das Recht haben, sich von Angesicht zu Angesicht gegenüberzusitzen. Im weiblichen Teil bereitet Draija mit einer jüngeren Frau den Reis zu. Sie würzt mit Safran, aber nicht mit Salz.

»Du tust Safran an den Reis? Das habe ich noch nie gesehen.«

»Man benutzt ihn bei gewissen Rgaybat des Nordens, den Lgwasim. Wir sind Lgwasim, mußt du wissen.«

»Woher kommt der Safran?«

»Wir kaufen ihn auf dem Markt von Tinduf, während des Amoggar. Kennst du den Amoggar?«

»Nein, aber ich habe schon viel davon gehört und hoffe, einmal hingehen zu können.«

»Du mußt hingehen, das ist sehr schön.«

»Ihr mögt auch kein Salz?«

»Nein.«

»Siehst du, ich habe da einen kleinen Beutel mit Salz.«

»Du kannst auf deiner Seite salzen, wenn du willst. Wenn du kein Salz mehr hast, holen wir welches in einer *sebkha*[5] hier ganz in der Nähe.«

»Und das Wasser? Woher bekommt ihr das Wasser?«

»Wir gehen zum Brunnen, aber das Wasser ist salzig.«

»Ist es weit bis zum Brunnen?«

»Nein, etwa drei Stunden zu Fuß. Wir benutzen das Wasser des Brunnens zum Kochen und um uns zu waschen oder um den Kochtopf und die Schüsseln damit zu spülen. Zum Trinken nehmen wir lieber das Wasser von Iguetti, weil es süß ist.«

»Bis nach Iguetti ist es sehr weit.«

»Es besuchen uns oft Leute, Verwandte von uns. Unser Zelt

da hinten ist nämlich sehr groß, mußt du wissen. Das hier ist nur ein kleines Zelt für die Weideplätze. Unser wirkliches Zelt steht da hinten. Iguetti ist viel besser. Zunächst einmal gibt es dort Süßwasser, und vor allem sind da viele Menschen. Aber die Herden müssen hierbleiben.«

Nach dem Mittagessen, das wir getrennt einnehmen, lädt Bellal mich auf die Seite der Männer ein. Ich glaube, alle Rgaybat der Gegend wissen jetzt, daß ich hier bin und was ich hier vorhabe. Deshalb muß man meine Anwesenheit nicht mehr erklären. Man liest den Stammbaum wieder durch, der von Hand zu Hand wandert, man erzählt sich Geschichten von früher.

»Wenn ein Mann damals in den Stamm der Rgaybat eintreten wollte, mußte er sein Gesuch der Versammlung der Männer unterbreiten. Wenn die Wahl zu seinen Gunsten ausfiel, händigte man ihm ein Papier aus, eine Bescheinigung, die bewies, daß er wirklich in den Stamm eingetreten war.«

»Gab es eine Zeremonie?«

»Bei Gott, ja! Eine schöne Zeremonie. Man mußte ein Schaf schlachten oder manchmal sogar ein Kamel.«

Die Männer aus Iguetti sind begierig darauf, die Neuigkeiten von der Front zu erfahren, die fern aller Pisten am besten zirkulieren. Bellal zieht einen Zettel aus der Tasche seines *boubou*. Es handelt sich um ein revolutionäres Gedicht, das er seinen Gefährten mit schwungvoller Stimme vorliest. Man geißelt darin den Imperialismus. Alle seufzen. Die Sprache ist schön, die Ideen laden zum Träumen ein. Da ich nicht alles verstanden habe, übernimmt es ein alter Mann, mir einiges zu erklären, aber ihm fehlen mehrere Zähne, und er spricht zu schnell. Allerdings ist das nicht weiter schlimm, weil ich weiß, daß Bellal mir den Zettel geben wird, damit ich ihn abschreiben kann. Ich werde ihn später danach fragen, woher er stammt und was er bedeutet. Ich habe Zeit, ich bin gerade erst angekommen.

Die Hitze läßt die Luft immer drückender werden. Es wird Zeit für den Mittagsschlaf. Allmählich verstummen die Gespräche, und die Körper sinken auf die Matte nieder. Sowohl bei den Frauen als auch bei den Männern schlummern bald alle ein. Ich nutze die Gelegenheit, um mich mit einer Feldflasche voll salzigem Wasser zu entfernen und drüben hinter den Felsen Körperpflege zu betreiben. Diesmal kleide ich mich im hellen Licht vollständig aus, um mit der Erde eins zu werden und mich zu waschen. Dann lasse ich mich von der heißen Luft trocknen, aufrecht stehend, die Blicke in die Ferne gerichtet, um mich rasch wieder anzuziehen, falls sich jemand nähern sollte. Die Sonne scheint glühend heiß. Ein seltsames Klima, das einen nachts vor Kälte zittern und bei Tage schwitzen läßt. Ich ziehe das Keid über, um ein paar Schritte zu gehen. Ich habe keine Lust zu schlafen, traue mich aber noch nicht, das Zeltlager zu durchstreifen. Ich sehe nirgends das kleine, magere Mädchen, wahrscheinlich döst es auch irgendwo, ganz allein, in einer kleinen Schattenblase. Auch ich muß lernen, mich in der heißen Tageszeit auszuruhen: Das ist die einzige Art, nicht unter der Hitze zu leiden.

Nach dem Mittagsschlaf kommt das Nachmittagsgebet. Dann ziehen die Männer aus Iguetti weiter. Die *bénia* wird hochgebunden, während Bellal mit seinen beiden Nachbarn eine Partie Dame anfängt. Das Spielbrett haben sie in den Sand gezeichnet; Stöckchen und getrockneter Kamelmist dienen als Spielsteine. Als sich die Sonne dem Westen zuneigt und die Kraft ihrer Strahlen nachläßt, steht die jüngere der beiden Frauen auf. Bisher habe ich im Zeltlager nur zwei Frauen gesehen: Draija, Bellals Frau, und die jüngere Jamila, die ihr bei der Arbeit hilft. Ich habe noch nicht herausgefunden, wessen Frau sie ist.[6] Vielleicht gibt es auch noch andere junge Frauen, die durch die Gesetze des Schamgefühls davon abgehalten werden, das Zelt des Scheichs zu betreten. Die werde ich später noch kennenlernen.

»Wo gehst du hin?«

»Holz suchen.«

»Kann ich dich begleiten?«

Wir wandern ziemlich weit. Ich bin barhäuptig unter den brennenden Strahlen. Es ist kein Zufall, daß man in den Militärberichten von der »Holzplackerei« spricht. Jamila muß hier und da niedriges Dorngestrüpp ausreißen, dessen Wurzeln tief in den Boden hinabreichen und dessen knorrige Äste die Hände verletzen. Sie hat eine kleine Schaufel mitgenommen, mit der sie die Wurzeln der Pflanzen freilegt. Man muß weit wandern und dabei den ganzen Weg kleine Haufen von verkrüppelten Zweigen zurücklassen, die wir auf dem Rückweg mit einer nagelneuen Nylonschnur zu einem dicken, dornigen Bündel zusammenschnüren. Dromedarreiter zeichnen sich am Horizont ab. Um sie besser beobachten zu können, schützt meine Gefährtin mit der Hand ihre Augen vor dem blendenden Licht.

»Das sind die Sahraouis.«

Jamila ist mollig. Sie hat sich abgequält, um so weit zu gehen, und quält sich noch mehr ab, um sich dieses gewaltige Reisigbündel auf den Kopf zu laden. Auf dem Rückweg zu den Zelten läuft ihr der Schweiß in Strömen herunter, und sie keucht unter der schweren Last. Da ich nicht weiß, was ich tun kann, um ihr nützlich zu sein, trage ich die Schaufel und wandere langsam hinter der stolpernden Gestalt mit der gigantischen Kopfbedeckung her.

Herrliche weiße Renndromedare mustern uns hochmütig

mit verächtlich blickenden Augen von durchscheinendem Blau, gesäumt von langen schwarzen Wimpern. Das sind die Reittiere der Sahraouis. Drei junge Männer sind gekommen. Neben dem Zelt haben sie Säcke mit Getreide und Mehl, einen großen Karton mit Tee und zwei schwere Satteltaschen aus bemaltem Leder abgeladen. Bestimmt kommen sie gerade aus der Stadt und befinden sich auf dem Rückweg zu den Lagern der Widerstandskämpfer, von denen man mir erzählt hat. Der älteste von ihnen führt Bellal hinaus, um sich draußen mit ihm zu unterhalten. In einem Zelt kann man einfach keine Vertraulichkeiten austauschen, dort gibt es überall Ohren: diejenigen, die man sieht, aber vor allem diejenigen, die man nicht sehen kann, hinter der *bénia* oder dem Zelttuch. Um frei miteinander sprechen zu können, ist es am besten, sich zu entfernen. Ein sehr junger Mann liegt ausgestreckt da, den Kopf in Draijas Schoß, während sie in dem dichten, lockigen Haarschopf zerstreut die Läuse sucht: man spendet einander Trost. Ich lege mich auf die Decke, die Bellal statt eines Teppichs über die Matte gebreitet hat, und trage einige Eindrücke in mein Reisetagebuch ein. Die Hitze hat abgenommen, aber die Fliegen scheinen plötzlich doppelt so lästig zu werden.

»Das sind Hmed und M'barek.«

Wieder treffen andere Leute ein. »Hier geht es wirklich zu wie auf den Champs-Élysées«, schreibe ich in mein Tagebuch.

Ich höre auf zu schreiben und döse auf der Matte vor mich hin, die Blicke in der Weite des Sandes verloren. Ich fühle mich wie gerädert. Zweifellos bin ich einfach noch nicht daran gewöhnt, auf dem Boden zu schlafen, nach ein paar Nächten wird das schon besser werden. Die Männer unterhalten sich immer noch über Politik, und die Teekanne summt auf dem Kohlenbecken. Man erwartet die Herden, weil die Sonne bald untergeht. In wenigen Minuten wird das Zeltlager aus seiner seligen Ruhe gerissen werden. Das kleine Mädchen wartet auf die Rückkehr seiner Mutter, hofft auf die Brust. Rufe: da sind sie. Jetzt ist keine Zeit mehr für Geschwätz. Bellal steht auf, um seinem Hirten entgegenzugehen, die Tiere zu untersuchen, sich danach zu erkundigen, in welchem Zustand die Weideplätze sind, wie der Tag verlaufen ist. Der junge Schwarze trifft lächelnd ein, gefolgt von dem Mädchen, das mit den Ziegen angehüpft kommt und uns mit vergnügter Miene vom Rande der Matte her begrüßt. Ich hoffe, bald einmal einen Tag mit einem von beiden verbringen zu können, oder vielleicht mit der Mutter, die schleppend hinter den Schafen hergeht, weil sie weiß, daß ihr das Gejammer ihres Kindes gleich wieder das Herz brechen wird. Man trinkt den kochendheißen Tee etwas schneller, weil die Tiere noch vor Einbruch der Nacht in den Pferch gebracht werden müssen. Beim Anblick der verbotenen Brust geht das Geschrei des Kindes wieder los, gefolgt vom Gezeter der Zicklein, die an die Zeltpflöcke festgebunden werden.

Die Sahraouis werden im Zeltlager schlafen, sie unterhalten sich noch vor dem Feuer. Allmählich wird es kalt, die Leute wirken ernst. Man spricht von den Spaniern und der sich verschlimmernden Lage, dort drüben, auf der anderen Seite der Grenze. Ich höre nicht mehr zu. Hier kann niemand meine Sprache sprechen und nach einem solchen Tag ist mein Verstand träge. Ich lasse die Worte vorbeiströmen, weil ich es ein wenig überdrüssig bin, zuzuhören, ohne alles zu verstehen.

Ich verbringe eine unbequeme Nacht, werde entweder durch die nächtliche Kälte oder durch die Hitze meines Daunenschlafsacks geweckt – zumindest denke ich das –, so daß ich am Morgen einfach nicht die Energie besitze, gleich beim ersten Wachruf aufzustehen. Ich bleibe noch eine Weile reglos liegen, höre zu, wie sich die Herden entfernen. Dann nehme ich mich zusammen, setze mich endlich auf, fest entschlossen, von nun an nach dem Rhythmus der Hirten zu leben. Im Zelt bietet man mir Tee an. Alles ist ruhig. Ich krame mein Heft heraus, um ein paar Zeilen zu schreiben. Die letzten Zeilen.

Das Ende
des Traums

»Geht es dir nicht gut, Saviya?«

»Nein, ich fühle mich nicht besonders. Mir ist kalt.«

Nie ist mir so kalt gewesen. Man breitet eine Decke über mich aus, dann eine zweite, schließlich eine dritte. Noch immer friere ich. Man fügt zuerst einen, dann noch einen zweiten staubigen Teppich hinzu, die zwar schwer auf mir lasten, aber ansonsten nicht helfen. Unter dem bleiernen Gewicht klappere ich mit den Zähnen, und endlose Stunden lang zittere ich in der Gluthitze wie Espenlaub. Langsam falle ich in ein großes, schwarzes Loch und verliere jede Empfindung für Zeit, Raum und Menschen. Ich höre, wie ein Wagen kommt, Stimmen, die sich beraten. Eine Hand auf meiner Stirn. Das ist Draija. Sie sitzt neben mir und spricht Verse aus dem Koran. Im Namen Gottes des Barmherzigen, der ganz Barmherzigkeit ist, im Namen Gottes des Barmherzigen, der ganz Barmherzigkeit ist … Verschwommen nehme ich besorgte Gesichter wahr. Sie darf uns nicht unter den Händen sterben. Im Namen Gottes des Barmherzigen, der ganz Barmherzigkeit ist … Jedesmal, wenn ich das Bewußtsein wiedererlange, geht mir, wie eine Litanei, ein Spruch meiner Mutter durch den Kopf: »Übertriff dich, aber überhole dich nicht.« Dabei habe ich genau den Eindruck, daß ich gerade dabei bin, mich selbst zu überholen. Nach mehreren Phasen der Bewußtlosigkeit überkommt mich das Gefühl von einer Bedrohung.

»Ich brauche einen Arzt.«

Diese Bitte ist absurd, aber ich muß einfach jemandem von diesem Überholen erzählen. An einem Ort wie diesem ringt man sich nur in äußerster Not dazu durch, um Hilfe zu rufen. Habe ich mich zwischen den Fieberanfällen nicht mehr als nach allem anderen auf der Welt danach gesehnt, daß mich jemand abholt? Ich verfluche mich selbst, weil ich den Wagen habe weiterfahren lassen, ohne etwas gesagt zu haben, als es noch Zeit gewesen wäre. Man reicht mir ein bißchen sandiges Wasser, und schon packt mich wieder das Fieber. Von Zeit zu Zeit werde ich durch meine eigene Stimme aufgeschreckt, dann versinke ich wieder, erschöpft von der Anstrengung, um mit einer Bewegung der Hand die Fliegen zu verscheuchen, die sich auf meine Lippen gesetzt haben. Plötzlich diese Schreie, das Kind, die Zicklein hinter dem Zelttuch. Schon Abend? Ich habe den Eindruck, als hätte man das Zelt umgedreht, die ganze Welt kippt.

Die Nacht ist schwarz, und auf die Schreie ist Stille gefolgt. Ich erwache aus diesem langen Alptraum. Das Fieber ist gefallen. Ich schäle mich aus den Teppichen und Decken und sauge die Abendluft ein.

»Ich glaube, es geht mit besser.«

»Gott sei gelobt, Saviya! Gott sei gelobt! Hast du uns einen Schreck eingejagt!«

»Ich lege mich schlafen. Dort hinten kann ich besser liegen.«

Draija begleitet mich bis zu meinem Campingzelt, wo ich mich auf den Schlafsack fallen lasse. Ich nehme alle verbliebenen Kräfte zusammen, um das Thermometer zu suchen. Ich muß einfach Gewißheit haben, mich davon überzeugen, daß das Fieber wirklich gefallen ist. Vierzigeinhalb Grad Celsius. Für einen Moment liege ich völlig verblüfft und mit leerem Kopf da und starre auf die Quecksilbersäule. Wie hoch ist das Fieber bloß gestiegen, daß ich den Eindruck habe, bei knapp über vierzig Grad zu neuem Leben zu erwachen?

Mitten in der Nacht nähert sich ein Lastwagen. Ich höre Stimmen, Gespräche, das Schlurfen von Füßen im Sand direkt neben mir.

»Der Friede sei mit dir.«

»Der Friede sei mit euch.«

Ich öffne den Reißverschluß und schaue hinaus. Vor mir steht der Scheich mit einem Dutzend Sahraouis in *Dschellaba* und mit geschultertem Gewehr.

»Saviya, der *toubib*.«

»Was?«

»Der *toubib*, steh auf.«

Ist es möglich, daß Bellal einen Arzt aufgetrieben hat? Dabei weiß ich, daß es im Umkreis von mehreren hundert Kilometern keinen gibt. Selbst in Aïn ben Tili, selbst in Bir Moghrein gibt es keinen. Ich winde mich aus meiner unbequemen Unterkunft heraus und stehe einem sehr jungen Mann gegenüber, der das lange, leicht krause Haar nach Art der früheren Krieger über dem Kopf hochtoupiert hat. Er spricht mich auf spanisch an.

»Ich spreche kein Spanisch, du mußt *Hassanije* mit mir reden.«

»Was ist mit dir los? Angeblich bist du krank?«

»Ich weiß nicht, was ich habe. Ein heftiges Fieber. Vielleicht habe ich einen Sonnenstich bekommen, als ich gestern mit der Frau Holz sammeln gegangen bin.«

Der *toubib* ist kein echter Gelehrter, aber er hat Medikamente. Er schlägt vor, mir eine Penizillinspritze zu geben. Warum nicht? Das kann nicht schaden. Wer weiß, das Fieber ist so schlimm gewesen. Während er seine Gerätschaften zurechtlegt, zieht sich der Ring der umstehenden Burschen enger zusammen. Unter den Turbanen hervor betrachten mich zehn schwarze, glänzende, halb interessiert, halb mitleidig blickende Augenpaare zunächst nur mit einer ganz natürlichen Neugier, die plötzlich aber in einem solchen Maße zunimmt, daß mir auf einmal klar wird, was die jungen Männer so interessiert. Ich muß lachen. Bilden die sich etwa wirklich ein, daß ich mir vor versammelter Mannschaft die Röcke hochziehe, um meinen Hintern für die Spritze hinzuhalten? Mit einem Blick erfaßt Bellal die Gefährlichkeit der Lage und vertreibt die jungen Widerstandskämpfer mit weitausholenden Gesten, so als würde er eine Ziegenherde verjagen. Mein Gastgeber gibt sich wirklich alle Mühe, um auf meine Gesundheit und meine Ehre zu achten. Ich bleibe allein mit dem *toubib* zurück, der mich freundlich anblickt, die Nadel in der Hand, und darauf wartet, daß ich ihm meine Haut darbiete. Meine Kleidung ist mir auch heute nacht wieder von Nutzen, weil ich unter der langen, schwarzen Tunika eine Pyjamahose trage. Ich hebe die Tunika an, ziehe die Hose ein kleines bißchen herunter und enthülle lediglich die zwei Quadratzentimeter, die für das Spritzen nötig sind.

In der Hoffnung, daß mich dieses teuflische Fieber nun endlich verlassen wird, lege ich mich wieder hin und schlummere schließlich ein, in den Schlaf gewiegt von den Gesprächen der Männer, die nachts anscheinend nie schlafen, soviel reden sie. Allerdings muß man zugeben, daß die Abende in der Wüste so wundervoll sind, daß man einfach nicht anders kann, als sie dem Schlaf streitig zu machen.

Das Fieber, das für eine kurze Zeit zurückgegangen war, steigt am Morgen höher denn je. Ehe die Sahraouis wieder wegfahren, beeile ich mich deshalb, in der Hoffnung auf eine erneute Besserung, noch einmal eine Spritze zu bekommen. Der Lastwagen ist fort. Die Herden sind unterwegs zu den Weideplätzen und nach den Abschiedsrufen senken sich wieder Ruhe und Frieden über das Zeltlager. Ich nehme die neue Decke, die Salek mir gegeben hat, und lasse mich in dem Wollzelt nieder, ganz weit hinten, möglichst tief im Schatten, dort wo ein kleiner Luftzug unter dem Zelttuch durchkommt, denn jede Lebensfreude hat mich verlassen, und ich fürchte mich vor der Nachmittagshitze. Alles geht schief. Mein ganzer Körper ist in Aufruhr geraten. Er blutet gegen den Strom, schreit tonlos nach allen Seiten, bis an die Oberfläche der Haut, die ständig kribbelt, von den Zehenspitzen bis in die Haarwurzeln. Das Emporwandern der Sonne in den Zenit läßt meinen Körper zusammenschrumpfen, sich zusammenziehen. Ich rolle bis an den Rand der Matte, weg vom Tageslicht, auf der Suche nach jenem kostbaren Lufthauch. Ein ungeheurer Ekel vor Nahrung packt mich.

Mehrere Tage lang bleibe ich liegen, fiebernd, ohne daß ich etwas anderes zu mir nehmen könnte als dieses sandig schmeckende Wasser, das mir schwer und unverdaulich vorkommt. Doch der Kopf hält durch. Letztendlich ist das nur ein Fieberanfall, und das Schlimmste ist überstanden, irgendwann muß es ja aufhören. Wegen so einer Kleinigkeit werde ich doch nicht aufgeben. Die Leute gewöhnen sich an meine reglose Anwesenheit, und das Leben geht weiter. Man kommt zu Besuch, man unterhält sich, man geht wieder. Die *bénia* ist jetzt ständig herabgelassen, um mich vor den Blicken der Besucher zu schützen, aber ungewollt habe ich das Leben der Leute völlig umgekrempelt. Da ich bei Salek daran gewöhnt war, mich im Zelt in den Bereich der Männer, das heißt in die östliche Hälfte, zu setzen, lasse ich mich auch hier jeden Morgen automatisch dort nieder. Das ist nicht weiter ungewöhnlich, da der männliche Bereich tagsüber auch als Wohnzimmer dient, in dem man Fremde empfängt. Also liege ich als Fremde auf der Matte, als Fremde oder als Mann, und die Besuche werden von nun

451

an in dem Bereich der Frauen empfangen. Denn der Raum, den ich einnehme, hat sich nun, obwohl er im Osten liegt, in den privatesten weiblichen Bereich verwandelt, den es überhaupt geben kann: denjenigen einer leidenden Frau, selbst wenn es sich dabei um eine Fremde handelt. Von all dem merke ich nichts, und es sagt mir auch keiner etwas. Meine Gastgeber stellen lieber ihre Gewohnheiten um, als daß sie mich auffordern würden, mich auf die andere Seite zu setzen. Bellal erkundigt sich regelmäßig nach mir, wobei er betrübt auf eine Besserung wartet. Die Frauen sind längst nicht so barmherzig: Ich höre sie murmeln. Sie bringen mir Wasser, wenn ich zu trinken verlange, allerdings ohne Zuneigung. Sie mögen mich nicht. Warum sollten sie mich auch mögen? Wir haben nicht genug Zeit gehabt, einander kennenzulernen. Für sie bin ich nur ein Klotz am Bein. Ich bin ein Problem. Ich störe sie.

Eine einzige Person steht mir in meiner Not bei. Eine kleine, ebenfalls durch die Gewalt des Lebens aus der Bahn geworfene Person: das kleine Mädchen, die den ganzen Tag über sich selbst überlassene Sklavin von achtzehn Monaten. Manchmal nähert sie sich dem Zelt, geht spontan zu den beiden Frauen hinüber, die, solange die Männer nicht da sind, auf der anderen Seite des Vorhangs auf der Matte sitzen, aber dort stößt man sie zurück. Man bringt ihr bei, Distanz zu wahren, sie hat kein Recht, sich dort aufzuhalten. Und dann richtet man sie ab.

»Bring dies her. Bring das her. Verschwinde!«

Von Zeit zu Zeit schiebt man ihr eine Kalebasse mit einem Rest von kaltem Reis zu, wobei sie ganz allein lernen muß, ihn mit ihren schmutzigen Fingerchen herauszukratzen, wenn der Hunger sie quält. Sie ist schwach, ihr Körper hat sich nicht normal entwickelt, und ihr Kopf wirkt viel zu groß für ihre schmalen Schultern. Große, blauumrandete Augen blicken aus einem knochigen Gesicht, Augen ohne Freude und bereits ohne Auflehnung, Augen, in denen man die Furcht liest, zurückgestoßen zu werden, vermischt mit einem »Warum?«, das mir das Herz bricht. Von den Frauen vertrieben, wandert sie um das Zelt herum. Durch einen Spalt des Zelttuchs, das hochgeschlagen ist, damit ich Luft bekomme, fixiert sie mich, ohne etwas zu sagen. Wir schauen uns stumm an. Lange. Sie hockt sich auf die Fersen, um mich besser beobachten zu können. Was liest sie in meinen Augen, was zieht sie so zu mir hin? Sie ist draußen, ich bin drinnen. Ich strecke ihr die Hand entgegen, aber nicht wie ein Erwachsener, der ein unglückliches Kind trösten möchte. Ich bin das verlorene Kind und dieses kleine schweigende Mädchen ist mein Trost. Mein Blick klammert sich an ihrem fest, und sie ergreift die ausgestreckte Hand. So bleiben wir stundenlang, versteckt, Hand in Hand, mit unserer gemeinsamen Not, und schauen uns an, ohne etwas zu sagen. Es gibt nichts zu sagen. Alles ist gesagt.

Eines Nachmittags, als ich mich wieder vor der Hitze in den Schatten verkrochen habe, merke ich plötzlich, daß ich keinen Speichel mehr habe und daß meine Zunge anschwillt, bis sie mir am Gaumen klebt wie ein Weichtier am Felsen. Sie erstickt mich, ich muß ersticken. Entsetzt richte ich mich auf und versuche zu rufen. Aus meinem Mund dringt nur ein unbestimmter Laut. Zum Glück wird er gehört. Man bringt mir eine Kalebasse mit Wasser, die ich gierig trinke, ohne mir auch nur zum Luftholen Zeit zu nehmen, bis das Gleichgewicht wiederhergestellt ist. Ist es das, was man Austrocknung nennt, dieses gräßliche Gefühl, an seiner eigenen Zunge zu ersticken? Das Grauen ist zu stark, ich muß es hinausschreien. Schließlich beginne ich zu weinen, zu weinen, zu sagen, daß ich fortgehen möchte, nach Frankreich zurückkehren, einen Arzt sehen, nach

Hause gehen. Besorgt eilt Bellal herbei. Er packt mich bei den Schultern und schüttelt mich, um mich zu beruhigen. Aus Angst, ich könnte ihn falsch verstehen, beginnt er gleichzeitig so zu brüllen, daß mir Speicheltröpfchen ins Gesicht spritzen.

»Beruhig dich, Saviya! Hör auf! Ich bin wie dein Vater! Ich bin dein Vater! Ich werde mich um dich kümmern! Ich werde ein Kamel ausschicken! Ich werde Salek holen!«

Nachdem die Nervenkrise vorbei ist, falle ich wieder auf meine staubigen Teppiche zurück. Anscheinend hat mir dieser Ausbruch gutgetan. Endlich habe ich zugegeben, daß ich nicht länger durchhalte. Einen Moment lang träume ich von Salek, stelle mir vor, was Kalidou und sein Freund, der Krankenpfleger, sagen werden, wenn sie mich in diesem Zustand ankommen sehen. Ich verlasse meinen Posten, ich desertiere. Zwei Tage verstreichen, ohne etwas Neues aus dem Norden zu bringen. Über meinem Kopf höre ich das Flugzeug der Geologen brummen. Sie fliegen nach Dakar, um dort auf den Markt zu gehen, um frischen Fisch und grünen Salat einzukaufen. Besorgt, weil sich diese Fastenkur nun schon so lange hinzieht, trägt der Scheich seiner Frau auf, mir *zrig* zu trinken zu geben, den ich aber sofort wieder erbreche. Ich vertrage nur Wasser.

Eines Morgens tauchen Sahraouis auf. Burschen, die ich noch nie gesehen habe und die auf Kamelen gekommen sind. Wie üblich liege ich in meiner Ecke hinter der *bénia*, Hand in Hand mit meiner kleinen Freundin, die draußen vor dem Zelttuch hockt. Während des Tages höre ich durch die Leinwand mit an, wie die Revolutionäre den Hirten die Großtaten der Revolution erklären. Sie schildern das entstehende Volk der Sahraouis als einen einzigen großen Stamm, der alle Familien in derselben Solidarität und im selben Kampf vereinen wird, wobei jeder sein Stückchen Land, seine so teuer eroberten oder angelegten Brunnen und die Weideplätze in einen gemeinsamen Topf einbringen soll. Man schafft die Grenzen zwischen den Hirtenvölkern ab, und man unterwirft sich den absurden Linien, die die Franzosen und Spanier eines Tages über eine jungfräuliche Landkarte gezogen haben, weil dies das einzige ist, was nicht angezweifelt werden kann. Man hebt eine Nation aus der Taufe, und das ist etwas Herrliches. Doch als ich die versammelten Männer, vom Redner mitgerissen, alt und jung vereint, zum dritten Mal fröhlich »Nieder mit dem Faschismus«, »Zur Hölle mit Franco« und »Es lebe die Revolution« singen höre, geht es schließlich mit mir durch:

»Ich habe es satt, hören zu müssen, wie man an einem Ort, an dem es Sklaven gibt, ›Nieder mit dem Faschismus‹ schreit!«

In einer letzten Aufwallung von Höflichkeit gegenüber meinem Gastgeber habe ich Französisch gesprochen, so daß mich nur der Sahraoui verstanden hat. Übrigens habe ich mich auch an ihn gewendet, weil ich weiß, daß er mich verstehen kann: Er hat mich in meiner Sprache begrüßt. Ich habe den Kopf hinter dem Vorhang hervorgesteckt und durchbohre ihn mit einem anklagenden Blick. Bedrückt senkt er den Kopf, während die älteren Männer um ihn herum ungeduldig werden:

»Was hat sie gesagt?«

»Was hat sie gesagt?«

Der junge Mann muß erst einmal schlucken, da er nicht weiß, was er sagen soll. Immerhin habe ich ihm ein Hintertürchen offengelassen, so daß er eine »Übersetzung« herunterstottern kann, die kaum etwas mit meinen Worten zu tun hat. Dann antwortet er mir mit sanfter Stimme und zu Boden geschlagenen Augen:

»Wir können nicht, Saviya, darüber können wir nicht mit

ihnen sprechen. Dazu ist es zu früh. Wir brauchen ihre Unterstützung. Wir können nicht, noch nicht …«

Eines Abends kommt dann endlich der Lastwagen der Widerstandskämpfer zurück. Ich treffe den jungen *toubib* mit dem langen, krausen Haar wieder, der zusätzlich zu seiner Waffe auch eine Medikamententasche mit sich herumträgt.

»Geht es dir immer noch nicht besser?«

»Wie du siehst, geht es mir nicht besonders.«

»Was glaubst du, was du hast?«

»Ich weiß es nicht.«

Vor der Sturmlaterne wird die dürftige Apotheke ausgepackt.

»Ich kann dir eine Spritze setzen wie beim letzten Mal, aber ich habe kein Penizillin mehr. Ich habe das da, wenn du willst.«

»Was ist das?«

»Ich weiß nicht. Schau selbst.«

Ich nehme die kleine Schachtel und versuche, die auf Spanisch und Arabisch geschriebenen Angaben zu entziffern. Ich glaube, daß es sich um ein Antibiotikum für Kinder handelt. Draußen herrscht der allabendliche Lärm, man ist mit den Herden beschäftigt. Der Lärm hindert mich daran, einen klaren Gedanken zu fassen.

»Das ist besser als nichts.«

In diesem bettelarmen Land ist man felsenfest davon überzeugt, eine Spritze sei das Wundermittel gegen jedes Übel. Man zweifelt an der Wirksamkeit von Tabletten oder Säften, aber man glaubt eisern an die Heilkraft von Spritzen. Ich richte mich halb auf, und der junge Mann setzt mir die Spritze, nachdem er Gott angerufen hat, daß das Mittel wirken möge. Zweifellos bin ich sehr schwach, mein Körper hat schon so viele Tage keine Nahrung mehr zu sich genommen, deshalb läßt die Reaktion auch nicht lange auf sich warten: Ich falle in Ohnmacht.

Bei Medikamenten kennt sich der junge Arzt vielleicht nicht besonders gut aus, aber er ist sehr geschickt darin, mich wieder zu Bewußtsein zu bringen und dafür zu sorgen, daß ich es bleibe. Er stützt mich im Nacken und zwingt mich, zu reden, meinen Verstand zu betätigen, wach zu bleiben. Draußen versammeln sich die Männer und beraten. Diesmal wird es ernst, ich werde draufgehen, wenn ich hierbleibe, und man hat immer noch nichts von Salek gehört. Trotz der Drohung, die auf ihnen lastet, trotz des ihnen auferlegten Verbots, mauretanischen Boden zu betreten, trotz des Risikos, das es für sie bedeuten würde, die Militärbehörden dieses Landes aufsuchen, und trotz des Benzins, das sie dabei vergeuden müssen, beschließen die jungen Krieger, mich nach Aïn ben Tili zu bringen.

»Hier kannst du nicht bleiben. Wir bringen dich zurück. Steh auf und pack deine Sachen.«

Die Hoffnung auf Rettung verleiht mir die nötige Energie, um das zusammenzuraffen, was ich für meine letzten Kräfte halte. Mit Draijas Hilfe schleppe ich mich zum Campingzelt und stopfe meine Sachen, so gut es geht, in heillosem Durcheinander in den Seesack und in den Koffer. Die Frau untersucht alles, was ihr in die Hände fällt, neugierig auf all die Dinge, die sie noch nie gesehen hat. Sie stellt Fragen, hält mich nur auf. Ich habe nicht die Kraft, mich in langen Erklärungen zu verlieren, und murmele nur einige vage Antworten. Ich schenke ihr einen Teil meines Materials, all das, was in einem Zeltlager von Nutzen ist und was ich nun nicht mehr brauchen kann. Dann kehre ich wieder zur Matte zurück, ein wenig gestärkt durch die Aussicht, bald fortgehen zu können.

Der Zeitpunkt ist noch nicht gekommen. Der Lastwagen ist

irgendwohin gefahren, und wir müssen mehrere Stunden lang auf ihn warten. Er kehrt mit anderen Widerstandskämpfern zurück. Fahren wir jetzt endlich? Nein, noch nicht. Draußen wird ein Feuer angezündet, man macht Tee, man muß essen und dann wieder reden und reden. Ich verzehre mich vor Ungeduld. Der Arzt ist an meiner Seite geblieben, um auf mich achtzugeben. Ich unterscheide die Geräusche einer endlosen Diskussion. Dann betritt derjenige, der der Anführer der Truppe zu sein scheint, das Zelt. Wird er das Signal zum Aufbruch geben?

»Saviya, wir haben gut überlegt. Heute abend können wir dich nicht mitnehmen, weil wir Arbeit haben. Wir nehmen dich morgen früh mit.«

»Arbeit. Ihr habt Arbeit!«

Wovon redet er? Er schaut mich mit großer Sanftmut an und sagt mir, daß er Arbeit hat. Was kann das für eine Arbeit sein? Der *toubib* neben mir hat die Augen niedergeschlagen. Die anderen sind nähergekommen und schweigen, angespannt und beschämt. Die Flamme der Lampe wirft ein flackerndes Licht auf die bekümmerten Gesichter, auf all die Turbane, die drapierten Stoffe, die schwarzen Augen und auf diesen jungen Mann am Rande des Zeltes, der mir, das Knie auf die Matte gestützt und das Maschinengewehr über die Schulter gehängt, sagt, daß er Arbeit hat, und der so wunderschön ist. Plötzlich verstehe ich, um was für eine »Arbeit« es sich handelt. Es stimmt ja, daß ich es mit Revolutionären zu tun habe, und von hier aus werden die Guerillaoperationen gegen die spanischen Truppen gestartet.

»Ihr versteht nicht, ich werde niemals bis morgen durchhalten. Ich werde im Schlaf das Bewußtsein verlieren und nie wieder aufwachen. Das ist kein Theater …«

»Heute abend müssen wir eine dringende Arbeit erledigen. Vor morgen früh können wir dich nicht mitnehmen.«

Der junge Mann betrachtet mich immer noch voller Mitleid. Aber er wird seine Meinung nicht ändern, das muß ich akzeptieren. Wenn man hierzulande keine Wahl hat, muß man sich in das Unvermeidliche ergeben. Angesichts all dieser stummen Blicke, rede ich in einer Sprache, die keiner von ihnen versteht. Auf Französisch sage ich etwas, wozu ich kein Recht habe.

»Es ist ja gut und schön, eine Revolution zu machen, ich bin auch für die Revolution, aber das ist noch kein Grund, andere sterben zu lassen.«

Dann verkrieche ich mich wieder unter meiner Decke, vielleicht erleichtert durch meine letzten Worte. Plötzlich fühle ich mich seltsam ruhig, als hätte ich die nötigen Kraftreserven geschöpft, um das Warten durchhalten zu können. Ohne Bitterkeit höre ich, wie die Autotüren schlagen, die letzten Rufe erschallen und der Lastwagen über die Düne holpert. Einem finsteren Schicksal entgegen?

»Saviya, schläfst du?«

»Du bist hier! Du bist nicht fortgegangen! Gott sei gelobt!«

Die jungen Männer haben mir den Arzt zurückgelassen, der mir Gesellschaft leisten soll. Damit haben sie mir zugleich einen Beistand und ein Pfand gegeben. Sie werden zurückkehren, und er wird mir helfen, im Schlaf nicht das Bewußtsein zu verlieren. Aber auf einmal will Bellal, daß ich bei Draija auf der anderen Seite der *bénia* schlafe. Mich die ganze Nacht über in seinem eigenen Zelt mit einem jungen Mann zusammenzulassen, das wäre der Gipfel der Unanständigkeit, und mein Campingzelt ist bereits abgebaut worden. Ich weigere mich und klammere mich an den *boubou* des Arztes.

»Nein, ich will nicht. Ich will beim *toubib* bleiben.«

»Aber Saviya, er bleibt ganz in der Nähe, nur auf der anderen Seite der *bénia*, und ich werde auch da sein. Ich werde auf seiner Seite schlafen, zusammen mit dem Hirten.«

Tatsächlich ist noch ein maurischer Hirte bei uns. Den hatte ich gar nicht bemerkt. Er liegt ausgestreckt in seiner Ecke, am äußersten Ende der Matte, im weiblichsten und intimsten Teil, da jetzt ja alles umgekehrt ist, und wendet uns den Rücken zu, ohne sich weiter für unsere Probleme zu interessieren.

»Nein, ich will nicht. Ich will beim *toubib* bleiben.«

»Aber er ist doch gleich da, der *toubib*!«

»Ich will beim *toubib* bleiben.«

Bellal befindet sich in großer Verlegenheit, er weiß nicht, was er tun soll, um die Moral zu retten. Für einen Wüstenbewohner ist die Moral etwas sehr Wichtiges, aber meine Halsstarrigkeit ist so groß, daß er, um mir meinen Gefährten zu entziehen, auf seine Autorität pochen müßte, was wiederum einem anderen Aspekt der Ethik der Beduinen widerspräche, nämlich dem Gesetz der Gastfreundschaft. Darüber hinaus bin ich krank. Wenn ich mich bester Gesundheit erfreut hätte, hätte er mir gesagt oder mir sagen lassen, daß sich so etwas nicht gehört, und wenn ich danach weiterhin stur geblieben wäre, hätte er mich hinausjagen können. Oder er hätte den anderen verjagt. Ich wäre auf das Niveau leichter Frauen gesunken und hätte die Konsequenzen für das Ganze tragen müssen. Das alles weiß ich, aber ich lasse mich gehen, meine Kultur gewinnt wieder die Oberhand. Ich habe einfach nicht mehr die Kraft, mich den harten Gesetzen der Nomadengesellschaft zu unterwerfen. Weil mich wegen einer seltsamen Krankheit alle physischen Kräfte verlassen haben, kann ich mir keinen Zwang mehr antun. Meine Erziehung hat mir nicht jene Zurückhaltung vermittelt, die es mir verbieten würde, der Ehre des Scheichs in seinem eigenen Zelt derart die Stirn zu bieten. Ich spüre, daß von diesem jungen Mann möglicherweise die Rettung kommt, deshalb zerspringt der Firnis der Integration, und das Bemühen um Umgangsformen, die nicht die meinen sind, verflüchtigt sich.

Der *toubib* hat beharrlich die Augen niedergeschlagen, da es ihm aufgrund seiner Jugend verboten ist, sie zu heben. Er wartet darauf, daß der Ältere einen Weg findet, wie man das vermeiden kann, was für alle – außer für mich – einen Skandal darstellen würde, und rührt sich dabei nicht von der Stelle. Dazu müßte der andere ihn zwingen, und das würde er nie wagen. Eines ist jedenfalls sicher: Wenn ich ihn brauche, wird er nicht von meiner Seite weichen. Übrigens haben seine Gefährten ihn doch genau deswegen zurückgelassen. Darum unternimmt er nichts, um mich davon zu überzeugen, seinen *boubou* loszulassen. Er distanziert sich von seinem Gastgeber und erklärt sich durch sein Schweigen bereit, meine Herausforderung zu unterstützen, selbst wenn er später die Folgen dafür tragen muß.

Der Teufel hole alle Frauen mitsamt ihrer Sturheit! Und der andere macht auch noch mit, unter dem Vorwand, daß er der Arzt ist! Der arme Bellal schiebt seinen Turban aus der Stirn zurück. Wenn es nicht schon kalt wäre, würden ihm die Schweißperlen an den Schläfen herunterlaufen. Draija, die in ihrer Ecke sitzt, sagt kein Wort, aber man spürt, daß sie sich ihren Teil denkt. Also feilscht man, koste es, was es wolle, um den Raum. Man läßt die Leinwand genau in Höhe meiner Taille herab. Auf der einen Seite, im Zimmer des Ehepaares, behält man eifersüchtig meine Beine mit dem sexuellen Teil meiner Person, der ja der eigentliche Einsatz in diesem Konflikt ist, und auf der anderen Seite überläßt man dem *toubib* Brust, Arme und Kopf. Alles in allem rettet man das bißchen, was gerettet werden kann, das heißt, das Wesentliche. Man teilt den Zankapfel in zwei Hälften.

Die Lampe ist gelöscht, aber Bellal schläft nicht. Er hat seine Frau zwischen der unteren Hälfte meines Körpers und sich selbst plaziert, und wir liegen alle drei in der falschen Richtung, nämlich parallel zum Mund des Zeltes, statt senkrecht zu ihm. Er kann nicht schlafen. Den größten Teil der Nacht läßt er das Radio eingeschaltet, um allen zu zeigen, daß er in der Dunkelheit wacht. Daß er über mich wacht, und daß er den jungen Mann überwacht.

Die Energie, die ich aufwenden mußte, um mit dem *toubib* zusammenzubleiben, hat mich zwar munter gemacht, hat die Angst vor dem Koma aber nicht völlig vertrieben. Im Schutze der Dunkelheit kann ich seine Hand ergreifen und an seiner Schulter Zuflucht suchen. Leise nehmen wir unser Geflüster wieder auf, ich brauche jetzt dringend etwas menschliche Wärme, und er vielleicht auch. Eine Revolution ist keine leichte Sache, wenn man erst zwanzig Jahre alt ist.

»Wie heißt du?«

»Meinen Namen kann ich dir nicht sagen. Nenn mich einfach: *el compañero de las montañas.*«

»Wo sind deine Eltern?«

»In El-Aïoun, aber ich habe sie seit langem nicht gesehen.«

»Wie lange schon?«

»Seit etwa zwei Jahren.«

»Kannst du nicht über die Grenze gehen?«

»Doch, aber mein Vater ist nicht einverstanden mit der Front. Er ist ein Compradore.«[7]

»Ist er wütend auf dich?«

»Ja, ich kann ihn nicht besuchen.«

»Dann kannst du also auch deine Mutter nicht mehr besuchen?«

»Nein.«

»Und du bist schon seit zwei Jahren in den Bergen?«

»Ja.«

»Ist das hart?«

»Ein bißchen, ja.«

»Seid ihr viele?«

»Nicht besonders.«

»Dein Haar ist lang.«

»Die Sahraouis werden sich das Haar erst wieder schneiden, wenn die Sahara befreit ist.«

Ich streichle ihm kurz über das verfilzte Haar, das genauso lang ist wie die Jahre des Kampfes, der Einsamkeit, der Leiden und der Hoffnung.

»Wie hat dich deine Mutter genannt, als du klein warst?«

»Das kann ich dir nicht sagen.«

Der junge Mann muß jemandem das Herz ausschütten. Er erzählt mir von seiner Kindheit, seiner Familie und vor allem von einer jungen spanischen Verlobten, die er in Madrid in der Universität kennengelernt hat, ein Mädchen mit genauso kurzem und widerspenstigem Haar wie ich. Aus Furcht, Bellal könne ihn verstehen, mischt er Spanisch unter sein *Hassanije*. Von Zeit zu Zeit benutze ich auch ein französisches Wort. Wir erraten einander, wir verstehen uns durch Andeutungen. Die verbotenen Worte werden in einer Fremdsprache ausgesprochen. Zu reden erleichtert uns beide. Ich erzähle die Geschichte von Abou Jafar, der bald fortgehen wird. Diesem Jungen hier muß ich nichts vorlügen. Wir sprechen von Marx, Lenin, Mao Tse-tung, Fidel Castro, Che Guevara, Allende, Franco und Hassan II. Er macht auf mich den Eindruck, als sei er in seiner Revolution genauso verloren wie ich in meiner Situation, aber immerhin glaubt er an sie. Wenigstens glaubt er daran, daß man sie machen muß, selbst wenn ihm ihre Erfüllung manchmal in ebenso weiter Ferne zu liegen scheint, wie die Wüste groß ist. Er fragt mich danach, weswegen ich in den Zemmour gekommen bin, was das für ein Buch ist, das ich über die Einheimischen schreiben will und das seiner Meinung nach mit seiner Revolution zusammenhängt. Durch diesen abendländischen Mythos, der Promotionsarbeit genannt wird, verkettet sich für einen Moment unsere jeweilige Suche, und die Universität wird zu etwas Lächerlichem.

Die Worte bauen den schwindenden Verstand wieder auf, die keusche Umarmung regeneriert den sich auflösenden Körper, die Zärtlichkeit setzt das Herz wieder in Gang. Noch einmal betrachte ich die Sterne, die die Wüste bescheinen, und die zauberhafte Silhouette der vor dem Zelt kauernden Kamelstute. Ist es wirklich möglich, daß ich so unendlich viel Geduld aufbringen mußte, um hierherzugelangen, soviel vergebliche Geduld und abermals Geduld, nur damit mein Körper wie ein zerbrechlicher Mechanismus genau in dem Moment versagt, in dem ich das Ziel endlich vor mir sah? War dieses heißersehnte Zeltlager letztendlich unerreichbar? Stand irgendwo geschrieben, daß sich die Wüste meinem Blick entziehen soll und daß mir mein kaum wahrgenommener Traum gleich wieder gestohlen wird?

Die Last
des Schweigens

»Achtung! Da kommt ein Wagen!«

Bellal läuft mit seinem Feldstecher auf den Hügel. Es ist hellichter Tag, die Herden sind fort und die jetzt nutzlose *bénia* wurde hochgezogen. Hastig kommt er zurück.

»Das ist Salek.«

Im Handumdrehen werden alle Waffen unter den Teppichen versteckt, und jeder nimmt eine Pose ein. Mir bleiben auch nur noch wenige Minuten.

»Bellal, die Vorräte, die ich mitgebracht habe, die mußt du teilen. Die eine Hälfte für dich, die andere Hälfte für die *compañeros de las montañas.* Hast du verstanden? Bist du einverstanden?«

Mein Gastgeber schaut mich einen Augenblick überrascht an. Er hatte nicht erwartet, daß ich noch daran denke, aber da ich vor dem jungen Mann gesprochen habe, weiß ich, daß er sich nicht davor drücken kann. Allerdings scheint er mir deswegen nicht böse zu sein, eher habe ich den Eindruck, daß er meine Geistesgegenwart und meine Entscheidung zu schätzen weiß. Er schwört, natürlich im Namen Gottes, daß alles so geschehen wird, wie ich es gesagt habe. Das Brummen des Wagens kommt näher. Ostentativ breitet der *toubib* seine Medikamente vor sich aus und gibt sich den Anschein, als konzentriere er sich auf seine Utensilien, während der Scheich hinausgeht, um den Neuankömmling zu begrüßen. Ich erkenne Saleks Stimme wieder. Gott sei gelobt, die Sahraouis müssen jetzt nicht nach Aïn ben Tili fahren, und ich kann endlich fort.

Der Körper ist verräterisch. Er, der am Vorabend noch kurz

davor stand, seine letzten Lebensgeister auszuhauchen, hüpft jetzt fast vor Freude und läßt Kräfte hervorsprudeln, die er mir bisher verborgen hatte. Es hat genügt, daß mich ein Unbekannter eine Nacht hindurch in den Armen hält und daß Salek eintrifft, damit das Leben ein Siegeslied singt.

»Der Friede sei mit dir, Saviya.«

»Sei willkommen, Salek.«

»Du bist wirklich krank.«

»Sieht man mir das so sehr an?«

»Da besteht gar kein Zweifel. Komm, ich bringe dich nach Bir.«

»Nach Bir?«

»Ja, ich fahre nach Bir. Ich bin durch Iguetti gekommen, wo man mir gesagt hat, daß du krank bist, deshalb bin ich hierhergekommen, um nach dir zu sehen.«

Salek nimmt sich nicht die Zeit, einen Tee zu trinken. Im Gegensatz zu den meisten Mauren ist er ein Mann, der es eilig hat. Übrigens braucht er nicht lange, um zu verstehen, was hier gespielt wird: die Medikamente, der junge Mann mit den zu langen Haaren, die Waffen, die er unter den Teppichen versteckt vermutet.

»Bist du sicher, daß du nichts vergessen hast?«

Ich folge seinem Blick und entdecke den kleinen Karton, der deutlich sichtbar neben der Sänfte steht und in dem er meine Bücher und meine Filme wiedererkannt hat, das ganze Material, das ich für die *compañeros de las montañas* zurücklasse und das wir vergessen haben zu verstecken. Er weiß genau, daß Bellal mit einem arabisch-französischen Wörterbuch nichts anfangen kann und daß er keinen Fotoapparat besitzt. Ein Blick genügt, damit wir uns verstehen.

»Ja.«

»Dann komm, wir gehen. Ich bringe dich zu Khalil.«

Khalil natürlich, den hatte ich fast schon wieder vergessen. Khalil wird sich um mich kümmern. All die Männer, die sich nacheinander ablösen, um mich zu beschützen. Bellal übergibt mich Salek, Gott sei Dank, noch lebendig, selbst wenn ich mich nicht in glänzender Form befinde. Jetzt wird Salek mich Khalil weiterreichen. Und er, was wird er mit mir machen?

Wir verabschieden uns, wir grüßen uns überschwenglich. Schade, das hätte ganz anders kommen können. Sie hätten mir alles gezeigt, ich hätte alles lernen können … Es gibt keinen anderen Gott als Gott.

Vor den älteren Männern kann mir der junge Sahraoui nur mit einem Blick Lebewohl sagen und mir die Hand mit größerer Kraft drücken, als nach außen hin sichtbar wird. Draija verbirgt nur schlecht ihre Erleichterung darüber, daß ich fortgehe. Aber das Baby, das kleine Mädchen, das hätte ich gerne noch einmal an mich gedrückt, ehe ich gehe. Wo ist sie? Sie ist nicht da. Sie muß sich irgendwo verkrochen haben, allein mit ihrem Kummer, und ich gehe, ohne irgend etwas für sie tun zu können. Am liebsten hätte ich sie mitgenommen, sie all dem hier entrissen, aber ich traue mich nicht, etwas zu sagen. Ich kann nur hoffen, daß die Revolutionäre siegen werden und daß sie ihre Versprechen halten. Ob sie eines Tages erfahren wird, daß ich sie nicht vergessen habe?

Ich sitze neben Salek, der mich in eine Decke gewickelt hat. Ausnahmsweise gibt es Platz genug, der Landrover ist fast leer. Lediglich zwei Männer hocken auf dem Dach, zwei Soldaten aus einem *merkez*. Zweifellos Rgaybat, die den Weg kontrollieren. Wir müssen fast zweihundert Kilometer zurücklegen, und Salek hat einen gewaltigen Umweg gemacht, um mich abzuholen. Also ist keine Zeit mehr zu verlieren. Der Wagen rollt zwischen den Steinen hindurch, fährt Zickzack zwischen den Büschen, schlittert über den lockeren Sand, flitzt über den Reg.

»Hier entlang!«

»Da entlang!«

Die Landschaft hat sich wieder in Bewegung gesetzt, aber wir bewegen uns nun in entgegengesetzter Richtung, wir fahren der Küste entgegen, und ich fürchte mich vor nichts mehr. Die Angst hat einem großen Überdruß Platz gemacht. Ich sehe den Sand und die Felsen vorbeiziehen, die mich abweisen; etwa so wie eine Woge die Wrackteile eines Schiffes, das vom Meer zertrümmert wurde, an den Strand zurückwirft. Salek entreißt meinen Körper der Wüste, aber ein Stück meiner Seele ist dort zurückgeblieben, verschlungen, verloren, um ewig umherzuirren und meine Suche fortzusetzen.

Schließlich, nach stundenlangem kräftezehrendem Gerüttel in der Tageshitze, rollt der Wagen langsam am Wachposten vorbei und hält vor der Freitreppe des großen Hauses. Khalil erscheint im *boubou* und kommt erstaunt auf uns zu.

»Was hat sie denn?«

Salek muß die Frage gar nicht erst beantworten. Der Präfekt geht an die Wagentür heran und sieht anscheinend sofort, in was für einem erbärmlichen Zustand ich mich befinde.

»Was ist denn mit Ihnen los?«

»Ich weiß nicht. Vielleicht ein Sonnenstich.«

»Sie müssen sich ausruhen. Nach einer guten Nacht werden Sie sich besser fühlen.«

Diouf, der neugierig seinen Kopf durch die offengelassene Tür gesteckt hat, rennt ins Haus zurück, um Alarm zu schlagen, und Aïchatou kommt, um mich zu umarmen. Sie führt mich bis ans Bett und bringt mir etwas zu essen, was ich vergeblich hinunterzuwürgen versuche. Erschöpft von der Aufregung und der Reise schlafe ich ein, noch ehe die Sonne untergegangen ist.

Am nächsten Morgen wache ich halbverdurstet auf. Ich gehe barfuß in die Küche, um Wasser zu holen, ohne daß ich mich erst anziehe, da ich meine lange schwarze Tunika, die jetzt bestimmt genauso schmutzig ist wie die *melhafa* des Dienstmädchens im Zeltlager, schon seit einer Ewigkeit nicht mehr ausgezogen habe. Und daß ich Schuhe besitze, habe ich schon fast völlig vergessen. In der Küche treffe ich Tiémokho, der geradezu entsetzt darüber ist, mich mit dem zerzausten Haarschopf auftauchen zu sehen, wo es ihm damals doch so gefallen hat, daß ich mich täglich gewaschen habe.

»Saviya! Saviya ist in den Busch gefahren und ist so dünn zurückgekehrt!«

Es stimmt, daß ich seit langem nichts mehr gegessen habe und daß die Pfunde, die ich mir in der Bewegungslosigkeit von Aïn ben Tili zugelegt hatte, längst verschwunden sein müssen. Messaoud betrachtet mich ergriffen.

»Bei Gott, Saviya ist so dünn geworden!«

Der Tag verstreicht, ohne eine Besserung zu bringen. Warum sollte er sie mir auch bringen? Selbst wenn die Mauern des großen Hauses meine Qual lindern, so sind sie doch außerstande, gegen das Übel anzukämpfen. Hatte mir Khalil, als er erfuhr, daß ich zu den Weideplätzen gehen wollte, nicht geschrieben, daß die Gefahr nur in den Köpfen der Menschen existiert? Warum glaubt er dann jetzt, daß mich die Mauern seiner Behausung heilen können? Es gab genug zu essen und zu trinken, ich brauche ärztliche Behandlung. Mein Körper verweigert immer noch jede Nahrungsaufnahme, ein hartnäckiges Brechgefühl packt mich angesichts jeder Speise. Theoretisch weiß ich, daß ich diese Hungerkur, die sich hinzieht, unbedingt beenden muß, aber ich schaffe es nicht. Am Abend betritt Aïchatou, die das Essen immer unberührt zurückbekommt, schließlich mein Zimmer.

»Saviya, du mußt essen.«

»Ich kann nicht. Ich kann das nicht essen.«

»Du mußt aber essen. Du kannst nicht so bleiben, ohne etwas zu essen. Wir können dir etwas anderes zubereiten, wenn du willst, aber du mußt essen.«

»Ich habe keinen Hunger.«

»Khalil sagt, daß du essen mußt.«

Aïchatou, liebe Freundin, warum sind deine Augen so von Sorge erfüllt, die mich nur zur Hälfte betrifft? Deine Fürsorge um mich wird noch von einer anderen Befürchtung begleitet. Nicht allein die Tatsache, daß ich nichts esse, bereitet dir Kummer, sondern auch die Frage, was Khalil wohl sagen wird. Ist dies wirklich der passende Moment, um dich über so nebensächliche Dinge aufzuregen? Jetzt bin ich dir hilflos und völlig entkräftet ausgeliefert, und dich beunruhigt hauptsächlich, was wohl dein Mann sagen wird. Ist er denn so besorgt? Dabei erlaubt er es sich nicht einmal, mein Zimmer zu betreten. Ein okzidentales Zimmer in einem orientalischen Haus. Immer dieses Draußen im Drinnen.

Wenn er nicht zugelassen hätte, daß du dich zwischen uns schiebst – und zwar in solchem Maße, daß wir uns nun nicht einmal mehr anschauen können –, wäre er gekommen, um herauszufinden, was mit mir geschehen ist. Dann hätte ich mich endlich in meiner eigenen Sprache ausdrücken können, und vielleicht hätte er mir dabei helfen können, diesen Widerwillen vor jedem Essen, der mich so gefährlich schwächt, zu überwinden. Warum, glaubst du, bleibt er so hartnäckig auf Distanz?

Um zu versuchen, Aïchatou zu beruhigen, bitte ich sie um eine Tomatensuppe. In der Küche gibt es Dosen mit geschälten Tomaten. Vielleicht könnte ich ja eine Gemüsesuppe hinunterbekommen? Aïchatou hat keine Ahnung von leichter Küche. Sie bringt mir eine ölige Flüssigkeit, in der große, halbrohe Stücke Zwiebeln schwimmen. Ich tauche den Löffel in die Schale, weil sie mich immer noch mit derselben ängstlichen Miene, anblickt, und führe ein wenig von diesem Gebräu an die Lippen, das mir, weil es mich so enttäuscht, vorkommt, als sei es mit zuwenig Liebe zubereitet.

»Nein, wirklich, ich kann nicht.«

Schwer enttäuscht verläßt die Hausherrin das Zimmer, um ihrem Mann Bericht zu erstatten. Die Tür hat sich wieder geschlossen. Heute abend bekomme ich niemanden mehr zu Gesicht. Niemanden, der mich anlächelt oder mir die Arme entgegenstreckt.

Meine Blockierung ist nicht allein physischer Natur. Es handelt sich um eine tiefsitzende, grundlegende Weigerung. Wenn ich darüber nur mit jemanden reden könnte, der in der Lage wäre, zu verstehen und zu hören, was man manchmal auf der anderen Seite der Mauer sagt, was man im hintersten Winkel seines Bewußtseins mit sich herumschleppt, all diese Dinge, die einen eines Tages endgültig zu Fall bringen, weil man sie nie bloßgelegt, nie zugegeben hat, als es Zeit war. Vielleicht könnte ich mich dann davon freimachen. Wer von den Menschen hier könnte das nachvollziehen? Aïchatou kann das nicht, sie ist nie auf der anderen Seite der Mauer gewesen. Salek? Er hat so viel für mich getan, aber auch er konnte mich nicht befreien. Hat er mir nicht erzählt, daß er eines Tages nach Frankreich gefahren ist und in Paris beinahe verhungert wäre? Nicht weil es ihm an Geld oder Freunden gemangelt hätte, sondern weil er die Nahrung der Christen nicht essen konnte, dieses so seltsam schmeckende Essen, vor allem aber das

Fleisch, das bei Metzgern gekauft wurde, die weder Schafe noch Rinder auf rituelle Weise schlachten. Ebensowenig wie Aïchatou konnte Salek mir bis an die Nahtstelle unserer Welten entgegenkommen.

Der einzige wäre Khalil, aber das kann ich niemandem sagen. Übrigens bin ich mir selbst noch nicht darüber im klaren, in welchem Maße ich es nötig habe, meine Schandtat zu beichten, diese gewaltsame Ablehnung der maurischen Kultur, die ich, ohne mir dessen bewußt zu sein, als ein grundsätzliches Verschulden empfinde, obwohl die Ursache dafür nicht in meinen Gedanken, sondern nur in meinem Körper zu suchen ist. Einem dummen Körper, taub für jede Vernunft, der die Wüste mit dem Tod, dem er nur knapp entronnen ist, assoziiert, ohne jedoch zugeben zu wollen, daß die Wüste nicht dafür verantwortlich ist. Ich bin so sehr an die Sprache des Schweigens gewöhnt, daß ich mein Übel nur auf diffuse Weise empfinde und die Sprache verloren habe. Ich unterhalte mich nicht mehr mit mir selbst, ich formuliere das Unaussprechliche nicht mehr in Gedanken. Ein anderer hätte mir helfen können, es wiederzufinden, ehe es mir vollständig entgleitet. Ich weiß noch nicht, daß sich mir dieses Nichtgesagte – das mich heute zu ersticken droht, so daß ich nicht einmal mehr essen kann – für viele Jahre tief ins Fleisch eingraben wird. Sagt man nicht, daß ein abgeworfener Reiter sofort wieder in den Sattel steigen muß? Daß es ihm, wenn ihn niemand dazu zwingt und er erst einmal sein Roß stehen läßt, um seine Wunden zu pflegen, nie wieder gelingen wird, seine Furcht zu überwinden? Daß das Tier danach immer stärker sein wird als er?

Ich verbringe eine schlechte Nacht. Gegen Morgen beschließe ich deshalb, mein Schicksal in die Hand zu nehmen und sage, daß ich nach Zouérate fahren möchte, ich hoffe, im Krankenhaus der Mine aufgenommen zu werden. Wieder einmal gebe ich auf; ich verzichte darauf, den Seelenfrieden, der den Körper wiederaufleben lassen könnte, im großen Haus zu suchen, sondern liefere mich lieber der Wissenschaft meiner eigenen Kultur aus. Als Antwort auf meine Bitte schickt mir Khalil den Chefsanitäter der Armee, der mir den Puls fühlt.

»Du bist wirklich sehr schwach. Ich werde dir Spritzen geben, damit du bis Zouérate durchhältst.«

Der Sanitäter ordnet an, daß man mir Milch bringt. Bei ihm handelt es sich um einen Peul von etwa fünfunddreißig Jahren, dessen Stimme und Gesten sowohl Sanftheit als auch Eindeutigkeit ausstrahlen. Endlich einmal jemand, der einsieht, daß es äußerst schlecht um mich steht, und der mich freundlich anblickt. Er hat beschlossen, daß ich etwas zu mir nehmen werde, und wird er es allein durch die Macht seines Blickes erreichen. Ein Blick, der einem alles abnimmt.

»Trink.«

Von diesem Mann geht eine unwiderstehliche Kraft aus, unwiderstehlich, weil keine Härte in ihr liegt. Aus seinen Augen schöpfe ich den mir fehlenden Mut, um mein Ekelgefühl zu überwinden. Endlich gelingt es mir, und ohne Vorwarnung beginnen mir die Tränen der Erlösung über die Wangen zu laufen.

»Weinst du?«

»Nein.«

Er lächelt mich an.

»Stimmt, du weinst nicht.«

Ich trinke die Milch, meinen Blick fest auf ihn gerichtet, während meine Tränen strömen und ich in seinem Blick lese, daß ich wirklich nicht weine.

Zweifellos hat der Chefsanitäter dem *capitaine* Bericht erstattet, denn Tiémokho teilt mir mit, daß Khalil einen nach Zouérate beorderten Offizier gebeten hat, mich bei seinen Soldaten zusteigen zu lassen, und daß er außerdem dem Chefsanitäter befohlen hat, mich zu begleiten. Hat er erraten, was für eine Unterstützung mir die Anwesenheit dieses Mannes bedeutet? Noch eine Hand, die mir vermittels einer anderen Hand entgegengestreckt wird. Die Hand eines Peul statt der Hand eines Mauren, eine schwarze Hand an Stelle einer weißen.

Also bereite ich mich auf die Abfahrt vor und lege dazu meine zwitterhafte Kleidung ab, womit ich gleichzeitig auch auf meinen Platz an der Nahtstelle der Kulturen verzichte: Ich ziehe wieder eine Jeans und Schuhe mit Schnürsenkeln an. Am Nachmittag holt mich dann der Chefsanitäter ab, um mich bis zum Lastwagen zu führen. Khalil hat daran gedacht, eine Schaumstoffmatratze hineinlegen zu lassen, damit ich es bequemer habe, und er kommt auch noch vorbei, um zu überprüfen, ob man seine Anordnungen auch wirklich befolgt hat. In Erwartung der Abfahrt befinden wir uns noch im Armeelager. Wie immer stehen hier Zuschauer herum und natürlich auch die Passagiere: Soldaten, die offenbar weiter nach Süden versetzt wurden. Wie durch einen Nebel bemerke ich eine sehr große und sehr schöne schwarze Frau, gekleidet wie die Leute vom Fluß, mit mehreren Gepäckballen. Der Raum ist öffentlich und wird von Männern dominiert, deshalb kann der Präfekt näherkommen, um einige Worte mit mir zu wechseln. Ironie des Schicksals: Genau in dem Moment, als er vor mir steht, knicken mir die Beine weg. Einen Moment hält er mich an sich gepreßt, und während wir schweigend dastehen, streift seine Hand wie zufällig in einer etwas traurigen Liebkosung meinen Nacken. Danach vertraut er mich dem Chefsanitäter an, der mich in den Schatten des Lastwagens schleppt.

Dort setzt man mich hin, und der Ring der Neugierigen zieht sich enger zusammen, während Khalil sich entfernt. Er hat alles getan, was er tun konnte.

Kaum hat mir mein Schutzengel den Rücken zugekehrt, trifft ein zutiefst unsympathischer Mann ein. Ein *capitaine*, der vollkommen von sich selbst und von seiner Autorität überzeugt ist und allen und jedem zeigen will, daß er hier der Herr ist. Ab jetzt ist er für mich verantwortlich. Er fuchtelt herum und erteilt Befehle. Alle müssen zurücktreten.

»Zur Seite. Damit kenne ich mich aus. Die leidet unter Austrocknung, man muß sie hinlegen, man muß ihr zu trinken geben. Milch! Gebt ihr Milch zu trinken! Bringt Milch her!«

Khalil, der sich noch in Hörweite befindet, bekommt die Anweisungen mit, dreht sich um und schickt jemanden, um Milch zu holen. Die Übertragung der Befugnisse ist also bereits vollzogen worden. Zwei Männer mit demselben Dienstgrad, da muß einer den anderen ausstechen. Es ist der Ältere, der Dienstältere, dem der Befehl über die kleine Gruppe gebührt. Wir befinden uns zwar noch im Lager, aber der Herr des Ortes kann nichts mehr für oder gegen uns tun. Wir sind vom Oberbefehl des einen unter den des anderen übergewechselt, und die Anweisungen des ersteren werden der freien Interpretation des letzteren überlassen. Khalil kann nur noch in den Hintergrund treten.

Mann, Präfekt, Soldat, Familienoberhaupt, Maure und Rgaybi, die Vielschichtigkeit der Person findet ihre Entsprechung in der Zwiespältigkeit seiner Macht. Der Soldat übt auf den Präfekten Zwang aus, ebenso wie der Präfekt Zwang auf den Soldaten ausübt, der Rgaybi setzt den Mauren unter Druck, das Familienoberhaupt verpflichtet den jüngeren Mann, und jeder setzt auf die eine oder andere Weise alle anderen unter Druck. Ganz zu schweigen von seinem Mangel an Erfahrung, der ihn zwingt, doppelt vorsichtig zu sein, oder von seiner Jugend, die sein Durchsetzungsvermögen gegenüber älteren Männern – selbst wenn es sich bei diesen nur um Habenichtse handelt – einschränkt, und schließlich auch von seinem Charme, der zweischneidig ist.

Er hat sich den Mann, dem er mich anvertraut hat, nicht ausgesucht, dazu hatte er keine Zeit. Als erstes trennt dieser andere mich vom Chefsanitäter. Er wird ihn zwar mitnehmen, weil das schließlich Teil der Abmachung war, aber er beeilt sich, ihn zu neutralisieren. Er entzieht mir die menschliche Wärme, die sein Vorgänger mir mitgegeben hatte. Dazu hat er das Recht. Er hat alle Rechte. Außerdem, was versteht dieser Kerl schon von menschlicher Wärme? Während der Chefsanitäter wortlos zurückweicht und meine stummen Rufe nur noch mit einer untröstlichen Miene beantwortet, drängt sich der andere in den Vordergrund, stampft mit dem Fuß auf, brüllt grundlos herum, rügt den einen oder anderen. Schließlich steigen die Passagiere in einen kleinen verdecklosen Lastwagen ein. Der *capitaine* sitzt mit dem Fahrer und einem anderen Mann vorne, während sich das Gepäck hinten auf der Ladefläche stapelt, die ansonsten fast ganz von der Matratze, auf die man mich legt, eingenommen wird. Die Soldaten sitzen mit dem Chefsanitäter und der schwarzen Frau auf den Seitenwänden. Ich bin von Stiefeln, Khakihosen und Gewehrkolben umringt. So verlasse ich den Zemmour, von der Wüste übermannt, vom Gekläff eines Rohlings den Rgaybat entrissen.

Die letzte Piste

Der *capitaine* stammt wahrscheinlich aus dem Süden. Zunächst einmal paßt sein flegelhaftes Benehmen schlecht zum Naturell der Nomaden. Darüber hinaus hat ihn die militärische Ausbildung maßlos verformt: Er hat vergessen, in erster Linie ein Maure zu sein. Aufschlußreich ist außerdem, daß er nie die Piste verläßt. Er weicht keinen Zentimeter von ihr ab, und kaum haben wir Bir verlassen, beginnt auch schon die Tortur des »Wellblechs«[8]. Der Lastwagen bebt an allen Ecken und Kanten, so daß ich mich an der Schaumstoffmatratze festklammern muß, um nicht jeden Moment brutal in die Höhe geschleudert zu werden. Die geringste Erschütterung versetzt mir einen heftigen Stoß, und ich spüre die Vibrationen bis in die letzte Faser meines schmerzenden Körpers. Dies ist allerdings erst der Anfang einer schier endlosen Folter. Ob ich so bis Zouérate durchhalten kann? Ich habe kaum die Muße, mir diese Frage zu stellen, da die Fahrt meine ganzen Kräfte beansprucht. Die Soldaten hängen seitlich am Geländer und umklammern krampfhaft die Eisenstangen. Zwischen Stiefeln und Hosenbeinen sehe ich nicht einmal mehr den Chefsanitäter, der mir in dieser Prüfung beistehen könnte. Meine Finger krallen sich in den Schaumstoff, und mein Kopf wird leer. Es ist am besten, nicht an die dreihundertachtzig Kilometer zu denken, die ich jetzt noch zurücklegen muß, um ans Ziel zu gelangen.[9]

Nach einer Weile, die mir wie eine Ewigkeit vorkommt, zweifellos nach mehreren Stunden, stoppt der Lastwagen auf dem Reg. Endlich! Es ist Zeit zum Gebet, eine Atempause. Ich richte mich auf meinem Lager auf, benommen von der Stille, die ich nicht richtig wahrnehmen kann, so sehr dröhnt es mir in den Ohren. Ich brauche eine ganze Weile, bis ich wieder ruhig atmen kann, und merke, daß nach allem, was man mir zu trinken gegeben hat, meine Blase kurz vor dem Platzen ist. Zu den Schmerzen kommt noch die Peinlichkeit hinzu, da ich meine europäische Kleidung unvorsichtigerweise viel zu früh angezogen habe. Ich muß um Hilfe bitten. Man murmelt, man sucht nach einem Weg, um die Gesetze der Natur mit denen der Kultur zu versöhnen. Schließlich hilft man mir, vom Lastwagen herunterzusteigen und zwangsverpflichtet für mich die schwarze Frau, die mir, so gut es geht, als Schirm dienen muß, während sich die Herren umdrehen. Die ganze Geschichte trägt mir einige mitleidige Blicke ein. Dann setzt sich der Wagen wieder in Bewegung, und der Alptraum geht weiter und weiter. Nach Einbruch der Nacht legt es diese Höllenmaschine immer hartnäckiger darauf an, mir Stöße zu versetzen, die ich immerhin noch abzufangen versuche. Dieser ungleiche Kampf dauert Stunden, bis der Lastwagen wieder anhält.

»Willst du nicht absteigen und dich im Zelt ausruhen?«

Welches Zelt? Ich kann nichts sehen. Ich bin restlos am Ende und verfüge nicht einmal mehr über die nötige Energie, um auch nur den kleinen Finger zu rühren. Wenn wir schon eine Pause einlegen müssen, bleibe ich lieber hier liegen. Eine Schaumstoffmatratze auf einer stillstehenden Ladefläche kann nicht unbequemer sein als eine Matte.

»Nein, ich bleibe lieber hier.«

Was habe ich da nur gesagt? Sobald die meisten Soldaten abgestiegen sind, wird der Motor wieder angelassen. Wo fahren wir jetzt hin? Wieder muß ich mich festklammern, dieselben Qualen erdulden, und all das auch noch völlig umsonst. Jetzt brausen wir nicht mehr über »Wellblech«, sondern über lockeren Sand, wo es zwar nicht diese heftigen Stöße gibt, dafür sind die Vibrationen aber um so grausamer. Warum bin ich nicht abgestiegen? Die anderen sitzen jetzt irgendwo gemütlich zusammen, während mein armer Körper wieder malträtiert wird. Wann hat das alles ein Ende? Wieder halten wir an. Ich höre einen Hund bellen, ein Gespräch, das sich in die Länge zieht. Ein Soldat, der bei mir geblieben ist, erklärt mir, daß wir eine kleine Panne haben. Ich begreife nichts von alldem. Ich weiß weder wo wir sind, noch wo die anderen stecken, noch warum wir hier sind, oder was weiter geschehen wird. Der Lastwagen fährt weiter. Wieder kralle ich mich in den Rand der Matratze, ein erbärmlicher Schutz, der mich aber wenigstens davor bewahrt, überall blaue Flecken zu bekommen. Khalil hat eine großartige Idee gehabt: Obwohl die Schaumstoffschicht nicht ausreicht, um die Stöße abzufangen, wage ich es nicht, mir auszumalen, was ich ohne die Matratze alles durchgemacht hätte. Das schwere Gefährt laviert, treibt krachend ab, und damit sind wir wieder bei den Zelten zurück. Diesmal flehe ich um Gnade und bitte darum, daß man mich herunterhebt. Ich habe zu große Angst, das Auto könnte sich wieder in Bewegung setzen, um durch die Gegend zu kreuzen.

Meine Gefährten finde ich auf einer Matte schlafend wieder. Die Nacht ist schwarz und eiskalt. Während ich meinen Körper einwickle, um ihn wieder aufzuwärmen, läßt der *capitaine*, dessen gellende Stimme durch die Finsternis schallt, sich selbst zu Ehren und um seine Männer zu ernähren, ein Schaf schlachten. Schatten huschen vor dem Feuer hin und her: Sie kochen! Wenn es mir nicht so schlecht ginge, würde ich diese nächtliche Gastfreundschaft zweifellos völlig anders empfinden, aber dieser Rohling von einem Möchtegerngeneral läßt mich nicht in Frieden.

»Leg dich da hin! Trink! Schluck das! Mit Austrocknung kenne ich mich aus!«

Zu schwach, um zu widersprechen, führe ich ein Stück Leber an den Mund. Gegrillte Leber ist das, was man einem besonderen Gast – der ich trotz meiner Kapitulation immer noch bin – zuerst anbietet. Sofort spucke ich es wieder aus, da ich schon seit langem nichts mehr im Magen habe, was ich noch erbrechen könnte. Der Geschmack dieser hochgeschätzten Speise ist mir einfach unerträglich geworden und erfüllt mich mit einem anhaltenden Ekel, der zum Schock, zur Kälte und zur Erschöpfung noch hinzukommt.

Der *capitaine* hat dem Chefsanitäter befohlen, sich zu entfernen, so daß sich nur noch die schwarze Frau, die schon schläft, an meiner Seite befindet. Die Männer essen, reden, hantieren draußen am Lastwagen herum. Mir ist so kalt, daß ich nicht mehr weiß, ob ich lieber hierbleiben oder weiterfahren will. Aber man fragt mich sowieso nicht nach meiner Meinung, und ich habe keine Ahnung, welche Absichten sie verfolgen. Ergeben warte ich. Seit die *compañeros de las montañas* neulich nachts verschwunden sind, um irgendwelche geheimnisvollen Aufgaben zu erledigen, scheint mir, daß ich aufgehört habe, ungeduldig zu sein. Ohne mich aufzulehnen, habe ich die wachsende Beklemmung und die verstreichende Zeit hingenommen. Mein Verstand konzentriert sich auf kleine Nichtigkeiten, gegen die ich so, wie sie auf mich zukommen, ankämpfen muß. Im Moment ist es die Kälte und dieser Nachgeschmack des Essens, den ich im Mund habe und der jeden Moment einen neuen Brechreiz verursachen kann. Da sind auch noch die Nachwirkungen dieses Mittels, das man mir injiziert hat und das sich einfach nicht abbauen lassen will.

Jetzt wird zum Aufbruch geblasen, und schon steigt die ganze Truppe wieder in den Wagen. Der Motor läßt sein drohendes Brummen hören, dann braust das Teufelsgerät wieder los. Rasch kommen wir wieder in den Genuß der mörderischen Stöße der Piste: Wir waren nicht weit von ihr entfernt. Immer seltener fange ich die Stöße ab, schaukele wie ein Strohhalm im Sturm hin und her. Die Zeit ist stehengeblieben.

Und schließlich kommen wir an. Noch vor Sonnenaufgang fahren wir in Zouérate ein, und da stehe ich, auf der einen Seite vom Chefsanitäter, auf der anderen von einem Soldaten gestützt, vor dem Torgitter zur »Poliklinik« der Firma. Eine Französin, die von der mauretanischen Armee gebracht wird, wirft man nicht so einfach hinaus. Der diensttuende Krankenpfleger greift nach dem Telefon und ruft jemanden an. Wir warten. Zu dritt stehen wir staubbedeckt und steifgefroren in der nächtlichen Kälte, aber der *capitaine* ist nicht mehr da, um uns Dummheiten in die Ohren zu brüllen, deshalb kann der Chefsanitäter mich wieder anlächeln und mit Blicken ermutigen. Der Wind läßt die großen rosafarbenen Lorbeerbüsche leise rauschen, und aus der Tür des Torwächters fällt elektrisches Licht. Eine blonde Französin kommt eilig und mit ärgerlichem Gesichtsausdruck auf uns zu gestöckelt. Sie stellt sich vor uns hin, mustert mich voller Verachtung, und ohne auch nur »Guten Tag« oder gar »Der Friede sei mit euch« gesagt zu haben, seufzt sie empört:

»Und für so was weckt man mich auf!«

»So was«, das bin ich. Ich sage nichts. Der Chefsanitäter sagt auch kein Wort. Wir schauen uns lediglich an, als würde jeder in den Augen des anderen die Bestätigung dafür suchen, daß es tatsächlich nichts zu sagen gibt. Die Eisenminen sind erst kürzlich verstaatlicht worden, und die Armee ist der Staat. Die Frau kann sich also nicht weigern, mich im Krankenhaus aufzunehmen. Immer noch vor sich hin

schimpfend, führt sie uns ganz nach hinten in das letzte
Gebäude auf dem umzäunten Gelände und öffnet mir die
Tür zu einem noch freien Zimmer. Der Soldat geht, um dem
capitaine zu melden, daß ich von den zivilen und medizini-
schen Behörden übernommen wurde, und kehrt mit zwei
anderen zurück, um mein Gepäck in eine Ecke zu stellen.
Dem Chefsanitäter, der nach erledigtem Auftrag möglichst
schnell nach Bir Moghrein zurückkehren möchte, wo seine
Kranken auf ihn warten, drücke ich lange die Hand.
Dann bleibe ich allein mit der blonden Frau zurück, die
mich aufmerksam anblickt. Jetzt, da sie mich bei vollem
Licht sieht, versteht sie langsam, daß »so was« Augen von
einer seltsamen Farbe hat.
»Ist Ihr Urin dunkel?«
Nun schaue ich sie etwas dümmlich an. Das ist eine Frage,
die ich nun wirklich unmöglich beantworten kann. Um zu
wissen, ob mein »Urin dunkel ist«, wie sie sagt, müßte ich
über weiße Keramiktoiletten verfügen, die jedesmal reichlich mit klarem Wasser gespült werden, alles Dinge, die ich
seit Monaten nicht zu Gesicht bekommen habe. Aber wozu
soll ich ihr das alles erklären?
»Ich weiß nicht.«
Die Frau hebt das Kinn; sie ist sich ihrer Diagnose plötzlich
sicher und reicht mir, stolz auf ihr Wissen, ein Thermometer, das ihr auch nicht mehr sagen kann, weil ich kaum noch
Fieber habe. Trotzdem bestätigt es sie in ihrer Überzeugung. Dann geht sie, mit sich selbst zufrieden und mit
wissender Miene.
Ich liege ganz allein, in völliger Stille, zwischen makellos
weißen Laken in einem engen Bett, das mir ungeheuer hoch
vorkommt. Das Zimmer wirkt wie neu, gekachelt, weiß gestrichen, mit einem angrenzenden Badezimmer. Ich habe
einen Nachttisch mit einer Lampe. Nur mein Seesack und

mein Koffer, die in eine Ecke geworfen wurden, scheinen nicht in die Szenerie zu passen. Ich selbst vielleicht auch nicht, aber schließlich kann ich mich ja nicht sehen. Übrigens sehe ich sowieso nicht mehr viel, so todmüde bin ich. Immerhin erinnere ich mich an die Bewegung der Hand, die tastend dem Kabel bis zum Schalter folgt, und mit einem Druck des Daumens bereite ich diesem verheerenden Tag ein Ende.

Die Rückkehr
des Vaters

Wie durch Zauberei hat mich ein guter Geist in meine eigene Kultur zurückversetzt. Er hat den Bereich der anderen verschwinden lassen, die Gesten der anderen, die Gerüche der anderen und das Essen der anderen. Er hat die anderen verschwinden lassen. Diejenigen, bei denen ein Teil von mir jeden Lebenswillen aufgegeben hatte. Ich hatte die Grenzen des Möglichen erreicht, so daß sich mein gequälter Körper an die Mauer geschmiegt hat, wie ein Kind den Kopf in den Röcken der Mutter versteckt, um die Welt nicht mehr sehen zu müssen, um durch das Gewebe hindurch den Duft ihrer Haut zu atmen. Ich esse das Frühstück, das man mir ans Bett stellt: Milchkaffee, Brot, Butter und Konfitüre. Tasse, Untertasse, kleiner Löffel und rundes Messer. Ich esse tatsächlich. Beim ersten Bissen wundere ich mich darüber. Dann muß ich mir eingestehen: Ich schlucke langsam, aber ohne Brechreiz, sogar ohne mich zu zwingen, fast mit Vergnügen. Warum? Weil gleich ein weißer Mann kommen wird und sich – mit ihm die siegreiche Wissenschaft des Abendlandes – über mich beugen und mir aus der Patsche helfen wird? Weil ich nun mit einer Medizin versorgt werde, an die ich glaube? Nein. Übrigens ist ja noch gar nichts passiert. Gesehen habe ich bisher nur diese kleine, schüchterne Person mit Turban, die mir das Frühstück gebracht hat.

Die Mauren und die Leute vom Fluß sagen angesichts von Speisen, die eine andere Bevölkerungsgruppe jeweils anders zubereitet: »Das da kann ich nicht essen, das *kenne* ich nicht«, als müsse man etwas »kennen«, um es hinunterschlucken zu können. Kennen und erkennen, daß man damit auf die Welt gekommen ist. Wenn man etwas, was einem angeboten wird, nicht ißt – nicht einmal einen symbolischen Bissen – und dabei als Entschuldigung anführt, daß man es nicht »kennt«, wird dies von jedem verstanden. Das ist sogar der einzige Grund, den man in Mauretanien anführen kann, um ein Gericht abzulehnen. Alle, sowohl Mauren als auch Schwarze, sind der Ansicht, daß das Nichtkennen einer Speise ein gewaltiges Hindernis darstellt, vor dem man haltmachen kann, ohne dadurch irgend jemanden zu demütigen oder zu beleidigen. Indes hatte ich ihnen bewiesen, daß ich es überwinden konnte. Daß wir folglich alle mit den Personen oder Dingen, die wir nicht kennen, Bekanntschaft schließen können.

Warum hat sich mein geschwächter Körper geweigert, mit maurischer Nahrung zu neuen Kräften zu kommen, während er diese hier annimmt? Wovor hat er Angst gehabt? Waren Reis und Kuskus zu einem Übel geworden, das vergiftet? Mit welchen Symbolen habe ich diese Speisen belegt, daß ich sie einfach nicht mehr annehmen konnte, selbst wenn ich deshalb hätte sterben müssen? Aufgrund welcher Hexerei ist die Fremdartigkeit in meinen Augen kriminell geworden?

Ich entziehe mich der Frage. Ich esse. Ich lasse den Zucker in die Tasse fallen. Einen geometrischen Würfel, schneeweiß. Nicht einfach Zucker: ein *Stück* Zucker. Ein Stück Zucker auf dem Grunde einer Tasse; ein Löffel, den man zerstreut bewegt. Und das Brot. Dieses gebackene Weizenmehl ist nicht einfach gebackenes Weizenmehl, sondern ein Brötchen. Auf der einen Seite befindet sich die goldbraune Kruste, auf der anderen die weiche Krume, die das Messer mit Butter bestreicht: mit gelber Butter in einem vergoldeten Papier, weder zu hart, noch zu weich.

Mutter, was hast du aus mir gemacht? Was für ein Wesen ist aus mir geworden, daß ich nicht einmal mehr das Essen mit den anderen teilen kann? Daß ich nicht mehr physisch mit den anderen kommunizieren kann? Zweifellos ist Kultur eine Quelle unendlichen Reichtums, aber sie hält uns auch gefangen, sie umgibt uns mit dieser Schandmauer, die ich glaubte, niederreißen zu können. So wie sich Salek in Paris angesichts einer Überfülle von Lebensmitteln beinahe zu Tode gehungert hätte, habe ich bei jenem gastfreundlichen Stamm nichts unternommen, um zu überleben. Jetzt bin ich gespalten, weil ich nun auch dem Stamm angehöre. Deshalb sündige ich doppelt, weil ich mich selbst und zugleich die Meinen verrate.

Brot, Butter und Milchkaffee. Der Körper tanzt vor Freude, und seine Freude springt auf den Geist über, der sich beeilt, die Bewußtwerdung der Kluft in den hintersten Winkel zu verdrängen. Aber jetzt wird gefeiert, deshalb zieht man neue Kleider an und schiebt Bedauern und Gewissensbisse einfach beiseite. Warum bereuen? Hat man nicht schon genug gelitten, genug bezahlt? Hat man es nicht verdient, diese Wiedergeburt des Körpers zelebrieren zu dürfen? Sie ist wie jene Explosion von Gesang und Tanz, die früher bei uns auf dem Lande am Abend nach der Ernte zum Ausbruch kam, nachdem die Menschen von der Erde Leben und Wohlstand empfangen hatten.

Unterdessen kommt der Arzt, ein Franzose, herein und verkündet das Verdikt: Virushepatitis, drei Wochen Krankenhaus, zwei Monate Rekonvaleszenz. Man will noch Analysen machen, um die Diagnose zu bestätigen, aber mit der Behandlung kann gleich angefangen werden: einer Behandlung, die keine ist, weil die westliche Medizin der Wirkung dieses Virus nichts anderes entgegenzusetzen hat als Bettruhe. Dennoch spritzt mir ein Krankenpfleger ein

Mittel ins Fleisch, das noch schmerzhafter ist als das des Chefsanitäters; dann stellt man mir noch drei Liter Mineralwasser ans Bett, die ich im Laufe des Tages trinken soll. Das ist die tägliche Diät, der ich mich während der gesamten Dauer meines Krankenhausaufenthaltes unterziehen muß. Ansonsten nichts. Die Tür zu meinem Zimmer bleibt geschlossen. Man läßt mich allein mit meiner Mattigkeit, und meine Geschichte interessiert niemanden.

Erst nach drei Tagen bringe ich die Energie auf, einen Stift zur Hand zu nehmen. Ich schlage mein Tagebuch auf, betrachte die letzten Worte, die ich geschrieben habe, kurz bevor mich das Fieber überfiel, und zähle an den Fingern ab … Demnach habe ich fast zehn Tage lang nichts gegessen.

Nach einer Woche Therapie bleibt mein Blutdruck immer noch hartnäckig auf dem Tiefpunkt. Zeitweise neigt er sogar dazu, noch weiter abzusacken. Nach und nach schaffe ich es, mich normal zu ernähren. Der Krankenpfleger ist freundlich, aber die Tage sind lang, und in der dunklen Einsamkeit der Nacht reißt mich die Angst aus dem Schlaf. Wenn meine weit aufgerissenen Augen die Zimmerwände, das offene Fenster und den rosafarbenen Lorbeer entdecken, der sanft in der nächtlichen Brise schwankt, verblaßt der Alptraum. Denn die Weideplätze, die ich trotz allem in strahlender Erinnerung behalten habe, suchen mich jetzt in meinen Träumen heim, um mich zu quälen.

Nachdem der Körper beschwichtigt ist, beginnt der Verstand sich wieder im Kreise zu drehen, über seine Enttäuschung, nicht wirklich ans Ziel gelangt zu sein, nachzugrübeln. Eine starke Empfindung von Bitterkeit, vermischt mit Schuldgefühlen, wechselt sich mit Phasen behaglicher Erholung ab. Der Körper hat den Geist in die Knie gezwungen, aber jetzt wird der Geist den Körper daran hindern, ein

Siegesgeheul anzustimmen. Das wäre zu einfach und gleichzeitig zu schwierg zu akzeptieren. Das Herz mischt sich ein und beginnt die Abwesenheit meines Stammes schmerzlich zu empfinden. Herz und Geist verbünden sich gegen den Körper: Sie werden nicht einfach tatenlos mitansehen, wie das Totengeläut der Verurteilung jener anderen, die ihnen so viel geschenkt haben, angestimmt wird. Jetzt, wo der Körper es überstanden hat, greifen sie ein, um den Prozeß zu blockieren. Ich sitze zwischen zwei Stühlen.

Da ich nicht weiß, an wen ich mich wenden soll, frage ich den Arzt, ob er nicht den Vater von meiner Anwesenheit hier unterrichten könnte.

»Zur Jdida gehen? Was ist das überhaupt, die Jdida?«

»Das maurische Viertel hinter der Präfektur, am anderen Ende der Stadt.«

»Kenne ich nicht. Ich weiß nicht. Keine Ahnung, wie ich dieses Viertel und den Mauren, von dem Sie mir da erzählen, finden soll. Da verlangen Sie zuviel von mir.«

Also schreibe ich Ismaïl einen Brief, den ich zusammen mit meiner Post nach Frankreich einwerfen lasse: Ich rufe nach allen Seiten. Die Müdigkeit ist immer noch nicht verschwunden, und meine Freunde haben jede Spur von mir verloren. Eines Abends, etwa zehn Tage nach meiner Ankunft, kommt endlich der Vater. Um zehn Uhr abends taucht er am Eingang der Poliklinik auf, umgeben von gut fünfzehn Familienmitgliedern: den Töchtern, Nichten, Neffen, Onkeln und Vettern. Rgaybat, die vom äußersten Ende der Lehmstadt bis zu diesem Krankenhaus gewandert sind, in dem keiner von ihnen je aufgenommen werden würde. Denn um hier behandelt zu werden, muß man in der Mine arbeiten, und sie sind lediglich Nomaden, Händler oder Schmuggler. Bei diesem Menschenandrang außerhalb jeder Besuchszeit verliert die Ordonnanz den Kopf und ruft das Wachpersonal: alles Mauren oder Schwarze. Man verhandelt.

»Meine Tochter liegt seit zehn Tagen hier im Krankenhaus, und ich wußte nichts davon. Ich will sie sehen.«

Zweifellos ist es einfach unmöglich gewesen, Ismaïl davon abzuhalten, zu dieser ungewöhnlichen Tageszeit mit seiner Eskorte von Verwandten hereinzukommen und durch die ganze Poliklinik bis hinten zu meinem Zimmer zu spazieren.

»Der Friede sei mit dir.«

»Der Friede sei mit euch.«

Ich beantworte die heilige Formel, ohne nachzudenken, ohne mir überhaupt klarzumachen, daß man mich auf *Hassanije* angesprochen hat. Die Tür geht auf, und unter meinen ungläubigen Blicken kommt wie eine strahlende Sonne der Vater herein, gefolgt von allen Verwandten und dem Laboranten, einem Senegalesen, der heute nacht Wache hat. Er hat sie zu mir geführt und wohnt nun sprachlos der Szene bei.

»Ismaïl! Lalla! Bei Sid Ahmed ar-Rgaybi, da seid ihr ja endlich. Gott sei gelobt. Lob sei Gott. Seid willkommen. Geht es euch gut?«

»Dank sei Gott, es geht allen gut. Ich habe deinen Brief erst heute abend erhalten, weil ich nur dann in mein Postfach schaue, wenn das Flugzeug aus Nouakchott vorbeikommt. Was ist los mit dir? Was machst du hier?«

»Wie du siehst, bin ich ganz gelb. Das macht die Leber.«

»Aber was ist passiert? Wo warst du?«

»In den Zeltlagern.«

Ich erzähle meine Geschichte. Alle seufzen, beklagen mein Schicksal. Das ist wirklich Pech. Gleichzeitig ist man aber auch entzückt über meine Fortschritte im *Hassanije*. Lalla muß nicht mehr übersetzen, was ich sage.

»Geht es dir jetzt besser?«

»Durch Gottes Hilfe geht es mir jetzt gut.«

»Bleibst du noch lange hier?«

»Noch zwei Wochen glaube ich. Das hängt vom Arzt ab.«

Meine Verwandten fühlen sich nicht besonders wohl dabei, so aufrecht an meinem Bett stehen zu müssen. Diese erhöhte Matratze, die man mit niemandem teilen kann, ist nicht gerade einladend. Sie stellt Distanz her. Ist erst einmal das Wichtigste gesagt, muß man einsehen, daß man sich hier nicht niederlassen kann.

»Wir kümmern uns um dich, morgen kommen wir wieder. Gott möge über dich wachen.«

»Möge er über euch wachen.«

Man wirft sich die Zipfel der *boubous* und Schleier über die Schultern, man lächelt noch einmal und schon geht die kleine Truppe wieder, wie sie gekommen ist: selbstsicher und unbekümmert über den starken Eindruck, den sie hier hinterläßt. Ich sinke in das Kopfkissen zurück, die Augen mit Tränen gefüllt und das Herz kurz vor dem Zerspringen. Am nächsten Morgen kann der Krankenpfleger es kaum glauben: Mein Blutdruck ist deutlich angestiegen.

Jetzt, wo meine Familie zurückgekehrt ist, gehört meine Einsamkeit der Vergangenheit an. Meine Tür öffnet sich unaufhörlich. Gleich am ersten Tag und obwohl der Arzt es ausdrücklich verboten hat, führt Lalla die Teezeremonie in meinem Zimmer ein. Sie bringt einen Kocher, einen Wasserkessel, eine Teekanne, Gläser, Zucker, Tee, frische Minze, einen Lappen und alles mit, was man dafür braucht. Das Material wird im Wandschrank versteckt. Kaum hereingekommen, setzt sie sich auch schon auf den Boden, schließt den Kocher an und stellt Wasser auf. Ich trinke nur das letzte Restchen des dritten Glases, aber das macht nichts. Sie besteht darauf, Tee zu machen, der die Worte unserer Unterhaltung begleiten muß. Die Frauen der Familie lösen sich den ganzen Tag über ab und verursachen in meiner makellos sauberen Behausung einen fröhlichen Trubel: die kleinen Kinder schlafen auf Decken, man benutzt die Dusche, und ich finde auf der Keramik des Badezimmers große, bläuliche Marmorierungen wieder.

Jeden Abend gegen fünf Uhr kommt der Vater mit seinem Sohn vorbei, um sich nach den Fortschritten meiner Genesung zu erkundigen. Er bleibt nicht lange, kaum fünf Minuten, aber er hat die ganze Stadt durchquert, nur um mich zu besuchen.

Nachts klettert Dahi, mein junger Dolmetscher, über die Mauer. Manchmal wird er von einem anderen Burschen begleitet, einem jungen Mann mit zu langem Haar und schwarzglühenden Augen. Sie stellen mir tausend Fragen über die Weltpolitik, Ideologien, Kriege und Revolutionen. Ich meinerseits beauftrage sie, sich nach den Scheidungsgerüchten zu erkundigen, die mich in Bir erreicht haben und die Lalla nicht bestätigen wollte. So erfahre ich, daß sich Hamdis Frau – im Gegensatz zu dem, was die Mädchen mir versichern – losgesagt hat. Also liegt ein Bruch in der Luft, für den ich verantwortlich bin, aber anscheinend hat sich die Familie auf meine Seite, nicht auf die der anderen geschlagen. Man lehnt es ab, mich damit zu belasten, und als Gipfel des Feingefühls verheimlicht man mir sogar das Problem, damit ich mich nicht schuldig fühle. Außer sie meinen vielleicht, daß die inneren Angelegenheiten des Stammes eine Fremde, die ich ja weiterhin bleibe, nichts angehen. Ich weiß nicht mehr, was ich von der ganzen Sache halten soll.

Vielleicht hat Lalla gespürt, daß sie mich nicht überzeugen konnte, denn wie um die Version der Familie zu bestätigen, stattet mir schließlich auch Hamdis Frau einen Besuch ab, als wäre nichts geschehen. Sie bleibt nicht lange, aber keiner wird sagen können, sie sei nicht gekommen, um sich von meiner Genesung zu überzeugen. Zuerst erkundigt sie sich oberflächlich und mit zusammengekniffenen Augen nach meinem Zustand, dann setzt sie sich für ein paar Minuten ans Bettende und schaut mich an, ohne dabei viel zu sagen. Als sie geht, folgert Lalla triumphierend:

»Siehst du, Saviya, sie ist nicht böse auf dich.«

Wenn meine Verwandten einmal nicht da sind, bekomme ich Besuche aus dem Krankenhaus selbst. Die Nachricht von meiner unglaublichen Beziehung zu den Nomaden hat sich unter dem Personal wie ein Lauffeuer verbreitet. Jeder hat jedem von der Ankunft dieses Mauren erzählt, der lautstark verkündet hat, ich sei seine Tochter. Man sagt, er sei mit seiner ganzen Familie gekommen, sie seien in mein Zimmer marschiert und dort hätten wir uns ohne Dolmetscher miteinander unterhalten. Das hat es noch nie gegeben. Es war schon erstaunlich, daß eine *Nasraniya* hier im Krankenhaus liegt, aber daß sie Besuch von Buschbewohnern erhält, ist noch weitaus verblüffender.

Am Flughafen hat der Arzt die Geologen von Aïn ben Tili getroffen. Aus Neugier ist daraufhin auch der Pilot aufgekreuzt, um sich »nach mir zu erkundigen«. Bei dieser Gelegenheit bat ich ihn darum, mir beim nächste Mal doch den Koffer mitzubringen, den ich mit einigen anderen Sachen bei Salek zurückgelassen hatte. Zwei Tage später kommt der Flughafendirektor wie ein Wirbelsturm ins Zimmer geplatzt und küßt mir die Hand.

»Was denn, Prinzessin, du bist hier, und ich habe nichts davon gewußt! Hier, deine Post, die haben dir die Geologen mitgebracht. Nun, mein Häschen, was ist denn mit dir passiert?«

»Virushepatitis.«

»So ein Pech!«

Da sich der Direktor am Schnittpunkt aller durchkommenden Flugzeuge befindet, weiß er über jeden Bescheid, der kommt oder geht.

»Gestern ist der Präfekt von Bir Moghrein hier durchgekommen und hat mich gefragt, ob ich dich nicht gesehen hätte. Ein Kerl hat sich in das Gespräch eingemischt und uns gesagt, ein französisches Mädchen hätte das Flugzeug nach Nouakchott genommen, deshalb dachten wir, du bist schon fort. Wirklich zu dumm. Khalil mag dich sehr, weißt du?«

»Ich mag ihn auch.«

»Ismaïl scheint dich auch zu schätzen.«

»Hat er dir das gesagt? Er ist mein Adoptivvater, mußt du wissen.«

»Wenn du hier rauskommst, wirst du Diät halten müssen. Dann kannst du ruhig bei Ismaïl wohnen und kommst zum Essen immer zu mir. Ich koche dir dann etwas Feines. Du wirst schon sehen, dich kriege ich wieder auf die Beine.«

Mein Zimmer ist plötzlich zum Mittelpunkt der unterschiedlichsten Menschen geworden, auch wenn sie sich nie begegnen.

Nach einer Woche besucht mich der Pilot der Geologen wieder. Den Koffer bringt er mir allerdings nicht mit, weil das Flugzeug angeblich »voll bis oben hin« war. Dafür schwingt er aber eine große, offensichtlich wohlvorbereitete Rede, um mir zu erklären, daß die CFP-Total in Aïn ben Tili eine »Wohltätigkeitsorganisation« ins Leben gerufen hat, die Lebensmittel und Geld an die Bevölkerung verteilt. Zweifellos ist mir die Existenz dieser Freigebigkeit entgangen. Angesichts meiner zweifelnden Miene versucht der Mann, mich davon zu überzeugen, daß Salek dank wiederholter Zugriffe auf die Diesel- und Benzinvorräte der CFP-Total »steinreich« geworden ist … und das alles nur ganz nebenbei. Anschließend zieht er über die Polisario-Front her, um mir dann großmütig die Augen über die Bevölkerung von Aïn ben Tili zu öffnen, die er und seine Geologenfreunde besser kennen als sonst jemand.

»Die Sahraouis, das ist doch nur hohle Luft. Eine Bande von Typen, die versuchen, sich gegenseitig ins Knie zu ficken. Übrigens habe ich mich mit einem Algerier unterhalten, der mir erzählt hat, daß Algerien auf diese kleinen Möchtegernrevolutionäre pfeift …«

Der Flughafendirektor, der mich wenig später besucht, lacht aus vollem Halse, als ich ihm das alles erzähle.

»Die Leute von der CFP haben Angst vor dir, weil sie wissen, daß du nicht auf ihrer Seite stehst. Übrigens war ihr Flugzeug halb leer, der hätte dir deinen Koffer sehr wohl mitbringen können.«

Eigentlich weiß ich wirklich nicht, inwieweit ich den Geologen schaden oder was ihre Angst rechtfertigen könnte. Ich habe weder etwas mit der CFP-Total, noch mit der mauretanischen Regierung und schon gar nichts mit der französischen Regierung zu tun, aber wenn sie Angst haben, dann verdienen sie es auch, und wenn sie es verdienen, dann werde ich ihnen einen guten Grund geben, Angst zu haben. Als es Nacht wird, zücke ich meinen Stift und schreibe wütend an Salek. Brühwarm erzähle ich ihm alles, was man mir ins Gesicht zu spucken gewagt hat: daß die Leute des Nordens nur dreckige, schlappe und diebische Araber sind. In allen Einzelheiten berichte ich ihm, was man ihm alles vorwirft, und sage auch, wie wütend ich darüber bin. Der Brief geht ab … mit dem Flugzeug der Geologen.

Am nächsten Tag teilt mir der Flughafendirektor mit, daß mich der stellvertretende Direktor der Mine, dem ich damals bei meiner Ankunft in Zouérate einen Höflichkeitsbesuch abgestattet habe, von Herzen haßt.

»Warum denn? Was habe ich dem nun wieder getan? Ich erinnere mich nicht einmal mehr, wie der aussieht!«

»Er erzählt jedem, der es hören will, daß du dich bei den *Bidane* von vorne bis hinten hast durchficken lassen.«

Mein keusches Sexualleben ist tatsächlich Gegenstand der verschiedenartigsten Phantasien. Für einen Moment muß ich an die Dorfbewohner von Bir zurückdenken und kann nicht umhin, einen Vergleich zu ziehen. Gewiß, die hatten mich zwar auch im Verdacht, mehrere Liebhaber zu haben, aber bei denen konnte es sich nur um die edelsten unter ihresgleichen handeln. Dagegen malen sich meine Landsleute aus, wie ich mich im Dreck suhle.

Nachdem meine Gesundheit wiederhergestellt ist, wird mir das Zimmer zu eng. Ich irre durchs Krankenhaus und begegne all den Kranken, denen man hier nur mangelhaft hilft. Denn um Schmerzen kümmert man sich hier nicht besonders. Man weiß, daß die Geduld der Afrikaner grenzenlos ist, deshalb läßt man die Dinge viel zu oft schleifen. Ich versuche, sie abzulenken oder sie zu trösten. Manchmal alarmiere ich das diensttuende Personal, wenn ich, durch Schreie aufmerksam geworden, ein Martyrium entdecke, über das sich niemand aufregt. Es gibt viele Fälle! Ich streite mit den Krankenpflegern, dem Röntgenologen oder dem Laboranten und dränge sie dazu, einzugreifen. Diejenigen, die mich vorher nie gesehen haben, nehmen an, ich sei eine Araberin, weil es undenkbar ist, daß eine *Nasrani* sagt: »Der Friede sei mit euch.« Ist es für einen französischen Arzt denn so schwierig, *Salam aleykum* auszusprechen? Ich schließe Freundschaft mit der senegalesischen Hebamme, der ich manchmal heimlich nachts assistiere. Eines Morgens läßt sie mir einen riesigen Teller mit köstlichem, frischem Fisch bringen, den sie extra für mich gekocht hat.

Der durchschnittliche Franzose, dem man von den »anderen« – gleichgültig, wer damit gemeint ist – erzählt, neigt automatisch dazu, alle in einen Topf zu werfen: »Das sind alles ...« In der hiesigen Gesellschaft, die doch in vielerlei Hinsicht sehr hart ist, schert man nicht alle über einen Kamm. Man kann die Zeichen deuten. Man kann sie erkennen, wenn sie sich zeigen, und man zeigt, daß man sie erkannt hat. Mir bieten die Einheimischen Geschenke an, obwohl ich nicht mehr getan habe, als sie einfach als meine Mitmenschen zu betrachten. Sie danken mir. Sie geben mir etwas, manchmal nur ein Lächeln, einen Blick, eine Geste. Über das Vergnügen hinaus, das mir ein solches Präsent bereitet, verwirrt es mich, weil es nicht nur eine Belohnung für meine persönlichen Verdienste ist: als Kehrseite ist es auch Ausdruck der Mißbilligung. Ohne sie zu benennen, weist es auf die Mauer hin und auf all diejenigen, die sie nie überschreiten.

Wenn die Zeit kommt,
die Mauer zu überschreiten

Als nach drei Wochen Krankenhausaufenthalt Körper und Geist wieder miteinander versöhnt sind, zumindest dem äußeren Anschein nach, habe ich es nicht mehr so eilig, nach Paris zurückzukehren. Es ist nicht meine eigene Sprache, die ich um mich herum hören möchte, sondern die andere; und zu gehen, ohne noch einmal die Mauer zu überschreiten, würde bedeuten, daß ich aufgebe. Deshalb erinnere ich mich wieder an das Angebot des Flughafendirektors und vertraue mich Ismaïl an:

»Wenn ich für einige Zeit ins Haus zurückkäme, könnte ich meine Mahlzeiten dann beim Direktor einnehmen, ohne daß du deswegen beleidigt bist? Das ist für mich der einzige Weg, noch hierzubleiben, weil der Arzt mir verboten hat, maurische Speisen zu essen. Aber wenn das schandhaft für die Familie wäre, nehme ich das nächste Flugzeug nach Frankreich.«

»Bei Gott, das ist eine gute Idee. Du bist krank, also ist das überhaupt kein Problem.«

»Bist du dir sicher?«

»Absolut. Und außerdem kennen wir den Direktor, der ist in Ordnung.«

So finde ich meine Matratze in dem kleinen Zimmer der Jdida wieder, außerdem die Ziege, die Lalla abends melkt, den Geruch nach Weizenstaub, das Zischen des gezuckerten Tees, der auf die Glut tröpfelt und den Duft von karamelisierter Minze. Aber nichts ist mehr wie früher, weil ich jeden Tag die Mauer überschreiten muß, um mich am anderen Ende der Stadt an meiner Kultur zu nähren; mich von der

Matte an den Tisch zu setzen, ohne daß ich die Zeit hätte, mich weder auf der einen noch auf der anderen Seite wirklich niederzulassen. Morgens wird der Ruf zum Gebet geflüstert, um mich nicht zu wecken, und wenn ich aufstehe, ist Ismaïl schon fort. Mein geplantes Buch hat man vergessen. Es gibt keine »Arbeitssitzungen« mehr. Man spricht von diesem und jenem, von den Rgaybat nicht öfter als von allem anderen.

»Weißt du, warum in der Wüste die Oberfläche der Erde nachts kalt ist?«

»Nein, das weiß ich nicht.«

»Das ist wegen der Sonne. Weißt du, wenn sie untergeht, steigt sie in die Erde hinab, um ihren Bauch zu wärmen, während die Oberfläche durch die Nacht abgekühlt wird. Wenn du gräbst, findest du die Wärme. Tagsüber ist es genau umgekehrt. Die Sonne verläßt die Erde und wärmt ihre Oberfläche auf, aber wenn du gräbst, findest du die Kälte, weil die Sonne nicht mehr in ihrem Bauch ist.«

Mehrere Wochen lang irre ich von der einen Seite der Mauer auf die andere. Ich pendele hin und her zwischen der Jdida, dem Tisch des Direktors und dem Haus der Hebamme, wo ich einen immer größeren Teil meiner Zeit verbringe. Saly ähnelt mir: Sie ist eine selbständige Frau, stammt aus einer großen Stadt und gehört nicht der maurischen Kultur an. Ihre Mutter ist eine Lébou[10], der Vater ein Peul, sie ist in Thiès aufgewachsen und hat ihre Ausbildung in Dakar erhalten. Wir sind etwa gleich alt, daher können wir uns ungezwungen über die Gesellschaft, die Männer, die Frauen und das Verhältnis zwischen Europäern und Afrikanern unterhalten. Wir lachen über dieselben Dinge, weil wir auf derselben Seite stehen, wie Zwillinge und doch einander ergänzend. Auch sie mußte erst

498

Sprache und Sitten der Frauen, die sie behandelt, lernen. Sie kennt ihre Freuden und ihre Leiden und auch das Schamgefühl der Saharabewohner, das ihr weniger fremd ist als mir.

Saly hat nicht das Glück, in eine Gruppe integriert zu sein. Sie besitzt nicht »ihren« Stamm. Es gibt keine Männer, die alle anderen zwingen könnten, sie zu respektieren. Sie lebt allein mit einem noch kleinen Kind, das sie zwischen zwei Entbindungen auf die Welt gebracht hat, und kann sich auf überhaupt keine Gemeinschaft stützen; deshalb schwebt sie ständig in Gefahr, erniedrigt oder verstoßen zu werden: Sowohl in ihrem Privatleben als auch im Berufsleben würde ihr der geringste Fehler sofort angelastet werden. Und doch ist ihre Aufgabe ungeheuer: sie ist die einzige Hebamme für ein ganzes Krankenhaus, die einzige Hebamme für eine ganze Stadt! Sie hat Tag und Nacht Dienst, in zehn von zwölf Monaten, und bringt alle Kinder zur Welt, deren Mütter in die Poliklinik der Mine aufgenommen werden. Um in ihrem Exil nicht unterzugehen, hat sie ihre komfortable Wohnung[11] mit vertrauten Zeichen ausgestattet: Düfte, bestimmte Speisen, zwei oder drei Fotos, eine gewebte Decke, ein paar Figuren, nach Art ihres Landes gefärbte Stoffe, die sich in kunterbuntem Durcheinander auf der Waschmaschine türmen, ihre Musik und der Fisch, der im Kühlschrank liegt, neben einem roten Gebräu aus Ananas und Hibiskusblüten, das sie *bissap* nennt. Das hier ist Schwarzafrika, der Senegal in seiner städtischen, modernsten Form. Sobald sie die Tür hinter sich zugezogen hat, vertauscht sie ihre Hebammenkleidung mit dem typischen *boubou* aus Dakar.

Ein spontanes Gefühl von Gemeinsamkeit verbindet mich mit Saly. Auch sie befindet sich an der Nahtstelle der Kulturen, allerdings an der südlichen Naht, während ich im Norden stehe. Beide können wir uns frei auf beiden Seiten der Mauer bewegen. Deshalb kann ich mit ihr reden, und sie kann mir alles anvertrauen. Die Natur und das Leben haben uns beide mit demselben aufsässigen Temperament ausgestattet, selbst wenn sie im Süden sehr früh gelernt hat, eine reservierte Haltung einzunehmen, während man im Norden zugelassen hat, daß sich meine Unhöflichkeit frei entwickelt. In der weiblichen Vertraulichkeit unserer Jugend haben wir dieselbe Frechheit, dieselben Auffassungen, dieselbe Gedankenfreiheit und dieselbe Fähigkeit, gemeinsam über alles zu lachen.

Ihre Mutter, die gekommen ist, um ihr nach der Geburt ihres Kindes beizustehen, verkörpert in meinen Augen das traditionelle Afrika, wenn ich sie so sehe mit ihren weiten, bunten *boubous*, mit ihren Kopftüchern, mit ihrer Art, sich die Beine gerade nach vorn ausgestreckt auf den Teppich zu setzen, mit dem sanften Glanz ihrer Augen und vor allem mit dieser ruhigen Weisheit, die von ihrer ganzen Person ausstrahlt. Sie leistet Saly Gesellschaft, tröstet sie, ohne es sich anmerken zu lassen, wenn sie spürt, daß der Tag hart oder traurig gewesen ist. Sie kümmert sich um das Baby, das sie sich in einem Tuch auf den breiten Rücken bindet, um es mit wiegendem Gang spazierenzutragen.

Hin und her gerissen zwischen der Lehmstadt und der Betonstadt, mußte ich meine äußere Aufmachung ändern, um mich auf beiden Seiten der Mauer aufhalten zu können. Mit Hilfe einer Nähmaschine, die Saly irgendwo aufgetrieben hat, habe ich mir einen Anzug angefertigt, der noch zwitterhafter ist als meine lange schwarze Tunika, aber die Tendenz ist deutlich. Dies ist nicht mehr ein weites, einfarbiges und von einfachen Nähten zusammengehaltenes Gewand, sondern ein Kleid von abendländischem Zuschnitt, das aus dem grellbunten Stoff der schwarzen Bevölkerungsgruppen angefertigt wurde und das mir mit seinem weiten Rock und den Glockenärmeln erlaubt, mich ungezwungen im maurischen Milieu zu bewegen. Aber meine Taille ist eng umfangen, genauso wie ich unmerklich wieder von meiner eigenen Kultur eingefangen wurde.

Als ich endlich beschließe, den Tag meiner Abreise festzusetzen, packt mich die Sehnsucht nach dem Zemmour. Ich ziehe mich in die Jdida zurück, ohne mich weiter um meine Diät zu kümmern, weil ich mich noch ein letztes Mal ganz von der Quintessenz dieses Lebens, von dem ich mich bald losreißen muß, durchdringen lassen möchte. Ich verbringe die Abende mit dem Kopf auf Mnaytannas Knien und berausche mich am Duft des *nilé*. Im Mondschein höre ich zu, wie der Vater im Hof Gedichte rezitiert. Denn der Sommer kommt näher, und die Nächte sind herrlich. Sobald die Sonne verschwindet, werden die Matten und Kissen draußen ausgebreitet, und die Familie versammelt sich mit einigen Freunden, um sich die schönen vergangenen Zeiten in Erinnerung zu rufen. Man erzählt, man schmiedet Verse, und man seufzt.

Tagsüber trifft man sich bei Badi. Aus allen Teilen des Landes sind Verwandte gekommen, weil die Großmutter im Sterben liegt. An ihrem Krankenlager lösen sich die Kinder, Enkelkinder und Urenkel ab. Auch Hamdi ist eingetroffen. Er sieht traurig aus. Ihm geht es schlecht in Nouakchott, und auf seinen Schultern ruht das Überleben manch eines Haushalts hier. Klugerweise vermeidet er es, mit mir zusammenzutreffen: Jetzt ist nicht der richtige Zeitpunkt, um dem Tratsch der Leute neue Nahrung zu geben.

Ismaïl macht sich Sorgen. Er möchte seiner Mutter, die keine Nahrung mehr zu sich nimmt, gerne Linderung verschaffen. Man führt mich zu ihr, und trotz ihrer Schwäche stützt sie sich auf einen Ellenbogen auf, um mir die Hand zu reichen. Sie wendet mir ihr klares und sanftes Gesicht zu, in das die Jahre ihre Furchen gegraben haben, aber ihre müden Augen können mich kaum sehen, und sie heißt mich nur mit zittriger Stimme willkommen.

Der Vater nimmt mich beiseite.

»Saviya, man muß einen Arzt bitten, daß er sie sich ansieht.«

Im Krankenhaus verdreht der Arzt gequält die Augen.

»Ich kann nicht von hier fort, das müssen Sie verstehen. Wenn man einmal damit anfängt, nimmt das kein Ende mehr.«

»Aber die Frau ist sehr schwach und außerdem schon uralt. Ich flehe Sie an, kommen Sie. Nur dieses eine Mal ...«

»Alles, was ich tun kann, ist, ihr den Krankenwagen zu schicken. Wenn Sie sie mir ins Krankenhaus bringen, werde ich sie untersuchen.«

Ich gehe, um Ismaïl das Ergebnis meiner Bemühungen mitzuteilen. Er zögert, schüttelt dann aber den Kopf.

»Nein, sie könnte im Krankenwagen der Christen sterben. Es ist besser, wenn sie bei ihren Angehörigen bleibt.«

Trotz seiner Größe ist der Hof von Badis Haus mit Zelten vollgestellt und von Betriebsamkeit erfüllt. Die Großmutter ruht, umgeben von ihren Töchtern, auf einer Matte, denn am Abend ihres Lebens hat man sie aus dem Haus herausgetragen und in ihr Zelt gelegt, um rund um sie herum das Lager von einst nachzubilden. Die Kinder rennen herum, die Töchter bereiten das Essen zu, die Männer unterhalten sich, und neben der Sterbenden frisieren sich die Frauen und trinken dabei ihren Tee.

Manchmal denke ich, daß dieser ganze Trubel für eine alte Dame, die im Sterben liegt, doch ziemlich ermüdend sein muß, aber vielleicht empfinden wir Lärm nicht in derselben

Weise, so wie wir auch eine völlig andere Vorstellung von Ruhe haben, und zweifellos ist es für sie ein großer Trost, alle so nah bei sich zu spüren. Sie begleiten diejenige, von der sie alle abstammen, beim Sterben, ohne übertriebene Trauer und ohne überflüssige Tränen. Sie sind einfach da, und sie werden bis zum Schluß dasein. Das ist eine schöne Art zu sterben, wenn man soviel erlebt und so viele Leben geschenkt hat.

Am Tag vor meiner Abreise bringen mir Verwandte und Freunde Geschenke, wie es hier Sitte ist, wenn ein Nahestehender fortgeht: ein Lederkissen, eine kleine Kalebasse, einen silbernen Armreif, eine gewebte Decke, irgendein Andenken. Am Flughafen sind sie dann alle da. Diejenigen, die zusammensein dürfen, aber auch diejenigen, die das Schamgefühl auf Distanz hält. Gefolgt von Lalla, die nur schlecht ihren Kummer verbergen kann, gehe ich von einem zum anderen. Mnaytanna und ihre Töchter sitzen mit den kleinen Mädchen draußen im Sand, im Schatten des Flughafens. Hamdi ist mit seiner Mutter, seiner Schwester und seiner Lieblingsnichte im Wartesaal. Der Vater ist mit seinem jüngsten Sohn in der Halle. Er schüttelt dem Flughafendirektor die Hand, und ich stelle ihm Saly vor, die mich bei ihnen ersetzen soll, wenn sie einmal Medikamente oder ärztliche Behandlung brauchen. Schon sind einige Bande geknüpft, die sich während meiner Abwesenheit weiterentwickeln werden. Salys Mutter schlendert mit dem Baby auf dem Rücken umher. Sie tritt heran, um den Vater zu grüßen, und für einen Moment bin ich gerührt über das respektvolle Lächeln, das der weiße Nomade aus dem hohen Norden mit dieser schwarzen Frau aus dem tiefen Süden austauscht. Obwohl sie nicht dieselbe Sprache sprechen, schenken sie sich wegen mir ein Zeichen gegenseitiger Hochachtung.

Und schließlich ist da auch noch Dahi, der den Arm um mich legt, um mich unter den fragenden Blicken der einsteigenden Europäer bis an den Fuß der Gangway zu führen, wo er mir endlich sein Geheimnis anvertraut: Er gehört jetzt der Front an und wird bald in den Norden aufbrechen, um dort zu den *compañeros de las montañas* zu stoßen.

Epilog

Lange habe ich geglaubt, diese Erfahrung könne nicht weitergegeben werden. Anfangs habe ich versucht, Freunden einige Anekdoten zu erzählen, aber immer hatte ich den Eindruck, als würden sie nichts verstehen, als würden sie etwas Wesentliches nicht hören. So als ob die Bilder, die meine Worte hervorriefen, lediglich bewirkten, sie in ihren bereits fest verankerten Vorstellungen zu bestätigen. Reden wurde zum Verrat, deshalb schwieg ich schließlich.

Dann kam der Krieg. Die Flucht der Nomaden nach Tinduf, die Flüchtlingslager, das Abriegeln der Grenzen und die mörderischen Kämpfe. Das Ende der Stämme. Die *compañeros de las montañas* erlebten, wie ihre Brüder und Vettern, die vor den Soldaten des Königs flohen, bei ihnen Schutz suchten. Der Vater ist mit seiner ganzen Familie zu ihnen gestoßen. Angeblich haben sie die Sklaverei abgeschafft, den Frauen ein Mitspracherecht eingeräumt und den Eltern verboten, ihren Kindern die Geschichte ihrer Vorfahren zu erzählen. Man darf nicht mehr von den Rgaybat sprechen. Es gibt keine Rgaybat mehr. Das Volk der Sahraouis ist einig und unteilbar. Man muß die Vergangenheit vergessen und darf sie vor allem nicht niederschreiben, das könnte sonst alte Streitigkeiten wiederaufleben lassen. Das wäre gefährlich. Ich bin zum Feind geworden.

Als die Mauretanier und die Sahraouis 1979 Frieden schlossen, habe ich den Entschluß gefaßt, wieder hinzufahren, aber man findet die Kinder der Wolken nicht so leicht, vor allem dann nicht, wenn sie beschlossen haben, zu verschwinden. Beim ersten Mal ist es mir immerhin gelungen, einige Gelehrte aufzuspüren, die mir verschiedene Manuskripte anvertraut haben, wobei allerdings der Staat vermittelt hat. Beim zweiten Mal bin ich bis zu den Zeltlagern vorgedrungen, aber auch diesmal wieder war ich bald völlig betäubt vom Lärm des Schweigens, und die Geduld hat mir gefehlt.

Trotzdem habe ich nicht lockergelassen. Diese Promotionsarbeit, dieses Buch über ihre Geschichte, wollte ich trotz allem schreiben. Zunächst einmal für sie, weil ich dachte, daß man das Räderwerk der sozialen Struktur nicht verheimlichen, sondern analysieren muß, um es überwinden zu können. Schließlich aber auch für uns, weil ich es für nützlich hielt, einige unserer Vorstellungen – die lediglich unsere Unwissenheit beweisen – zu korrigieren. Man sollte auf jeden Fall versuchen, das Bild vom »Stamm« zu revidieren und zu zeigen, daß es sich dabei nicht um einen »Stamm« im anachronistischen und barbarischen Sinne handelt, wie man dieses Wort auf unserer Seite der Mauer versteht. Aber als ich das Ergebnis meiner Forschungsarbeiten dann veröffentlicht habe, habe ich es wie alle anderen gemacht. Diejenigen, die mich gastlich aufgenommen hatten, tauchten darin nicht auf, genausowenig wie ich die Beziehungen beschrieben habe, die wir geknüpft hatten, oder den Kummer und die Freuden, die mir diese Begegnungen bereitet haben.

Das Buch meiner Geschichte erneut aufzuschlagen, heißt, den Dialog dort wiederaufzunehmen, wo ich ihn zehn Jahre zuvor abgebrochen habe. All denjenigen, die mir Tag für Tag beigebracht haben, wie man geht, ißt, redet und begreift, all denjenigen, die im Norden Mauretaniens meine Lehrer gewesen sind, erzähle ich hier, was ich damals aus

Angst, der Undankbarkeit bezichtigt zu werden, nicht zu sagen gewagt habe: meine Schwierigkeiten, mein Unverständnis, diese Phasen der Ablehnung durch meinen Körper oder meinen Geist. Die Begegnung ist schmerzhafter verlaufen als vorgesehen. Als ich endlich begriffen hatte, daß meine Suche unmöglich war, habe ich mich von ihr losgesagt, fluchend wie der Rabe in der Fabel, damit ich nie wieder darauf hereinfallen würde. Lange Jahre hindurch habe ich es vermieden, zu reisen. So wie all die Ethnologen, bei denen man sich manchmal wundert, daß sie nie wieder zurückgegangen sind. Vielleicht sind sie auf unüberwindliche Grenzen gestoßen? Mit welchem Recht soll man ihnen deswegen Vorwürfe machen? Warum sollte man das als Scheitern empfinden, was tief in der menschlichen Natur verankert ist? Immerhin bleibt dieses Abenteuer, das alles auf den Kopf gestellt hat und das noch Jahre später Reflexionen, Lebensweise und Gedanken nährt, die weit über die Pfade der Initiation hinausreichen.

Die Erfahrung eines Ethnologen läßt sich nur schwer mitteilen, weil sie zugleich physisch und psychisch gewonnen wird. Sehr rasch verbannt der Reisende sie in den hintersten Winkel seiner Intimsphäre, denn der Wissenschaftler, der er ja *auch* sein möchte, hat nicht das Recht, Gefühle zu besitzen, und noch weniger darf er körperliche Reaktionen zeigen. Und doch steckt diese Erfahrung immer hinter allem, was er sagt. Die intellektuelle Interpretation, der er nach seiner Rückkehr die sozialen Phänomenen unterzieht, ist nicht einzig und allein ein Ergebnis seiner Lektüre und seiner Beobachtung all jener Dinge, die er sich – so wie es ihm immer eingeschärft wurde – gewissenhaft notiert hat. Ob er sich nun dessen bewußt ist oder nicht, in seine Erfahrung fließt auch immer der Charakter der Beziehungen ein, die er in der Fremde zum »Objekt« seiner Studien aufgebaut hat. Ein Objekt, das ein Subjekt ist, ein menschliches Wesen, ein Mann, eine Frau, Menschen, mit denen der Forscher Umgang gepflegt und mit denen er demnach ein Stück des Raumes und ein Stück der Zeit geteilt hat; mit denen er, allein aufgrund seiner Anwesenheit, einen mal glücklichen, mal unglücklichen Austausch geführt hat.

Glossar

Abd	Sklave
Abid	Sklaven
Amoggar	großer, alljährlich abgehaltener Markt in Tinduf
awlad	siehe *oulad*
azib	vom Lager weit entfernte Weidegebiete
banou	siehe *banu*
banu	die Söhne, im Sinne von Nachkommen in männlicher Erbfolge (siehe *oulad*)
baraka	göttlicher Segen
bhkur	Weihrauch
Bidane	die Mauren (wörtlich: »die Weißen«)
Bidani	Singular, männlich von *Bidane*
Bidaniya	weibliche Form von *Bidani:* »Maurin«
bissap	senegalesisches Getränk
boubou	Männergewand
candriya	Tee mit Milch
Cauri	freier Schwarzer (Mann)
Cauriya	freie Schwarze (Frau)
chorfa	Nachkommen des Propheten (siehe *scherif*)
Couar	(die) Schwarzen
dar'a	*boubou* (männliches Gewand)
dschellaba	arabisches Männergewand aus Wolle
farou	Decke aus Lammfell
Fatiha	erste Sure des Koran
flij	gewebte Stoffbahnen aus Wolle, aus denen das Zelt hergestellt wird
goumier	Reiter in einem *goum*, einem militärischen

	Kontingent, das ein Stamm der französischen Armee zur Verfügung gestellt hat
grigri	Amulett oder Fetisch der Schwarzafrikaner
griot	Sänger der Schwarzafrikaner
Hadith	Sammlung von Überlieferungen zum Leben des Propheten
Hal	»Sprache« auf Pular
Hal Pular	Pular, gehören zur Gruppe der Peul oder Fulbe, auch »Tukolor« genannt (diejenigen, die Pular sprechen)
hamdullah	Dank sei Gott
Haratine	Freigelassene (Plural)
Haratini	Freigelassener (männlich)
Haratiniya	Freigelassene (weiblich)
harki	Algerier, der als Milizionär in einer Hilfstruppe der französischen Armee gedient hat
hassane	maurischer Krieger
Hassanije	Sprache der Mauren
Imam	Vorbeter in der Moschee
Jdida	die »Lehmstadt« von Zouérate
Kadi	Richter
kédia	Berg
koubba	Grab eines Heiligen
ksar	Dorf, auch Altstadt von Nouakchott
ksour	Fleischgericht, mit Fladenbrot gegessen
maghreb	Sonnenuntergang
Marabut	mohammedanischer Einsiedler, heilige Person mit magischen Kräften
mchaqab	Sänfte; Palankin
méharistes	mit Dromedaren ausgerüstete Kolonialtruppen
melhafa	Schleier (Oberbekleidung der Frauen)
merkez	Armeelager

mesouaq	Stäbchen zur Zahnpflege
mniha	Institution des Verleihens von Vieh
Muhammad	Mohammed
Nasrani	Christ
Nasraniya	Christin
Ouguiya	Mauretanische Währung
oukel	Iß!
oulad	»die Kinder, die Söhne von ...«, wenn es sich um die Nachkommen eines Ahnen handelt, der den Mitgliedern eines Stammes oder einer Sippe den Namen gab (wörtlich: *awlad*)
oummek	deine Mutter
Peul	auch Fulbe, nomadisierende Bevölkerungsgruppe
Polisario-Front	Frente Popular de Liberación de Seguía el-Hamra y Río de Oro (Volksfront für die Befreiung von Saquet al Hamra und Río de Oro); Befreiungsbewegung in der Westsahara
Pular	Sprache der Peul
qabila	Stamm
Reg	flaches, steiniges und sandiges Gelände
rezzou	Gruppe von Kriegern, kriegerische Unternehmung
rgayb	Hals, Kragen
Rgaybat	Nomadenstamm, auch Erguibat
Sahel	Westen, Küste des Ozeans
Sahraouis	auch Saharauís, Saharan oder Saharier; Bewohner der Demokratischen Arabischen Republik Sahara (Westsahara)
sahwa	Schamgefühl
scherif	Nachkomme des Propheten
sebkha	Salzablagerungen in Bodensenken

Sufismus	Mystik des Islam
tfou	Lautmalerei, die Ablehnung ausdrückt
tidinit	Musikinstrument der Schwarzafrikaner
Toubab	Weißer in den Sprachen der Schwarzafrikaner
Tukolor	(siehe *Hal Pular*)
UM	Abkürzung für *Uqiya Mauritanienne;* siehe *Ouguiya*
Umma	Gemeinschaft der Gläubigen
Wolof	senegalesische Sprache
yasariya	Linker (politisch)
znaga	Tributpflichtige
zrig	Gemisch aus Wasser und gezuckerter Milch
zwaya	Gebildete

Anmerkungen

Einleitung

1 Es heißt: ein Rgaybi, eine Rgaybiya, mehrere Rgaybat. (Man trifft die unterschiedlichsten Schreibweisen an, wie z. B.: Erguibat, Reguibat, Regueibat, R'Gibat. Hauptsächlich ist dies darauf zurückzuführen, daß sich die Kolonialbeamten früher kaum um die richtige Orthographie der von ihnen administrierten Völker gekümmert haben. Sophie Caratini benutzt hier die international gültige Transkription des arabischen Namens. Bei Personennamen habe ich die französische Schreibweise beibehalten, da Französisch in Mauretanien zweite Amtssprache ist. (Anm. d. Ü.)

2 siehe: S. Caratini, *Les Rgaybat (1610–1934)*, Bd. 1, *Des chameliers à la conquête d'un territoire*, Bd. 2, *Territoire et Société*, L'Harmattan, Paris 1989.

3 Der Fakultät für Ethnologie an der Universität von Nanterre.

4 Catherine Leforestier, *Allez voir mes voisins.*

5 siehe: D. Champault, *Une oasis du Sahara nord-occidental, Tabelbala*, CNRS, Paris 1969.

6 Die Réguibat Legouacem oder Rgaybat Lgwasim sind die nördlichste Gruppe der Rgaybat.

7 *méharistes:* berittene Kolonialtruppen, mit Dromedaren ausgerüstet. (Anm. d. Ü.)

8 *Awlad al-muzna. Awlad* (oulad) bedeutet »die Kinder« (oder »die Söhne«, wenn es sich um die Nachkommen des namengebenden Ahnen eines Stammes handelt) und *muzna* (vorislamisches Wort): »die regentragende Wolke« (Kumulonimbus).

1. Die Gastfreundschaft

1   Dieses Männergewand heißt *dar^{c}a*. Wenn die Mauretanier französisch sprechen, nennen sie es *boubou*. Es handelt sich dabei um ein langes Rechteck aus Baumwolle, das in der Mitte eine Öffnung für den Kopf besitzt. Die Seitenränder werden in Höhe der Waden durch eine kurze Naht zusammengehalten, wodurch die Luft durch die seitlichen Öffnungen streichen und den Körper abkühlen kann. Der spitz zulaufende Kragen ist gewöhnlich bestickt. Eine große, ebenfalls bestickte Tasche ist in Brusthöhe aufgenäht. Unter dem *boubou* tragen die Mauren eine weite, an den Seiten manchmal bestickte Hose aus Baumwolle und ein europäisches Hemd.

2   Das Frauengewand wird in Mauretanien auf arabisch *melhafa* und auf französisch *voile*, also »Schleier«, genannt, obwohl die mauretanischen Frauen nicht verschleiert sind. Es handelt sich dabei um ein einziges Stück Stoff, das um den Körper drapiert wird. Der äußerste Zipfel wird um den Kopf geschlungen und dann über die linke Schulter geworfen.

3   Mauretanien hat 1972 die Franc-Zone verlassen und eine eigene Währung geschaffen, den Ouguiya. 1 UM (Uqiya Mauretanienne) entsprach 1974–1975 etwa 0,10 FF oder 0,05 DM.

4   Im allgemeinen essen Mauren, die aus dem Landesinneren stammen, keinen Fisch.

5   Amulett der Schwarzafrikaner. (Anm. d. Ü.)

6   Mohammedanischer Einsiedler, heilige Person, die auch über magische Kräfte verfügt. (Anm. d. Ü.)

7   Merkwürdigerweise und wahrscheinlich analog zu den Gegenden der afrikanischen Sahelzone bezeichnet man im lokalen Französisch mit dem Ausdruck »brousse« (Busch) alles, was nicht Stadt ist, als die Wüste.

8   Bei einem Wissenschaftler des *Institut Pasteur*, einem Spezialisten für die Pest, der sich im Rahmen seiner Forschungsarbeit mehrere Monate in Mauretanien aufgehalten hat und dort gute Freunde besitzt.

9   *Hal Pular* bedeutet wortwörtlich: »derjenige, der die Sprache der Pular spricht«. Diese Bevölkerungsgruppe zählt zum großen Volk

der Peul, Nomaden der Sahelzone, die den südlichen Rand der Sahara entlang in einer mehrere Jahrhunderte dauernden Wanderschaft von Ost nach West vorgedrungen sind. In Westafrika wurden einige am Fluß Senegal endgültig seßhaft und haben die Viehzucht aufgegeben, um sich hauptsächlich der Landwirtschaft zu widmen. Oft werden sie auch »Tukolor« genannt.

10 Eine mauretanische Hebamme hat mir versichert, daß die Tukolor oder *Hal Pular* ihre Mädchen genauso beschneiden lassen wie die Mauren.

11 *Ksar* bedeutet »Dorf«. Gleichzeitig ist dies der Name des ältesten Stadtteils, noch aus der Zeit, als Nouakchott nur ein kleiner Marktflecken war.

12 Der Ausdruck »Alter« besitzt in Mauretanien nicht die abwertende Bedeutung, die er in einigen französischen Kreisen bekommen hat. Im Gegenteil, damit wird eine Respektsperson bezeichnet. Eher zu übersetzen mit: der Ältere, der Ahnherr, der Patriarch.

13 In Nouakchott gibt es nur Sammeltaxis. Meist handelt es sich dabei um unglaublich klapprige Renault 4L.

14 Mit einem jungen Mädchen, mit dem man nicht nahe verwandt ist, allein in die Nacht hinauszugehen, kann Anlaß zu Mißverständnissen geben. Ely wollte vermeiden (von älteren Freunden, von seinem Vater oder von sonst jemandem?), in dieser peinlichen Situation gesehen zu werden. Deshalb hat er auf einen, in der maurischen Gesellschaft allgemein üblichen Trick zurückgegriffen, bei dem das Mädchen in die eine Richtung aufbricht und der Mann in die andere, um sich draußen dann wieder zu treffen. Das alles konnte ich nicht wissen, und er konnte sich nicht einmal vorstellen, daß ich sein Manöver eventuell nicht begreife.

15 Über diese Sorge lache ich heute, aber damals war ich noch nicht daran gewöhnt, allein und schwer bepackt zu reisen.

16 Das von den Rgaybat seit der Mitte des 19. Jahrhunderts eroberte Gebiet erstreckte sich in der Kolonialzeit über den größten Teil von Río de Oro, Nordmauretanien, die westlichen Grenzgebiete Algeriens und Malis und den äußersten Süden Marokkos.

17 Frente Popular de Liberación de Seguía el-Hamra y Río de Oro (Volksfront für die Befreiung von Saquet al Hamra und Río de

Oro). Siehe hierzu das Buch von Ahmed Baba Miské, *Front polisario, l'âme d'un peuple,* im Sommer 1975 begonnen und erschienen 1978 bei Éditions Rupture.

18 Ahmed Baba Miské stammt aus einem für seine Gelehrsamkeit berühmten Stamm nomadisierender Hirten, den *Zwaya,* die zwischen Mauretanien und Río de Oro hin und her wanderten. Damals war er Mitglied des Politbüros der Polisario-Front (was ich noch nicht wußte).

19 Ein Phosphatvorkommen von ungewöhnlicher Qualität, das seit 1972 im Tagebau abgebaut wird. Das Mineral wird über eine hundert Kilometer lange Transportrampe, eine Art Förderband, bis ans Meer geschafft und dann exportiert.

20 *Nouvel Observateur:* ein französisches Nachrichtenmagazin, entspricht in etwa dem deutschen *Spiegel.* (Anm. d. Ü.)

21 Das mauretanische Arabisch heißt *Hassanije,* nach der Bezeichnung der Banu Hassan, »Söhne Hassans«; das sind Beduinenstämme, die von der arabischen Halbinsel kamen und in Westafrika die arabische Sprache eingeführt haben. *Hassanije* ist das Femininum des Namens Hassan. Sie ist par excellence die Sprache des *Hassane. Hassane* wurde auf *Hassanije* zu einem Gattungsnamen, der »Krieger« bedeutet.

2. Die Adoption

1 *La Réunion* ist eine französische Insel östlich von Madagaskar. (Anm. d. Ü.)

2 Die *Société des mines de fer de Mauritanie* (Gesellschaft der Eisenminen Mauretaniens). Zum Zeitpunkt der Verstaatlichung, die erst vor kurzem erfolgte, besaß Mauretanien nur 5 Prozent vom Kapital der Gesellschaft, Frankreich hingegen 56 Prozent.

3 Das Personal der MIFERMA ist unterteilt in leitende Angestellte, Meister und Arbeiter. Die leitenden Angestellten sind alle Franzosen und die Arbeiter alle Mauretanier. Lediglich in der Kategorie der Meister gibt es gleichzeitig »Einheimische« und »Ausgewanderte«. Das Gehalt eines Meisters variiert von 10 000 UM (500 DM) auf

der ersten Stufe bis zu 28 000 UM (1400 DM) auf der fünften Stufe. Mauretanier findet man nur auf den ersten beiden Stufen, die damit für Einheimische die höchste Ebene in der Firma darstellen. Die Franzosen fangen bereits mit dem Rang eines Teamleiters auf der zweiten oder dritten Stufe an und steigen danach rasch in der Hierarchie auf.

4 Das Oued Noun ist das letzte größere städtische Zentrum im Süden Marokkos und war lange Zeit der nördliche »Hafen« des Transsahara-Handels.

5 Von den Meistern der dritten Stufe an sind Unterkunft, Möblierung und Beleuchtung für alle »gratis«. Die Häuser der leitenden Angestellten und der Meister der höheren Stufen verfügen sogar über Klimaanlagen. Dagegen sind für die Arbeiter bei weitem nicht genug Unterkünfte vorgesehen; sie sind nicht klimatisiert und ihre Zuweisung hängt von der familiären Situation des Arbeiters ab oder davon, wie lange er dort schon beschäftigt ist. Wenn er Junggeselle ist oder allein lebt, wohnt er bei Verwandten oder Freunden; hat er Frau und Kinder, mietet, kauft oder baut er sich ein Lehmhaus: man sieht zu, wie man zurechtkommt.

6 Der *banco* besitzt den Vorzug, eine gute thermische Isolierung zu bieten, und nichts verbietet, eine damit errichtete Mauer anschließend zu kalken oder sogar zu verputzen und zu bemalen.

7 Ein *Reg* ist ein flaches, steiniges und sandiges Gelände. Weite Teile Mauretaniens bestehen aus solchen *Regs*.

8 Das Wort »tribu« (Stamm) wurde von den ersten Orientalisten eingeführt, die glaubten, in der arabischen *qabila* die Stämme der Bibel wiederzuerkennen. Später haben die Kolonialbehörden den Gebrauch dieses Begriffs allgemein verbreitet.

9 Die Bevölkerung der Spanischen Sahara bezeichnet mit Sahara nur ihr eigenes Land. Wenn sie das Gebiet meinen, das die Europäer die Sahara nennen, sprechen sie gewöhnlich von »der großen Sahara«.

10 Zwischen 1905 und 1934 war die Spanische Sahara in ganz Westafrika das letzte noch freie Gebiet.

11 Die *Scherifen* (französische Schreibweise: *chérif*, Plural *chorfa*) sind die Nachkommen des Propheten Mohammed.

12 Das Wadi Chebika befindet sich südlich vom Wadi Draa, nahe der marokkanischen Grenze. Es ist mir nicht gelungen, die Banu Havian, die es meines Wissens nicht mehr gibt, zu identifizieren.

13 Eine Sagengestalt, der man in vielen südmarokkanischen Legenden begegnet. Über seine Identität können sich die Historiker nicht einig werden.

14 Die *hassane* waren auf Kamelen reitende Krieger Zentral- und Südmauretaniens. Als Männer des Gewehres behaupteten sie, im Gegensatz zu den *zwaya*, den Leuten des Buches oder »Marabuts«, arabischer Herkunft zu sein und von Banu Hassan abzustammen.

15 Ein *rezzou* ist eine bewaffnete Gruppe von Kriegern, die auf Kamelen ausreiten, um ihre Feinde anzugreifen. Ziel eines *rezzou* ist es weniger, den Gegner zu töten, als vielmehr, ihm seine Existenzgrundlage, nämlich die Kamelstuten, wegzunehmen.

16 Bei den *znaga* handelte es sich um Stämme ohne Bücher oder Gewehre, denen die *hassane* einen Tribut abverlangten.

17 Einer Bestandsaufnahme der Kolonialzeit zufolge soll er eine Herde von etwa dreitausend Kamelen besessen haben.

18 Man fragt einen Mann nicht danach, wie es seiner Frau geht, das wäre eine Anspielung auf das Sexualleben des Ehepaares. Man fragt ihn, wie es seinem Zelt geht, das heißt, allen Bewohnern des Zeltes und in erster Linie der Frau und den Kindern. In etwa so, als würde man auf deutsch fragen: »Und wie geht es zu Hause?«

19 Berittene Kolonialtruppen auf Dromedaren. (Anm. d. Ü.)

20 Der grüne chinesische Tee wurde im 19. Jahrhundert von den Engländern in Nordafrika eingeführt. In der Kolonialzeit wanderte noch die Teekarawanen von Marokko aus über Tinduf nach Mauretanien hinunter. Heute haben Lastwagen die Kamele ersetzt, aber die Route ist immer noch dieselbe.

21 Bei einem *goumier* handelt es sich um einen Reiter in einem *goum*, einem militärischen Kontingent, das ein Stamm der französischen Armee zur Verfügung gestellt hat. (Anm. des Ü.)

22 Am Schluß meiner Promotionsarbeit sollte ich doch noch einige abstrakte Modelle konzipieren, mit denen ich die Ehetheorien in der arabischen Welt, wie sie von der klassischen Anthropologie entwickelt worden waren, in Frage stellen wollte.

3. Der Lärm des Schweigens

1 »Désir« (Sehnsucht) statt »désert« (Wüste).

2 Bei *griots* handelt es sich um Schwarzafrikaner, die einer besonderen Kaste angehören und zugleich Dichter, Musiker und Zauberer sind. (Anm. d. Ü.)

3 In Mauretanien tragen Männer wie Frauen Schuhe ohne Riemen oder Schnallen, die man leicht ausziehen kann, ohne daß man sich deswegen hinhocken muß.

4 Siehe erstes Kapitel.

5 Um Fleisch haltbar zu machen, schneidet man es in schmale Streifen, die an die Zweige von Dornbüschen gehängt werden, wo sie zwei Tage lang trocknen.

6 Capitaine = Hauptmann. Khalil, der mit mir französisch spricht, schwankt dauernd zwischen »du« und »Sie« hin und her. Ich komme nie dahinter, ob dies ein Anzeichen für eine Unsicherheit in seiner Haltung mir gegenüber oder einfach nur eine sprachliche Unzulänglichkeit ist.

7 Auf *Hassanije* heißt ein Stammbaum ganz einfach nur »Baum«.

8 Sammlung von Überlieferungen, die das Leben des Propheten und seiner Gefährten beschreiben.

9 Erster Vers des Korans.

10 Vorsteher des Gebets der Männer.

11 *Harkis* waren einheimische algerische Milizionäre, die als Hilfstruppen in der französischen Armee dienten. Nach dem Algerienkrieg erhielten sie die französische Staatsbürgerschaft und wurden nach Frankreich umgesiedelt. (Anm. d. Ü.)

12 Im Senegal und in den negro-afrikanischen Bevölkerungsteilen Mauretaniens werden alle Weißen *Toubab* genannt, entsprechend zum maurischen *Nasrani.*

13 In der traditionellen maurischen Gesellschaft unterschied man an der Spitze der Hierarchie die »Leute des Buches« (Gebildete) und die »Leute des Gewehres« (Krieger).

14 Kalebasse in Form eines Kruges.

15 Zum selben Stamm zu gehören heißt, Kusinen im Sinne der Nachfahren zweier Brüder zu sein, gleichgültig, wie weit man dabei in

der Genealogie zurückgeht. Jede Frau meines Stammes ist also per definitionem eine »Tochter meines Onkels«.

16 Der *Cycle moyen 2* entspricht der fünften Schulklasse. (Anm. d. Ü.)

17 Wasserski

4. Das Leben im Schloß

1 Das System der *merkez* wurde 1958 vom Kommandanten Du Boucher entwickelt, um die Rgaybat – die sich in der Hoffnung, die Spanier aus der Westsahara und die Franzosen aus Mauretanien vertreiben zu können, für die marokkanische Befreiungsarmee entschieden hatten – zurück nach Mauretanien zu locken. Im Norden des Landes blieb das System der *merkez* bis zum Saharakrieg bestehen.

2 *bordj* = arabisch für Fort. (Anm. d. Ü.)

3 *Chleuhs* = seßhafter Berberstamm in Marokko. (Anm. d. Ü.)

4 Die Sprache der Tukolor, oft auch *Hal Poular* genannt.

5 Bei den »senegalesischen« Schützen handelte es sich bei weitem nicht nur um Senegalesen. Unter ihnen befanden sich auch Bambaras aus Mali, Soninkés, Guineer und sogar Nigerianer.

6 Die Marokkaner sind im Oktober 1975 in die Westsahara einmarschiert und befinden sich heute immer noch dort.

7 Mokhtar Ould Daddah, der Präsident der Republik.

8 Das Wort *toubib* für Wunderheiler kommt aus dem algerischen Arabisch. Heute bezeichnet man damit in Nordafrika (und in der französischen Umgangssprache) einen Arzt. (Anm. d. Ü.)

9 Im Sinne der westlichen Medizin.

10 Die Nomaden geben den Jahren des Sonnenkalenders, die im Herbst nach dem Regen anfangen, jeweils einen Namen, der an ein wichtiges Ereignis des politischen Lebens oder der Viehzucht erinnert. Das Jahr der Sterne war 1933/1934, als die Vereinigung der französischen Truppen des Nordens mit denen des Südens die Rgaybat zur Kapitulation zwang.

11 Erstes Anzeichen für Verhandlungen zwischen Marokko, Mauretanien und Spanien, die schließlich zum Abkommen von Madrid

führten, das am 14. November des darauffolgenden Jahres unterzeichnet wurde. Dieses Abkommen regelte den Abzug der Spanier und die Aufteilung der Westsahara zwischen Marokko und Mauretanien, was den Saharakrieg ausgelöst hat.

12 Der in der Mitte des Hofes angelegte Brunnen ist versandet.

13 Berühmter Brunnen in Mekka, im sechsten Jahrhundert unserer Zeitrechnung vom Großvater väterlicherseits des Propheten angelegt.

14 *Umm* = die Gemeinschaft der Gläubigen im Islam.

5. Der Sturz

1 Man hat mich darauf hingewiesen, daß mein großer Koffer zu schwer und unförmig ist, um auf ein Packkamel festgezurrt zu werden, und daß die Nomaden, zu denen ich gehe, oft den Standort wechseln.

2 Selbst in Zeiten des Überflusses hatten die Nomaden die Angewohnheit, ihre Herden aufzuteilen und nur die milchgebenden Kamelstuten bei den Zelten zu behalten. Der Zuchthengst, die kastrierten Kamelhengste und die Kamelstuten mit Fohlen hielten sich unter der Obhut eines Hirten anderswo auf, um einer Überweidung der Weideplätze vorzubeugen. Wenn man sagt, eine Herde befindet sich im *azib*, bedeutet das also, daß sie sich weit von den Zelten entfernt aufhält.

3 Großer, alljährlich stattfindender Markt, auf dem sich die Händler des Maghreb und Schwarzafrikas treffen.

4 Ein Wadi, das etwa fünfzig Kilometer westlich von Aïn ben Tili liegt. In der Nähe der dortigen Süßwasserbrunnen befinden sich die Zeltlager der bedürftigen Nomaden.

5 *sebkha:* Salzablagerungen in alten Bodensenken.

6 Ich weiß nicht mehr, wer mir zu verstehen gab, daß sie Bellals zweite Frau ist. Dessen bin ich mir allerdings nicht sicher, weil ich in Mauretanien sonst keinen einzigen polygamen Rgaybi kennengelernt habe.

7 Mit diesem ursprünglich portugiesischen Ausdruck wurden zu-

nächst nur im Fernen Osten die Zwischenhändler der europäischen Mächte bezeichnet. Später wurde der Begriff auf alle Händler, Unternehmer oder Politiker ausgedehnt, die den Interessen kolonialistischer oder neokolonialistischer Besatzer dienen.

8 Mit »Wellblech« bezeichnet man im allgemeinen die lästige Schlaglochbildung nach häufiger Benutzung einer Sandpiste durch Autos.

9 Die Piste ist sechzig Kilometer länger als der Weg querfeldein, den ich auf der Herfahrt gefahren bin.

10 Die Lébous sind die Bewohner von Kap Verde.

11 Sie verfügt über eine Wohnung im Stadtteil der »Meister«.

ETHNO BY KNAUR

**GRENZENLOS
LESEN**

Knaur · ESMERALDA SANTIAGO

Américas Traum

ROMAN

(60527)

Knaur · HELENA MARIA VIRAMONTES

Estrella von den Feldern

ROMAN

(60486)

Knaur · NOZIPO MARAIRE

VERGISS NICHT DEIN AFRIKA

ROMAN

(65102)

Knaur · JAMES HALL

SANGOMA

EINE REISE ZU
DEN GEISTERN AFRIKAS

(77215)

Knaur · Malika Mokkedem

Sultana

TOCHTER
DER
FREMDE

roman

(65080)

GRENZENLOS LESEN

(77235)

(60501)

(65090)

(77126)

(01279)